粤语勾漏片封开开建话语音研究

——兼与勾漏片粤语及桂南平话的比较

侯兴泉 著

清华语言学博士丛书

中西書局

谨以此书献给我的博士导师李小凡先生

本书修订获教育部人文社会科学研究青年基金项目“粤桂毗连地区汉语方言语音比较研究——以岭南古都封开方言为枢纽”(11YJC740035)支持。

总　序

近二十年来，我国博士生培养事业有了很大进展，在各个领域都培养出了一大批优秀的博士生；在语言学领域也是这样。这些新培养出来的博士生，大多视野开阔，思想敏锐，既有扎实的专业基础，又有强烈的创新意识，是我国语言学事业继往开来的生力军。博士论文和出站报告是他们刻苦攻读、悉心研究所取得的成果，有些优秀的博士论文达到了学术前沿的水平，体现了语言学研究的新思路、新成就。面对这些学术新人和学术新成果，我们由衷地感到高兴。

众所周知，一门学问要能生根，要能茁壮地成长发展，必须不断挖掘和发现新的材料，必须不断进行理论更新，必须不断涌现大批新的研究人员。语言学是一个既古老又相对年轻的学科。中国是拥有语言富矿的国家，汉语历史悠久，语言多种多样；有优良的语言研究传统，新的语言研究成果不断涌现。现在由于国力日益强盛，更引发各国青年人学习汉语的热潮。这对我国语言学科发展来说，既是一种机遇，又是一种挑战。只要我们两岸三地语言学同仁合力研究，让我国语言学科走到世界学术的尖端，这是可望也可及的目标。正是从这一思想出发，并为了使得这些学术新成果更快地和读者见面，为了帮助这些新人更迅速地成长，以便为语言学注入新的活力，我们创办了这个《清华语言学博士丛书》。现在计划每年出版一辑，每辑选收1—5种两岸三地语言学博士的优秀论文、出站报告和其他著作。我们希望《丛书》能聚集一批优秀的年轻学者，这些年轻人将来能带领中国的语言学迈着稳健的步伐前进。

《清华语言学博士丛书》创办以来，得到了两岸三地语言学界同仁和有关单位的大力支持。很多著名的语言学家担任了顾问和编委，很多博士生踊跃投稿，很多专家不辞辛劳负责审稿。清华大学提供了经费，上海中西书局负责出书。大家的热忱支持进一步坚定了我们办好《清华语言学博士丛书》的决心，我们一定使之成为展示我国语言学新思想、新成果的平台，成为语言学新苗茁壮成长的园地。

希望大家对《清华语言学博士丛书》不断提出意见和建议。让我们共同努力，把《清华语言学博士丛书》办好！

蒋绍愚

2013年6月

序

封开县隶属广东省肇庆市，毗邻广西梧州，地处西江上游，堪称岭南的“两广门户”。上古时期，秦皇汉武征五岭、收南越，华夏文明从这一带率先传入岭南。封开境内的广信古城相继作为交趾刺史部和交州的治所长达三百年，是岭南最早的政治中心，其方言也应该是当时岭南的权威方言。中古以降，广信以东的广东经济文化发展日益超越广信以西的广西，广州随之取代了广信的岭南政治文化中心地位，广州话也成为岭南最具权威的方言。封开则一落千丈，成了粤西偏远之地，封开方言变得鲜为人知，学界对其方言归属也莫衷一是。《中国语言地图集》将其划为粤语勾漏片，《广东粤方言概要》则归入粤海片（即《中国语言地图集》的广府片）。由此看来，封开方言的共时面貌和历史地位及其与周边粤语、平话等方言的共时和历时关系都是很值得研究的。然而，20世纪90年代以前，封开方言研究还是一张白纸。90年代中期，叶国泉、罗康宁先生从人文历史角度揭开了封开方言研究的序幕，邵宜先生初步描写了共时音系，本书作者侯兴泉作为母方言研究者，也曾发表过数篇描写分析封开方言别具一格的浊声母系统的论文。此后，封开方言逐渐纳入了学界的视野。

封开以岭南文化和早期粤语发祥地著称于汉语学界，但封开方言的整体面貌如何？封开音系除浊声母之外还有哪些音韵特点？它与同处两广毗连地区的勾漏片粤语、广府片粤语和桂南平话是何关系？这些问题都有待进一步深入研究。《粤语勾漏片封开开建话语音研究——兼与勾漏片粤语及桂南平话的比较》应运而生，尝试解答这些问题。该书对封开开建话作了全面而细致的语音描写，进而以此为枢纽，对两广毗连地区的勾漏片粤语、桂南平话以及广府片粤语三类主要方言作了较为深入的音韵比较，依据大量语音事实归纳出这三类方言相互之间的共同性和差异性，展示了该区域方音的总体面貌和诸多特点，得出了勾漏片粤语和桂南平话是同一种方言的重要结论。这对进一步研究该区域的汉语方言，弄清其种类和归属意义重大。该书的方音分析在方法论上守正求新，不拘一格，别开生面。守正体现在坚持以汉语方言学界多年来行之有效的以中古音为参照系的音类分析为根本，求新体现在采用实验语音学和非线性音系学等分析手段和方法。该书还对汉语方言分区、韵律和连读变调的关系、声调和韵母的制约关系等前沿问题作了若干新的探索。总而言之，这是一部立足于粤西关键方言点，放眼于两广毗连区域方言，着力于跨方言音韵比较，勇于尝试方音分析新方法的力作。

这部著作是作者在博士论文基础上完成的。兴泉 2006 年考入北京大学中文系攻读方言学博士学位，2010 年完成博士论文《勾漏片粤语与桂南平话语音比较研究——以封开开建话为枢纽》，粤方言专家詹伯慧先生、麦耘先生、平话专家李连进先生等 3 位校外评阅人以及王洪君先生、项梦冰先生 2 位校内评阅人一致判为优秀，论文的部分内容随后在《方言》(2011－2)、《暨南学报》(2011－4)、《中国语文》(2012－3)上发表。该论文于2012年首批入选《清华语言学博士丛书》，但兴泉并未匆忙交稿，而是结合教育部立项课题作进一步的深入研究，增补了14个方言点的语音材料，重新审视、修订、拓展了博士论文的某些观点和结论，对封开方言和两广毗连地区方言归属和汉语方言分区标准等问题作了较为深入的理论思考，修订后的书稿比博士论文更加厚重，更加成熟。

此书书名《粤语勾漏片封开开建话语音研究——兼与勾漏片粤语及桂南平话的比较》与博士论文《勾漏片粤语与桂南平话语音比较研究——以封开开建话为枢纽》有所不同，书名似乎不如博士论文题目那样宏观，那样醒目。这一改动颇足称道。兴泉的博士论文原名《广东封开开建话音系研究》，预答辩通过后，答辩委员会建议"可以改一个宏观一些的题目"。这是有鉴于学位委员会由不同学科方向的专家组成，不可能像同行专家那样详细审核全文，为了把好关，往往从论文题目衡量其选题、研究范围和角度是否合适，而以时下的学术导向，单点方言语音研究的题目有可能被认为不够宏观。书稿付梓时，兴泉决定改回原名，并以"兼与勾漏片粤语及桂南平话的比较"为副标题，显然更贴切，更实在，更加名副其实。这一改动表明兴泉治学求真务实，不跟随时下盛行的赶时髦、求轰动、言过其实的浮躁之风。对语言学者来说，求真就是根据所掌握的语言事实和学理提出自己的观点，绝不人云亦云或被其他因素左右而言不由衷。

兴泉的确具备这样的学术品格。他做博士论文时，得出了桂南平话和勾漏片粤语是同一种方言的结论，对此我深表赞同。但在这同一种方言的归属问题上，我认为应属平话，他认为该归粤语，而分歧的关键在于怎样看待中古全浊声母今读类型在汉语方言分类中的作用。兴泉并未盲从导师而轻易放弃自己的观点，而是保留己见，继续思考，本书付梓时最终提出了自己较为完整的观点。我以为，这是他最可贵的品格，愿兴泉在既定的学术道路上勇往直前，不断取得新的成就。

李小凡

2014年国庆节于北大蓝旗营寓所

附　录

序文写毕，意犹未尽。附录几封当年兴泉与我“针锋相对”地讨论全浊声母今读与汉语方言分类的电子邮件，以期有兴趣的读者共同思考这个有待进一步探讨的学术问题。

2009-8-20，18:12 兴泉来信

李老师：

您好，我现在已经在香港理工大学有一段时间了，这边环境和条件都不错的，图书馆里有很多我需要的外文书。我在这边工作也很轻松，所以还有时间写写自己的论文。我的论文现在进入理论总结部分，其中涉及勾漏片粤语和桂南平话的关系问题，因此需要讨论一下分区的相关问题。您曾在《方言》上发表一篇关于方言分区的文章，主要观点也体现在您跟项老师新编的方言教材中，我在期刊网上找不到这篇文章，现在手头上又没有那本教材。您能否把分区那篇

文章的电子版发一份给我？

我对用何语音条件作为分区标准有以下一些初步的看法，请李老师指正：

1）音类分合的不同要比音类分合相同只是音值不同更重要。

2）能造成字类（我把同音字组叫字类）大面积分混的音类条件比不造成字类分混的音类条件重要。

如果这两点成立，我感觉用古全浊声母今读为标准作为语音分区的标准效果似乎不是很好（至少应用在东南方言上不是很好），理由有以下两点：

1. 东南方言一般是古全浊声母跟阳调共同承担着区分字类的任务的，很多方言古全浊声母虽然清化了（不管清化的结果是一律送气还是一律不送气抑或是平送仄不送），但是仍然有阳调类区分着字类的不同。如勾漏片粤语和平话的並定群母字清化后表面上看声类是跟帮端见合并了，但是原並定群所辖的字类并不会跟帮端见相混，因为还有阳调在起区别作用。这跟北方方言有很大的不同，北方话一般只有平声仍分阴阳，因此一旦古全浊声母清化，会造成很大一批字分混。

2. 如果用古全浊声母作为分区的标准，在东南方言就会碰到难题：平话、勾漏片粤语、闽南话和新湘语会连成一块，吴语则跟老湘语站得更紧密一些，这样一来这条标准更像是方言分组标准而不是分区的标准。

因为这条标准关涉到平话是否能够独立的问题，所以我的论文也无法回避。根据我目前的比较结果，平话和勾漏片粤语内部一致又跟粤语有所区别的语音标准只有古全浊塞音今读这一条标准，如果我们认为古全浊声母今读可以作为方言分区的标准，那么平话和勾漏片粤语当属独立于粤语的一种方言，如果不成立我认为平话当属粤语，因为有大量的语音特征可以证明这点。

不成熟的一点意见还望李老师批评指正！

2009－8－20，23:34:30 我的回复

兴泉：

我的文章载《方言》2005年第4期，又见人大复印报刊资料《语言文字学》2006年第3期，网上应能查到。现在发给你的电子版比正式发表的多一节余论，余论的前几节发表时改放在文末了，后四节则未发表。未发表部分恰含我对平话归属的看法，供你参考。

你关于音类差异重于音值差异，作用面广的音类差异尤其重要的看法是对的，在这一点上学界其实相当一致，并无大的分歧，只不过表述不尽相同。不过还应加一条：分混规律性强的也尤其重要。而浊声母与清声母的分混恰恰符合这几条，"今读"的表述看似音值，实质上首先是浊声类是否与清声类混，与哪一种清声类混。这条分区标准当然并非完美，如能找到更好的标准，可以取而代之。但正因为没找到取代的标准，所以走上了增加标准以至混入词汇语法标准之路，然而却使问题变得更加纷乱复杂了。我的思路是区分典型方言分类和边缘方言划界两类不同性质的工作，分类仍采用清浊声母分混的标准，划界可以用其他标准。

关于清浊声母与阴阳调匹配的问题，恐怕没有一个方言能只用阴阳对立而取消清浊对立，即便吴语也一样。其他方言或是清浊不成系统，或是阴阳调不成系统，还有的连四声都不全，更不能用阴阳取代清浊。整个东南方言也不能笼统论之。此外还有次浊声母的对应问题。

关于平话、勾漏片、闽南话、新湘语都有全浊与全清混的问题，需要进一步作全面的比较，甚至可以计量，如果确实相同，就可以作为同类。根据目前的认识，闽语并非全混，新湘语舒声与入声有别。勾漏片和平话如果真是全浊完全并入全清，未尝不可以作为一类典型方言。我文章中提到的晋中方言白读层就是这种类型，但因其字数有限，占优势的文读层又属平送仄不送的官话类型而未独立成类。

讨论分区问题一定要谨慎，否则容易自找麻烦。

2009-8-21，23:52 兴泉的回复

李老师：

谢谢您的论文和答疑。我本来对方言分区的问题并不是很感兴趣，只是因为论文涉及桂南平话和勾漏片粤语之间的关系问题，就顺便谈一谈。其实前贤关于平话归属的讨论要么是暂定方案（如《中国语言地图集》），要么预设性较强（从名称出发找特点），要么是前提不清（在没有搞清何为粤语何为平话的情况下讨论，因此可能大家讨论的不是一回事）。我非常赞同您对方言分区应该分划类和鉴别两步走的观点。至于划类标准如果能用一条标准就可以把典型的方言区划分出来，那当然是最好的。但是我对您用古全浊声母进行一级方言划分的尝试还是留有一定的疑问。如您对新湘语和老湘语的划分实际上已经用了合取的标准了——您根据新老湘语全浊塞音、塞擦音声母逢促声并入送气清声母多于不送气清声母把逢舒声保留浊声母或并入不送气清声母合取为一类了，实际上如果严格按照您的标准新湘语和老湘语应为两类。勾漏片粤语和平话跟核心粤语的情况跟新老湘语的情况非常类似，如果严格按照古全浊声母今读的标准，勾漏片粤语跟平话古全浊塞音声母变一律不送气清塞音或塞擦音（群母腭化部分），古全浊塞擦音则变为不送气清塞擦音或擦音（这点很多人表述不当，澄从船崇母在不少平话和勾漏片粤语中读作擦音。其实粤语全浊塞擦音也有读擦音的，典型的如船母字），表现跟核心区粤语是不一致的。如果像您处理新老湘语那样引入合取标准，平话和粤语就可以一致了，可以表述为：中古全浊塞音在去（今读）入调中一律不送气，在平上（今读）中一律送气或一律不送气。

我之所以对用古全浊声母今读划分一级方言区有所疑问，其实最开始就来源于对平话问题的思考。我最近花了很多时间比较了目前发表的桂南平话和桂北平话（桂北平话跟桂南平话最大的不同是层次太多太复杂，所以我的论文会尽量先避开）以及勾漏片粤语的资料，发现平话和勾漏片粤语内部较一致跟核心粤语有较强排斥的语

音条件只有古全浊塞音今读一条，而其他平话跟勾漏片粤语相同的语音条件绝大部分都跟粤语一致。这让我很难下定决心用这一条相异性特点来否定其他大部分的相同特点。并且粤语和平话恰恰是四声按声母清浊分化非常清晰的方言，虽然全浊上目前有不少字现在归为浊去（但是勾漏片粤语和平话归去的浊上远少于核心粤语，多是文读字）。因此在我看来古全浊声母清化与否以及清化后的走向至少在粤语和平话这个问题上不是非常重要的一个语音条件，它在粤语和平话中的重要性可能还赶不上精知照的分混或阳入声韵尾的脱落或合并。还有非常重要的一点是广州话古全浊声母平上送气相对不送气很可能是后起的现象，因为就在广州不远的南海沙头九江还有佛冈就有大量白读不送气的底层。

我现在对平话和粤语的认识更倾向于李如龙和刘镇发等人认为粤语有新老粤语这种认识。不知李老师您如何看待这个问题？

2010－3－17，12:10 兴泉的回复

李老师：

您好，这两天认真地拜读了您给我寄来的分区论文，觉得浊音标准可以区分好几个大方言，但是对于湘语、平话和闽语的划分还不是很理想。我的认识比较肤浅，不对之处请您包涵并指正。

浊音标准其实蕴含了几个层次的内容：第一个层次是是否保留浊音，基本保留浊音的是吴语和永州片湘语；部分保留浊音的主要是其他湘语和湘鄂赣以及湘桂粤交界地区的过渡方言；浊音清化的是其他方言。第二个层次是清化后是否送气，基本送气的是客赣方言，基本不送气的是平话，部分送气的是粤语、官话。第三个层次是上声是否送气，以此可以区分粤语和官话。在第一层次中，湘语其实已经被分割了。闽语和平话似乎属于第二个层次上的问题。您认为闽语有一部分“较为一致的例外”读送气以此区分于平话，但是第二个层次所谓的一律或基本并非指所有，一般是泛指大多数或绝大多数。

如果要细致分析，平话也有一些“较为一致的”例外读送气，如“似贼”等。即使平话和闽语这些“较为一致的例外”辖字并不相同，但仅据此就把两个大方言区分开来似乎仍欠理想。我之所以觉得单用浊音标准不是很理想，一是从字类的角度考虑这些音类的分合不大会影响原字类的分合，二是从目前的分区实践来看，浊音标准在分区和分片问题上仍有争议。我觉得我们可以借鉴生成音系学中用区别特征矩阵来区别音位的办法来划分方言（采用多重音韵标准的学者其实都已经有意或无意地运用到该方法了），运用该方法的好处是它不但可以看出方言之间的区别，还可以看出方言之间的关系（用单一标准很难看出方言之间的关系）。现在的问题是选择哪些音韵特征作为分区标准大家仍有分歧。按照我关于分区音韵标准层级的设想，只要我们在分区层面上统一使用那些会造成字类分混的音类分合特征来作为方言划分的音韵区别特征（音类分合恰好符合三元区分的标准：十分，一分，十/一分），我想应该是可以据此区分出几个比较理想的大方言的，当然这需要实践去证明。从湘语和粤语的情况来看，浊音标准作为分片标准可能更加合适。鲍、陈等实际是使用该标准来对湘语进行分片的。另外，粤语按照该标准其实也可以大致分为三大片：勾漏片粤语-平话；珠江三角洲粤语；博白、廉州、化州一带的粤语。

鉴于问题的复杂性，我在论文中会尽量淡化分区的讨论，避免不必要的麻烦。

2010－3－19，00:30 我的回复

兴泉：

你关于把浊音标准分层次和借鉴区别特征矩阵的思路我以为还是不妥。

把浊音标准分为三层，每层再以是或否二分。这种层层二分的做法在方法论上有两方面的问题。先说层层分，这样分出来的类只

能是种属关系，而不是同级的。区别分类和划界两个步骤的目的就是为了保证分类在同一层级上用统一的标准来进行，其标准可以是合取的。用合取标准分类不会发生兼类，在这一点上它与纯粹的单一标准相同而不同于多项标准。当然，合取标准本身是可以分析的，但若将其分析开来，就不能用来分类。再说二分，方言作为社会现象和文化现象，本质上具有多样性。任何事物当然都可以二分，但若对多样性的事物也非要作二分而放弃多分，显然不合理。

借鉴区别特征矩阵来分类，你似乎还没有成型的框架，即使作为工作假设也还不具备可操作性。你认为它的好处是可以连带反映分出来的类之间的关系，但分类和关系是不同的工作目标，没有必要将二者绑在一起。须知方言分类够复杂的了，设法将一件复杂的工作离析成几件相对简单的工作在方法论上应该比将这件复杂工作跟另一件或许更复杂的工作绑在一起更为可取。

此外，你认为鲍、陈实际是用浊音标准给湘语分片的。但鲍的《湘方言概要》第 5 页明言浊音标准是确认湘方言的第一标准，而没有说这是湘语的分片标准。当然，这可能是为了避免两级分类采用同一标准而含糊其辞的。其实，鲍书 48 页说，湘方言浊音系统走上清化的道路，不是一次性完成的，按照出现清化的范围或走向清化的程度，大体上可以分出三种比较典型的情况。这是指浊音清化在湘语内部的发展程度有别，而发展方向是相同的，用这样的标准给湘语分片，并不算两层分类使用同一标准。方言分区虽是共时性的，但也不是发展速度不一致了便马上分开，正如方言内部的新老派不必分为两种方言。这个问题上次已经谈过，不展开了。

2010－3－19，9:14 兴泉的回复

李老师：

谢谢您的指正！看来我现在还没有能力把握方言分区这种宏观问题，我在论文中会尽量淡化分区问题。

内容摘要

封开及其周边的地区是岭南开发最早的地区之一，汉代管辖岭南九郡的“交趾刺史部”(东汉改名为交州刺史部)首府就在现在的封开和梧州一带。封开及其周边地区的粤语或平话一方面保留了许多诸如“古无轻唇”、“古无舌上”的古音现象，另一方面又具有不少跟壮侗语有密切关系的语音特征，如帮、端母读浊内爆音，精清母读塞音，心母读边擦音或齿间擦音等。以封开开建话为切入点，全面深入地研究开建话的语音现象，总结其特点和规律，并在此基础上跟周边的其他勾漏片粤语、桂南平话以及标话展开比较研究，这对我们全面深入地了解桂东南及粤西北交界地区汉语方言的语音面貌及其历史，解决桂南平话和勾漏片粤语之间的关系问题无疑是非常重要的。

目前学界对岭南古都——封开的相关研究方面，历史、考古、地理、文化方面的研究较为充分，语言学方面的研究相对比较薄弱。深入开展开建话的研究并跟周边的勾漏片粤语、桂南平话以及标话展开比较研究，不仅有利于勾漏片粤语的归属、粤语跟平话的关系、粤语跟壮侗语的关系以及早期粤语的形成等重大语言学问题的解决，而且还有利于西江文化乃至整个珠江水域文化的建设。另外，对一些特色语音现象的分析和讨论也可为普通语音学和音系学的研究提供有益的参考。

本书充分利用描写语言学、实验语音学、历史语言学中常用的描写法、声学分析法、历史比较法、历史层次分析法等研究方法，对开建话的音系进行了充分的描写和分析，并在此基础上跟周边的勾漏片粤语、桂南平话以及权威粤语广州话进行了全面深入的语音比较，最后还分析了开建话跟标话之间的语音接触。我们得出的结论是开建话是语音上很有特色的一种粤语方言，开建话跟周边的勾漏片粤语及桂南平话同属一种方言，这种方言应当归属粤语。

全书由八章组成，主要内容如下：第一章是绪论，主要是介绍本书的写作目的、意义、方法、材料以及总结前人的相关研究成果。第二章重点描写封开开建话的音系，分别描写了开建话的声韵调、音韵特点、声韵调配合规律、音节结构、变调、重音和停延、文白异读。第三章是开建话跟其他勾漏片粤语的语音比较，对开建话及其他勾漏片粤语的声韵调（含连读变调）进行了全面的比较，并在此基础上总结出勾漏片粤语的语音一致性与差异性。第四章是开建话跟桂南平话的语音比较，以开建话的语音为线索，把它跟桂南平话的声韵调进行了全面的比较，总结其语音一致性与差异性。第五章讨论开建话跟长安标话的语音接触问题，这两种语言在封开相互并存、相互影响、相互发展了上千年，语音上已经形成你中有我、我中有你的局面，深入研究两者的语音接触对我们全面地了解开建话的形成和发展是非常重要的。第六章讨论勾漏片粤语与桂南平话的重要音韵问题，重点讨论勾漏片粤语及桂南平话古非组的今读、古全浊声母的今读、韵类分化、声调分化、介音处理等问题。第七章讨论勾漏片粤语和桂南平话的关系及系属问题，先是讨论汉语方言分区语音标准的层级和主次问题，主张根据语音自身的层级系统（音节类—音类—音值）给每一层级的区片划分提出相应的音韵标准，并给出区别同一层级的音韵标准主次的权衡标准；然后根据开建话跟其他勾漏片粤语及桂南平话的比较所总结出来的语音特点，总结勾漏片粤语及桂南平话的语音一致性及差异性，认为它们是同一种方言；最后进一步把勾漏片粤语和桂南平话跟粤语权威方言广州话进行比较，总结其语音一致性与差异性，发现它们在音韵结构上是基本一致的。因此我们认为勾漏片粤语、桂南平话以及广州话等广府粤语可以归属同一种方言。第八章是结语，该章总结了本书的主要内容及创新点，并提出文中的不足以及今后努力的方向。

目　　录

第三章　开建话跟其他勾漏片粤语的语音比较

第四章 开建话跟桂南平话的语音比较

第五章 开建话跟标话的语音接触

第六章　勾漏片粤语及桂南平话重要音韵问题讨论

第七章　勾漏片粤语与桂南平话的关系及系属

第八章　结　　语

第一章
绪　论

1.1　本书的研究目的和意义

1.1.1　研究目的

勾漏片粤语和桂南平话是粤桂交界地区关系非常密切的两种方言，学界对它们的方言关系及归属问题一直都有争论。而封开地处广东广西的交界处，历史上封开及其周边的地区是岭南开发最早的地区之一，汉代的苍梧郡郡治以及管辖岭南九郡的"交趾刺史部"（东汉改名为交州刺史部）治所所在地广信就在现在的封开和梧州一带。十多年前有学者提出粤语形成于西江中部古广信（今封开）一带的观点，曾引起大家热烈的讨论；最近又有学者提出广信话是古代南方方言（勾漏片粤语、平话和土话）的权威代表点的看法，封开方言的地位越发引人注目。开建话是封开的强势方言之一，语音特点比封开的另一种次方言封川话更加明显。开建话既有勾漏片粤语的诸多特征，如较多地保留诸如"古无轻唇"、"古无舌上"的古音现象等，又跟桂南平话有许多相似之处，如咸摄合口三等今读大多仍收-m尾等。另外，开建话跟周边的标话（一种壮侗语）也有很深的渊源关系，封开长安标话80%以上的词语都借自开建话，开建话也有很多底层词来自标话。以开建话为切入点，全面深入地研究开建话的语音现象，总结其特点和规律，并在此基础上跟周边的其他勾漏片的粤语、桂南平话以及少数民族语言——标话展开比较研究，这对我们全面深入地了解桂东南及粤西北交界地区汉语方言的语音面貌及其历史，解决桂南平话和勾漏片粤语之间的关系和归属问题无疑是非常重要的。本书最重要的两个写作目的就在于此。另外我们还想对开建话的一些语音现象进行理论升华，希望能对普通语音学以及田野语音学的研究有所启发。

1.1.2　研究意义

方言学界对勾漏片粤语及桂南平话的语音研究已经取得非常丰硕的成果，这为我们展开大规模的比较研究提供了丰富的研究素材。但是目前对勾漏片粤语和桂南平话的语音研究仍存在许多不足（详见本章 1.2.2 及 1.2.3 的综述），本书的研究一方面可以加深大家对勾漏片粤语和桂南平话语音一致性及差异性的认识，另一方面也对勾漏片粤语及桂南平话的关系及系属问题提出自己的看法。

学界对岭南古都——封开的相关研究方面，历史、考古、地理、文化等方面的研究较为充分，语言学方面的研究相对比较薄弱。深入开展开建话的研究并跟周边的勾漏片粤语、桂南平话以及标话展开比较研究，不仅有利于勾漏片粤语及桂南平话的关系及归属、粤语跟平话的关系、粤语跟壮侗语的关系以及早期粤语的形成等重大语言学问题的解决，而且还有利于西江文化乃至整个珠江水域文化的建设。本书对一些特色语音现象的分析和讨论对普通语音学和音系学的研究也有一定的参考价值。

1.2　相关问题研究综述

1.2.1　封开简介及封开方言研究述评

1.2.1.1　封开简介

1.2.1.1.1　封开的地理位置及历史沿革

封开县位于广东西北部，西江中游，北纬 23°13′～23°59′，东经

111°2′～112°2′之间，北回归线穿越县境。封开东临怀集，东南、西南分别与德庆、郁南接壤，西、北与广西梧州、苍梧和贺县（现改称贺州）交界。县境东西横距 68 公里，南北纵距 84 公里，总面积 2 723.29 平方公里。

图 1－1 封开地势图(源自《封开县志》)

县境属于山地丘陵区，地势东西两侧高，中部和南部较低。西江从西南部穿过县境，贺江斜贯中部经南丰（含渡头）、大玉口、都平、白垢、大洲、封川等镇于县城江口镇注入西江。讲开建话的南丰、金装、长安等镇属于低山丘陵区，地形上形成一个葫芦形的小盆地。讲封川话的各镇多属于高丘多山区。

封开县1961年由封川县和开建县合并而成，其中封川县为古“广信”治所的所在地（古广信县辖地包括原封川县及相邻的广西梧州的部分地区）。广信是公元前111年汉武帝统一岭南时所设“交趾部”治所，它先是监察机构，后成为管辖岭南九郡的首府。在其后长达300多年的历史中，广信一直都是交趾刺史部及其后来改名交州的治所所在地，是岭南地区的首府，为当时岭南政治、经济和文化的中心。广东和广西的得名（始于宋代，宋置广南东路，广南西路，简略而成广东、广西）也跟广信有关，大略是广信及其东面为广东，广信西面为广西。

由于历史上郡县废置无常，史籍记载亦不尽相同，为方便起见，封开的建置沿革①仍以封川、开建两县分别记述说明。

封川县因封溪水得名。又云：“县东北二十里为封门山，峰峦秀蔚，两崖如门，县盖取封山锦川为名。”汉元鼎六年（公元前111年）属交趾刺史部苍梧郡广信县地。关于广信县治，一说为今广西梧州，一说为今封开江口。三国吴黄武五年（226）属广州，不久属交州。永安元年（263）仍属广州。晋元熙二年（420）分广信县地置封兴县，属晋康郡。南朝宋元嘉二十年（443）属苍梧郡。齐因之。梁初分广信县置梁信县及梁信郡。普通四年（523）兼置成州，辖梁信、广信、猛陵、遂城、宁新5县。梁信县为州、郡治。隋开皇十年（590）废梁信郡，改成州为封州。开皇十八年（598）改梁信县为封川县。以封川名县始于此。大业三年（607）省封兴并入封川，改封州为苍梧郡，辖苍梧、都城、封川、封阳4县。封川为郡治。唐武德四年（621）改苍梧郡为封州，分封川县复置封兴县，后又省封兴。天宝元年（742）改封州为临封郡。乾元元年（758）复改临封郡为封州，均治封川县，领2县：封川、开建。属岭南道。五代属南汉，仍唐制，乾亨年间改封州为封兴，

---

① 关于封开的建制沿革我们这里参考的是《封开县志》的相关介绍。

废开建县并入封兴。宋为封州临封郡，属广南东路。大观元年(1107)升为望郡，后并入封州。绍兴七年(1137)省封州，以县属德庆府。十年复置封州。元至元十四年(1277)改属广南西道，立封州路总管府，十九年降为散州，仍属广南东道。明洪武二年(1369)废封州，以县属德庆府，九年府改为州仍属之，统于肇庆府。清雍正八年(1730)德庆改为散州，仍属肇庆府。

开建县因开江而得名。汉元鼎六年(公元前111年)属交趾刺史部苍梧郡封阳县地。三国吴黄武五年(226)属荆州临贺郡。晋永嘉元年(307)改属湘州。咸和六年(331)还属荆州。南朝宋元嘉三年(426)分封阳县置开建县。开建置县从此始①。元嘉二十九年置宋建郡(同时废宋昌、永固等6县)，永固县并入开建县，改属临贺郡。齐因之。梁置南靖郡，开建为郡治。隋开皇十年(590)废南靖郡，开建并入连州。大业元年(605)复置开建县，大业三年连州改为熙平郡，仍属之。唐武德元年(618)属封州。五代南汉乾亨年间废县并入封兴，于县治设砦。宋开宝五年(972)并入封川县，次年复置，仍属封州。元因之。明洪武二年(1369)属德庆府，九年属德庆州，统于肇庆府。清属肇庆府。

辛亥革命后，废州府，仍置封川县、开建县。民国38年属第十二行政区督察专员公署。解放初期封川和开建两县曾多次分合，最终于1961年合并，置封开县，驻江口镇。

1.2.1.1.2　封开的语言状况

封开县城通行广州话，下面各镇主要通行的汉语方言属于粤语勾漏片，南部个别镇(如平凤、江川、七星和渔涝的部分乡村)有数千人讲客家话。封开县内的勾漏片粤语可按原辖区分为开建话和封川话两种(开建话主要分布在县境北部各镇；封川话则主要分布在南

---

① 据清《开建县志》载："晋孝武帝太元五年(380)析封阳地置开建县，属临贺郡。"即元嘉前40年已有开建县。此与《广东通志》、《宋书》不符，姑且存疑。

部),两种方言差别较大,不能直接通话。除了汉语方言外,封开北部跟怀集县交界的长安、金装等镇约有7千多人讲标话(属于壮侗语)。封开境内讲开建话的人数在20万以上;讲封川话的人口估计有十多万。

1.2.1.2 封开方言研究简介

1995年以前,封开作为岭南文化古都的地位还鲜为人知。从1996年初,各级政府、多所大学及新闻单位在封开召开开发和建设"岭南文化古都"的倡议会,到1996年《封开文史》给封开单列一个"封开文史专号",再到2004年《封开-广信岭南文化古都论》的出版,封开作为岭南文化古都的地位为越来越多的人所了解和认可。在这样的背景下,关于封开粤方言的研究也在近十多年中从无到有逐步走向全面和深入。

第一次把封开粤方言提高到早期粤语高度的是叶国泉和罗康宁两位先生。叶、罗两位先生在《粤语源流考》(1995)中明确指出,粤语形成于西江中部。文中的"西江中部"所指,正是以古广信(今封开)为中心的一片地区。叶、罗指出:"由于广信一带远离中原,交通不便,这些汉族移民进入岭南之后,他们使用的汉语也就逐渐偏离了中原汉语的发展轨迹,而形成了自己的某些特点,遂形成了早期的粤语,即粤语的雏形。"叶、罗(1995)两位先生主要是运用历史文献、考古、文化思想及移民等材料来论证粤语的形成和发展的,很可惜里面没有运用粤语自身的材料去论证。我们知道,要说明一种语言的历史发展,语言自身的材料是主证,历史、风俗文化、移民等只是旁证。罗先生似乎已经意识到了这个问题,因此他在后面的《封川话浊声母初探》(1996)、《粤语起源地新探》(1998)这两篇文章中都有意地加入语言方面的材料。甘于恩先生在《论粤语形成的多源性》(2007)一文中对叶、罗两位先生的观点就进行了全面的回应。甘先生质疑叶、罗两位先生的观点缺乏充分的事实根据和严谨的论证。他认为"作为汉语方言的粤语并非形成于一个特定的时期,而是随着不同时期的汉族移民进入，逐渐形成的”，“由于广府文化的权威性，各地粤语形成后，有慢慢向广府粤语靠拢的趋势”。虽然学界和网络类似的质疑不少，但是叶、罗两位先生的这篇文章引起了人们对以封开为中心的西江流域的历史、考古、文化和语言等方面的广泛关注，这对推动封开粤语的研究起到了非常重要的作用。最近一次把古代的封开方言提高到平话、土话、勾漏片方言及汉越语等古代南方方言权威代表点地位的学者是广西大学的李连进先生。他在《勾漏片的方言归属》(2005)这篇文章中指出勾漏片方言、平话和土话是一种方言，并且认为它们应该存在过权威代表方言，李先生认为这个古代南方方言的权威代表点应是当时的广信话。文章指出：“当时作为岭南首府语言的广信话是一种源头性的权威性代表方言，它凭借其政治、文化、经济、交通诸优势，以当时最为重要的几条江河交通路线为途径向今两广、海南、湘南、越南等广大地域扩散、辐射，形成了今平话、土话，勾漏片等方言。”李先生的文章发表后也引起了学界广泛的讨论和争鸣，这对推进以封开为中心的勾漏片粤语的研究也起到非常积极的作用。

由于深入开展封开粤方言的研究不仅有利于勾漏片方言的归属、粤语跟平话的关系以及早期粤语的形成等重大语言学问题的解决，而且还有利于西江文化乃至整个珠江水域文化的建设，因此很有必要对前阶段关于封开粤语的研究做一个全面的总结，以推进其向更加多元更加纵深的方向发展。下面就从综合性研究成果和专题性研究成果两个方面对封开粤方言的研究展开评述。

1.2.1.2.1　综合性研究成果述评

目前为止比较全面介绍封开粤方言的音系、词汇和语法特点的著作是邵宜先生(1997)的论文《封开的方言》，这份材料也被收入到《封开县志》(1998)第三十六篇“方言”中。《封开的方言》对封开境内的粤方言和标话都做了介绍。其中粤方言部分主要介绍了封川话(以罗董话为代表)和开建话(以南丰话为代表)的声韵调系统和音韵特点，并对封川话和开建话的语音、词汇和语法做了简单的比较。其中语音部分做得比较详细；词汇部分只列出了 176 个常用词的说法，并没有再做其他的解释和说明；语法部分由构词法和句法两部分组成，也比较简单，词法主要是介绍了四个前缀以及七个后缀，句法部分介绍了四个时态助词和两种语序。1998 年，詹伯慧、张日昇主编的《粤西十县市粤方言调查报告》（下面简称《报告》）出版发行，这本调查报告在封开的取点方言是南丰话（即开建话）。报告中关于开建话的调查材料是迄今为止公开发表的材料中最为详细的。报告中除了有南丰话的音系及音系说明外，还收录了 3 810 个汉字以及 1 248 条词语的读音（词语记音把连读变调也记出来了），最后还列出了一些简单的语料。

就语音部分来说，这些材料的准确性基本可信，但是也有不少瑕疵：有些地方进行音位归纳后语音说明部分并没有进行很好的交代，如声母部分把罗董话帮並、端定、见群归并为 b、d、g 三个音位，但音系说明部分并没对它们进行音值方面的说明。因为这是一种非常有特色的语音现象，没有特殊说明的话别人就很容易误解为这些声母字在罗董话中都读浊塞音。其实罗董话这些声母的具体音值是比较复杂的，侯兴泉（2006a/b）有专门的描写和讨论。《报告》对南丰话的声韵调的归纳也有缺漏，如声母少了一个 ȵ，韵母更是缺省不少（详见 2.1.2），声调少了一个上阳入（调值 34）等。除此之外，连读变调的处理也有失误，主要体现在后字变调的处理上：开建话后字位置一般不变调，《报告》把有些声调为阳入 22、阳平 24、阳上 242 和阳去 21 的词语的后字处理为变调是不准确的。其它方面的小问题主要表现在对具体某些字或词的标音上，有时候会误把文读音（用本地话读的广州音）当作白读音。不管怎样，1996 到 1998 年发表的材料至今仍是研究封开粤语最重要的材料之一。

《汉语方言地图集》（曹志耘主编，2008）和《广东粤方言地图集》（甘于恩主编，未刊）也收录了封开粤方言语音、词汇及语法方面的材料（均由侯兴泉调查），其中《汉语方言地图集》所选取的方言点是封开罗董话（即封川话），《广东粤方言地图集》选取的方言点是南丰话和罗董话。这两本地图集的调查手册在设计上有相同之处，前三页为音系例字，字音调查表约为400多个常用字，相当于《方言调查字表》的微缩版；词汇部分列有近500条词条；语法调查表有70条左右的调查项目，涵盖构词法、词类、词序、基本句型、时体态等，主要以例句形式进行调查。两本地图集都收录了罗董话的材料，这对我们比较全面地了解封开粤语的情况是非常有利的。跟《报告》比起来，两本地图集都增加了很多的语法条目，内容涉及词法、词类、语序、句子结构等比较典型的一些特点，这对以后进一步深入研究无疑是有好处的。由于地图集的性质所限，其中所反映的语音、词汇及语法面貌相对来说比较零散，因此更加系统深入的调查还有待来日。

其它的一些相关成果如《粤西十县（市）粤方言的语音特点》（邵宜等，1997）、《广东西江流域粤方言的词汇和语法特点》（邵宜，2003）、《广东西江流域语音特点概述》（邵慧君、甘于恩，2001）、《广东西江流域粤语词汇及语法特点概述》（甘于恩、邵慧君，2001）以及《广东粤方言概要》（詹伯慧，2002）都用到封开粤语的材料，由于里面的材料较为零散并且基本都是取自《报告》里的材料，这里不再一一赘述。

1.2.1.2.2　**语音研究述评**（1993—2010）

最早研究封开方言语音的文章是邵宜先生（1993）的一篇会议论文《封开南丰话》①。另外一篇影响较大的文章是罗康宁先生的《封川话浊塞音声母初探》（1996），罗先生引用了《封开县志》中封川话的材料，认为“其一，古並、定、群三母读为浊塞音，这一点与《切韵》完全一致，可以肯定是《切韵》音系的保留。其二，古帮、端、见读为浊塞音，与《切韵》音系不同……笔者认为也是古音的保留”。对于第二点，罗

① 因无法找到其原文，故不知其主要内容。

先生首先排除了少数民族语言的影响，因为“封开境内的标话便属于壮侗语族，它的声母中并没有浊塞音”；其次，罗先生根据“浊音清化”的规律，认为“帮、端、见三母在《切韵》读为清音，如果封川话由于受到别的语言（如壮侗语）的影响而演变为浊音，那就不是‘浊音清化’而是‘清音浊化’了，这是不大可能的”。因此他推断：“在《切韵》之前的音系，浊塞音声母可能比《切韵》音系发达，可能有过帮並、端定、见群合流的情况，而封川话古帮端见与古並定群同读为浊塞音，正是这种情况的保留。”最后，罗先生把封川话保留浊塞音这一现象作为他跟叶国泉在《粤语源流考》提出的“粤语形成于西江中部，也就是广信一带的”这一观点的重要语言证据。两年后，罗先生在《粤语起源地新探》(1998)这篇文章中继续沿用了《粤语源流考》的主要观点和《封川话浊塞音声母初探》中的论证，认为“粤语形成于西江中部，说得具体一点就是古广信一带”。由于封川话读浊塞音这一现象是支持罗先生观点的唯一语言材料，这里很有必要做一番研讨。首先，罗先生引用的是《封开县志》的材料，也就是说罗先生并未对封川话做过深入的调查，我们在前面已经说过，封川话的声母读音是经过音位归纳处理的，里面并没有相关的语音说明。实际上，封川话的帮、端、並、定母的读音是比较复杂的，其中帮端母主要是读浊内爆音（以前多叫先喉塞音），並定母主要读正常的浊塞音。其中帮、端母读内爆音在两广交界地区的粤语以及海南闽语中非常普遍，并非封开独有，侯兴泉（2006b）认为罗董话帮端母读为浊内爆音是“原壮侗少数民族居民学习并换用汉语而留下的底层”。其次，罗先生的论证也欠妥当：第一，标话的声母实际上是有浊塞音的，只是因为大部分已经简化合并才把它归为清音而已，笔者后来的调查也印证了这点。第二，罗先生没有经过任何论证就认为“如果封川话由于受到别的语言（如壮侗语）的影响而演变为浊音，那就不是‘浊音清化’而是‘清音浊化’了，这是不大可能的”，这是值得商榷的。我们知道，语音演变主要有两种：一种是原发性的音变，音变原因来自内部；一种是由于语言接触而引发的音变，音变原因来自外部（王福堂，2005：p27）。在没有经过论证的情况下，我们不能只根据“浊音清化”这条规律来排除语言接触引发音变的可能。事实上封川话帮端母读为浊音正是由于语言接触而引发的（详细论证见侯兴泉 2006a）。由于材料跟论证都不可靠，罗先生关于“在《切韵》之前的音系，浊塞音声母可能比《切韵》音系发达，可能有过帮並、端定、见群合流的情况”这个猜测还不能让人信服。

第二份关于封开粤语语音专题研究的材料来自杨蔚博士，其成果收录在《封开-广信岭南文化古都论》(2004)一书中。她主要利用邵宜先生在《封开县的方言》一文中所发表的材料，重点探讨了封开南北两片粤语的几项重要语音特点：(1) 罗董话帮端母读为浊音；(2) 精组字为 t、tʻ；(3) 罗董话从心邪三母读为边擦音 ɬ；(4) 南丰话邪崇船禅等母不论平仄，一律读为不送气的塞擦音。关于第一点，杨蔚认为罗董话古浊音不仅没有清化，仍保留较古层面的特点，而且还有很强的“吸附”能力；关于第二点，她认为精组读舌尖前塞音是早期粤语的痕迹；关于第三点，杨认为这是早期粤语与少数民族语言结合的产物；最后一点，杨觉得“封开罗董话（笔者注：应为南丰话）中古擦音和塞擦音邪禅、崇船合流，更能反映出上古汉语塞擦音与擦音的密切联系”。由于篇幅所限，文章的论证显得比较单薄。

第三项研究成果是来自项梦冰先生(2005)。项先生在《汉语方言地理学——入门与实践》一书第三章 3.3 小节的“创新与存古”部分专门谈到南丰话非组字的读音问题。项先生认为南丰话奉母字读 p-具有如下特点：(1) 主体性（读 p-的字音占 67%）；(2) 单层性（无文白异读）；(3) 辖字既有口语用字又有非口语用字。因此他认为南丰话奉母读 p-也很可能是一种回头演变的结果，即奉母先轻唇化为 v，后来再变为 p-（中间可能有一个读 b-的中间阶段）。项先生运用了日耳曼语的“第二次音变”和南丰话古船、禅母字的今读以及东安（花桥）土话古非组字的今读来论证他的观点。我们对封开南丰话及其周边方言非组字的读音问题的看法跟项先生不同，我们认为这是一种存古现象，详见 6.1.2 的专题论述。

剩下几篇关于封开方言语音研究的文章主要来自侯兴泉。由于《广东封开罗董话的塞音声母——从语言接触看清音浊化、精母读 t 和从母读 ɬ》(2005a)以及《广东封开罗董话的浊内爆音》(2006b)都是其硕士论文《广东封开罗董话帮端精三组声母老派读音研究》(2006a)的一部分，因此这里合在一起做一个简单的介绍。这三篇文章都介绍了罗董话帮端精三组声母的读音情况(其中帮端母的部分还进行了相应的声学分析)，然后从语音学和音系学两方面对其进行分析和讨论。这几篇文章在总结前人相关研究的基础上，运用语言接触和中介语僵化理论对老派罗董话帮並端定中的浊内爆音、精清母读清爆音、从心邪读边擦音等现象作出统一的解释，认为它们都是古壮侗语(或古百粤语)的底层，这些底层是当地壮侗居民学习汉语而形成的僵化的中介语语音形式；南迁到罗董一带的汉人由于长期跟当地壮侗民族接触，语音上不断受到这种带有底层特色的中介语的干扰，音值和音类上变得越来越相似，后来罗董当地居民完全转用汉语，这种僵化的中介语跟当地汉语一起慢慢地演变成今天的罗董话。

1.2.1.2.3 词汇研究述评

对封开方言词汇的专题研究主要集中在地名上，研究的学者多为人类学家或历史文化学家。容关琼(1998)曾对封开地图上以罗、垌(或峒、洞)、大、古、扶、都等为冠首字的常用地名进行过统计，其中以罗冠首的地名有 75 个之多，洞字和大字的各达 50 个，古字的有 38 个，扶字的有 19 个，都字的则有 11 个。这些用汉字表音的表达当地自然景观的地名，只有用壮侗语族的语言才能得到合理的解释。容先生利用这些壮侗底层地名来作为“封开是多民族文化交融的古都”这一观点的重要佐证。宋长栋(1996)对封开的地名作了更为深入的研究。宋先生充分利用封开的地名来研究它们跟封开人、西瓯文化以及汉文化的关系，得出一些非常有价值的结论。譬如他认为封开有汉语地名层和壮侗语地名层两个层次，壮侗语的地名非常古老，汉语底层主要是秦汉以后形成的；另外地名还肯定封开历史上住过瑶族人，但地名同时显示他们不是封开的土著居民，是外来的，迁来的时间比汉族晚，因为封开没有瑶族语言的地名，明《封川县志》瑶山条的地名都是汉语地名和壮侗语地名。宋先生在这篇文章中还深入地研究了封开地名的构词方式，如通名在前的地名有"壮＋汉"、"汉＋壮"、"汉＋汉"三种形式；通名在后的地名有"汉＋壮"、"壮＋汉"两种形式。他还指出封开地名有一种特殊的现象，即有不少带"儿"和"子"词尾的地名，这在南方地名中是非常罕见的。他认为封开地名可以为语言的演变特别是方言词汇的演变提供线索。容关琼和宋长栋两位先生对于封开方言地名的研究给方言研究者提供了一个非常好的视角，可以启发我们对类似地名这类的底层词作出更深入的研究。

1.2.1.2.4　语法研究简介

封开方言的语法研究相对薄弱。目前只有侯兴泉(2005b)对南丰话的正反问句做过一个专门的研究。侯兴泉在《广东封开南丰话的三种正反问句》这篇文章中从共时和历时两个维度对南丰话"阿VP"、"VP曾"和"阿VP曾"这三种正反问句的用法和形成做了深入的探讨，结论如下：从共时的平面看，"阿VP"对应于普通话的"VP不VP"和"VP吗"，是南丰话中最常用的一种正反问句；"VP曾"是正反问句中的一个特殊类；"阿VP曾"是在"VP曾"的基础上糅合"阿VP"而形成的一种混合句式。从历时的角度看，"VP曾"处于历史的最底层，由"VP-neg曾"脱落否定副词而来；"阿VP"大概是在宋明两代从别的方言借入的；"阿VP曾"则是借入"阿VP"后本地化的创新。

1.2.1.2.5　封开方言研究展望

整体而言，目前对封开方言的调查和研究已经取得了一些成果，对整个粤语及平话的研究起到一定的推动作用。但是我们应该清醒地看到目前对封开方言的研究仍然存在很多不足，比如词汇、语法方面的研究非常少，语音的研究也仍有待进一步深入。詹伯慧先生在

《粤语研究的当前课题》(2007)展望部分的第一点就强调“进一步拓宽粤语的调查研究面,加大粤语调查研究‘西进’的力度,更全面地掌握粤西南地区和桂南地区的粤语语料,为全面弄清西片粤语的实际情况创造条件”。封开作为粤西北及桂东南交界处最为重要的地区之一,理应在粤语调查研究“西进”的过程中扮演更加重要的角色。为了进一步推动封开粤语的研究,笔者认为以后需要从宏观和微观两个方面加强研究。

宏观方面:第一,进一步加强封开方言内部异同的调查。目前对封开方言的调查和研究基本集中在南片开建话和北片封川话两个代表点南丰话和罗董话的研究上,南北两片其他镇的粤语情况如何?跟代表点的异同究竟有多大?这仍然有待以后进一步加强调查。第二,开始着手对封开粤语和境内的客家话及标话进行比较。由于目前大家对封开境内的客家话和标话的情况知之甚少,有必要先对客家话和标话进行一个全面的调查,在此基础上进行“粤-客”和“粤-标”的比较。第三,在做好调查的同时,加强对封开方言的历史演变进行深入的研究。由于这方面的工作刚刚开展,可以采取由点到面的形式,先对封开方言有特色的语音、词汇或和语法现象进行历史方面的考察,最后由点及面为最终建构封开方言的历史面貌打下基础。第四,加强封开方言跟勾漏片粤语、其他地区的粤语、平话以及周边土话的比较研究,为解决平话及勾漏片粤语的归属、粤语的形成以及早期粤语的面貌等重大学术疑难问题作出应有的贡献。

微观方面:第一,语音研究方面首先要尽快整理出罗董话和开建话的同音字表,这是语音研究得以全面和深入进行的一个基础工作;其次要加大加强封开方言特色语音现象的研究(除了大家已经注意到的语音特点外,封开方言还有很多有特色的语音特点比如韵母分调、声调分韵、连读变调、韵律规则等,值得深入探究)。第二,词汇方面,要进一步加大封开方言底层词和借词的研究,这是一个富矿,深入研究一定会有重要发现。最后，在语法方面，展开系统全面的基础调查是今后封开方言语法研究最重要的一个任务，与此同时可以针对一些比较有特色的语法现象进行专题研究。

1.2.2 勾漏片粤语语音研究述评①

1.2.2.1 勾漏片粤语的语音特点及分布地域

粤语勾漏片是杨焕典、梁振仕、李谱英、刘村汉在《广西的汉语方言(稿)》(1985)中首先提出的，该文把广西的粤语分为广府、邕浔、勾漏和钦廉四片，其中勾漏片主要分布在玉林、梧州两地区十三个县的农村地区，其主要特点有：

① 有全浊塞音[b]和[d]。[b]来源于古帮母，[d]来源于古端母，古並定二母今读清音。这两个音存在于玉林、北流、容县、岑溪、藤县、苍梧等县(北流、苍梧县城除外)，蒙山南部也有。

② 精清与端透合流。这是勾漏片粤语的普遍特点，玉林和北流的从邪二母还合并于定母。

③ 心母读成[ɬ]或[θ]。这个特点的分布也是不平衡的，从少往多说，有三种情况：玉林、北流、平南、桂平、贵县，主要是心母读[ɬ]；昭平、藤县、容县、岑溪、苍梧，从心邪三母读[ɬ]或[θ]；岑溪县有相当部分人还把从心邪三母读成[f]；蒙山县除清母读 t‘外，精从心邪四母都读[θ]，例外极少。

④ 古全浊声母今读塞音、塞擦音时，就本区广大农村地区说，不论平声仄声都读不送气声母。

⑤ 本片有的地方声调多至十类。

熊正辉先生(1987)对广东省的汉语方言进行分区的时候沿用了“勾漏片”这个术语，并且只用了“古全浊声母字今读塞音塞擦音时的

---

① 封开境内主要的汉语方言也属于勾漏片粤语，因为已经单列出来进行重点介绍了，这里就不再讨论。另，该部分的主要内容已发展在《桂林师范高等专科学校学报》(2009年第3期)上，此处补充了2009—2010年的新材料。

送气情况”一条语音标准就把勾漏片粤语跟其他粤语片区分出来了。根据古全浊声母字今读塞音塞擦音一律不送气这条标准，广东省内属于勾漏片粤语的地区分布在四会、广宁、德庆、罗定、郁南、封开、怀集、信宜、阳山、连县、连山等十一个县内，人口约六百六十多万人。

以上两种方案成为《中国语言地图集》(1987)对粤语勾漏片进行划分的基础。

由于《广西的汉语方言(稿)》只是列出广西粤语各片的语音特点和分布区域，并没有说明分片的理由，因此刘村汉先生在《广西粤语的分片》(2007)一文中特别强调了广西粤语的分片条件。刘先生用两条语音特征给广西境内的粤语进行分片：一是从古精组字的今声母分布分出勾漏片和广府片，二是从古精组止开三的今韵母分布分出邕浔片和钦廉片。

最近，伍巍先生(2007)在新编《中国语言地图集》“粤语”图的文字说明稿中对分布在两广地区的粤语统一进行了说明，该说明稿在原来的基础上增加了不少方言点，主要是把一些原来认识还不大清楚的土话归到了勾漏片粤语中。伍先生沿用了熊先生对粤语的分片标准，按照古全浊声母清化后今读塞音或塞擦音者送气、不送气的情况分出勾漏片。他总结出勾漏片粤语主要有四项语音特点：

① 古全浊声母不分平仄声调，今一律读不送气清音。

② 部分点精、清母作舌尖中塞音，心母作边擦音[ɬ-]或齿间擦音[θ-]。

③ 无舌尖元音韵母，止摄开口齿音各组字韵母多数方言合为一类。

④ 部分方言点帮、端母分别为内爆音[ɓ-、ɗ-]，在部分点中，来自端母的[ɗ]与来自精母的[t]还形成对立。

新图所画的勾漏片粤语的分布区域比原《中国语言地图集》有所扩大，主要分布于广东西部的清远、肇庆两市所辖的部分地区及广西东部地带，共 41 个县市，使用人数约 1 030 万。

其实，并不是所有的粤语分片方案都采用勾漏片这种划分的。如袁家骅先生主编的《汉语方言概要》，初版及修订版都是按地域给粤语分片的，里头没有跟勾漏片相应的区域；詹伯慧（1981，1988，2002）的论文及专著也没有列出单独的勾漏片粤语；《广东省志·方言志》（2004）也没有采用勾漏片粤语这个术语；余霭芹（1991）对粤语大区和小片的划分中把勾漏片粤语的大部分点都归入三角洲区的北三角洲片去了。另外，李连进（2005）认为勾漏片粤语应该归属平话，果真如此勾漏片就不是粤语而是平话了。不过更多的学者是倾向于将平话（尤其是桂南平话）归属粤语的，这样一来勾漏片这一术语不但可以沿用而且范围比原来更大了。本书沿用勾漏片粤语这一名称，讨论重点放在勾漏片粤语的核心区域（即《中国语言地图集》所列的主要区域），边缘地区的土话和平话也会有所涉及。

1.2.2.2 勾漏片粤语语音研究现状(1928—2010)

较成系统的勾漏片粤语的语音研究①如果从王力先生早年的《两粤音说》（1928）算起，已经有八十多年的历史了。下面我们将按时间顺序对勾漏片粤语语音研究的现状作一个整体的介绍。

（一）解放前

据笔者所知，解放前关于粤语勾漏片的语音研究专著唯《博白方音》②（Wang Li，1932）一枝独秀，这是王力先生留学法国期间所做的博士论文，由于是用法文写的，因此真正阅读过且看懂的读者也不多。这也是我国学者最早运用实验语音学的方法对一个方言语音进行完整描写的著作之一。研究性的论文有王力先生民国 17 年在《清华学报》上发表的论文《两粤音说》，该文运用了许多玉林和博白方言的语音实例。不过据辻伸久（Nobuhisha Tsuji，1980）介绍，王力先生

---

① 文献上（如古代的方志）关于这片地区的语音记载早就有了，因为不成系统，本书暂不讨论。

② 也有人翻译为《博白方音实验录》，法文原名为“*Une Prononciation Chinoise de Po-pei*”。

所描写的博白方言是一种受到客家话严重影响的方言，通过跟周边方言的比较，他认为王力先生描写的博白话甚至不像一种粤语的方言。

（二）解放后到20世纪80年代末

这时期的研究成果主要体现在对广西境内的勾漏片粤语进行研究上。这个时期最重要的研究专著要数余霭芹的《藤县方言》[①]（1979）和辻伸久（1980）的《广西粤语比较音韵论》[②]。余先生对藤县方言的语音、词汇以及语法都进行了较为全面的描写和探讨；辻伸久先生则偏重对广西粤语8个点（容县、岑溪、宾阳、玉林、南宁、石南、苍梧、思贺）的语音进行共时描写和历时比较，并探讨粤语祖语的构拟问题。

较早讨论广西粤语语音特点的论文有梁振仕的《广西粤语的音韵系统》（1982）和《桂南粤语说略》（1984）。而这一阶段谈及勾漏片粤语非常重要的一篇论文就是杨焕典等合作的《广西的汉语方言（稿）》（1985），这篇论文第一次把"勾漏片"作为粤语分片的术语，而这个术语后来也被熊正辉（1987）以及《中国语言地图集》（1987）采纳，正式作为粤语方言片的学术名词使用。《广西的汉语方言（稿）》还比较详细地介绍了勾漏片粤语的通行区域及语音特点，它跟熊先生的《广东方言的分区》堪称姊妹篇，其成果皆为《中国语言地图集》所采用。这个时期对梧州和玉林地区的方音研究较为充分，论述梧州地区粤语语音的研究成果有辻伸久先生的《粤语的无声声母和原始粤语的浊阻塞音：广西岑溪方言的情况》（1977），刘村汉、邓玉荣的《藤县音系》（1984），刘村汉（1985）的《广西蒙山语言图说》，陈振寰、

---

① 英文叫"*The Teng-xian Dialect of Chinese: Its Phonology, Lexicon and Texts with Grammatical notes*"。

② 英文原名为"*Comparative Phonology of Guangxi Yue Dialects*"，该书在其博士毕业论文"*Eight Yue dialects in Guangxi Province, China and reconstruction of Proto-Yue phonology*"基础上完成。不过据说辻伸久当年不是在广西找的发音人，因此材料跟实际情况可能会有所出入。

刘村汉的《藤县倒语三种》(1986),杨世文的《藤县话声母的中古来源》(1988)等论文。研究玉林地区粤语语音的论文有黎毓扬、曾宪森的《玉林地区人怎样学习普通话的难音辨析》(1979),李谱英的《玉林方言的声调及其变化》(1982)以及周祖瑶的《广西容县方言的小称变音》(1987),后两篇文章分别介绍了玉林话以及玉林地区容县话的变调及小称现象,引起学者们的广泛注意。其实玉林地区的变调和小称变音是有密切联系的——小称变音也可以看作是音义变调的一种。类似玉林话的这种变调和变音在广东茂名地区也很常见,叶国泉等(1982)、邵慧君(2005)等学者有详细的描写和介绍,这里不再赘述。

(三) 90 年代

进入 90 年代以后,广东和香港语言学界对广东境内的勾漏片粤语开始重视起来,这时期在暨南大学詹伯慧和香港理工大学张日昇两位先生的领导组织下对粤北和粤西的粤语进行了大规模的调查,并先后出版了《粤北十县市粤方言调查报告》(1994)和《粤西十县市粤方言调查报告》(1998),其中有不少点属于粤语勾漏片。这两本报告给我们提供了丰富的语音研究材料,是研究广东境内勾漏片粤语不可缺少的两本参考书。这时期出版的《广西通志·汉语方言志》(1998)也发表了广西玉林话语音、词汇及语法方面的材料。另外,由两广地区编撰的地方志这个时期也收集了很多勾漏片粤语具体方言点的材料,由于方言志发表的语音材料良莠不齐,除了专业人士编写的方言志,其余一般不做专门的介绍和评述。

这个阶段有关广东境内勾漏片粤语语音的研究性论文逐渐多起来,主要有张晓山的《连县四会话的声韵调及其特点》(1994a)、《连县四会话与广州话声韵特点比较》(1994b)和《广宁话的 h 声母》(1997),邵宜、詹伯慧、伍巍的《粤西十县(市)粤方言的语音特点》(1997),余伟文的《罗定、云浮、德庆的粤语语音特点》(1997)。这时期的论文研究对象基本集中在广东肇庆地区,其中对封开粤语的关注尤为突出，叶、罗的文章已经把封开提高到粤语起源地的地位上来(见 1.2.1.2.2)。

广西境内的勾漏片粤语语音研究在这个阶段继续延续 80 年代的研究势头，比较突出的研究成果有邓玉荣的《藤县话的连读变调》(1993)、李谱英的《玉林白话》(1994)及《玉林白话与普通话语音对应规律》(1994)、白宛如的《广东省西部粤语的特点》(1994)、刘村汉和马容芳的《藤县方言志》(1996)、宁皖平的《普通话与玉林白话比较辨正》(1996)、杨祯海的《广西粤语古心母字今读》(1995)、覃小航先生的《广西粤语的线性分布和历史成因》(1998)、陈晓锦的《广西玉林白话古阳声韵尾、入声韵尾脱落现象分析》(1999)等。其研究特色是既有单点方言的深入研究，也有面上的总结性研究。

(四) 21 世纪

进入新世纪以来，勾漏片粤语(含部分平话和两广的土话)语音的研究向着更加纵深的方向迈进。这一时期出现了不少有影响的专著和研究性论文。这时期涌现的专著及学位论文有李连进的《平话音韵研究》(2000a)，覃远雄的博士论文《桂南平话研究》(2000)，谢建猷的博士论文《广西平话研究》(2001)及专著《广西汉语方言研究》(2007b)，庄初生的《粤北土话音韵研究》(2004)，张双庆主编的《连州土话研究》(2004)，谭元亨主编的《封开-广信岭南文化古都论》(2004)，郑作广、林亦(2005)主编的《桂北平话与推广普通话研究》丛书(含全州、兴安、资源、灌阳、临桂义宁、临桂两江、永福、阳朔、钟山、贺州、富川 11 点的平话或土话研究专著，如邓玉荣《富川秀水九都话研究》和《钟山方言研究》，张秀珍的《贺州九都声研究》等)，杨奔、李芒的《北流白话研究》(2006)，周烈婷的博士论文《玉林话研究》(2002)，陈小燕的《多族群语言的接触与交融——贺州本地话研究》(2007)，杨璧菀的硕士论文《怀集白话语音研究》(2007)，梁忠东的《玉林话研究》(2010b)等。这时期的专著及学位论文大都涉及勾漏片粤语语音的材料描写或对比研究，因此无论是从材料的广度，还是从研究的深入程度来看，都在前人的基础上有了很大的提升。其中有的涉及勾漏片粤语的归属、两广地区土话的归属、平话和粤语的关系等重大语言学理论问题的讨论，大大推进了勾漏片粤语和平话的研究。

这时期的研究性论文也非常丰富，达到了历史的高点。尤其是对广西境内勾漏片粤语语音的研究，无论是单点描写还是比较研究都取得丰硕的成绩。这时期大家关注的焦点依然在广西贺州、玉林、梧州这三个勾漏片粤语的核心地区，另外对广西周边地区及勾漏片粤语边缘地区的方音也给予了很大的关注。

玉林地区依然是这个时期的研究热点，研究论文不断涌现，如周烈婷的《玉林话的语音系统及语音特点》(2000)，梁忠东的《〈广韵〉反切上字的玉林话音读及其声母的历史音变分析》(2000)、《玉林话的小称变音》(2002)、《广西玉林话考察》(2010a)以及梁忠东、梁驰华的《玉林话与桂南平话、粤语的语音比较》(2007)，陈晓锦的《广西玉林白话语音特点》(2000)及《广西玉林七个粤语方言点语音特点概述》(2005)，周成松的《广西玉林话音系》(2003)，陈世饶的《广西玉林方言入声塞音韵尾的消失》(2005)，陈世镜的《广西玉林方言的一个特殊的变调》(2007)，钟武媚的《玉林白话方言调查报告》(2006)等。玉林北流粤语跟勾漏片粤语有很密切的关系，这个时期对北流粤语的研究也有不少，如杨奔的《北流白话同音字汇》(2006a)、《北流白话音系特点及普通话的对应关系》(2006b)和《北流白话与普通话声韵配合比较》(2006c)，卢竑、关英伟的《北流白话单字调声学实验研究》(2008)，李芒的《广西北流白话的变调》(2007)等。

贺州和梧州地区粤语和土话的研究在这时期突然升温，尤以贺州地区的方言语音研究为甚，这大大加深了我们对该地区方言的认识。如韦树关的《贺州八都话考察报告》(2000a)和《贺州铺门话考察报告》(2000b)，盘美花的《贺州本地话考察报告》(2000)，邓玉荣的

《广西钟山方言音系》(2000)、《一种粤语次方言——广西富川“梧州话”》(2001)以及《广西钟山土话的粤语系属》(2005a),徐杰舜等的《贺州族群语言认同述论》(2002),陈小燕的《贺州本地话音系及其特点》(2004)、《贺州本地话与周边汉语方言语音亲疏关系的计量表述》(2006a)、《贺州本地话“古端母浊化”等若干现象与古百越语语音》(2006b)以及《广西贺州八步(桂岭)本地话音系》(2009),黄群的《昭平方言的语音特点》(2003)、《广西昭平方言音系》(2006a)及《贺州市贺街本地话同音字汇》(2006b),张秀珍的《贺州九都声的声韵调研究》(2005)及《贺州灵凤都话同音字汇》(2006),伍巍等的《信都土话的语音特点》(2006),麦耘的《广西贺州八步鹅塘八都话入声的语音分析》(2007a)、《广西藤县岭景方言的去声嘎裂声中折调》(2007b)、《广西八步八都话的“先长闭元音”》(2007c)以及《广西八步鹅塘“八都话”音系》(2008b),陈才佳的《富川县梧州话同音字汇》(2007),邓险峰的《昭平马江白话同音字汇》(2008),梁明权的《贺州秉塘话音系》(2009),覃才亮的《蒙山话语音系统》(2009),庄初升、张凌的《贺州铺门方言的浊塞音声母》(2010)等。

这时期还报道了一些边缘地区勾漏片粤语的语音特点,如黄昭艳的《灵山横州话同音字汇》(2006)、《灵山横州话与北京音系的比较》(2007a)及《灵山横州话音系与中古音系的比较(上/下)》(2007b/2008),凌海波的《桂平山塘山话语音》(2009),张秀珍的《宜州阳山话同音字汇》(2009),陈晓锦的《一个可以被称作方言岛的粤方言(贵港平垌)》(2010)等。这些方言虽然远离勾漏片粤语的核心地区,但是还较多地保留有勾漏片粤语的诸多语音特点。

这时期还有不少讨论区域性语音特点的论文,其中涉及勾漏片粤语语音特点的有韦树关的《古帮、端、心母在广西汉语方言中的特殊音读》(2002),朱晓农、寸熙的《粤语、闽语、吴语中的内爆音》(2005b),谢建猷的《广西粤语刍论》(2007a),刘村汉的《广西粤语的分片》(2007),邓玉荣的《广西东部粤语心母字读 f 的地域分布及成因初探》(2007),刘新中的《粤西粤语、闽语以及广西粤语的边擦音初探》(2007),杨希英的《粤西粤语与桂北(西村)平话语音特点比较》(2007)以及王莉宁的《桂北方言帮、端母的次浊化现象》(2007),林亦的《粤语中古全浊塞音、塞擦音今读不送气清音之探讨》(2008)等。

随着研究的进一步深入,很多学者开始关注勾漏片粤语及平话、土话三者之间的关系,其中讨论勾漏片粤语归属的论文就有多篇,如李连进的《广西玉林话的归属》(2000b)、《广西玉林话的归属再论》(2001)及《勾漏片的方言归属》(2005),张敏、周烈婷的《勾漏片粤语和平话的纠葛——从玉林话的归属说起》(2001)以及梁忠东的《广西玉林话的粤语系属》(2006),韦树关的《广西勾漏话及广东四邑话、吴川话、化州话的归属问题》(2004)等。

这个时期的研究论文在继续深挖材料的同时更加注重理论上探讨和研究方法上的创新。理论上对有争议的方言归属和划片问题反复进行论证和比较;方法上既有传统的语音描写法,也有现代实验语音学的方法和计量统计的方法。

1.2.2.3 勾漏片粤语语音研究简评

总体而言,学界对勾漏片粤语语音的研究已经很全面和深入了。就专著和学位论文而言,既有对某一方言的语音面貌进行全面描写和深入探讨的,也有综合多个方言点的语音材料进行横纵比较的。研究论文那就更加多姿多彩了,既有讨论勾漏片粤语归属以及勾漏片粤语跟周边方言的关系的鸿篇巨论,也有针对某一方言某一具体语音特点进行深入剖析的鞭辟之作。就研究重点而言,90 年代以前偏重单点或单一现象的描写和讨论,90 年代以后在加强单点研究的同时更注重整体性的比较研究和理论提升。

虽然勾漏片粤语的语音研究成果已经非常丰富了,但是仍有不少方面值得我们以后进一步加强研究:

(一) 目前为止勾漏片粤语的语音研究重点多放在声母、声调和变调上，专门讨论勾漏片粤语韵母特点的文章非常少。是勾漏片粤语韵母没有特色，还是我们对这方面的研究还不够深入？不管是哪种原因，以后都应该加强对勾漏片粤语的韵母进行研究。

（二）我们对勾漏片粤语的一致性特点认识较多，但是对其内部差异性却认识很少。就笔者粗浅的一些认识来看，前贤用来分片的一些语音特点除了古全浊声母今读塞音塞擦音白读层一般不送气这条一致性较强外，其他特点在勾漏片粤语内部都有不同程度的差异。加强勾漏片粤语内部差异性的研究也是今后的一个研究重点。

（三）研究变调的文章很多，但是大多以单点的描写分析为主，而单点描写分析又多局限在两字组和三字组的变调情况。勾漏片粤语的连读变调和小称变调是非常丰富又极具特色的，今后很有必要加强综合的比较和研究。了解清楚勾漏片粤语连读变调的原因以及它跟节律（或韵律）之间关系对于音系学相关理论的探讨有非常重要的意义；而全面了解清楚勾漏片粤语小称变调的情况对于语言的跨面研究（或叫语音、语法和语义的交叉研究）是非常有用的。

（四）今后应该加强对两广境内的勾漏片粤语进行统一的比较和研究。目前很多专著和论文还经常受地域的制约，通常只讨论广西或广东境内勾漏片粤语的情况，因此不大容易给人以全面的认识。如《广西的汉语方言（稿）》和《广西粤语的分片》两篇论文所列举的一些语音特征，从整个勾漏片粤语的情况来看就并不完全如此。

（五）关于勾漏片粤语的分片条件以及它跟平话之间的关系问题仍需继续讨论。笔者认为要妥善解决这两个重要的理论问题，除了需要进一步挖掘新的语料外，更重要的是要协调好整个汉语的分区和粤语次方言分片的标准问题。李荣先生（1989）在《汉语方言的分区》里说古全浊声母今读清塞音、塞擦音时送气与否在粤语里是分片的标准，但是平话独立为一区的标准是什么，李先生并没有明说。平话独立为一区主要是根据广西当地有平话的说法暂时独立出来的，初衷很可能是为了方便以后进行深入的研究。李荣先生关于平话的说明非常少，今摘录如下：

> 平话的研究刚刚起步。广西有“官平壮白（粤语）客”五种主要的语言（方言），这个说法相承已久，所以图[B14]画出通常说的平话分布的范围，留待以后核实。平话桂北片和桂南片差异相当大。平话的共同点是古全浊塞音声母今读清塞音、塞擦音时一般不送气，与勾漏片粤语同。

因为古全浊塞音声母今读清塞音、塞擦音时一般不送气是勾漏片粤语和平话的共有特征，所以若要解决勾漏片粤语跟平话的关系问题，我们首先要解决的是平话能否独立于粤语的标准问题。而在讨论平话独立标准的时候，应分清划区和分片的标准的层级及主次。如果我们用了古全浊声母今读这条标准来作为平话和粤语划区依据的话，粤语和平话的分片就不应该再采用这条标准；反之，如果分片的时候用了古全浊声母今读这条标准，分区的时候就不要再用。而目前大家对古全浊塞音、塞擦音今读这条标准的认识还是分歧很大。

1.2.3 桂南平话语音研究述评

平话是研究起步较晚的一种方言，正是由于起步较晚，平话自从被列为大方言区之日起就吸引着学界众多的关注目光，而围绕它的名称、系属、历史来源之争至今仍未平息。由于桂南平话内部较为统一，而它跟勾漏片粤语无论是地理位置、历史来源还是语言面貌都有非常密切的关系，因此这里对它的一些主要研究成果也进行一个简单的介绍。本节先介绍目前关于平话系属的有关争论，然后再介绍桂南平话研究的相关著作和论文。

1.2.3.1 关于平话的系属问题

自从张均如（1982）提出广西平话是不同于粤方言的另一种汉语方言这个观点之后，关于平话系属的争论就一直延续至今。我们整理了一下前人的研究成果，主要观点表现以下：

（1）主张平话独立。代表学者或作品有张均如和梁敏夫妇(1982,1996,1999);《中国语言地图集》(1987);李连进(1995,1999,2000a,2007);韦树关(1996)等。

（2）主张桂南平话归属粤语,桂北平话独立为平话方言。代表学者是刘村汉(1995)。

（3）主张桂南平话归属粤语。代表学者有伍巍(2001)、覃远雄(2000)。

（4）主张桂北平话也归属粤语。代表学者是梁金荣(1997)。

（5）主张把除了融柳平话外的桂北平话归入湘语。代表学者是韦树关(1999)。

（6）主张平话和湘南土话、粤北土话是一种方言,但不适合独立为一大方言,也不适合归入白话,宜作为独立的土语。代表学者是王福堂(2001)。

（7）主张桂南平话归粤语勾漏片,桂北平话归入湘南土话,称为湘桂土话。代表学者是谢建猷(2001)。

（8）主张桂南平话和桂北平话区别对待,把桂南平话归属粤语,桂北平话和湘粤土话留待进一步调查之后再做归属。代表学者是詹伯慧等(2003)。

（9）主张平话整个归为粤语,平话的差异可以通过方言接触所导致的异化程度的不同以及晚近创新音变不同来解释,代表学者是项梦冰(2005)。

（10）主张平话、湘南土话、粤北土话和勾漏片粤语都叫平话,平话是一个独立的大方言。代表学者是李连进(2007)。

（11）认为平话可以从粤语中独立出来,也可以不独立出来,如果从宋末划就把粤语和平话分为两个大方言,如果从唐末划就不分。持这种观点的学者为麦耘(2008a)。

平话问题之所以引起持久的争论,原因是多方面的：一方面大家论证的时候都会列举若干一致性或差异性的语言特征来证明它属于或不属于某种方言,但很少讨论这些特征的层级性以及重要性。比如古全浊塞音、塞擦音声母今读不少学者是把它当作粤语分片的语音标准,但是也有学者是把它当作方言分区的标准;又如有些学者习惯把一些局部性的非典型特征也都列举出来,有为现成的分区找证据之嫌。另一方面,正如甘于恩、吴芳(2005)指出的那样,大家在讨论平话问题的时候经常忽略前提来谈归属。很多学者习惯在不谈何为平话,何为粤语的前提下讨论桂南平话、桂北平话或勾漏片粤语的归属,把粤语和平话这一大前提视为众所周知或默认,实际上大家对何为粤语、何为平话的认识并不一致。忽视前提的讨论就容易导致公说公有理的情况出现,如有学者认为桂南平话很多特征跟勾漏片粤语相近,因此桂南平话应该归属粤语,但是也有学者认为勾漏片粤语应该归属平话。

1.2.3.2 桂南平话语音研究的主要成果

1.2.3.2.1 专著

有关桂南平话的语音著作主要分两类,一类是纯资料性的,如陈海伦、林亦主编的《粤语平话土话方音字汇(第一编)》(2009);更多的是资料与研究兼备的著作,如李连进的《平话音韵研究》(2000),覃远雄的博士论文《桂南平话研究》(2000),谢建猷的博士论文《广西平话研究》(2001)及《广西汉语方言研究》(2007b),赵祎缺的硕士论文《桂南平话音韵研究》(2004),黎曙光的《南宁市周边地区平话与白话音韵比较研究》(2006),梁伟华、林亦的《广西崇左新和蔗园话研究》(2009)以及李连进、朱艳娥的《广西崇左江州蔗园话比较研究》(2009)等。这些专著或学位论文不但提供了丰富的语音材料,而且都根据自己掌握的材料进行理论层面的探讨,为桂南平话的语音研究作出了非常重要的贡献。

1.2.3.2.2 研究论文

研究桂南平话的论文大致有以下四类:其一是介绍桂南平话的历史概貌以及方言归属的论文;其二是整体介绍或深入探讨桂南平

话语音现象的论文;其三是介绍某一具体方言点语音概貌的论文;其四是对某一具体方言点的某些特色语音现象进行深入研究的论文。第一类我们在 1.2.3.1 已有总结,这里不再赘述。下面我们重点介绍后面三种类型的研究论文。

介绍桂南平话整体语音特色的研究论文:譬如张均如、梁敏的《广西平话》(1996)和梁敏、张均如的《广西平话概论》(1999),覃远雄的《桂南平话的主元音及韵母格局》(2001)、《桂南平话的声调及其演变》(2004)、《桂南平话古晓、匣、云、以母字的读音》(2005)、《桂南平话古见组声母和日母的今读》(2006)和《平话和粤语古庄母的特殊读音》(2008),梁忠东的《从〈方言调查字表〉例外字读音看桂南平话与粤语的关系》(2009),龙庆荣的《汉越语与粤语和平话语音对应关系研究》(2009),王莉宁的《粤语平话等方言上声的分化类型》(2010)等。通过这些论文我们不但可以了解到桂南平话在共时音系以及历史音韵方面的种种特征,还能了解这些语音特征跟周边方言及少数民族语言之间的关系。

介绍单点方言语音概貌的论文在所有桂南方言的研究论文中是最为丰富的:譬如张均如的《记南宁心圩平话》(1987)及《宾阳话的语音和词汇》(上/下,2006),杨焕典的《南宁亭子墟平话语音》(1988),罗乐瑜的《南宁平话语音探微》(1994),辻伸久的《南宁平话字音记略》(1994),黎曙光的《略论横县平话语音特点》(2004),黄英富的《宾阳大桥平话音系》(2005)及《宾阳县大桥平话同音字汇》(2007),梁伟华的《崇左市新和蔗园话同音字汇》(2007)及《龙州上龙蔗园话的来历和语音》(2009),覃世贞的《田东蔗园话语音系统》(2007),林亦、刘志华的《南宁石埠平话同音字汇》(2007),黄献的《黎塘镇平话语音系统》(2007),黄海瑶的《广西横县百合平话音系》(2008),林亦、余瑾的《广西邕宁四塘平话同音字汇》(2009),莫瑞扬的《宜州百姓话的生态环境和莫村语音》(2009),陈仕华、周本良的《融安百姓话的来源和音系》(2009)等。这类研究成果是桂南平话语音研究的起点,特别是众多桂南方言同音字汇的发表为方言间的比较奠定了坚实的基础。

还有一些论文是专门讨论某个具体方言的特色语音现象的，譬如闭克朝的《桂南平话的入声》(1985)、《横县平话中的韵随调转的现象》(1991)和《壮语对横县平话的影响》(1991)，郑作广的《广西百色蔗园话影喻两母区分的特点》(1991)，林亦的《汉壮接触与四塘平话音变》(2007)，李连进的《扶绥城厢平话鱼虞两韵的音变》(2009)等。我们可以通过这些讨论总结桂南平话区别于其他方言的一些语音特色。

1.2.4 标话研究简介

标话是广东怀集县、封开县与德庆县交界处部分居民使用的一种交际语言，主要使用人口集中在怀集县的诗洞、永固、大岗、梁村、桥头以及封开的长安等镇，封开的金装、七星以及德庆的古有等镇也有少部分人使用。由于讲标话的人(下面统称讲标人)在官方的民族成分记录中一般都是汉族，因此并没有一个专门关于讲标人的准确数字。《怀集县志》语言部分估计怀集境内约有 14 万讲标人，《封开县志》估计怀集有 15 万讲标人，封开有 7 217 人。梁敏、张均如先生在《标话研究》(2002)导论部分估计怀集和封开两县现在仍然使用标话的人数大约在七八万左右。20 世纪 80 年代广东省民族事务委员会和民族研究所先是邀请中国社科院民族研究所的梁敏、张均如两位先生到怀集调查标话，后又邀请中山大学、暨南大学、广东民族学院等院校的专家 12 人组成民族识别调查组到怀集进行调查，他们基本上都认为"标语(即标话)是属于壮侗语族侗水语支一种独立的少数民族语言"(引自《怀集县志》，p630)。

目前有关标话的研究成果主要体现在对怀集县内的标话进行研究上。最早调查怀集标话的是社科院民族所的梁敏和张均如两位先生，他们于 1986 年受广东省民族事务委员会和广东省民族研究所的委托到怀集调查该县的标话，调查完后他们两位给怀集县县志办公室写了一份《怀集标话概况》，后由县志办稍加删改，发表在《怀集县志》(1993)语言篇上。后来张均如先生(1989)写了一篇论文《标话与壮侗语族语言的比较》，发表在《民族语文》第 6 期上。他们编写的专著《侗台语族概论》(1996)也把他们调查的标话材料作为比较的材料之一。2002 年他们俩又根据自己的调查语料以及《怀集县志》及《广东省民族研究通讯》总 10 期所发表的资料编写成《标话研究》一书，该书是目前研究标话最为全面深入的学术著作。

中山大学、暨南大学、广东民族学院等院校专家组的研究成果主要发表在《广东省民族研究通讯》总 10 期(1987)上，里面收有李敬忠、陈延河先生的《"标话"语言调查初步结论》，梁敏、张均如先生的《怀集诗洞永固等地语言调查简述》，朱洪、陈摩人先生的《怀集"标话"集团综合报告》等论文。陈延河后来又先后发表了《大岗"标话"的 $a^{42}+$ VP 型疑问句》(1990)以及《大岗标话音系概说》(1997)两篇学术论文。谭晶晶、孔江平(2006)在《广东诗洞标话双音节连字调的音系学研究》一文中曾对诗洞标话的双音节连调进行过深入的探讨。林伦伦先生曾写过《标话中的古汉语借词》(2007)一文，发表在《民族语文》上。暨南大学华文学院的两位本科生植毅和黄健文曾对怀集诗洞标话的语音词汇以及怀集标话的使用状况进行过专门的调查研究，分别写成毕业论文《怀集诗洞标话记略》(2006)以及《广东怀集县标话使用状况调查——标话语言活力评估》(2006)。据悉，北京语言大学的杨璧菀博士现也正在开展有关标话的专题研究。

封开标话除了《封开县志》、《肇庆市志》方言部分在音系和借词方面有过一个简单的介绍外，目前还没有看到其他正式发表的研究成果。

1.3　本书的研究方法及材料来源

1.3.1　本书的研究方法

在对开建话及相关方言或语言进行调查研究的时候我们主要使用的是描写语言学的方法，归纳音系并整理同音字表。在对某些具体语音现象如声调、变调、重音等进行研究的时候我们还用到实验语音学和生成音系学的一些研究方法。在比较和讨论部分，我们主要使用的是历史比较法、历史层次分析法、定量统计法以及方言地理学的相关方法。

1.3.2　本书的材料来源

本书使用的勾漏片粤语及桂南平话材料由自己调查的语音材料和他人调查的语音材料组成。文献材料随文介绍。自己调查的材料和引用他人的语音材料都有详细的和粗疏的两类：所谓详细的材料指的是基本包含《方言调查字表》三千多字音的方言材料；粗疏的材料指的是收字较少（如低于一千个汉字）或不全的语音材料（如一些专著中提及的材料）。本书用于比较的全部是详细的语音材料，粗疏的材料只作旁证。表 1－1 和表 1－2 是本书用于语音比较的材料的详细出处。

表 1－1　本书用于语音比较的勾漏片粤语材料来源表

	方言点	所属地区	材料来源	调查人/作者/编者
勾漏片粤语	封开开建话	广东肇庆市封开县南丰镇	笔者实地调查	侯兴泉
	封开罗董话	广东肇庆市封开县罗董镇	笔者实地调查	侯兴泉
	德庆德城话	广东肇庆市德庆县县城	笔者实地调查	侯兴泉
	怀集上坊话	广东肇庆市怀集县冷坑镇	《怀集白话语音研究》	杨璧菀
	怀集下坊话	广东肇庆市怀集县怀城镇	《怀集白话语音研究》	杨璧菀
	广宁南街话	广东肇庆市广宁县东乡镇	《粤西十县市粤方言调查报告》	詹伯慧、张日昇
	四会话	广东肇庆市四会县（市）县城	《粤西十县市粤方言调查报告》	詹伯慧、张日昇
	阳山话	广东清远市阳山县阳城镇	《粤北十县市粤方言调查报告》	詹伯慧、张日昇
	连山布田话	广东清远市连山县吉田镇	《粤北十县市粤方言调查报告》	詹伯慧、张日昇
	连县清水话	广东清远市连县清水镇	《粤北十县市粤方言调查报告》	詹伯慧、张日昇
	玉林市区话	广西玉林市市区	《玉林话研究》	周烈婷

续　表

	方言点	所 属 地 区	材 料 来 源	调查人/作者/编者
勾漏片粤语	玉林福绵话	广西玉林市福绵镇	《平话音韵研究》	李连进
	藤县藤城话	广西梧州市藤县藤城镇(县城)	《平话音韵研究》	李连进
	岑溪大业话	广西梧州市岑溪县(市)大业镇	北大方言调查队	李小凡、项梦冰等
	苍梧六堡话	广西梧州市苍梧县六堡镇	北大方言调查队	李小凡、项梦冰等
	蒙山西河话	广西梧州市蒙山县西河镇	《广西汉语方言研究》	谢建猷
	蒙山话	广西梧州市蒙山县县城	《蒙山话语音系统》	贾才亮
	贺州昭平话	广西贺州市昭平木格镇	《广西昭平方言音系》	黄群
	贺州桂岭话	广西贺州市八步区桂岭镇	《广西贺州八步(桂岭)本地话音系》	陈小燕
	贺州贺街话	广西贺州市八步区贺街镇	《贺州市贺街本地话同音字汇》	黄群
	贺州信都话	广西贺州市八步区信都镇	《粤语平话土话方音字汇(第二编)》	陈海伦、刘村汉
	贺州铺门话	广西贺州市八步区铺门镇	《广西汉语方言研究》	谢建猷
	武宣樟村话	广西来宾市武宣县二塘镇樟村	《广西汉语方言研究》	谢建猷

表 1－2　本书用于语音比较的桂南平话及标话材料来源表

	方言点	所 属 地 区	材 料 来 源	调查人/作者/编者
桂南平话	南宁亭子话	广西南宁市郊亭子乡	《平话音韵研究》	李连进
	南宁四塘话	广西南宁市兴宁区四塘镇	《粤语平话土话方音字汇(第一编)》	陈海伦、林亦
	南宁石埠话	广西南宁市西乡塘区石埠镇	《粤语平话土话方音字汇(第一编)》	陈海伦、林亦
	宾阳芦墟话	广西南宁市宾阳县宾州镇	《平话音韵研究》	李连进
	宾阳王灵话	广西南宁市宾阳县王灵镇	《粤语平话土话方音字汇(第一编)》	陈海伦、林亦
	宾阳新桥话	广西南宁市宾阳县新桥镇	《粤语平话土话方音字汇(第一编)》	陈海伦、林亦

续　表

	方言点	所属地区	材料来源	调查人/作者/编者
桂南平话	宾阳黎塘话	广西南宁市宾阳县黎塘镇	《粤语平话土话方音字汇(第一编)》	陈海伦、林亦
	马山乔利话	广西南宁市马山县乔利乡	《平话音韵研究》	李连进
	横县横州话	广西南宁市横县附城镇	《平话音韵研究》	李连进
	横县百合话	广西南宁市横县百合镇	《广西横县百合平话音系》	黄海瑶
	灵山丰塘话	广西钦州市灵山县丰塘镇	《粤语平话土话方音字汇(第一编)》	陈海伦、林亦
	龙州上龙话	广西崇左市龙州县上龙乡	《平话音韵研究》	李连进
	扶绥龙头话	广西崇左市扶绥县龙头乡	《平话音韵研究》	李连进
	扶绥城厢话	广西崇左市扶绥县县城城厢村	《粤语平话土话方音字汇(第一编)》	陈海伦、林亦
	崇左新和话	广西崇左市江州区新和镇	《粤语平话土话方音字汇(第一编)》	陈海伦、林亦
	百色那毕话	广西百色市那毕乡	《平话音韵研究》	李连进
	田东林逢话	广西百色市田东县林逢镇	《平话音韵研究》	李连进
	田东平马话	广西百色市田东县平马镇	《粤语平话土话方音字汇(第一编)》	陈海伦、林亦
	融水融水镇话	广西柳州市融水县融水镇	《平话音韵研究》	李连进
	富宁剥隘话	云南文山州富宁县剥隘镇	《平话音韵研究》	李连进
标话	长安标话	广东肇庆市封开县长安镇	笔者实地调查	侯兴泉
	诗洞标话	广东肇庆市怀集县诗洞镇	《标话研究》	梁敏、张均如

笔者详细调查的方言(语言)有四种：封开的开建话、罗董话和标话，德庆的德城话。发音人情况如下：南丰开建话记录的主要是笔者父母的音系(文读音参考了笔者及同年龄段人群的读音)，父亲侯培荣(1952 年生)，母亲李少兰(1953 年生)，父母都是小学文化，世居封开南丰镇侯村蛟水，母亲只会讲开建话，父亲还会讲一点蹩脚的广州话。另外我们还记录了长安开建话的音系作为参考和补充，发音人是封开长安镇金宝村的何金生(1952 年生)，高中文化。音系罗董话的发音人是罗董五星寺坦村的陈炯泉(1953 年生)及其子陈演明

(1979 年生)、陈演年(1981 年生),父亲世居本地,两儿子现都在外地工作。长安标话的发音人是长安金宝村的褥华娇(1954 年生)和褥梅英(1942 年生)女士,两位都出生在临近的庙后村(讲标村),后都嫁到金宝村,都会讲一口地道的标话,同时会讲流利的开建话。德庆县城德城的发音人为梁新南(1947 年生)和崔绍森,世居本地。

除此之外笔者还粗略调查了不少勾漏片粤语(含边缘地区的勾漏片粤语),每个方言点调查 4 百个左右的字音、近 500 条常用词语和 70 多条语法项目,这些方言点为:怀集县的马宁上坊话和甘洒下坊话,广宁县的南街话和石咀话;德庆县高良话;四会市(县级)的县城话;罗定市(县级)的素龙话和船步话;郁南县的千官话;云浮市的云城话和云安六都话;信宜市(县级)的东镇话和金垌话。发音人分别是马宁洪屋的洪炉、甘洒麻梗村的雷兰兴、广宁南街镇程屋村的程国钰、广宁石咀镇的冯爱忠、德庆高良镇的陆汉光、四会城区的谢捎容、罗定素龙新塘岗村的梁国材、船步镇的谢大梅和刘云飞、郁南千官中寨村的冯日枝、云城区的梁玉屏、云安六都的何水凤、信宜东镇的何桂凤和信宜金垌上径村的黄上奇。这些发音人年纪绝大部分都在五十岁以上,基本都是世居当地的本地人。

在此,我对配合我们调查的发音人表示深深的敬意和感谢!

第二章
开建话音系描写

2.1 开建(南丰)话的声韵调

2.1.1 声母及辅音音位

2.1.1.1 声母

开建话有 17 个声母(含零声母):

p 巴婆板八	pʰ 批派片匹	m 芒麻网莫	f 非花份窟
t 带驼长得	tʰ 太吐摊踢	n 奶暖农嫩	l 栏郎笼鹿
k 记钳干各	kʰ 卡区抗曲	ŋ 牙勾眼岳	h 海去向乞
ʧ 坐邪床作	ʧʰ 取秋产测	ȵ 软严鱼肉	ʃ 四散生式
Ø 野话阳划			

声母说明:

(1) 这里归纳的声母跟《粤西十县市粤方言调查报告》(简称《报告》)中南丰话的声母系统相比最大的不同是增加了 ȵ 声母。《报告》说明第 3 点认为"n 在洪音前读 n,在细音前读 ȵ,因无音位对立,统记作 n"①。其实 ȵ 和 n、ŋ 在南丰话中是相互对立的音位,如软 ȵyn²⁴²≠暖 nyn²⁴²,嫩 nin²¹≠闰 ȵin²¹,酿 nyŋ²¹≠让 ȵyŋ²¹;研$_{碾}$ ŋin²⁴≠然 ȵin²⁴;

① 《报告》在词汇部分还是按严式音变记作 ȵ。

男 nam^{24}≠岩 ŋam^{24}。ȵ 后接开口呼及合口呼韵母时有轻微的 i 音色。

（2）零声母有多个变体：洪音前面的零声母跟高调相配的时候常带有明显的喉塞 ʔ，跟低调拼的时候喉塞不明显；细音前面的零声母跟低调配合时有较明显同部位的摩擦 j 或 w，跟高调配合时摩擦不明显。

（3）ʧ、ʧ^h、ʃ 跟 i 相拼的时候音值接近舌面前的 ʨ、ʨ^h、ɕ，且舌面靠近上齿背，比普通话的舌面塞擦音和擦音略偏前。

2.1.1.2　辅音音位

开建话的辅音数等于声母数，且所有的辅音都可以做声母，因此开建话的辅音音位分别为/p/、/p^h/、/m/、/f/、/t/、/t^h/、/n/、/l/、/k/、/k^h/、/ŋ/、/h/、/ʧ/、/ʧ^h/、/ȵ/、/ʃ/、/Ø/。开建话的辅音只有 m、n、ŋ、p、t、k 可以作韵尾，其中 p、t、k 作韵尾时不爆破。

2.1.2　韵母及元音音位

2.1.2.1　韵母(94 个)

表 2-1　开建话韵母表(括号内的读音是音位变体)

开口呼	齐齿呼	合口呼	撮口呼
	i 支机耳衣	u 租夫母妇	y 徐举住于
a 阿巴家花	ia 有	ua 瓜夸挂画	
ɛ 茄例契蚁	i^{ɛ}写夜世使	uɛ □爬□阿～，小孩	
œ 哥靴催税	iœ 锐		
ɔ 河肚操告	iɔ □起哄	u^{ɔ}罗左初司	
ai 带街排鞋	iai □削竹篾	uai 怪块乖坏	
ɐi 鸡皮李弟	iɐi □差劲，不乖	uɐi 龟葵围伟	
ɛi 姊比四字		uɛi 鬼喂贵位	
ɔi 该害腮再		u^{i}梅灰杯会	
œy 蛆去须猪			
au 靠包抄较	iau 友□游□"吃"的俗称		

续 表

开口呼	齐齿呼	合口呼	撮口呼
ɐu 偷秋球刘	iɐu 休忧油		
ɔu 走狗就斗	iɔu 右幼□皱		
ɛu 标锹聊吆叫	i^{u}笑照烧料		
am 谭监蓝湛	iam □渗水		
ɐm 侵深锦覃姓	iɐm 阴饮		
ɔm(om)甘含(暗禁)			
ɛm 帘尖点添	im 闪谦阉剑		
an 灿眼兰产		uan 弯关惯还	
ɐn 贫辛本闻	iɐn 欣人引	uɐn 君温捆云	
	in 烟毡然论	uin 运棍韵□关着	
ɔn(øn) 安寒(汉按)		un 官款换岸	yn 泉断圈圆
ɛn 天钱边连			
ɐŋ 曾朋恒等	iɐŋ 应蝇	uɐŋ 宏弘□坏了	
œŋ(øŋ) 江忙(浪状)			yŋ 两张想阳
ɔŋ 封冬红弓	iɔŋ(iuŋ) 庸融(用样)		
u^{o}ŋ(uŋ) 方光(放共)			
ɛŋ(eŋ) 冷生(兴庆)		uɛŋ 横梗框	
	i^{ə}ŋ(iŋ) 顶精(姓敬)	ui^{ə}ŋ(uiŋ) 荣泳(颖)	
ap 搭杂腊鸭	iap □眨眼□张开扇		
ɐp 蛤粒汁级	iɐp 入邑熠泣		
ɔp (op) 鸽合(□花蕾)	iɔp□拟态词		
ɛp 聂接帖叠	ip 摄叶业协		
at 八辣达瞎		uat 刮滑挖猾	
ɐt 笔物出漆	iɐt 一逸	uɐt 骨屈核掘	
ɔt(øt) 割泼钵袜(□拟声词)		ut 活阔括豁	yt 血绝月脱
ɛt(et) 鳖列节铁(□摔打)	it 洁舌热杰		
ɛk(ek) 客白麦革(□用指甲掐)	i^{ε}k 药席液历	uɛk(uek) 划画(□拟态)	

续 表

开 口 呼	齐 齿 呼	合 口 呼	撮 口 呼
ɐk 北塞测墨	iᵊk 脚亿壁积	uɐk 或域	
œk 恶乐捉角	iœk 跃	uœk □猪叫声	
ɔk 屋足国木	iɔk 育欲	uɔk 获镬	
ŋ̍/m̩/n̩ 吾五悟午			

韵母说明：

（1）跟《报告》中南丰话的韵母系统相比我们增加了接近20个韵母，其中uɛ、iɔ、iai、iɐi、iam、iap、iɔp、uœk等新增的韵母主要出现在借词（含底层词）或拟声拟态词中，如“□kuɛ²⁴爬”、“□iɔ⁵⁵起哄”、“□iam³²渗水”、“□ȵiap³²生气”、“□uœk³⁴拟声词”等。这些韵母也可以看作边际性韵母，不纳入韵母表。其他新增的一些韵母如ia、iau主要出现在古流摄中；ɔi韵则是从《报告》的“œy”韵中分出来的，因为南丰话œy和ɔi是对立的两个韵，如“鬚ʃœy⁵⁵≠腮ʃɔi⁵⁵”。

（2）iᵋ、uᵓ的实际音值为iː ɛə、uː ɔə，介音的音值长且清晰，有韵腹化的趋势；iᵘ、uⁱ两个复合元音的发音都是前长后短，韵腹为第一个元音。我们认同潘悟云（2006）关于后滑音的处理意见，并在音标上把滑音上标以示其与主元音的区别。

（3）ɔn、œŋ、ɛŋ、uɛŋ、iᵊŋ、uiᵊŋ、iɔŋ、uᵒŋ几个韵母的主元音跟阴去和阳去调相配的时候主元音都有高化的现象，分别高化为øn/un、øŋ、eŋ、ueŋ、iŋ、uiŋ、iuŋ、uŋ。

（4）ɛi和uɛi韵腹ɛ的实际读音是e；ɔu、iɔu、ɔŋ、ɔk、iɔk、uɔk韵腹ɔ的实际读音是o；ɐu、ɐŋ、ɐk韵腹的实际读音为ʌ。

（5）声化韵单说的时候一般读作ŋ̍，在唇音前面多被同化为m̩，在舌音前面多被同化为n̩。

（6）韵腹为a和韵腹为ɐ的两类复合韵母同时还伴随有长短的区别：a系韵母较长，ɐ系韵母较短。

2.1.2.2　元音音位

开建话共有 8 个元音音位，分别为/i/、/y/、/u/、/ɛ/、/œ/、/ɐ/、/ɔ/、/a/，各音位的条件变体如下：

(1) /i/

[iᵊ]：后接舌根韵尾 ŋ/k

[i]：其他

(2) /y/：只有[y]一个变体

(3) /u/：只有[u]一个变体

(4) /ɛ/

[e]：后接 i/ŋ 且跟去声相配时；后接 t/k 韵尾且跟上阴入调相配时

[ɛ]：其他情况

(5) /œ/

[ø]：后接 ŋ 韵尾且跟去声调相配时

[œ]：其他情况

(6) /ɐ/

[ʌ]：后接 u、ŋ、k 韵尾时

[ɐ]：其他情况

(7) /ɔ/

[o]：后接 m 且跟去声配合时；后接 p 且跟上阴入或上阳入配合时；后接 u/ŋ/k 时

[ø]：后接 n 且跟去声配合时；后接 t 且跟上阴入或上阳入配合时

[ɔ]：其他情况

(8) /a/

[ᴀ]：单独做韵母时

[ɑ]：后接 u 韵尾时

[a]：其他情况

说明：除 ɐ 外，其它 7 个元音都可以单独充当韵母。

2.1.3　声调及调位

2.1.3.1　单字调

按照传统区分舒声调和入声调的分类，南丰话有 10 个声调，其调类和调值分别为：

阴平	44	阳平	24
阴上	52	阳上	242
阴去	32	阳去	21
上阴入	55	上阳入	34
下阴入	32	下阳入	21

说明：

（1）这种分法比《报告》多出一个上阳入 34，《报告》把上阳入 34 和下阳入合并为一个阳入 22 是不合适的，因为上阴入和下阴入也是互补分布的，却把它们分为两个调，而上阳入和下阳入的分布条件跟上阴入和下阴入是一样的，没理由前后不一致。如果只根据互补分布而忽视音值差别把它们合并也是可以的，但是合并上下阳入的同时也应该合并上下阴入，否则标准不一。去声、下阴入和下阳入的调值的描写也有细微区别，不过无关紧要。

（2）上阴入和上阳入是短调，调长只有舒声调的一半左右；下阴入和下阳入是长调，其调长略短于舒声调的调长平均值，因为舒声调各调长也有差异，因此这种差异可忽略。

开建话 10 个单字调的声学图表现如下图 2－1，2－2（引自侯兴泉，2008）。

2.1.3.2　调位

因为入声调都带有塞音韵尾，因此实际上开建话可以归纳为 6 个调位，下面我们分别用 1－6 个数字表示 6 个调位，并列出各调的调位变体：

（1）/1 调/

[44]：只出现在舒声韵中

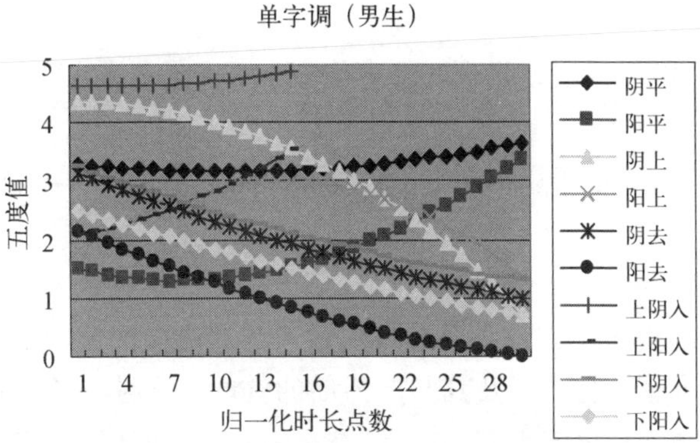

图 2-1　开建话男生单字调声学图

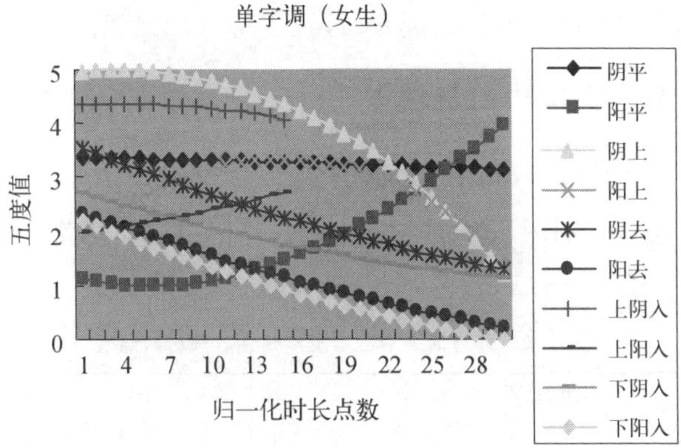

图 2-2　开建话女生单字调声学图

[55]：只出现在入声韵中

(2) /2 调/

[24]：只出现在舒声韵中

[34]：只出现在入声韵中

(3) /3 调/

[52]：只出现在舒声韵中

(4) /4 调/

[242]：只出现在舒声韵中

(5) /5 调/

[32]：既可以出现在舒声韵中又可以出现在入声韵中

(6) /6 调/

[21]：既可以出现在舒声韵中又可以出现在入声韵中

2.2　开建话的音韵特点

本节通过跟中古音音系和广州话声韵调的全面比较来总结开建话声韵调的音韵特点以及其与广州话的音韵一致性与差异性。本书所用的中古音系框架来自《方言调查字表》。广州话的读音主要取自《粤西十县市粤方言调查报告》，文白异读主要参考《汉语方音字汇》(第二版重排本)中广州话的读音(订正了部分的错误读音)。

2.2.1　声母比较和声母特点

2.2.1.1　开建话声母与中古音的比较

通过表 2-2 跟中古音声母的比较，我们可以总结出开建话的声母有以下一些音韵特点：

表 2-2　开建话跟中古音及广州话的声母对照表

<table>
<tr><th colspan="2">中古条件</th><th>开建方言</th><th>广州方言</th><th>例字
(下划双、单线分布表示该字在开建话中的文读和白读)</th></tr>
<tr><td rowspan="4">帮</td><td>绝大多数</td><td>p</td><td>p</td><td>波簸巴疤把霸坝补布贝拜摆蔽闭杯辈碑俾臂悲比秘褒保报包饱豹标表贬禀扮八班板鞭变别鳖边扁搬半钵宾殡笔必奔本不帮榜谤博邦绑驳崩北冰逼百迫兵丙柄碧饼并壁卜扳~手</td></tr>
<tr><td rowspan="2">少数</td><td rowspan="2">p^h</td><td>p^h</td><td>谱鄙编</td></tr>
<tr><td>p</td><td>彼</td></tr>
<tr><td>个别</td><td>m</td><td>m</td><td>扳动词擘剥</td></tr>
<tr><td rowspan="3">滂</td><td>绝大多数</td><td>p^h</td><td>p^h</td><td>颇破怕铺普铺沛派批配丕屁泡~茶抛炮飘票剖品盼攀篇片撇潘拼判泼匹喷滂朴烹拍聘拼劈扑</td></tr>
<tr><td rowspan="2">少数</td><td rowspan="2">p</td><td>p</td><td>玻怖扳~手泊</td></tr>
<tr><td>p^h</td><td>坡泡肥皂~</td></tr>
</table>

续　表

<table>
<tr><th colspan="2">中古条件</th><th>开建方言</th><th>广州方言</th><th>例字
（下划双、单线分布表示该字在开建话中的文读和白读）</th></tr>
<tr><td rowspan="3">並</td><td>去(今读)、入、阴上、阴平</td><td rowspan="2">p</td><td>p</td><td>部薄簿步罢败弊币毙陛背被鼻暴鲍瓢瓣办拔便别辫叛弼笨雹白棚病並仆~人曝瀑捕</td></tr>
<tr><td>阳平、阳上(今读)</td><td>p^h</td><td>婆耙菩排培倍皮被棉~枇袍抱刨嫖盘伴贫勃旁傍朋凭彭平评瓶屏萍篷</td></tr>
<tr><td>少数例外</td><td>p^h</td><td>p^h</td><td>脯胸~佩辟</td></tr>
<tr><td>明</td><td>全部</td><td>m</td><td>m</td><td>魔磨麻妈马模~板墓埋买卖迷米梅每妹谋眉美毛帽茅猫卯貌苗妙亩牡母戊贸谋抹蛮慢棉免面灭眠面瞒满漫末抹民敏密门闷没忙莽莫摸墨盲猛孟麦明盟命名觅蒙懵木梦</td></tr>
<tr><td rowspan="4">非</td><td>绝大部分</td><td>f</td><td>f</td><td>夫肤府腑俯赋废非飞匪否富法藩反贩发分粉奋方肪仿放风讽福幅蝠复腹封付枫</td></tr>
<tr><td rowspan="2">少数</td><td rowspan="2">p^h</td><td>p^h</td><td>脯杏~甫</td></tr>
<tr><td rowspan="2">f</td><td>斧</td></tr>
<tr><td>少数</td><td>p</td><td>付粪分傅枫</td></tr>
<tr><td rowspan="4">敷</td><td>绝大多数</td><td>f</td><td>f</td><td>敷俘孵麸抚赴肺妃费泛翻番~~芬纷佛~佛芳纺仿访丰峰锋副蜂覆</td></tr>
<tr><td rowspan="2">少数</td><td rowspan="2">p^h</td><td>p^h</td><td>捧</td></tr>
<tr><td>f</td><td>副蜂覆赴</td></tr>
<tr><td>个别</td><td>p</td><td>f</td><td>妨</td></tr>
<tr><td rowspan="3">奉</td><td>个别</td><td rowspan="2">p</td><td>p</td><td>缚伏</td></tr>
<tr><td>大多数</td><td rowspan="2">f</td><td>符扶芙父腐辅附吠肥浮妇负阜凡帆范犯乏烦矾繁饭伐筏罚焚坟佛房防冯凤服伏栿逢缝奉俸缝</td></tr>
<tr><td>少数</td><td>f</td><td>釜翡藩愤忿符凡帆范乏繁份复肥</td></tr>
<tr><td rowspan="2">微</td><td>绝大多数</td><td>m</td><td>m</td><td>无武舞侮鹉务雾微尾未味晚万蔓袜文纹蚊闻吻刎问物勿亡芒网忘妄巫</td></tr>
<tr><td>个别</td><td>Ø</td><td>(w)</td><td>挽</td></tr>
<tr><td rowspan="4">端</td><td>绝大多数</td><td>t</td><td>t</td><td>多朵剁都首~赌肚妒带低堤底抵帝堆对刀倒到雕钓兜斗~争斗~~丢耽答担胆点店跌单旦颠典端短断锻敦墩顿当党灯等凳德打丁顶订滴东董冻栋冬督岛</td></tr>
<tr><td>个别</td><td>t^h</td><td>t</td><td>岛(又读)倒~水</td></tr>
<tr><td>个别</td><td>n</td><td>n</td><td>鸟</td></tr>
<tr><td>个别</td><td>ʧ</td><td>ʦ</td><td>掇(训读)</td></tr>
</table>

续　表

中古条件		开建方言	广州方言	例字 （下划双、单线分布表示该字在开建话中的文读和白读）
透	全部	t^h	t^h	拖他妥土兔胎泰梯体替推腿退讨套挑跳偷透贪探毯塔添帖滩坦炭天铁脱吞汤烫托厅听踢通桶痛统
定	去（今读）、入、阴上、阴平	t	t	大惰度待袋大弟队兑地涛道稻掉豆逗沓叠诞蛋达电垫段夺钝突荡踱邓定笛动洞毒
	阳平、阳上（今读）		t^h	舵驼图肚台题桃条调~整头谭淡甜坛田团断折~臀盾矛~堂藤亭艇挺同
	少数例外	t^h	t^h	跳挺涛
泥娘	绝大多数	n	n	挪糯拿奴努怒女乃泥内尼腻你脑闹尿扭男纳聂鲇拈难~易难苦~捺年捻捏暖嫩囊诺娘酿能宁安~农脓侬
	个别	ŋ	n	挠碾
来	绝大多数	l	l	罗裸卢鲁路驴旅虑来赖例厉犁礼丽雷离荔利厘李吏类泪劳捞牢老涝疗撩了料楼漏流柳溜廖拉蓝览缆蜡帘殓猎林立兰懒烂辣连联列莲练楝卵乱恋劣栗论轮律郎朗浪落良两~个亮辆量略掠勒凌力冷领令灵另历笼拢鹿隆六录累程度较深累~积
	少数	n	n	粒拎弄捉~
			l	累程度较浅
	个别	t	t	隶奴~
精	绝大多数	ʧ	ʦ	左姐借租祖做灾再祭最紫资姊子嘴醉糟早灶焦剿走奏酒簪尖接浸赞煎剪箭节钻动词钻名词津尽进尊卒俊赃葬作将奖酱爵曾增则精井积棕总宗纵足
	少数	ʧ^h	ʦ^h	躁歼雀鹊
清	绝大多数	ʧ^h	ʦ^h	且笪粗醋错蛆趋取娶趣猜彩菜妻砌催脆雌此刺次翠操草糙锹缲凑秋参惨签妾侵寝缉餐灿擦迁浅千切窜亲七村寸仓错枪抢清请戚聪促
	个别	ʧ	ʦ^h	撮动词
	个别	t^h	t^h	囱（通/筒？）
从	去（今读）、入、阴上、阴平	ʧ	ʦ	座藉聚在载剂罪自慈字曹造就杂暂渐捷集贱截绝尽疾存藏西~凿匠赠静净籍寂族
	阳平、阳上（今读）		ʦ^h	坐才齐磁蚕潜残钱践前泉秦藏~身墙曾层贼情从
	少数例外	ʧ^h	ʦ^h	疵缉

续　表

<table>
<tr><th colspan="2">中古条件</th><th>开建方言</th><th>广州方言</th><th>例字
（下划双、单线分布表示该字在开建话中的文读和白读）</th></tr>
<tr><td rowspan="5">心</td><td>绝大多数</td><td>ʃ</td><td>s</td><td>蓑锁些写卸苏素塑絮须胡~需鳃西洗细碎斯私死四司丝虽骚扫嫂消小笑嗽修秀宿三心珊散伞萨仙癣线先屑酸算宣选雪新信悉膝孙损笋迅戌桑丧索箱想相塞熄省性惜星醒锡送松宿</td></tr>
<tr><td>少数</td><td>ʧʰ</td><td>ʦʰ</td><td>赛栖赐鞘速</td></tr>
<tr><td>个别</td><td>ȵ</td><td>s</td><td>撕</td></tr>
<tr><td rowspan="2">个别</td><td rowspan="2">ʧ</td><td>ʦ</td><td>僧</td></tr>
<tr><td>s</td><td>髓</td></tr>
<tr><td rowspan="4">邪</td><td>去（今读）、入、阴上、阴平</td><td rowspan="3">ʧ</td><td>ʦ</td><td>序叙续巳寺饲囚泅袖习袭象像橡席夕诵颂讼俗续</td></tr>
<tr><td>阳平（多数）、阳上（今读）</td><td>ʦʰ</td><td>邪斜徐辞词祠似嗣随寻循巡详祥松~树</td></tr>
<tr><td>阳平（少数）</td><td>s</td><td>遂隧旋名词旬</td></tr>
<tr><td>少数例外</td><td>ʃ</td><td>s</td><td>绪穗羡殉旋~转</td></tr>
<tr><td rowspan="4">知</td><td>多数</td><td>ʧ</td><td>ʦ</td><td>蛛著蜘智追罩昼站粘~米展哲转珍镇张长帐桩徵贞中竹扎转朝~代</td></tr>
<tr><td rowspan="2">少数</td><td rowspan="2">t</td><td>t</td><td>爹啄斲</td></tr>
<tr><td>ʦ</td><td>猪知朝早上着~衫着~火转掷</td></tr>
<tr><td>个别</td><td>ʧʰ</td><td>ʦʰ</td><td>卓</td></tr>
<tr><td rowspan="3">彻</td><td>绝大多数</td><td>ʧʰ</td><td>ʦʰ</td><td>痴耻超抽丑彻撤趁椿畅戳撑拆逞畜宠獭</td></tr>
<tr><td>个别</td><td rowspan="2">ʧ</td><td>ʦ</td><td>侦</td></tr>
<tr><td>个别</td><td>s</td><td>术</td></tr>
<tr><td rowspan="6">澄</td><td>去（今读）、入、阴上、阴平</td><td rowspan="2">ʧ</td><td>ʦ</td><td>住朝~廷长生~滞稚持痔棹赵宙赚站蛰辙篆传名词阵侄仗撞浊直泽郑仲轴重~量</td></tr>
<tr><td>阳平（多数）、阳上（今读）</td><td>ʦʰ</td><td>茶除柱池潮筹沉缠传动词陈肠场惩橙呈程虫重~复</td></tr>
<tr><td rowspan="3">小部分</td><td rowspan="3">t</td><td>ʦ</td><td>住尘阵丈着~火逐坠</td></tr>
<tr><td>ʦʰ</td><td>槌长锤缠</td></tr>
<tr><td>t</td><td>秩</td></tr>
<tr><td>个别</td><td>k</td><td>kʰ</td><td>澄（训读？）</td></tr>
</table>

续　表

中古条件		开建方言	广州方言	例字（下划双、单线分布表示该字在开建话中的文读和白读）
庄	绝大多数	ʧ	ʦ	查渣榨阻斋债找邹斩蘸簪盏扎臻庄装壮捉侧争责
	少数	ȵ	ʦ	爪皱绉
	个别	Ø	ʦ/Ø	眨（训读?）
初	全部	$ʧ^h$	$ʦ^h$	叉岔初楚钗厕抄炒插参铲察篡衬疮闯创窗测铛册
崇	去（今读）、入、阴上、阴平	ʧ	ʦ	乍助寨骤闸栈铡撰状
	阳平（大部分）		$ʦ^h$	查豺柴愁巢谗馋床崇
	阳上和个别阳去和阳平		s	士仕柿事岑煠
生	绝大部分	ʃ	s	沙洒傻耍梳所数动词数名词筛洒晒师使史衰摔帅稍潲搜馊瘦衫森参渗山杀率霜爽双朔色生省缩
	少数	$ʧ^h$	$ʦ^h$	杉产刷
	个别	k	k	涩（训读）
	个别	Ø	h	厦
章	绝大多数	ʧ	ʦ	遮者蔗煮朱注制支纸只志招照周咒瞻占折针枕汁毡战浙专拙真振质准章掌障酌蒸证织职正整政终众粥钟种肿烛震
	少数	$ʧ^h$	$ʦ^h$	诊疹昭
	个别	t	ʦ	震～一～
	个别	ȵ	ʦ/j	锥
昌	绝大多数	$ʧ^h$	$ʦ^h$	车扯处齿吹丑臭川串春蠢出昌厂唱绰称秤尺充触
	个别	ʃ	s	枢①
船	绝大多数	ʧ	s	蛇射麝舐示舌船神实唇术述秫乘剩食蚀赎
	个别	t	t^h	盾
			s	绳
	个别	ʃ	s	顺
书	大多数	ʃ	s	赊舍书鼠黍恕世税尸屎试水烧少收手兽闪摄深沈湿扇说身室商赏升胜识饰声圣释叔

① 枢字有人读作 k^hy，应该是受偏旁影响而导致的误读。

续　表

中古条件		开建方言	广州方言	例字 （下划双、单线分布表示该字在开建话中的文读和白读）
书	少数	tʃ^{h}	ts^{h}	奢翅始设束矢
	个别	tʃ	ts	舂
禅	大多数	tʃ	s	社薯殊竖树誓逝匙是氏豉视时市恃侍垂睡瑞谁韶绍邵仇受寿授售什拾蝉禅善膳禅辰晨臣肾纯莼醇常尝偿上尚上承丞成城诚盛石熟淑蜀属十$_{\text{排行}}$折$_{\text{弄折}}$
	少数		ts	勺殖植
	个别		ts^{h}	酬署
	少数	ʃ	s	嗜涉甚十$_{\text{数字}}$慎
日	绝大多数	ȵ	j/(j)	如乳二耳儿饶扰染然热软/惹蕊柔壬任纫人忍认韧日闰壤让若弱仍肉
	少数	Ø	j/(j)	儒/芮入戎绒茸
	个别	n	n	瓤
见	大部分	k	k	歌哥过戈果家假架驾嫁瓜寡姑古故居举锯矩该改盖皆介街解鸡计髻乖怪拐挂桂寄饥己记诡龟轨季归鬼高告交教搞娇缴叫狗够感鸽甘敢减碱监甲检剑劫兼急干秆割艰简间$_{\sim\text{隔}}$坚见结官冠管贯关惯刮卷绢倔跟滚骨军棍冈各姜脚光广郭江讲降角国更羹梗格耕革京景敬戟颈击矿公贡谷巩酵谨劲
	少数	k^{h}	k^{h}	箍拘俱概桧稽规愧沟构级揭括决昆扩扛劲（异读）
	少数（流深臻三等）	tʃ	k	鸠久九韭救灸究金今禁锦巾紧吉斤筋谨
	个别	tʃ^{h}	k^{h}	襟
	个别	Ø	w/（w）	会/蜗
			h	懈虹
	个别	ŋ	ŋ	勾钩
	个别	h	h	酵侥
	个别	t	t	纠（误读）
溪	多数	k^{h}	k^{h}	夸垮跨区慨咳溪启契盔块亏靠窍巧扣缺坤捆抗却旷筐确倾顷曲课困$_{\sim\text{难}}$
	个别		h	巧

续 表

中古条件		开建方言	广州方言	例字 (下划双、单线分布表示该字在开建话中的文读和白读)
溪	个别	k	k	揿杞
	个别		k^h/h/f	楷企/券/枯奎
	部分(开合口)	h	h	牵圈劝犬垦乞康壳肯刻坑客庆轻吃空孔控罢
	部分(合口)	f	f	科恢快宽款阔窟苦库裤困眼～
	少数	Ø	(j)/(w)	丘钦泣/屈
	个别	p^h	p^h	棵(训读?)
	个别	ʧ	k^h	妗
群	去(今读)、入、阴上、阴平	k	k	巨拒具技忌跪柜轿俭及件杰键健倦郡掘极竞共局
	阳平(多数)、阳上(今读)		k^h	强茄渠距奇其旗葵桥钳乾拳颧群裙狂擎琼穷
	去(流深臻三等)	ʧ	k	臼咎旧柩
	阳平和阳上(流深臻三等)		k^h	求球仇舅琴禽擒勤芹近
	个别	k^h	k^h	强勉～剧
晓	开口多数/部分合口	h	h	靴吓虚许海牺戏喜好形容词耗孝嚣晓吼喝喊险胁汉瞎轩献歇显血香响向黑兴时～兴高～亨吓兄凶
	合口多数	f	f	火货花化呼虎戽灰悔辉欢婚忽训荒
	合口个别		Ø/(w)	毁焕
	少数	k^h	k^h	吸贿
	少数		f	霍藿况
	个别	ŋ/ȵ/m	h/ʦ^h/n	蒿薅/嗅(训读)/朽
	个别	ʧ^h	ʦ^h	畜蓄
	少数	Ø	w/(w)/(j)/h	唤桓/歪讳/休欣/罕荷
匣	开口多数	Ø	h	河贺霞下夏亥害鞋蟹豪号效校学～侯厚候含盒咸陷峡衔寒旱汗闲限辖痕杭鹤降项巷恒行衡幸核～对红
	合口多数	Ø	j/(j)/(w)/w	嫌贤现完县穴/形/胡户护回汇缓换活/禾祸华划怀坏话惠幻滑环患魂馄核黄镬弘或核果～横获

续　表

中古条件		开建方言	广州方言	例字（下划双、单线分布表示该字在开建话中的文读和白读）
匣	开口少数	h	h	虾系撼憾洽协很恨
	少数	k	$k/k^h/h$	茎陉/携/汞解
	个别	k^h	k^h	溃绘
	个别	ŋ/l	ŋ/l	肴淆/舰(艦)
	个别	f	f	乎晃
影	绝大多数	Ø	Ø/j/(j)/w/(w)	阿哑哀爱矮奥欧呕暗鸭压安案晏屋恶/于腰要掩烟燕冤乙椅医意/鹰翁恩忧幼音饮因一隐央约应亿英影益雍/恶乌煨碗/窝蛙委喂威畏挖弯温稳汪枉郁
	个别	ŋ/ȵ/m	Ø/(j)/m	坳/拥/杳(训读?)
喻云	绝大多数	Ø	j/(j)/w/(w)	于雨炎圆院远越/邮有友又/芋/围伟卫为位胃汇云韵运晕王往旺域荣永咏
	个别		h	雄熊
	个别	ȵ	h	熊
喻以	多数	Ø	j/(j)/(w)	余与预移易已窑耀盐艳叶页演铅阅延舀/爷野夜锐油诱引逸羊养样药跃蝇盈液营融育用欲/遗匀允颖
	少数	ȵ	j/(j)	阎缘谣淫延舀/勇涌欲浴
	个别	k	k	捐
	个别	l	l	遗~尿

（1）古全浊声母今读塞音、塞擦音在白读层基本都读不送气清音。

（2）微母尚未分化，跟明母同读作 m；19%左右的非母、8%左右的敷母及 84%左右的奉母读作重唇音 p、p^h。如：

非母：斧甫脯（p^h）；付傅分粪枫（p）

敷母：妨（p）；副捧蜂①（p^h）

奉母：符扶父腐辅吠附肥浮妇负凡帆范犯乏烦饭罚坟佛房冯凤

① 封开长安的开建话"龙蜂"的"蜂"字声母读 p^h，其它地方基本都读 f。

服逢(p)

(3) 17%的知母、14%的澄母三等口语常用字读同端母,如:

知母:爹、猪、知、朝、转旋转、张、着~衫、啄、掷

澄母:住、锤、槌、坠、缠、尘、阵一~、长~短、丈、着~火、秩、逐

(4) 中古泥、娘母今天基本都读作 n;中古日母字和疑母细音字白读基本都为 ȵ;疑母洪音今读为 ŋ。

(5) 中古精、知、照(含庄、章)三组声母基本上都已合并为一套塞擦音和擦音 ʧ、ʧ^h、ʃ;邪、禅母在开建话的白读层中不论平仄一律读作不送气的塞擦音 ʧ。

(6) 流、深、臻三摄开口三等见、群母字大部分腭化为舌叶塞擦音 ʧ,如"九、求、金、琴、紧、近"等。

(7) 见、溪母字在开建话中都有五种以上的读法,如见母有 k、k^h、ŋ、h、ʧ、ʧ^h、Ø 等多种读法,以读 k、k^h、ʧ 为主;溪母有 k^h、k、h、f、Ø 五种读法,以读 k^h、h 为主。

(8) 晓、匣母在开建话中也有多种读法。晓母读 h、f 为主,读 h 既可以在开口中出现也可以在合口中出现,读 f 一般只出现在合口的条件下;匣母大部分都读作零声母,跟喻母(包括喻三和喻四)合流。

(9) 庄母、章母、影母、云母和以母都有部分常用词读作舌面前鼻音 ȵ,如:爪搟皱绉(庄);锥(章);阎淫勇延舀(云);熊(以)。

2.2.1.2 开建话声母跟广州话的一致性

通过表 2-2 的比较,我们总结出开建话跟广州的声母有以下几点一致性:

(1) 帮滂、端定、泥娘来的读音开建话跟广州话基本上是一致的。

(2) 明微不分,开建话跟广州话是一致的。

(3) 精知照基本上都已经合并为一套塞擦音,开建话也跟广州话一样。

(4) 开建话不分船禅，广州话基本上也是不分船禅母的，不过两者的音值不同。

(5) 开建话见溪母的主要读音跟广州话基本一致：见母主要读作 k，少数读作 k^h；溪母主要是读作 k^h、h、f，其中 f 多出现在合口韵前，h 则既可以在开口韵前面出现也可以在合口韵前面出现。

(6) 开建话跟广州话的疑母在洪音前仍读舌根鼻音 ŋ。

(7) 开建话的晓母以读 h、f 为主，读 h 既可以在开口中出现也可以在合口中出现，读 f 一般只出现在合口的条件下。广州话的表现跟开建话基本一致。

(8) 非敷母、溪母合口以及晓母合口开建话和广州话都主要读作 f。

(9) 开建话跟广州话的匣母合口字以及影喻母都主要读作零声母。

2.2.1.3　开建话声母跟广州话的差异性

通过表 2-2 的比较，我们还可以总结出开建话跟广州话的声母有以下几点差异性：

(1) 开建话古全浊塞音、塞擦音声母今读白读层一般读作不送气清塞音，广州话则是今读平上送气，今读去入不送气。这点开建话跟广州话差异较大。

(2) 开建话的非敷奉母(尤其是奉母)较多地保留了重唇音，广州话非敷奉保留重唇的数量远少于开建话。

(3) 开建话的知澄母有较多的常用字保留了“古无舌上”的读法，而广州话基本上没有保留。

(4) 开建话邪从母基本都读作不送气的清塞擦音。广州话的从邪母白读字基本上是平上读送气清塞擦音，去入读作不送气清塞擦音；文读字较多读作清擦音。

(5) 开建话的船禅母基本都读作不送气的清塞擦音，跟崇从邪母合流；而广州话的船禅母绝大多数都读作擦音(只有几个禅母字读作塞擦音)，跟生书心母合流。

(6) 开建话的见溪群母在流、深、臻等摄中会腭化为舌叶塞擦音，而广州话这部分字仍读作舌根塞音。

(7) 开建话的疑母及日母细音主要读作 ȵ，跟广州话主要读作 Ø(j)不同。

(8) 开建话匣母不论开合，基本上都读作零声母；而广州话的匣母主要是合口读作零声母，开口基本仍读作 h。

(9) 开建话庄母、章母、影母、云母和以母都有部分常用词读作舌面前鼻音 ȵ，广州话没有这个读音。

2.2.2　韵母比较和韵母特点

本节把中古的韵母系统跟开建话及广州话的韵母进行比较，中古韵母以平赅上去。

2.2.2.1　开建话韵母与中古音的比较

通过表 2－3 的对比，我可以总结出开建话的韵母跟中古音相比有以下音韵特点：

表 2－3　开建话跟中古音及广州话的韵母对照表

中古条件			开建话	广州话	例字
果摄	果开一歌	多数	u^{ɔ}	ɔ	多拖驼舵挪罗左歌鹅我个饿
		少数	ɔ	ɔ	可河何荷~花荷薄~贺阿~胶
		个别	œ	ɔ	哥大~
			a	a	他阿
	果开三戈		i^{ɛ}	ɛ	茄
	果合一戈	多数	u^{ɔ}	ɔ	波颇婆魔磨簸破朵妥惰骡裸糯梭坐锁座过科棵课卧禾火货
		少数		uɔ	果裹果过祸和倭窝
		个别	ɔ	ɔ	啰
			ɐi	ɐi	跛
			œk	ɔk	薄
	果合三戈		œ	œ	靴

续　表

中古条件			开建话	广州话	例　　字
假摄	假开二麻	绝大多数	a	a	巴麻妈把马霸怕耙拿茶渣叉查沙洒榨岔厦家牙假雅架虾哈霞厦下鸦哑
		个别	ɔ	ou	蟆
			ɛk	ak	吓
	假开三麻	多数	i^{ε}	ɛ	些邪姐且写借笪卸谢爹遮车蛇奢者扯舍社蔗射舍
		少数		iɛ	惹耶爷野夜
		个别		ia	也
		个别	i^{ε}k	ek	籍褯
	假合二麻	多数	ua	ua	华蛙洼瓜夸寡剐垮跨
		少数	a	a	耍瓦花化
		个别	$u^{\text{ɔ}}$	uɔ	蜗
			ɔ	ɔ	傻
			uɛk	ua	划
遇摄	遇合一模	帮端系	u	ou	铺菩模补谱部簿布铺步墓募都图赌土兔度奴卢努鲁怒路租粗苏祖做醋素
		见系(除疑母)		u	姑箍古苦故库呼胡虎户戽护乌
		疑母	ŋ̍	ŋ̍	吴蜈吾梧五伍午误悟
		个别	$u^{\text{ɔ}}$	ou	模摹
				ɔ	错
			ɔ	ou	肚
			u	ɐu	埠地名
			œk	ɔk	塑
	遇合三鱼	知组、章组、影组及疑日母	y	y	储著诸书煮处鼠恕薯如鱼御于余与誉
		见溪群晓		œy	除居车～马炮墟渠举拒巨据虚许
		庄组	$u^{\text{ɔ}}$	ɔ	初梳疏蔬阻楚础所助
		端系	u^{i}	œy	吕旅虑序叙绪絮

续　表

中古条件			开建话	广州话	例　　字
遇摄	遇合三鱼	个别	œy	œy	蛆去
				y	猪
			ɔi	œy	女
			œ	y	汝语
			u	ou	庐
	遇合三虞	非组	u	u	夫扶无府斧父腐辅赋傅附
				ou	甫脯无诬舞武侮鹉雾务
		知组、章组、影组及疑日母	y	y	厨柱注朱输殊主竖戍树儒愚遇寓于愉雨宇裕
		见溪群		œy	拘俱区驱瞿矩句具惧
		端系	u^i	œy	屡需取娶聚趣
			ɔ	ou	娶
		庄组	u	ou	数动词数名词
		例外		u	芋
蟹摄	蟹开一咍	多数	ɔi	ɔi/ai	代耐再菜概碍爱胎台来灾财鳃开哀待载彩在改海亥/孩
		少数	ai	ai/ɔi	戴态贷猜乃呆/埃尘～
		个别	ɐt	ɐt	咳
	蟹开一泰	唇音	u^i	ui	贝沛
		舌音	ai	ai	带太泰大赖癞
		其他	ɔi	ɔi/ai	蔡盖丐害蔼奈/艾
	蟹开二皆	大多数	ai	ai	排埋拜斋豺阶揩介戒械挨
		个别	ɔi	ɔi	骇惊～
	蟹开二佳	大多数	ai	ai	牌摆买派卖奶差柴债晒街涯解鞋蟹
		个别		ɐi	矮
		个别	a	a/ai	洒/崖钗
		个别	i^{ε}	ɐi	筛
	蟹开二夬	全部	ai	ai	败迈寨

续　表

中古条件			开建话	广州话	例字
蟹摄	蟹开三祭	白读和部分文读	$\varepsilon/i^{\varepsilon}$	ɐi	弊币毙例滞制誓逝艺/世势誓
		文读	ei		敝蔽厉励祭际
	蟹开三废		—	ai	刈
	蟹开四齐	平声和阳上	ɐi	ɐi	谜剂系批迷低梯题泥犁妻齐西栖犀鸡倪弟礼挤
		个别阴上	ai		米底洗
		去声和多数阴上	ei		闭帝替第丽济砌细髻蓖抵体荠
		部分舌根	ε		计继系契稽溪启
	蟹合一灰	帮见系大多数	u^{i}	ui	杯辈配妹培梅魁灰回煨每悔汇
		端系大多数	œ	œy	对碓退队累碎堆推雷催腿罪
		端系个别	ɔi	ɔi	内
		见系少数	uai/uɐi/ɐi	uai/uɐi/ui	块/盔/胚坯
	蟹合一泰	见系	u^{i}/ɔi	ui/ɔi	会～计刽桧会开～绘/外
		端系	œ	œy	蜕兑最
	蟹合二皆	见系	uai	uai	乖怪坏怀槐
	蟹合二佳	见系	uai/ua	uai/ua	拐歪/挂卦蛙画
	蟹合二夬	见系	uai/ai/ua	ai/ai/ua	筷/快/话
	蟹合三祭	端知系	œ	œy	脆碎缀赘税
		云母	uɐi	uɐi	卫
		日以母	iœ	iœy	芮锐
	蟹合三废	非组	u^{i}/ei	ɐi	吠/废肺
	蟹合四齐	平	uɐi	uɐi/ui	圭闺携/奎
		去	uei	uɐi	桂惠慧
止摄	止开三支	精组少数、知系多数和影组、疑日母	i	i	雌蜘池智施纸侈是翅豉尔宜义议移椅倚易
		见溪群晓		ei	奇骑岐企倚技妓寄牺戏
		精组多数	$u^{ɔ}$/ei/ai	i/i/ai	紫此斯/刺赐/玺
		知系少数	$ɐi/ai/i^{\varepsilon}$	i/ai/ɐi	知/舐/筛
		疑母个别	ε	ɐi	蚁

续 表

中古条件			开建话	广州话	例字
止摄	止开三支	非组和泥组	ɐi/ei/ei	ei/ei/ɐi	碑皮糜被棉～靡离璃/彼臂避/荔
	止开三脂	知系多数、影组、日母	i	i	迟致师脂指屎至示二伊姨
		见溪群晓		ei	饥祁几冀器
		精组	u^{ɔ}/ei/œ/ε	i/ei/ei/ei	资瓷私次自肆/死四/履/秕
		非组、端组和泥组	ɐi/ei/ei/ui	ei/ei/i/ui	悲丕枇眉美尼梨/比秘屁鼻地腻利/姊/霉
	止开三之	知系多数、影组、疑日母	i	i	痴持耻治士史事之诗时止齿市志试侍而耳疑拟医以意异
		见溪群晓		ei	基欺其旗己纪起记忌熙喜
		精组	u^{ɔ}/ɐi/ei	i	兹慈司思辞祠子巳/丝似/字寺
		知系少数	i^{ε}/ε/ei(i)	ɐi/i/i	使驶/柿/厕
		泥来	ɐi/ei	ei	厘狸你李里理/鲤吏
	止开三微	见溪群晓	i	ei	机祈几～个岂既气希
		影母		i	衣依
		疑母	ε	ɐi	毅
	止合三支	见系平声和阳上	uɐi/ɐi	uɐi/ɐi	规亏窥为作～为～什么/危伪靡
		见系去声和阴上	uei	uɐi	诡跪委喂
		端知系	œ	œy/iœy	累～积累连～随嘴髓吹垂睡/蕊
	止合三脂	见系平声和阳上	uɐi	uɐi	龟葵维遗唯
		见系去声和阴上	uei		轨癸愧季柜位
		端知系	œ	œy	垒类泪虽醉翠追锤坠帅谁水锥
	止合三微	见系平声和阳上	uɐi	uɐi	归讳威违围伟纬胃
		见系去声和阴上	uei		鬼贵畏慰谓
		非组平声和阳上	ɐi	ɐi	挥辉徽费
		非组去声和阴上	ei	ei	非飞妃微尾匪翡未味
		例外	ε(ɐi)/u^{i}/u^{i}	ɐi/ui/ei	魏/汇/肥

续　表

中古条件			开建话	广州话	例字
效摄	效开一豪	绝大多数	ɔ	ou	褒袍毛保抱报暴帽刀桃祷岛倒讨道稻到套盗劳脑老涝遭操曹骚早草造扫嫂躁灶高告傲豪曝
		见系少数	au/ou	au/ou	熬考烤靠/犒懊奥蚤
	效开二肴	绝大多数	au	au	包抛跑刨茅饱卯豹爆炮貌挠闹罩棹抄巢捎找炒笊稍潲交教敲搞咬较酵觉肴孝效坳巧爪
		少数	ɛu/ɐu/a	au	巧猫/泡钓~/抓
	效开三宵	帮系、端系平上声字及知系个别字	ɛu	iu	标飘嫖苗秒疗焦椒锹消销小
		其他	i^{u}	iu	票庙妙缲笑超潮赵招烧韶少绍照饶绕骄桥娇轿嚣妖要摇舀耀
	效开四萧	端系平上声字	ɛu	iu	雕挑条鸟辽撩了箫吆
		其他	i^{u}	iu	跳钓跳掉尿料尧缴叫窍晓
流摄	流开一侯	平声、阳上及个别阴上	ɐu	ɐu	亩兜偷头敨楼勾口藕侯厚欧呕
		去声及多数阴上	ou		剖斗透豆逗漏走奏嗽狗够构候
		少数例外	au/u	au/ou	牡吼/母拇戊
	流开三尤	平声、阳上及个别阴上	ɐu/(i)ɐu/iɐu	ɐu/iɐu/iɐu	浮谋流秋修囚筹愁周收仇受售求牛舅溜~滑/柔揉/丘休尤邮由游
		去声及部分阴上	ou/iou/i^{u}	ɐu/iɐu/iu	否就秀袖宙搜瘦手咒臭兽九救旧皱/诱又右/溜廖
		部分唇音字	u	u/ɐu	妇负富副/阜
		部分上声和阳平	au/au/iau/ia	au/ɐu/iɐu/iɐu	矛/柳酒纽扭丑/友酉/有
		例外	uŋ	ɐu	嗅(训读?)
	流开三幽	帮端系	ɛu/i^{u}	iu	彪/丢
		影母	iɐu/iou	iɐu	幽/幼
咸摄	咸开一覃合	端系	am/ap	am/ap	贪潭探南簪参蚕惨/答踏沓纳杂
		见系部分	ɔm/ɔp	ɐm/ɐp	龛感坎含暗/合见母鸽盒
		见系部分	ɐm/ɐp	ɐm/ɐp	憾揞堪庵/蛤

续 表

中古条件			开建话	广州话	例字
咸摄	咸开一覃合	例外	ai	ai	拉
	咸开一谈盍	端系	am/an/ap	am/an/ap	担谈胆淡担蓝览三暂喊/毯/塔塌腊蜡
		见系	ɔm/ɔm/ɐp	ɐm/am/ɐp	甘柑泔敢橄/揽/磕
	咸开二咸洽	多数	am/ap	am/ap	站杉斩蘸尴减咸陷/眨插闸夹峡
		少数	an/at/ɐp	an/at/ɐp	赚碱/扎/恰洽
	咸开二衔狎	多数	am/ap	am/ap	搀衫监岩鉴监舰/甲胛鸭
		少数	ɐm/at	ɐm/at	嵌衔/压押
	咸开三盐叶	帮端系平上入	ɛm/ɛp/ ɛn/ɛt	im/ip/ in/it	廉帘敛尖签/聂接妾猎/贬/捷
		其他	im/ip/it	im/ip/it	潜渐占闪染钳检验险阉炎盐阎掩厌艳涉/叶页折~叠/折打~
	咸开三严业	见系	im/ip	im/ip	严俨剑欠/劫怯业胁腌腌
	咸开四添帖	端系平上入	ɛm/ɛp/ ɛt/ap	im/ip/ it/ap	添甜点拈/帖叠碟蝶/跌/夹
		其他	im/ip	im/ip	店念兼谦嫌/协歉
	咸合三凡乏	非组平上	am/an	an	凡帆范犯
		非组去入	an/at/at	an/at/ɐt	泛/法/乏
深摄	深开三侵缉	非影组、非日母的非去声字	ɐm/ɐn/ɐp/ ɐp/ap	ɐm/ɐn/ɐp/ ap/ap	林侵心寻沉森针深枕沈襟琴锦/禀品/立粒缉汁湿十急级/习/袭
		影组、日母非去声	iɐm/iɐn/ iɐp	iɐm/iɐn/ iɐp	壬钦音淫饮/纫/入揖
		去声	om/iom	ɐm/iɐm	禁浸揿/任
		例外	am/ap/ ip/ɐk	am/ap/ ip/ek	簪参/什/涩(训)/蛰
山摄	山开一寒曷	端系	an/at	an/at	丹滩坛坦诞难兰懒餐残珊散旦炭蛋烂赞灿散/达捺辣擦萨
		见系平上入	ɔn/ɔt	ɔn/ɔt	肝干刊秆寒旱安翰/割葛渴
		见系去声	øn/un	ɔn	看~见汉按案/岸汗
	山开二山黠	多数	an/at/at	an/at/ɐt	扮盼瓣办绽山盏铲产艰间简裥柬拣眼间闲限/八札扎察杀轧/拔
		个别	in	in	苋

续　表

中古条件			开建话	广州话	例字
山摄	山开二删鎋	多数	an/at	an/ɐt	襻疝谏涧锏雁晏/瞎
		个别	ap/ɐt	ap/ɐt	铡/辖
	山开三仙薛	帮端系平上入	ɛn/ɛt	in/it	鞭篇棉辨免连煎钱仙剪浅践鲜缠/鳖别灭烈泄
		知见系	in/it	in/it	便展扇禅善然乾遣件延演变骗箭贱线战/哲彻浙舌设热杰
		例外	ɛm/ɛp/yn/in	in/ip/yn/in	迁/孽/联/羡
	山开三元月	多数	in/it	in/it	言键建健轩掀宪献/歇蝎揭堰
		个别例外	ut	it	揭
	山开四先屑	帮端系平上入	ɛn/ɛt	in/it	边眠扁辫颠天田典年莲千前先/憋撇篾铁捏节切截屑
		见系	in/it	in/it	片电练坚牵见贤显现烟燕/结洁
		少数例外	an/im/yn	an/in/yn	茧趼笕/垫楝/弦
	山合一桓末	见系	un/ut	un/ut	官冠宽管款欢桓缓碗半判叛罐换腕/括阔活
		端系	yn/yt	yn/yt	端团短断鸾暖钻酸完断段乱钻窜算蒜卵/掇脱夺捋撮
		帮系	ɔn/ɔt	un/ut	般搬潘盘瞒伴满/钵拨泼末抹
		少数例外	an/uan/yn/uat	an/uan/œn/uak	馒漫幔/皖玩/卵/聒
	山合二山黠	疑母	an	uan	顽
		其他	uan/uat	uan/uat	鳏幻/滑猾挖
	山合二删鎋	见系	uan/uat	uan/uat	关惯还环患宦弯湾/刮
		庄组	an/at/yn	an/at/an	闩/刷/撰篡
	山合三仙薛	全部	yn/yt	yn/yt	恋全宣选转传砖川船串软圈拳卷圆缘铅捐院/劣绝雪说阅
	山合三元月	非组	an/at/at	an/at/ɐt	翻番烦繁反晚饭万/发/伐罚
		见系	yn/yt	yn/yt	元原阮劝券愿冤袁远怨/月越粤
		少数例外	uan/un/ɔt/uɐt	uan/yn/ɐt/uɐt	挽/宛/袜/掘
	山合四先屑	全部	yn/yt	yn/yt	犬玄悬县眩渊/决诀缺血穴

续 表

中古条件			开建话	广州话	例字
臻摄	臻开一痕	全部	ɐn/iɐn	ɐn/iɐn	吞跟根恳垦痕很恨/恩
	臻开三真(臻)质(栉)	非影组、非日母的平上入多数和个别去声	ɐn/ɐt	ɐn/ɐt	宾贫民敏殡亲新亲珍陈尘趁真神身晨诊肾慎巾银紧/笔匹密七漆疾膝侄虱质实失室吉
		影组	iɐn/iɐt	iɐn/iɐt	因姻寅引/一逸
		日母	(i)ɐn/(i)ɐt		人仁忍韧刃/日
		端系多数	ɐn/ɐt	œn/œt	邻鳞磷津尽秦榛臻/栗
		多数去声	in	œn/ɐn/iɐn/ieŋ	吝进晋信讯/阵镇振震/印/认
		少数例外	yt/ɛt/ɐp	yt/it/ek	乙/必秩/悉
	臻开三殷迄	见组	ɐn/ɐt	ɐn/ɐt	斤筋勤芹谨近/乞
		晓影组	iɐn	iɐn	欣殷隐
	臻合一魂末	帮组、晓母舒声和部分入声	ɐn/ɐt	ɐn/ɐt	奔喷笨奔喷昏婚/不突忽窟
		端组多数舒声及精组入声		œn/œt	敦墩盾顿钝囤遁论~语仑/卒
		端系部分舒声	ɐn	yn	臀屯村孙
		端系部分	yn	yn/œn/ɐn	豚尊存损/逊/褪
		帮组少数	ɐn/un/ɔt	un/un/ut	门本/闷/勃没
		见系	uɐn/uɐt	uɐn/uɐt	昆坤滚捆温瘟稳魂馄浑混困~难/核骨
		泥、精、见组去声	in	yn/œn/ɐn	嫩寸/论议~/困眼~
			uin	uɐn	棍
	臻合三谆術	端知系平上入	ɐn/ɐt	œn/œt	伦轮循笋春唇准蠢盾顺/蟀律术率出述
		见系平上入	uɐn/ɐt	uɐn/uɐt	菌匀均钧允尹/橘
		去声多数	in	œn/iœn	迅/润闰
		个别例外	yn	œn	遵俊
	臻合三文物	非组平上入及个别去声	ɐn/ɐt	ɐn/ɐt	分芬纷坟文纹蚊闻粉愤吻奋份熏薰训/佛物勿

续　表

中古条件			开建话	广州话	例字
臻摄	臻合三文物	见系平上入及个别去声	uɐn/uɐt	uɐn/uɐt	君军群裙郡云晕/屈掘倔
		多数去声	in/uin	ɐn/uɐn	粪问训/韵运
宕摄	宕开一唐鐸	绝大多数	œŋ/œk	ɔŋ/ɔk	帮旁忙榜莽当汤堂党荡烫囊郎朗浪赃仓藏桑丧葬脏冈康昂钢抗航/博泊莫寞托踱诺落骆洛络乐作凿索各阁鄂鹤恶
		个别例外	u^{ɔ}	ɔ	摸
	宕开三阳药	端系、知章组及见晓组	yŋ/i^{ε}k(i^{ə}k)	œŋ/œk	娘良将枪墙镶详奖抢想象张长丈仗章昌商尝掌赏上~山~姜强~大~强~勉~～香响酿亮辆量酱账畅倡向/略嚼着酌勺(雀鹊削着脚)
		影组及日母		iœŋ/iœk	央秧羊杨阳扬养让/若弱药(约)
		庄组字及个别药韵字	œŋ/œk/(i)œk/iœk	ɔŋ/œk/iœk/iœk	庄装疮床霜孀闯爽厂瓤仰壮创状/掠绰焯却/虐疟/跃
		昌禅以去声口语字	uŋ/iuŋ(uŋ)	œŋ/iœŋ	唱尚上~高~/样(让)
	宕合一唐鐸	多数	u^{o}ŋ/u^{o}ŋ(uŋ)/ok/uok	uɔŋ/ɔŋ/uɔk/uɔk	光广黄皇蝗汪/荒(扩旷)/郭/镬
		少数	œŋ/œk	ɔŋ/ɔk	晃/藿霍
	宕合三阳药	非敷群晓影喻	u^{o}ŋ(uŋ)	ɔŋ/uɔŋ	方芳妨房仿访(放况)/狂王枉旺
		见溪母	uɛŋ	uaŋ/ɔŋ	逛眶/逛眶筐匡
		微母及奉母入声	œŋ/yŋ/œk	ɔŋ/ɔŋ/ɔk	亡芒忘妄望/网/缚
江摄	江开二江觉	多数	œŋ/œk	ɔŋ/ɔk	邦庞绑撞江讲降项巷~仔~/驳朴雹朔觉角确壳岳
				œŋ/œk	双/啄
		少数例外	yŋ/oŋ/œk(au)/ɐk/œk	œŋ/oŋ/au/ɐk/ok	窗/虹/饺~子~/握/浊捉
曾摄	曾开一登德	全部	ɐŋ/ɐk/ɐk	ɐŋ/ɐk/ak	崩层灯等凳邓恒肯能朋僧藤增赠/北德黑勒墨塞特则/贼

续 表

中古条件			开建话	广州话	例字
曾摄	曾开三蒸职	端知见系大部分(影组和日母除外)	ɐŋ/ɐk/ɐk	eŋ/ek/ɐk	陵蒸称乘绳升胜承证秤剩凝鹰/力即息直色职食植极/侧测
		帮组和知组舒声	i^{ə}ŋ/i^{ə}k/ɐŋ	eŋ/ek/ɐŋ	冰惩澄徵/逼/凭
		影组和日母	iɐŋ/i^{ɛ}k(i^{ə}k)	ieŋ/iek	仍应～该蝇应～承/翼(饰忆亿抑)
		少数例外	eŋ/ɛŋ/ok	eŋ/aŋ/ek	兴大～兴高～/橙/熄
	曾合一登德	见系	uɐŋ/uɐk/ok	uɐŋ/uak/uɔk	弘/或惑/国
	曾合三职	见系	uɐk	uek	域
梗摄	梗开二庚陌	多数	ɛŋ/ɛk	aŋ/ak	生甥牲烹彭盲猛孟冷省坑行/百柏伯拍白拆择宅窄格客
		部分		ɐŋ/ɐk	生甥牲笙更三～粳庚羹行衡/陌
		部分文读	ɐŋ/ɐk	ɐŋ/ak	哽更～加亨衡杏/赫
		个别白读		aŋ/ak	硬/额
		例外	uɛŋ/eŋ/a/i^{ə}k	uɐŋ/ɐŋ/a/ek	梗/杏/打/迫
	梗开二耕麦	多数白读	ɛŋ/ɛk	aŋ/ak	争耕棚橙/掰责策册革隔轭
		部分文读		ɐŋ/ɐk	争耕筝幸/麦脉
		部分文读	ɐŋ/ɐk		萌耿幸/扼
		影母舒声	i^{ə}ŋ	ieŋ	莺鹦樱
		例外	œŋ/iŋ/ɐt/uɐt	ɔŋ/eŋ/ɐt/uɐt	浜蚌/茎/核～对/核
	梗开三庚陌	帮组和见溪群	i^{ə}ŋ(iŋ)/i^{ə}k(i^{ɛ}k)	eŋ/ek	兵平评病鸣明丙京惊卿鲸境景警(柄命敬竟)/(碧戟)
				ɛŋ/ɛk	平病镜命惊柄/剧(屐)
		疑影母		ieŋ/iek	迎英影映/逆
			i^{ə}ŋ	iɛŋ	影
		个别例外	eŋ/ɐŋ	eŋ/ɐŋ	庆竟/盟

续　表

中古条件			开建话	广州话	例　字
梗摄	梗开三清昔	除影组外的其他声母	i^{ə}ŋ(iŋ)/i$^{\varepsilon}$k(i^{ə}k)	eŋ/ek	饼名领岭精晶睛清情井请静省侦程正征声成城诚整轻(并聘令净性盛政圣)/籍藉席夕(僻辟积迹脊惜斥释)
				ɛŋ/ɛk	饼名领岭正井成声城请静郑颈轻/石(脊只赤尺)
		影组		ieŋ/iek	婴缨盈赢/亦译易液腋益
			i^{ə}ŋ	iɛŋ	赢
		个别例外	ɐŋ/ɐk/eŋ	eŋ/ek/eŋ	逞劲/适/劲
	庚开四青锡	非匣母的多数	i^{ə}ŋ(iŋ)/i$^{\varepsilon}$k(i^{ə}k)	eŋ/ek	瓶屏萍拼铭丁钉听厅汀亭停庭蜓顶鼎艇挺宁灵零铃青星腥醒经径(锭钉订听定宁另)/敌狄历寂(壁滴绩戚析击吃)
				ɛŋ/ɛk	屏钉顶听厅灵零(订定)青星腥醒/笛籴(劈踢锡)
		匣母	i^{ə}ŋ	ieŋ	形型刑
		个别例外	ɐi	ek	觅
	梗合二庚陌	见系	uŋ/uɛŋ	uɔŋ/uaŋ	矿/横
	梗合二耕麦	见系	uɐŋ/uok/uɛk	uɐŋ/uɔk/uak	轰宏~远/获/划
	梗合三庚	见系	i^{ə}ŋ/ui^{ə}ŋ	eŋ/ueŋ	兄/荣永咏泳
	梗合三清昔	见组和个别以母	i^{ə}ŋ/ui^{ə}ŋ	eŋ/ueŋ	倾琼顷/颖
		以母	i^{ə}ŋ/i$^{\varepsilon}$k	ieŋ/iek	营/疫役
	庚合四青	匣母	i^{ə}ŋ	ieŋ	萤
通摄	通合一东屋	帮端见系平上入	oŋ/ok	oŋ/ok	篷蒙蠓东通同董桶动笼棕聪葱丛总公空孔贡控空红/卜占~仆~人仆~街木秃独读鹿族速谷屋
		去声	uŋ	oŋ	冻栋痛洞齉弄粽送
		影母舒声	oŋ	ioŋ	翁
		个别例外	œk	ɔk	扑

续　表

中古条件			开建话	广州话	例　　字
通摄	通合一冬沃	端系	oŋ/ok	oŋ/ok	冬农统宗松综/笃督毒
		去声	uŋ	oŋ	脓侬宋
		影母	iok	iok	沃
	通合三东屋	非影组和非日母的平上入	oŋ/ok	oŋ/ok	风冯隆中虫终充弓宫穷/福服伏复目六宿竹畜逐粥叔熟菊曲畜
		去声	uŋ	oŋ	凤梦中仲众
		日母和喻母	ioŋ/iok/ok	ioŋ/iok/iok	戎绒熊雄融/育/肉
		晓母去声和影母	uŋ/uɐt	oŋ/iok	嗅/郁
	通合三钟烛	非影组和非日母的平上入	oŋ/ok	oŋ/ok	封锋逢捧浓龙踪从宠重$_{\sim量}$钟冲肿恭巩恐胸/绿录足促粟续烛触赎束属曲局玉
		去声	uŋ/iuŋ	oŋ/ioŋ	俸缝纵诵颂讼种共/用
		影组和日母	ioŋ(oŋ)/iok(ok)	ioŋ/iok	茸雍容蓉鎔庸壅(拥甬勇涌)/欲浴玉狱(辱褥)
		个别例外	œ/œk	oŋ/iok	怂/狱

(1) 果摄开合一等基本上都已合并,主要读 u^{ɔ}或 ɔ。

(2) 假摄开口三等仍保留介音,介音的发音长且清晰,有韵腹化的趋势。

(3) 遇摄合口一三有别,一等主要读 u,三等主要读 y;遇合三鱼、虞韵部分字读 ɔi、u^{i},跟蟹合一的主要读音同,但是它们并不会出现最小对立。《报告》韵母特点第 2 点说"广州音遇摄三等读 œy 的字与蟹摄一等读 oi 的字不混,南丰话则混同了"这个说法不够准确,其实南丰话也没有完全混同。如:须[ʃœy^{44}]≠腮[ʃɔi^{44}],娶[ʧ^{h}ɔ^{52}]≠彩[ʧ^{h}ɔi^{52}],趣[ʧ^{h}ui^{32}]≠菜[ʧ^{h}ɔi^{32}],徐[ʧy^{24}]≠才[ʧɔi^{24}],序叙[ʧui^{242}]≠在[ʧɔi^{242}]。

(4) 蟹摄一二三四等基本都还可以分开(一等主要读 ɔi,二等主要读 ai,三等主要读 ɛ,四等基本都读 ɐi 或 ei);蟹开一咍泰韵有交叉,但仍有个别字可以区分;蟹摄开口三四等主要读音跟止摄开口三等唇音和舌音合流；蟹合三废韵非组基本已跟止合三微韵合流；蟹摄合口四等见系也已跟止摄合口三等合流。

（5）止摄韵母按声母的不同有多种读音。如止合三支脂之韵的唇、舌音读 ɐi/ei；齿头音少数读 ɐi/ei，大部分为 u^{ɔ}；其余各声母对应的韵母为 i。

（6）效摄一二三等有别，其中一等韵母主要读 ɔ，二等主要读 au，三四等相混（知系、见系各韵母及帮系、端系的去声韵基本都读 i^{u}，其他韵母基本都读 ɛu）。

（7）流摄一三等基本上都已经混而不分。

（8）咸摄开口牙喉音一二等不混，一等主要读 ɔm（om），二等主要读 am，三四等相混（知系、见系各韵母及帮系、端系的去声韵母基本都读 im，其他韵母基本都读 ɛm）；咸摄合口三等凡范两韵多数字仍读-m 韵尾。

（9）深摄平上入的韵母主要读作 ɐm/ɐp；去声韵母主要读作 om/op，跟咸摄开口一等牙喉音的去声韵母读音相同。

（10）山摄开口牙喉音一二等有别，一等主要读 ɔn（øn），二等基本都读 an；三四等混（知系、见系各韵母及帮系、端系的去声韵母基本都读 in，其他韵母都基本读 ɛn）。山摄合口一等齿音已经跟合口三等合流，主要读 yn/yt，非齿音主要读 un/ut 或 ɔn/ɔt；山摄合口二等主要读 uan/uat，合口三等唇音主要读 an/at，非唇音主要读作 yn/yt。

（11）臻摄开合一三等（见系除外）基本已经合流。

（12）宕摄一三等开口分，合口大部分已经合并；江摄基本上已与宕摄开口一等合并。

（13）曾摄开合一三等基本上都已合并，曾梗两摄读音有别。

（14）通摄合口一三等基本上都已合并；通摄跟去声配合的韵母主元音 u 与跟平上入配合的韵母主元音 o 有别，跟宕摄合口一三等韵母的读音相同。

（15）流摄、深摄和臻摄韵母的主元音在平上入的条件下大多数

读作 ɐ,在去声的条件下主要读作 o 或 i。《报告》韵母特点第 5 点说“流、深、臻三摄的韵母有两个对立的主元音 e 和 o”,这也不够准确。流、深、臻三摄的韵母主元音有 ɐ、o 和 i 三种读法,但它们并非对立的,具体表现为:流摄主元音只在跟去声和少部分阴上配合时读为 o,其他情况下基本都读为 ɐ,跟阴上配合时还有读 a 和 u 的;深摄主元音在跟去声配合时读为 o,其他情况下基本都为 ɐ;臻摄主元音在跟去声配合时读为 i,其他情况下基本都读为 ɐ。

(16) 药、职(唇音及零声母)、陌(三等)、昔、锡合流,但是韵母音值跟调位有关系:1、2 调为 $i^{ə}k$,5、6 调为 $i^{ɛ}k$。

2.2.2.2　开建话韵母与广州话的一致性

通过表 2-3 的对比,我们可以总结出开建话与广州话的韵母有诸多一致性:

(1) 开建话跟广州话果摄开合口一等非见系韵母基本上都合并了,而果摄三等开合口以及开合口一三等基本不混。

(2) 开建话跟广州话都区分假摄开合口二等以及开口三等字。

(3) 开建话跟广州话遇合一见系读音一致,疑母读声化韵ŋ̍,非疑母读 u;遇摄合口三等非组韵母一般都跟合口一等合,读作 u;遇摄合口三等鱼虞韵的知组、章组、影组以及疑日母基本上都读 y;遇摄合口三等鱼虞韵庄组韵母读音跟非庄组不同。

(4) 开建话和广州话蟹摄开合一二等以及合口三等韵母的分合及音值非常相似;都仍有个别字可以区分咍泰韵。

(5) 开建话跟广州话止开三的知系、影组、疑日母字都读作 i;止合三分化的声母条件及音值两者也非常相近(开建话止合三还存在“声调分韵”的现象,这是广州话没有的)。

(6) 开建话跟广州话一样都区分效开一和效开二的读音,且效开二都读作 au;效开三四等除帮端系平上声外,两者都是读作 i^{u}。

(7) 开建话跟广州话流摄一三等非影组字基本上都已经合并,唇音一般读作 u/i^{u},非唇音大多读作 ɐu/iɐu。

(8) 咸摄开口一二等韵母的分合开建话和广州话基本一致，如咸摄一等见系韵母读音跟非见系韵母以及咸摄开口二等见系韵母的读音不同；咸摄开口一等非见系韵母读音跟咸摄开口二等非见系韵母读音相同，都读作 am/ap。咸摄开口三四等除帮端系平上入以外的韵母基本都已经合并为 im/ip 了。

(9) 深摄韵母的读音开建话跟广州话基本上都相同，而且开建话跟广州话一样是咸深三等不混的。

(10) 山摄开口一二等韵母的分合及读音开建话跟广州话大部分都是一样的，如开口一等非见系和二等韵母都是 an/at，一等见系平上入的韵母都是 ɔn/ɔt 等；山开三四非帮端系平上入的韵母两个方言基本都读 in/it；山摄合口一二三四等韵母的分化及读音开建话跟广州话基本上是一样或近似的。

(11) 臻摄开合一三(除见系)开建话和广州话基本上都已经合并，大部分韵母的主元音都是 ɐ。山臻有别开建话跟广州话也是一致的。

(12) 宕摄开口三等庄组跟开口一等混，非庄组跟开口一等有别，这在开建话跟广州话中都是一样的。宕摄合口一三等开建话跟广州话基本都已经合并了。

(13) 江开二基本上已经跟宕开一合并，这在开建话跟广州话中都是一致的。

(14) 曾摄开口一等读 ɐŋ/ɐk，合口一三等合并为 uɐŋ/uɐk，开建话跟广州话是一样的。

(15) 开建话和广州话梗摄开口二三等影母字的韵母已经合流，除此之外梗摄开合二等跟开合三等有别开建话跟广州话都是一致的；梗曾白读有别开建话跟广州话也是一致的。

(16) 开建话跟广州话通摄合口一三等已经合并，且平上入各韵主元音都是 o。

(17) 整体来看，开建话和广州话都有介音在系统中不突出的特点，有介音的韵母主要出现在零声母或舌根声母的后面。开建话跟广州话都有一套系统对立的 a 系列韵母和 ɐ 系列韵母（元音高低和长短都成系统对立），从来源来看主要是二三等韵的区别。

2.2.2.3　开建话韵母与广州话的差异性

通过表 2－3 的对比，我们可以总结出开建话与广州话的韵母存在以下一些差异：

（1）开建话果合一基本都读作 $u^{ɔ}$；而广州话果合一的见匣影所辖韵母读 $u^{ɔ}$，跟其他声母所辖韵母读 ɔ 不同。

（2）开建话假摄开口三等字都保留 i 介音，且介音有韵腹化趋势；而广州话除了以母字仍保留 i 介音外，其他基本都读作单元音 ɛ。

（3）广州话区分遇合一见系（除疑母）和非见系的韵母读音，前者主要读 u，后者主要读 ou；开建话则不区分，都读作 u；广州话鱼虞韵端系和见溪群晓母读 œy，跟其他声母所辖韵母的读音不同，而开建话鱼虞韵端系主要读 u^{i}，跟见溪群晓以及知组、章组、影组、疑日母读 y 不同。

（4）蟹摄开合三四等的韵母开建话跟广州话有较大的差别：广州话蟹开三四等已经合并为一个 ɐi 韵，但是开建话蟹开三非见系白读主要是读作 ɛ/iɛ，跟蟹开四主要读 ɐi/ei 不同；开建话蟹摄四等开合口有“声调分韵”的现象，平声和阳上读作 ɐi/uɐi，去声和多数阴上读 ei/uei，广州话则一律读作 ɐi/uɐi。

（5）开建话止开三精组多读作 $u^{ɔ}$，跟广州话多读作 i 不同；而广州话止开三见溪群晓多读作 ei，跟开建话多读作 i 不同；开建话止合三去声和阴上多读作 uei（见系）或 ei（非组），阴上多读作 uɐi（见系）或 ɐi（非组），而广州话则不论什么声调，基本都读作 uɐi（见系）或 ɐi（非组）。

（6）开建话效开一读作 ɔ，跟广州话读作复合元音 ou 不同；效开三四等帮端系平上声开建话读作 ɛu，其他读 i^{u}，而广州话效开三四等基本都读作 i^{u}。

(7) 开建话流摄一三等也有"声调分韵"现象：平声和阳上一般读作 ɐu/iɐu，去声和部分阴上一般读作 ou/iou。而广州话基本都读作 ɐu/iɐu。

(8) 咸开一见系韵母读音开建话跟广州话不同：前者一般读作 ɔm/ɔp，后者多读作 ɐm/ɐp。咸开三四等帮端系平上入的韵母开建话一般读作 ɛm/ɛp，其他读作 im/ip；而广州话咸开三四基本都读作 im/ip。咸合三舒声韵开建话一般读 am，广州话基本都读 an。

(9) 开建话山开一见系韵母也有"声调分韵"现象：去声读作 øn/un，非去声读作 ɔn/ɔt；而广州话基本都读作 ɔn/ɔt。开建话山开三四帮端系平上入韵母读音为 ɛn/ɛt，其他读作 in/it；广州话山开三四基本都读 in/it。开建话山合一帮系韵母读作 ɔn/ɔt，跟端系和见系韵母不同；广州话山合一帮系韵母读 un/ut，跟见系一致，而跟端系读 yn/yt 不同。

(10) 广州话臻摄开合一三等端知系韵母多读作 œn/œt，跟其他韵母有别；而开建话基本仍读 ɐn/ɐt，跟其他大多数韵母一致。开建话臻摄开合三等韵母都存在"声调分韵"现象：去声主元音一般为 i，其他韵母主元音多读作 ɐ；广州话则不存在这种现象。

(11) 开建话跟广州话宕摄开合一三等及江摄开口二等分合一致，但音值有别。

(12) 广州话曾摄开口一三等有别，但是开建话曾摄开口三等端知见大部分韵母已经跟开口一等合流。

(13) 广州话梗摄开口二三四等有较成系统的文白异读：二等白读为 aŋ/ak，文读为 ɐŋ/ɐk；三四等白读为 ɛŋ/ɛk，文读为 eŋ/ek。开建话虽有文白，但不如广州话有系统，且音值也不相同。开建话梗摄开口三四等基本仍保留 i 介音，且有韵腹化趋势，而广州话只有影组字还保留 i 介音。

(14) 开建话通摄也存在"声调分韵"现象：通摄合口一三等去声韵母主元音为 u，跟宕合一三等去声韵合流；平上入韵母主元音为 o。

广州话通摄主元音基本都是 o。

2.2.3　声调比较和声调特点

2.2.3.1　开建话声调与中古音的比较

从表 2-4 的对比中我们不难看出开建话的单字调跟中古音相比有以下一些特点：

表 2-4　开建话跟中古音及广州话的声调对照表

中古条件		开建话	广州话	例　　字
平	清	阴平 44	阴平 55/53	饥夫居巴刀推须碑针分称勾拉三餐敲汤疮坑尖猫音因优遮坚英超开甘安风夸威温乖关波资灰官汪川张
		阴去 32	阴去 33	杉
	浊	阳平 24	阳平 21	奇图薯牙毛雷题沉尘朋浮柴蓝残刨堂盲甜苗淫人蝇油蛇潜平容朝吴才寒穷华葵群怀还横词梅桓房全娘钱橙①
		阴平 44	阴平 55	蚊妈溜儿乞~
			阳平 21	箩模侬
上	清	阴上 52	阴上 35	纸苦举洒启保腿枕品肯呕底览反扭党省死剪小饮写展请晓彩敢赶桶巩狗寡稳拐梗果楚鬼悔取碗广选响
		阴去 32		耍
		阳去 21	阳去 22	傻
	浊	阳上 242	阳上 13	耳雨瓦柿抱礼近坐淡父动断舅米眼纽仰冷免了引有社野检演艇勇吕五女旱伟菌玩每往远网养
			阳去 22	氏户巨造罪弟钝肾后犯限辩妙件静待卫祸序丈项颖近坐淡父动断
		阳去 21		技负愈惰怠夏汇髓跪稻绍撼舰甚健篆笨傍荡幸
		阴上 52	阳上 13	我绪扰
		阴去 32		诱
			阴去 33	诞仗

① “钱橙”在粤语中还可以读作高升变调 35，粤语的这类变调涉及的字非常多且广泛分布在各个调类中，这里就不一一列举了。

续　表

中古条件		开建话	广州话	例　　字
去	清	阴去 32	阴去 33	智布句怕继灶对渗衬凳拜担灿靠汉丧四应借欠见政票菜暗干控透挂困块惯眶破贵贝棍半放劝帐
		阴上 52	阴上 35	蔼
			阴去 33	课
	浊	阳去 21	阳去 22	事步树艺帽队份剩茂旧大范难校巷孟字廖孕夜验电净任又轿用误外岸寿画郡混幻座柜妹运闷洞愿亮
		阴上 52		累楞辆
			阳上 13	议
		阴去 32	阳去 22	腻韧
		阴平 44	阴平 55	殉
入	清	上阴入 55	上阴入 55	北色急湿笔咳一劈激惜约福督谷曲竹叔屋骨屈
			下阴入 33	着脚吃赤锡劫协摄页结浙设国阔括缺脱血雪乙
		下阴入 32		答鸭八法擦杀博角壳作百册贴接铁节鸽抹割刮挖
	浊	上阳入34	阳入 22	墨特立入佛实肉育业叶热舌服木玉或掘获活夺绝
		下阳入 21		腊杂罚辣薄落学白麦叠聂灭截笛译石药盒末滑划
		上阴入55		禄录

(1) 中古的平上去入基本上都按照古声母的清浊进一步分化为阴阳两类，且阳调类调头的调值一般都低于阴调类。

(2) 入声按照韵母主元音的高低进一步分化为上下阴入和上下阳入四调，且下阴入和下阳入的调头调值都低于上阴入和上阳入。

(3) 中古全浊上有部分偏文的字归入阳去。

(4) 中古平上去入四调都有部分次浊字今读作阴调。

2.2.3.2　开建话声调与广州话的一致性和差异性

除了阳入调，开建话的声调分化跟广州话基本一致：中古平上去入四调在两个方言中都按照古声母的清浊分为阴阳两大类，其中阴入再根据主元音的高低分为上下两类（虽然所辖例字并不完全一致）。另外开建话和广州话都有部分次浊调读作阴调的现象，如“蚊拧揽”等。

开建话的声调跟广州话不一致的地方主要体现在阳入上：开建话的阳入也像阴入那样根据主元音的高低分为上下两类，而广州话则只有一类。另外一个小差别体现在阳上调上：古浊声母上声调在开建话中只有少数字（而且是偏文的字）读作阳去调，多数读作阳上调，而广州话读作阳去调的古浊声母上声字远多于开建话，广州话中有文（阳去）白（阳上）两读的部分古全浊上字如“近坐淡父动断”等开建话基本仍读作阳上调。例证如表 2 - 4 所示。

2.2.4 开建话较为古老的音韵特征

通过上面跟中古音以及广州话的比较，我们不难看出开建话一方面有不少的音韵创新，另一方面也保留有较多的《切韵》音系甚至更早时期的音韵特征。这些存古性较强的音韵特征有的规律性较强，有的只是一些零散的存古现象，下面我们分别进行介绍。

2.2.4.1 规律性较强的存古特征

这类存古音韵特征（既有音类存古，也有音值存古）主要有以下几条：

（1）较多地保存了“古无轻唇”的音韵特征。其中微母尚未分化，跟明母同读作 m；绝大部分的奉母及部分非、敷母仍读作重唇音 p、p^h。

（2）不少知、澄母三等口语常用字仍读同端母，保存了“古无舌上”的音韵特征。

（3）匣母和喻三多不分。

（4）蟹摄一二三四等基本都还可以分开。

（5）效摄一二三等有别。

（6）咸摄、山摄开口牙喉音一二等不混。

（7）咸摄合口三等凡范两韵多数字仍读-m 韵尾。

（8）声调较完整地保留了中古汉语的四声八调系统。

在这8项存古音韵特征中,(1)(3)(5)(6)(8)在广州话中也存在,不过开建话表现得更为突出。其他三项音韵特征少见于广州话。可见开建话比广州话保留有更多的《切韵》音系以及更早时期的音韵特征。

2.2.4.2 较为零散的存古特征

这些零散的存古音韵特征辖字都较少,但是对于古音构拟却有重要的价值,这里列举以下5条:

(1) 章组有几个常用字(如震、绳的白读)读舌头音 t。

(2) "艦"、"遗"声母白读为 l 。

(3) 鱼、虞韵庄组字读音有别,前者为 $u^{ɔ}$,后者为 u。

(4) 支韵和之、脂韵开口三等精组字多有别,前者多读为 i/ei,后者多读为 $u^{ɔ}$。

(5) 尤韵部分常用字"丑酒柳纽"跟厚韵"牡茂贸"及肴韵合,皆为 au。

以上5条存古音韵特征只有(2)、(3)亦见于广州话①,其余三项不见于广州话。

2.3 开建话声韵调之间的配合规律

2.3.1 开建话声母和韵母之间的配合规律

开建话的声母和韵母之间存在以下配合关系:

(1) 带有 i 介音的韵母只跟零声母搭配;带 u 介音的韵母只跟零声母和舌根声母 k、k^h配合。

(2) 韵腹为 a、ɐ、ɛ、œ、ɔ、i 的韵母可以跟所有声母搭配。

(3) 韵腹为 y 的韵母除了不能跟唇音声母搭配外,可以跟其他所

① 第(3)项鱼、虞庄组字有别广州话跟开建话相同,只是具体读音有区别。广州话前者读 ɔ,后者读 ou。

有的声母搭配。

(4) 韵腹为 u 的韵母可以跟除了声母 h 之外的所有声母搭配。

(5) 除了唇音声母不拼撮口呼、h 声母不拼合口呼外，其他声母基本上都可跟四呼拼合。ȵ 拼开口呼和合口乎时，声母和韵母之间有一个较弱的 i 介音音色。

表 2－5 开建话声母和韵母配合表①(表中加括号表示出现次数较少)

声母	韵腹							
	a	ɐ	ɛ	œ	ɔ	i	y	u
p	+	+	+	+	+	+	－	+
pʰ	+	+	+	+	+	+	－	+
m	+	+	+	+	+	+	－	+
f	+	+	(+)	(+)	+	(+)	－	+
t	+	+	+	+	+	+	+	+
tʰ	+	+	+	+	+	+	+	+
n	+	+	+	+	+	+	+	+
l	+	+	+	+	+	+	+	+
ʧ	+	+	+	+	+	+	+	+
ʧʰ	+	+	+	+	+	+	+	+
ʃ	+	+	+	+	+	+	+	+
ȵ	+	+	+	+	+	+	+	+
k	+	+	+	+	+	+	+	+
kʰ	+	+	+	+	+	+	+	+
ŋ	+	+	+	+	+	+	(+)	+
h	+	+	+	+	+	+	+	－
Ø	+	+	+	+	+	+	+	+

① 因为以 i 和 u 为介音的韵母搭配范围有限，为了简化表格，韵母仅列韵腹。

2.3.2　开建话声母和声调之间的配合规律

从表 2－6 的声母和声调搭配来看，开建话的声调和声母配合的情况有的地方比较特别，跟许多汉语方言都有所不同。开建话的不送气塞音、塞擦音、鼻边音以及半元音（或滑音）声母聚合成一类，能跟所有声调相配；送气塞音、送气塞擦音和擦音又聚合成另一类，除了个别文读词和底层词外，只跟阴调 1、3、5 相配。

表 2－6　开建话声母和声调配合表

<table>
<tr><th>声　母</th><th>1 调</th><th>2 调</th><th>3 调</th><th>4 调</th><th>5 调</th><th>6 调</th></tr>
<tr><td>p，t，k，ʧ</td><td rowspan="3">＋</td><td rowspan="3">＋</td><td rowspan="3">＋</td><td rowspan="3">＋</td><td rowspan="3">＋</td><td rowspan="3">＋</td></tr>
<tr><td>m，n，ŋ，ȵ，l</td></tr>
<tr><td>∅</td></tr>
<tr><td>pʰ，tʰ，kʰ，ʧʰ</td><td rowspan="2">＋</td><td rowspan="2">－</td><td rowspan="2">＋</td><td rowspan="2">－</td><td rowspan="2">＋</td><td rowspan="2">－</td></tr>
<tr><td>f，h，ʃ①</td></tr>
</table>

2.3.3　开建话韵母和声调之间的配合规律

开建话的韵母和声调之间，也存在一些非常有趣的配合关系，详见表 2－7。从表中我们不难看出声调跟韵母之间存在以下一些配合关系：

表 2－7　开建话韵母（介音忽略）和声调配合表

<table>
<tr><th colspan="2">韵　母</th><th>1 调</th><th>2 调</th><th>3 调</th><th>4 调</th><th>5 调</th><th>6 调</th></tr>
<tr><td rowspan="3">开尾韵</td><td>a ɛ œ ɔ au ai ɔi
i iɛ iᵘ u uⁱ uɔ y</td><td>＋</td><td>＋</td><td>＋</td><td>＋</td><td>＋</td><td>＋</td></tr>
<tr><td>œy</td><td>＋</td><td></td><td></td><td></td><td>＋</td><td></td></tr>
<tr><td>ɛu</td><td>＋</td><td>＋</td><td>＋</td><td>＋</td><td></td><td></td></tr>
</table>

---

① 个别清擦音的文读音可以跟 6 调相配，如“份”（f），“系、撼”（h），“顺、羡、旋、傻”（ʃ）；还有个别有音无字词或拟声词的擦音声母可以跟 4 调相配，如“□ʃœ^{242}（慫恿）”，“（气）嗖 ʃɔu^{242}嗖”。

续　表

韵　母			1 调	2 调	3 调	4 调	5 调	6 调
开尾韵	ɐu		+	+	+	+		
	ɔu				+		+	+
	ɐi		+	+		+		
	ɛi				+		+	+
鼻尾韵	am im an ɐn in un yn ɐŋ yŋ uŋ		+	+	+	+	+	+
	ɛm ɛn ɐm ɔŋ		+	+	+	+		
	ɔm	ɔm	+	+	+	+		
		om					+	+
	ɔn	ɔn	+	+	+	+		
		øn					+	+
	œŋ	œŋ	+	+	+	+		
		øŋ					+	+
	ɛŋ	ɛŋ	+	+	+	+		
		eŋ					+	+
	iᵊŋ	iᵊŋ	+	+	+	+		
		iŋ					+	+
声化韵	ŋ̍/m̩/n̩	+	+		+		+	
塞尾韵	ap						+	+
	ɐp		+	+				
	ɔp	ɔp					+	+
		op	+	+				
	ɛp						+	+
	ip		+	+				
	at						+	+
	ɐt		+	+				
	ɔt	ɔt					+	+
		øt	+	+				

续　表

韵　　母			1 调	2 调	3 调	4 调	5 调	6 调
塞尾韵	εt						+	+
	it		+	+				
	ut　yt		+	+				
	εk	εk					+	+
		ek	+	+				
	ɐk		+	+				
	œk						+	+
	ɔk		+	+				
	$i^{ε}k$						+	+
	$i^{ə}k$		+	+				

(1) 在阴声韵中，大部分的韵母都能跟 6 个调位配合；œy 韵例字较少，只跟 1 调和 5 调配合；εu 韵只跟 1、2、3、4 调配合。

(2) ɐi 韵和 εi 韵呈互补分布：ɐi 韵只跟 1、2、4 调相配，εi 韵只跟 3、5、6 调相配；ɐu 韵和 ɔu 韵基本呈互补分布：ɐu 韵主要跟 1、2、4 调相配（只有几个字如“敨、口、呕”跟 3 调配合），ɔu 韵跟 3、5、6 调相配，虽然 ɐu 韵和 ɔu 都可以跟 3 调相配，但此时它们的声母必不同。如果忽略音值上的差别，根据对立和互补两条音位归纳原则，在共时平面把 ɐi、εi 和 ɐu、ɔu 分别合并为一个韵也是可以的。本书从分。

(3) 在阳声韵中，εm、εn、ɐm、ɔŋ 只能跟 1、2、3、4 调相配。有一半左右的阳声韵呈互补分布：ɔm、ɔn、œŋ、εŋ、$i^{ə}ŋ$ 只跟 1、2、3、4 调相配；om、øn、øŋ、eŋ、iŋ 只跟 5、6 调（即去声）相配合，因为这些互补的韵母都来自中古同一韵母，且两者之间的音值也比较接近，因此把它们合为一套韵母；剩下的阳声韵可以跟所有的声调相配。

(4) 入声韵 at 和 ɐt、ap 和 ɐp、εt 和 it、εp 和 ip、εk 和 ek、œk 和 ok、ɔp 和 op、ɔt 和 øt、$i^{ε}k$ 和 $i^{ə}k$ 都是两两互补的，前者只跟下阴入和下阳入调搭配，后者只跟上阴入和上阳入调搭配。如果不考虑它们的来源及音值的差异，把它们分别合并为一个音位也是可以的。本书只把“ɔp 和 op”、“ɛk 和 ek” 及“ɔt 和 øt”合并，因为 op、ek 和 øt 只是出现在一些借词（含底层词）和拟声词中。其他互补的入声韵大多有不同的中古来源，暂且从分。

2.4　开建话的音节结构特点及音节表

2.4.1　开建话的音节概况及结构特点

开建话的音节总数约有 1 694 个，而开建话理论上可以出现的音节数应为 15 980 个（17 声母×94 韵母×10 声调），因此它的音节协和度（实际出现的音节数除以理论上的音节数）为 0.11，说明开建话的音节分布总体上是比较稀疏的。在这 1 694 个音节中，同音负担量最高的音节是[ʧɐn^{24}]，一个音节承担了 15 个以上的单音节词。开建话的音节结构则有以下特点：

（1）开建话最典型的音节结构是 CGVX（C 为声母，G 为介音，V 是韵腹，X 是韵尾），主要表现为 CGVC、CVC、CV、CGV^{V}、CV^{V}、CV^{V}C（小^{V}为韵尾元音或过渡音）六种类型。开建话还有一种特殊的音节类型就是声化韵，可以看作是典型音节结构的一种变体形式。

（2）声母在开建话中既可以由普通的辅音如 p、k、h 来充当，也可以由零声母来充当。

（3）可以充当韵腹的主元音为 i、y、u、ɛ、œ、ɐ、ɔ、a，其中 i、u 还可以充当介音和韵尾；y 不可以充当介音但可以充当韵尾；ɛ、ɔ 还可以在音节中充当韵尾或过渡音。

（4）韵尾辅音主要由鼻音 m、n、ŋ 和塞音 p、t、k 充当，其中韵尾塞音不爆破。

（5）m、n、ŋ 三个辅音可以自成音节，不过它们之间通常是自由变体关系。

2.4.2 开建话的音节表

表 2-8 到表 2-22 是开建话的音节表。音节表把许多只在拟声词、拟态词以及有音无字词中出现的边缘音节也收录在内。音节表排列从表(一)至表(五)列开音节韵母,从表(六)至表(十五)列闭音节韵母及声化韵。每个音节表第一列的声母一般只列出现的声母,不出现的都略去。有音无字及本字未明的音节,用号码表示,在每张表后加注解进行说明。一些俗字在表后注解,如"哴,用水冲洗"。注释例子中本字未明的字用"□"表示,后注音标。因为开建话的介音 i 只跟零声母搭配,介音 u 只跟舌根塞音声母和零声母搭配,我们把介音统一放在声母的位置,并把音值改写为 j 和 w,像广州话那样在声母部分增加两个唇化声母 k^w、k^{hw} 和两个半元音声母 j、w,从而大大减少了韵母的数量①。为了节省篇幅,我们把韵母表中互补的韵母合并列在一个韵母下面,如互补的 ɐu 和 ɔu 韵列为 ɐu(ɔu);入声中互补的韵母也是同样处理。为了便于跟其他方言进行比较,开建话的 10 个声调表示为:阴平 1、阳平 2、阴上 3、阳上 4、阴去 5、阳去 6、上阴入 7、上阳入 8、下阴入 9、下阳入 10。

表 2-8　开建话音节表(一)

	a						ɛ						œ						$u^ɔ$					
	阴平	阳平	阴上	阳上	阴去	阳去	平声	阳平	阴上	阳上	阴去	阳去	阴平	阳平	阴上	阳上	阴去	阳去	平声	阳平	阴上	阳上	阴去	阳去
	1	2	3	4	5	6	1	2	3	4	5	6	1	2	3	4	5	6	1	2	3	4	5	6
p	巴	耙	把	(1)	霸	罢	啤					币				(28)			波	婆			簸	(39)
p^h	趴				怕		(9)						(29)						颇				破	
m	孖	麻		马			(10)				(11)								魔	磨				磨
f	花				化					(12)		(13)				(30)			科		火		货	

① 关于开建话及周边方言介音的处理问题,我们在第六章的 6.5 还将详细讨论。

续 表

	a						ɛ						œ						u^ɔ					
	阴平	阳平	阴上	阳上	阴去	阳去	平声	阳平	阴上	阳上	阴去	阳去	阴平	阳平	阴上	阳上	阴去	阳去	平声	阳平	阴上	阳上	阴去	阳去
	1	2	3	4	5	6	1	2	3	4	5	6	1	2	3	4	5	6	1	2	3	4	5	6
t			打									(14)	堆	锤			对	坠	多	驼	朵			惰
t^h	他												推		腿		退		拖		妥			
n	(2)	拿	乸			乸	(15)		(16)		(17)						(31)		挼	挪				糯
l	啦			(3)	(4)							例	(32)	雷	累	垒		泪	箩	罗	裸		摞	
ʧ	楂	茶			榨	(5)	(18)			柿	制	滞	追	谁	嘴	罪	最	睡	资	词	阻	坐	左	助
ʧ^h	差				岔				(19)				吹				翠		初		楚		措	
ʃ	沙		洒		耍								虽		水	(33)	碎		梳		所			
ȵ	(6)						(20)						(34)			汝								
k	家		假		架			茄			计	计	哥					(35)	歌		果		过	(40)
k^h	卡		卡				(21)		(22)		契						(36)				课			
ŋ		牙		瓦		研				蚁	(23)	艺				(37)				鹅	我			饿
h	虾												靴											
k^w	瓜	(7)	寡	(8)	挂					(24)														
k^{hw}	夸		垮		跨																			
Ø	鸦		哑	下	亚	夏				(25)									屙	和		祸		
j			呀	有								(26)					(38)	锐						
w	蛙	华		哇		画				(27)														

注解：

(1) pa^{242}：拟声词，水流声

(2) na^{44}：身上的疤

(3) la^{242} □□lu^{242}la^{242}：形容动作慌乱

(4) la^{32}：摸着找

(5) ʧa^{21}：藏

(6) ȵa^{44}：拿，拿着

(7) k^{w}a^{24}：爬

(8) k^{w}a^{242}：用手乱抓乱划

(9) p^{h}ɛ^{44}：扑克牌

(10) mɛ^{44} □hɐi^{44}～：女性器官的俗称

(11) mɛ^{32} 谷～：秕谷

(12) fɛ^{242} 风～～：形容风很凉快很舒服

(13) fɛ^{21} ～k^{h}ɛ^{44}：拉屎俗称

(14) tɛ^{21} 肚～□nɛ^{32}：大腹胼胼

(15) nɛ^{44}：踮起脚

(16) nɛ^{52}：向同伴炫耀或诱惑好吃

(17) nɛ^{32}：背

(18) ʧɛ^{44} □kɐu$^{44\text{-}32}$～：男性器官的俗称

(19) ʧ^{h}ɛ^{52} 雨～～：形容小雨一阵阵地下

(20) ȵɛ^{44}：痴迷

(21) k^{h}ɛ^{44}：烂屎的俗称

(22) k^{h}ɛ^{52}：劈

(23) ŋɛ^{32}：靠近

(24) k^{w}ɛ^{242}：小孩大哭声

(25) ɛ^{242}：表示应允回答

(26) jɛ^{21}：逗

(27) wɛ^{242}　阿～：婴儿的爱称

(28) pœ^{242}　～□ʧi^{32}：形容速度很快

(29) p^{h}œ^{44}　肚～□hœ^{44}：形容孕妇的大肚子

(30) fœ^{242}　～～：形容风迅猛或动作很迅速

(31) nœ^{32}：累

(32) lœ^{44}：拼命干

(33) ʃœ^{242}：哄骗、怂恿

(34) ȵœ^{44}：锥子；身上突起的肉疙瘩

(35) kœ^{21}　脚～：脚踝上的突起的关节

(36) k^{h}œ^{32}　手～：手肘上弯曲处突起的关节

(37) ŋœ^{242}　～～：形容器物转动的声音

(38) jœ^{32}：笔直

(39) puᵓ^{21}　大竹～：地名

(40) kuᵓ^{21}：表领属的助词

表 2-9　开建话音节表(二)

	i						u						y						iᵋ					
	阴平	阳平	阴上	阳上	阴去	阳去	阴平	阳平	阴上	阳上	阴去	阳去	阴平	阳平	阴上	阳上	阴去	阳去	阴平	阳平	阴上	阳上	阴去	阳去
	1	2	3	4	5	6	1	2	3	4	5	6	1	2	3	4	5	6	1	2	3	4	5	6
p								扶	补	妇	布	部												
p^{h}			(1)				铺		谱		铺													
m							模	无	舞	舞		雾									(12)			
f							夫		苦		裤													
t							都	徒	赌		(4)	度			(6)				爹					
t^{h}									土		兔													
n					(2)			奴		努		怒												
l					(3)		(5)	卢		鲁		路		驴			(7)						(13)	
ʧ	支	迟	纸	市	智	治	租		祖		做		朱	除	煮	柱	蛀	树	遮	邪	者	社	借	谢
ʧ^{h}	痴		齿		翅		粗				醋				(8)		处		车		扯		笡	
ʃ	师		屎		试		酥		数		数		书		鼠		恕		赊		使		舍	
ȵ	儿	儿	议	耳		二								鱼	(9)			遇			嘢	惹		
k	饥	旗	几	徛	寄	技	姑		古		故		居	渠	举	巨	锯	具						
k^{h}					冀		箍						区											
ŋ																	(11)							
h	稀		起		戏								墟		许									
Ø	衣	移		以	意	易	乌			户		护	于	余	(10)	雨		誉		爷		野		夜

注解：

(1) p^{h}i^{52}：吐(口水、痰)

(2) ni^{32}：小

(3) li^{32}：哈痒

(4) tu^{32}：蜂刺

(5) lu^{44}：因酥松而崩跨
(6) ty^{52}：动词，递过去
(7) ly^{32}：哑
(8) $ʧ^hy^{52}$：用工具铲或除
(9) $ȵy^{52}$：指
(10) y^{52}：脏、难看或蠢
(11) $ŋy^{32}$：钻
(12) $mi^{ɛ52}$：什么，"乜嘢 $mɐt^{55}$ $ȵi^{ɛ52}$"的合音
(13) $li^{ɛ32}$：名词，空隙；动词，使留出空

表 2 - 10　开建话音节表(三)

	ai						ɐi(ɛi)						ɔi						u^i					
	阴平	阳平	阴上	阳上	阴去	阳去	阴平	阳平	阴上	阳上	阴去	阳去	阴平	阳平	阴上	阳上	阴去	阳去	阴平	阳平	阴上	阳上	阴去	阳去
	1	2	3	4	5	6	1	2	3	4	5	6	1	2	3	4	5	6	1	2	3	4	5	6
p	掰	排	摆	(1)	拜	败	碑	皮	比	被	闭	鼻							杯	肥	26	倍	背	吠
p^h					派		批																配	
m		埋	(2)	米		卖	米	迷		美	(14)	未							妹	梅		每		妹
f					快		非	肥	匪		肺								灰		悔		晦	
t	姼		底		戴	大	低	题	抵	弟	帝	地		台		待		代						
t^h	呔		(3)		态		梯		体		剃		胎											
n			(4)	奶			泥	泥		你	腻	溺				女		耐						
l	拉				癞	赖	璃	犁	(15)	礼	(16)	利		来								铝		虑
ʧ	斋	柴	仔	(5)	债	寨	剂	齐	姊	似	济	字	灾	财		在	再					叙		聚
$ʧ^h$	猜		踩				妻				刺				彩		菜				取		趣	
ʃ	(6)		洗		晒		西		死		四		腮						需		绪			
ȵ			(7)						(17)															
k	街		解		届		鸡		(18)		髻		该		改		盖							
k^h			(8)								(19)						概		魁		贿		刽	
ŋ	(9)	(10)			(11)	艾	(20)	危				魏						外						
h	揩						(21)					系	开		海									
k^w	乖		拐		怪		归	葵	鬼	(22)	贵	跪												
k^{hw}					块		窥				愧													
Ø	挨	鞋	矮	蟹		懈	(23)				(24)		哀		蔼	亥	爱	害	煨	回		会		会
j					(12)	(13)		(25)																
w	歪	怀				坏	威	围	喂	卫	慰	位												

注解：

(1) pai^{242}：用筷子扒饭

(2) mai^{52}：歪

(3) t^{h}ai^{52}　～牛：放牛

(4) nai^{52}　～软：非常软、非常疲惫

(5) ʧai^{242}：用舌舔，本字可能是"舐"

(6) ʃai^{44}：浪费

(7) ȵai^{52}：踩

(8) k^{h}ai^{52}　斗～：打架

(9) ŋai^{44}：搓(粉、浆等)

(10) ŋai^{24}：熬

(11) ŋai^{32}：靠近

(12) jai^{32}：泼水

(13) jai^{21}　～蔑：用刀向内剖开竹片

(14) mei^{32}：躲起来

(15) lei^{52}：拔

(16) lei^{32}：形容树、木等很容易断；～起牙：(痛得)咧出了牙

(17) ȵei^{52}：抓住，扯紧

(18) kei^{52}：这

(19) k^{h}ei^{32}：竹节

(20) ŋɐi^{44}：乞求

(21) hɐi^{44}：女阴

(22) k^{w}ɐi^{242}：用不正当的手段获得

(23) ɐi^{44}：鸡鸭等胃前临时装食物的食道囊

(24) ei^{32}：受气

(25) jɐi^{24}：不听话，不乖

(26) pui^{52}：那

表 2-11　开建话音节表(四)

	ɔ						au						ɐu(ɔu)						ɛu					
	阴平	阳平	阴上	阳上	阴去	阳去	阴平	阳平	阴上	阳上	阴去	阳去	阴平	阳平	阴上	阳上	阴去	阳去	阴平	阳平	阴上	阳上	阴去	阳去
	1	2	3	4	5	6	1	2	3	4	5	6	1	2	3	4	5	6	1	2	3	4	5	6
p	煲	袍	保	抱	报	暴	包	刨	饱		豹		(15)	浮	(16)				标	嫖	表			
p^{h}	(1)						抛		跑		炮		泡		剖		(17)		飘		漂			
m	毛	毛				帽	猫	矛		卯		貌	(18)	谋	(19)	亩		贸	猫	苗		秒		
f															否						(31)			
t	刀	桃	倒	道	到	稻					(8)		兜	头	斗		斗	豆	朝	条	屌			
t^{h}	涛		讨		套								偷		(20)		透		挑					
n				脑					扭	钮		闹	(21)		(22)				(32)			鸟		
l	捞	劳	佬	老	(2)	涝	捞			柳		(9)	鹠	楼	(23)	(24)		漏	撩	聊	(33)	了		
ʧ	糟	槽	早	造	灶	(3)	(10)	巢	酒		罩	棹	周	求	走	舅	咒	就	蕉		剿			
ʧ^{h}	操		草		燥		抄		炒		钹		秋				臭		锹					
ʃ	骚		嫂		扫	傻	稍				潲	(11)	收		手	(25)	瘦		消		小			
ȵ									爪				(26)	柔		(27)	皱	(28)						
k	高		稿		告		交		饺		教		鸠		狗		够		(34)			(35)		
k^{h}	(4)										靠		(29)				扣		(36)		(37)			
ŋ	薅	(5)				傲	挠	肴	拗	咬	坳		勾	牛		藕								

续　表

	ɔ						au						ɐu(ɔu)						ɛu					
	阴平	阳平	阴上	阳上	阴去	阳去	阴平	阳平	阴上	阳上	阴去	阳去	阴平	阳平	阴上	阳上	阴去	阳去	阴平	阳平	阴上	阳上	阴去	阳去
	1	2	3	4	5	6	1	2	3	4	5	6	1	2	3	4	5	6	1	2	3	4	5	6
h			好		好		酵		考		孝		(30)		口									
Ø		河			(6)	号	凹	(12)			(13)	校	欧	喉	呕	厚	沤	候	吆					
j	(7)								(14)	友			休	油			幼	又						

注解：

(1) p^{h}ɔ^{44}：空心

(2) lɔ^{32}：抚摸、哄

(3) ʧɔ^{21}　早/晚～：早/晚稻

(4) k^{h}ɔ^{44}：音译词，呼叫

(5) ŋɔ^{24}：摇

(6) ɔ^{32}：用较长的尺子或棍子量

(7) jɔ^{44}：起哄

(8) tau^{32}：翻、倒

(9) lau^{21}　～□kau^{21}：调皮，很难管教

(10) ʧau^{44}：死的俗称

(11) ʃau^{21}：看、理会

(12) au^{24}：风骚

(13) au^{32}：争辩

(14) jau^{52}：大口吃，敞开肚子吃

(15) pɐu^{44}：差劲

(16) pou^{52}：打

(17) p^{h}ou^{32}　水～：救生圈

(18) mɐu^{44}：酥松

(19) mou^{52}：腐烂，腐朽

(20) t^{h}ɐu^{52}：休息

(21) nɐu^{44}：生气

(22) nou^{52}　一斗～：满满的一斗或一碗

(23) lou^{52}：和、拌、合在一起

(24) lɐu^{242}：很假，很差劲

(25) ʃou^{242}　气～～：蒸气弥漫的样子

(26) ȵɐu^{44}：抓紧，扶紧

(27) ȵou^{242}：抖动，跳动

(28) ȵou^{21}：受潮

(29) k^{h}ɐu^{44}：端起、端着

(30) hɐu^{44}：盯着

(31) fɛu^{52}：用皮鞭、竹条打

(32) nɛu^{44}：形容粥比较稠

(33) lɛu^{52}：捣乱

(34) kɛu^{44}：形容东西非常稠

(35) kɛu^{242}：搅拌

(36) k^{h}ɛu^{44}：撬起来

(37) k^{h}ɛu^{52}　□lɛu$^{52-32}$～：滑头、狡猾

表 2－12　开建话音节表(五)

	i^{u}						œy					
	阴平	阳平	阴上	阳上	阴去	阳去	阴平	阳平	阴上	阳上	阴去	阳去
	1	2	3	4	5	6	1	2	3	4	5	6
p					(1)							
p^{h}					票							
m						庙						
f												
t	丢				钓	调	猪					

续　表

	i^u						œy					
	阴平	阳平	阴上	阳上	阴去	阳去	阴平	阳平	阴上	阳上	阴去	阳去
	1	2	3	4	5	6	1	2	3	4	5	6
t^h					跳							
n						尿						
l	溜					料						
ʧ	揪	潮			照	赵						
$ʧ^h$	超				俏		蛆					
ʃ	烧		少		笑		须					
ȵ		尧	绕	舀								
k	娇	桥	缴	(2)	叫	撬						
k^h					翘							
ŋ				(3)								
h	嚣		晓								去	
j	腰	姚	(4)		要	耀						

注解：

(1) pi^{u32}　～盐水：用盐腌泡

(2) $ki^{u\,242}$：一种根部呈椭圆形锤状的蔬菜

(3) $ŋi^{u\,242}$　～～：警车发出的声音

(4) $i^{u\,52}$：搞怪，幽默

表 2-13　开建话音节表(六)

	am/ap										ɐm/ɐp									
	阴平	阳平	阴上	阳上	阴去	阳去	上阴入	上阳入	下阴入	下阳入	阴平	阳平	阴上	阳上	阴去	阳去	上阴入	上阳入	下阴入	下阳入
	1	2	3	4	5	6	7	8	9	10	1	2	3	4	5	6	7	8	9	10
p		帆		犯		范														
p^h																				
m																				
f																				
t	担	痰	胆	淡	担	啖			答	踏	(13)	(14)	(15)	凼			(16)	(17)		

续 表

	am/ap										ɐm/ɐp									
	阴平	阳平	阴上	阳上	阴去	阳去	上阴入	上阳入	下阴入	下阳入	阴平	阳平	阴上	阳上	阴去	阳去	上阴入	上阳入	下阴入	下阳入
	1	2	3	4	5	6	7	8	9	10	1	2	3	4	5	6	7	8	9	10
tʰ	贪				探				塔								(18)			
n		男		腩					(1)	纳	(19)	(20)		(21)			粒			
l	篮	蓝	览		(2)	舰			(3)	腊	(22)	林		檩			笠	立		
ʧ	簪	蚕	斩	(4)	湛	站				杂	针	沉	枕				汁	习		
ʧʰ	参		惨		杉				插		侵		寝				缉			
ʃ	三								(5)		深		婶		渗	甚	湿	十		
ȵ									(6)			淫					(23)			
k	监		减	槛	鉴	(7)			甲	夹	今						蛤	及		
kʰ											(24)		(25)				吸			
ŋ	啱	岩	(8)														(26)			
h			喊						呷		堪				(27)		(28)			
Ø	(9)	咸				陷			鸭	侠	揞	衔					(29)			
j					(10)				(11)	(12)	音		饮				揖	入		

注解：

(1) nap^{32} ～菜：夹菜

(2) lam^{32}：跨

(3) lap^{32}：收拢

(4) ʧam^{242}：玻璃扎到

(5) ʃap^{32} ～气：淘气

(6) ȵap^{32}：生气，恼火

(7) kam^{21}：伸开手掌拇指跟中指间的距离

(8) ŋam^{52}：凹

(9) am^{44}：逼

(10) jam^{32}：渗水，浸染

(11) jap^{32}：眨

(12) jap^{21}：张开翅膀扇动

(13) tɐm^{44} 番薯～：把番薯放到烧红的土里煨

(14) tɐm^{24}：盖(被)

(15) tɐm^{52}：撞

(16) tɐp$^{\underline{55}}$：低(头)

(17) tɐp$^{\underline{34}}$：摔，掉(东西)

(18) tʰɐp$^{\underline{55}}$：套

(19) nɐm^{44}：量词，个

(20) nɐm^{24}：煮得很熟很软

(21) nɐm^{242}：乱捣、乱搅

(22) lɐm^{44}：痒

(23) ȵap$^{\underline{55}}$：用手从坛子里抓东西

(24) kʰɐm^{44}：结实

(25) kʰɐm^{52}：用网去盖或捉

(26) ŋɐp$^{\underline{55}}$：蹲着；唠叨

(27) hɐm^{32}：骂

(28) hɐp$^{\underline{55}}$：恐吓，威胁

(29) ɐp$^{\underline{55}}$：敷

表 2-14　开建话音节表(七)

	an/at										ɐn/ɐt									
	阴平	阳平	阴上	阳上	阴去	阳去	上阴入	上阳入	下阴入	下阳入	阴平	阳平	阴上	阳上	阴去	阳去	上阴入	上阳入	下阴入	下阳入
	1	2	3	4	5	6	7	8	9	10	1	2	3	4	5	6	7	8	9	10
p	班	烦	板		(1)	饭			八	罚	宾	坟	本		殡	笨	笔	佛		
p^h	攀				盼						喷		品				匹			
m	(2)	蛮		晚		慢					炆	文	(11)	敏			(12)	物		
f	翻		反		贩				发		婚		粉	奋		份	窟			
t	单	弹			旦	蛋			(3)	达	敦	臀	(13)	钝	震	顿	(14)	突		
t^h	滩		袒		炭				遢		吞				(15)					
n	(4)	难				难			(5)	捺	(16)		(17)	(18)			(19)			
l	(6)	拦		懒		烂			瘌	辣	(20)	鳞	(21)	(22)			(23)	律		
ʧ		残	盏	(7)	赞	赚			扎		真	秦	准	肾		阵	质	侄		
$ʧ^h$	餐		产		灿				擦		亲		蠢		趁		七			
ʃ	删		散		散				杀		身		笋			顺	失			
ȵ											人	人	蚓	忍		纫		日		
k	奸		碱		间						跟		谨				橘			
k^h																	咳			
ŋ	(8)	颜	眼	眼		雁				(9)		银					(24)	(25)		
h	(10)								瞎				很			恨	乞			
k^w	关				惯				刮		军	群	滚	菌		郡	骨	掘		
k^{hw}											昆		捆		困					
Ø		闲		限	晏				压			痕						核		
j											因	(26)		引			一	逸		
w	弯	环		挽		患			挖	滑	温	魂	稳	允		混	屈	核		

注解：

(1) pan^{32}：用棍子或扁担打

(2) man^{44}：扳过来

(3) tat^{32}：拍打

(4) nan^{44}　～白：很白(通常形容脸色不正常)

(5) nat^{32}：用面积较大的东西拍打

(6) lan^{44}：滚

(7) ʧan^{242}：动物留下的印记

(8) ŋan^{44}：无聊

(9) ŋat^{21}：反复咀嚼或挤压

(10) han^{44}：省
(11) mɐn^{52}　～水：(鸭子)用嘴喝水
(12) mɐt$^{\underline{55}}$：消失；～嘢：什么(东西)
(13) tɐn^{52}：囤积着或堆压着
(14) tɐt$^{\underline{55}}$：塞
(15) tʰɐn^{32}：退后
(16) nɐn^{44}：吞、咽
(17) nɐn^{52}：挑逗、戏耍
(18) nɐn^{242}：水里的烂泥；很腻
(19) nɐt$^{\underline{55}}$：用手推着按或捏
(20) lɐn^{44}：很快
(21) lɐn$^{\underline{52}}$：玩
(22) lɐn^{242}：满
(23) lɐt$^{\underline{55}}$：草木因干枯或腐朽变脆
(24) ŋɐt$^{\underline{55}}$：吝啬
(25) ŋɐt$^{\underline{34}}$：上下摇动
(26) jɐn^{24}：均匀，匀称

表 2－15　开建话音节表(八)

	ɔm(om)/ɔp(op)										ɔn(øn)/ɔt(øt)									
	阴平	阳平	阴上	阳上	阴去	阳去	上阴入	上阳入	下阴入	下阳入	阴平	阳平	阴上	阳上	阴去	阳去	上阴入	上阳入	下阴入	下阳入
	1	2	3	4	5	6	7	8	9	10	1	2	3	4	5	6	7	8	9	10
p	泵	(1)	(2)	(3)							般	盘		伴					钵	勃
pʰ							(4)				潘								泼	
m	(5)										(23)	瞒		满					抹	末
t						(6)		(7)												
tʰ					(8)															
n					(9)		(10)													
l	(11)		揽		(12)	(13)		(14)												
ʧ					浸												(24)			
ʧʰ											(25)						(26)			
ʃ																				
ȵ		壬				任														
k	柑		敢		(15)	(16)			鸽		肝		秆		干				割	
kʰ																				
ŋ				(17)		(18)										岸				
h	龛		坎								刊				汉				喝	
Ø		含	(19)		暗	(20)			(21)	盒	安	韩		旱	按	翰				
j							(22)													

注解：

(1) pom^{24}：形容跳进水里的声音；～～：形容植物长得很浓密的样子

(2) pom^{52}：爆破的声音

(3) pom^{242}：连续爆破的声音

(4) p^{h}op$^{\underline{55}}$：扑哒一声(短促爆破)

(5) mom^{44}　吃～：吃饭(对小孩说)

(6) tom^{21}：用脚使劲踩、跺

(7) top$^{\underline{34}}$　心～～：心扑通扑通地跳

(8) t^{h}om^{32}：哄、骗

(9) nom^{32}：想

(10) nop$^{\underline{55}}$　蛤～：蝌蚪

(11) lɔm^{44}　～□k^{h} ɔm^{44}：形容东西拱起来

(12) lom^{32}：崩跨

(13) lom^{21}：垒

(14) lop$^{\underline{34}}$　火～～：火焰很高很猛

(15) kom^{32}：拿勺子喂

(16) kom^{21}：用手摁住

(17) ŋɔm^{242}　～～：形容机器的声音很大

(18) ŋom^{21}：唠叨

(19) ɔm^{52}：碰、撞

(20) om^{21}：约好

(21) ɔp^{32}　～门：把门掩着

(22) jop$^{\underline{55}}$：形容忽然发生了变化

(23) mɔn^{44}　狮子～清：舞着狮子去摘吊在空中的礼物

(24) ʧøt$^{\underline{55}}$：亲嘴或喝酒时动作或发出的声音

(25) ʧ^{h}ɔn^{44}：(鸡用嘴)啄

(26) ʧ^{h}øt$^{\underline{55}}$：摩擦时发出的声音

表 2－16　开建话音节表(九)

	εm/εp										εn/εt									
	阴平	阳平	阴上	阳上	阴去	阳去	上阴入	上阳入	下阴入	下阳入	阴平	阳平	阴上	阳上	阴去	阳去	上阴入	上阳入	下阴入	下阳入
	1	2	3	4	5	6	7	8	9	10	1	2	3	4	5	6	7	8	9	10
p											鞭		扁	辫					必	别
p^{h}											篇		<u>片</u>						撇	
m												棉		免					(3)	灭
f																				
t	点	甜	点							碟	颠	田	典	缠					跌	秩
t^{h}	添								帖		天								铁	
n	拈			鲶						聂		年	撵						捏	
l		廉		敛								连								裂
ʧ	尖								接		煎	钱	剪	践					节	截
ʧ^{h}	签								妾		千		浅						切	
ʃ									(1)		仙		癣						泄	
ȵ																			(4)	
k										(2)										(5)
k^{h}											(6)									

续 表

	εm/εp										εn/εt									
	阴平	阳平	阴上	阳上	阴去	阳去	上阴入	上阳入	下阴入	下阳入	阴平	阳平	阴上	阳上	阴去	阳去	上阴入	上阳入	下阴入	下阳入
	1	2	3	4	5	6	7	8	9	10	1	2	3	4	5	6	7	8	9	10
ŋ																			(7)	
h													蚬							
Ø													(8)							

注解：

(1) ʃεp^{32}：用东西斜塞进去

(2) kεp^{21}　好～：很窄

(3) mεt^{32}：侧着使溢出

(4) ȵεt^{32}：萎缩，蔫

(5) kεt^{21}　～起头：抬起头

(6) k^{h}εn^{44}　□k^{h}œŋ^{32}～：蜻蜓

(7) ŋεt^{32}　～□ʧi^{32}：形容木门转动的声音

(8) εn^{52}　～起肚：挺起肚子

表 2－17　开建话音节表(十)

	im/ip										in/it									
	阴平	阳平	阴上	阳上	阴去	阳去	上阴入	上阳入	下阴入	下阳入	阴平	阳平	阴上	阳上	阴去	阳去	上阴入	上阳入	下阴入	下阳入
	1	2	3	4	5	6	7	8	9	10	1	2	3	4	5	6	7	8	9	10
p															变	便				
p^{h}															骗					
m															(4)	麵				
f															训					
t					店	垫									震	电				
t^{h}															(5)					
n						念					(6)					嫩	(7)			
l					楝										(8)	论				
ʧ	詹	潜			占	渐	摺				毡	禅	展	鳝	箭	贱	折	舌		
ʧ^{h}					(1)										寸		撤			
ʃ			闪				摄								扇		设			
ȵ		严		染		验		业				然			韧	认		热		
k	兼	钳		检	剑		劫	(2)			坚			件	见	键	结	杰		

续　表

	im/ip										in/it									
	阴平	阳平	阴上	阳上	阴去	阳去	上阴入	上阳入	下阴入	下阳入	阴平	阳平	阴上	阳上	阴去	阳去	上阴入	上阳入	下阴入	下阳入
	1	2	3	4	5	6	7	8	9	10	1	2	3	4	5	6	7	8	9	10
kʰ																	揭			
ŋ												(9)								
h	谦		险		欠		协				轩		显		献		蝎			
kʷ															棍					
j	阉	盐	(3)		厌	炎	腌	叶			烟	贤		演	燕	现				
w															(10)	运				

注解：

(1) ʧʰim^{32}　～入^{53}：中间加入

(2) kip$^{\underline{34}}$：夹住

(3) im^{52}：痂子

(4) min^{32}：地上或山上出水的泉眼

(5) tʰin^{32}：挣扎

(6) nin^{44}：乳房、母乳

(7) nit$^{\underline{55}}$　一～：形容量少，一点儿

(8) lin^{32}：整(房子或田)

(9) ŋin^{24}：碾

(10) win^{32}：关着

表 2-18　开建话单音节表(十一)

	yn/yt										un/ut									
	阴平	阳平	阴上	阳上	阴去	阳去	上阴入	上阳入	下阴入	下阳入	阴平	阳平	阴上	阳上	阴去	阳去	上阴入	上阳入	下阴入	下阳入
	1	2	3	4	5	6	7	8	9	10	1	2	3	4	5	6	7	8	9	10
p															半	叛		(11)		
pʰ															判					
m													(12)			闷				
f											宽		款		焕		阔			
t	端	团	短	断	转	(1)	掇	夺												
tʰ			(2)		(3)		脱													
n			(4)	暖			(5)													
l	挛	联	(6)	卵		乱	(7)	劣												
ʧ	砖	船	转	(8)	钻	旋	撅	绝												

续　表

	yn/yt										un/ut									
	阴平	阳平	阴上	阳上	阴去	阳去	上阴入	上阳入	下阴入	下阳入	阴平	阳平	阴上	阳上	阴去	阳去	上阴入	上阳入	下阴入	下阳入
	1	2	3	4	5	6	7	8	9	10	1	2	3	4	5	6	7	8	9	10
$ʧ^h$	穿		喘		串		撮													
ʃ	酸		选		算		雪													
ȵ		原		软		愿		月												
k	娟	拳	卷		券	(9)		蕨			官		管		罐		(13)			
k^h							诀										括			
ŋ	(10)														(14)					
h	圈		犬		劝		血													
Ø	冤	园	宛	远	怨	院	乙	阅				桓	碗	腕		换		活		

注解：

(1) tyn^{21}：赶

(2) t^hyn^{52}　～□nyn^{52}：很白很胖

(3) t^hyn^{32}：脱、褪

(4) nyn^{52}：身上起的疙瘩

(5) nyt$^{\underline{55}}$：因受潮而变滑

(6) lyn^{52}：蜷缩、卷

(7) lyt$^{\underline{55}}$：收拢

(8) ʧyn^{242}：含在嘴里吮

(9) kyn^{21}　～床：安床

(10) ŋyn^{44}：钻

(11) put$^{\underline{34}}$：拉开、扯下

(12) mun^{52}：用嘴唇或牙肉吃东西

(13) kut$^{\underline{55}}$：打

(14) ŋun^{32}：钻

表 2－19　开建话音节表(十二)

	ɛŋ(eŋ)/ɛk(ek)										ɐŋ/ɐk									
	阴平	阳平	阴上	阳上	阴去	阳去	上阴入	上阳入	下阴入	下阳入	阴平	阳平	阴上	阳上	阴去	阳去	上阴入	上阳入	下阴入	下阳入
	1	2	3	4	5	6	7	8	9	10	1	2	3	4	5	6	7	8	9	10
p	(1)	棚	(2)	(3)					百	白	崩	朋		(23)		凭	北	卜		
p^h	(4)								拍		抨									
m	掹	盲	蜢	猛		孟			(5)	麦	(24)	盟			(25)		(26)	墨		
f									(6)					(27)	(28)		(29)			
t	(7)		(8)				的	滴			灯	藤	等	(30)	凳	邓	得	特		
t^h													(31)		(32)					

续 表

	ɛŋ(eŋ)/ɛk(ek)										ɐŋ/ɐk									
	阴平	阳平	阴上	阳上	阴去	阳去	上阴入	上阳入	下阴入	下阳入	阴平	阳平	阴上	阳上	阴去	阳去	上阴入	上阳入	下阴入	下阳入
	1	2	3	4	5	6	7	8	9	10	1	2	3	4	5	6	7	8	9	10
n						(9)						能	(33)		(34)			(35)		
l			(10)	冷	(11)						(36)	棱	愣	(37)			(38)	勒		
ʧ	争	橙							窄	宅	曾	层			证	剩	侧	贼		
ʧʰ	铛		(12)						拆		称		(39)		称		测			
ʃ	生		省						(13)		升				胜		塞			
ȵ			(14)								(40)	仍								
k	耕	(15)	(16)			劲			格				耿	(41)	更	(42)		极		
kʰ					(17)										(43)		(44)			
ŋ									(18)		(45)				(46)	硬	扼	额		
h	坑		(19)		庆				客		亨		肯		(47)		黑			
kʷ			梗						(20)		轰						(48)	(49)		
kʰʷ	框								(21)						(50)		(51)			
Ø	罂	行				杏			鈪		鹰	恒			应	杏	握			
j											应	蝇		(52)	应					
w		横	(22)							划	(53)	弘		(54)				或		

注解：

(1) pɛŋ^{44} ～秧：拔秧

(2) pɛŋ^{52} □hɛŋ$^{52-32}$～：小腿

(3) pɛŋ^{242}：用棍子拍打

(4) pʰɛŋ^{44}：驱赶

(5) mɛk^{32}：掰开

(6) fɛk^{32}：甩

(7) tɛŋ^{44}：死的俗称

(8) tɛŋ^{52} □lɛŋ$^{52-32}$～：形容驼背的样子

(9) neŋ^{21} ～～：水慢慢滴落的样子

(10) lɛŋ^{52} ～：不大

(11) leŋ^{32} ～□kʰeŋ^{32}：不平，倾斜

(12) ʧʰɛŋ^{52}：用脚蹬开

(13) ʃɛk^{32}：量词，畦；形容词，显摆

(14) ȵɛŋ^{52}：用脚蹬

(15) kɛŋ^{24} 臭～：臭昆虫的一种

(16) kɛŋ^{52}：提起

(17) kʰeŋ^{32} □leŋ^{32}～：不平，倾斜

(18) ŋɛk^{32}：烧焦的味道

(19) hɛŋ^{52} ～□pɛŋ^{52}：小腿

(20) kʷɛk^{32}：用力摔

(21) kʰʷɛk^{32}：量词，卷

(22) wɛŋ^{52}：量词，次

(23) pɐŋ^{242} ～～：梆梆响

(24) mɐŋ^{44}：拉紧；(牙)崩

(25) mɐŋ^{32}：挤

(26) mɐk$^{\underline{55}}$ 竹～：竹罐

(27) fɐŋ^{242} ～～转：转动的样子

(28) fɐŋ^{32}：甩

(29) fɐk$^{\underline{55}}$：摔(跤)

(30) tɐŋ^{242}：堵住；很笨

(31) t^{h}ɐŋ^{52}　埠头～：埠头台阶

(32) t^{h}ɐŋ^{32}　～□nɐŋ^{32}：衣服不整齐；做事不干脆

(33) nɐŋ^{52}：形容酸菜坏了，或形容人很蠢笨

(34) nɐŋ^{32}：连在一块

(35) nɐk$^{\underline{34}}$　头～～：不停地点头

(36) lɐŋ^{44}：毛线

(37) lɐŋ^{242}　～脱：挣脱

(38) lɐk$^{\underline{55}}$：砍

(39) ʧ^{h}ɐŋ^{52}　屎、屎～：有屎、屎意

(40) ȵɐŋ^{44}：抓紧、扯紧

(41) kɐŋ^{242}：阻碍、拌住

(42) kɐŋ^{21}：用东西支着

(43) k^{h}ɐŋ^{32}　好～：很呛；很厉害

(44) k^{h}ɐk$^{\underline{55}}$：卡住

(45) ŋɐŋ^{44}：大声喊

(46) ŋɐŋ^{32}：敲打

(47) hɐŋ^{32}：有霉味儿

(48) k^{w}ɐk$^{\underline{55}}$：死的蔑称

(49) k^{w}ɐk$^{\underline{34}}$：用手指背敲

(50) k^{hw}ɐŋ^{32}：挂着

(51) k^{hw}ɐk$^{\underline{55}}$：用锄头掘

(52) jɐŋ^{242}　～～：晃动的样子

(53) wɐŋ^{44}：坏了或办砸了

(54) wɐŋ^{242}　～～：转动的样子

表 2－20　开建话音节表(十三)

	i^{ə}ŋ(iŋ)/i^{ə}k(i^{ɐ}k)										yŋ									
	阴平	阳平	阴上	阳上	阴去	阳去	上阴入	上阳入	下阴入	下阳入	阴平	阳平	阴上	阳上	阴去	阳去	上阴入	上阳入	下阴入	下阳入
	1	2	3	4	5	6	7	8	9	10	1	2	3	4	5	6	7	8	9	10
p	兵	平	饼	並	柄	病	壁													
p^{h}	(1)				拼		劈													
m		名		皿	(2)	命	(3)	觅						网						
f																				
t	丁	庭	顶	艇	订	定	着			笛	张	长		丈						
t^{h}	厅		挺		听		踢													
n	拧	宁	(4)			宁	匿					娘				酿				
l	拎	零		岭	靓	令	(5)			历		凉	辆	两		亮				
ʧ	晶	城	井	静	政	净	脊			石	章	墙	奖	象	酱	橡				
ʧ^{h}	清		请		撑		尺				枪		抢		呛					
ʃ	声		醒		姓		锡				商		赏		相					
ȵ										弱						让				
k	京	琼	境		敬	竟	脚				疆	强	(6)							
k^{h}	倾		顷				剧						强							
h	轻						吃				香		响		向					
Ø	英	赢	影				益			药	央	羊		养						
w		荣		泳		颖														

注解：

(1) $p^{h}i^{ə}ŋ^{44}$　烟～：竹片编成用来晒烟叶的工具

(2) $miŋ^{32}$：挤

(3) $mi^{ə}k^{\underline{55}}$：用手指掐

(4) $ni^{ə}ŋ^{52}$：竹编的用来装鱼的渔具

(5) $li^{ə}k^{\underline{55}}$：聪明

(6) $kyŋ^{52}$　树～：树根

表 2－21　开建话音节表(十四)

	œŋ(øŋ)/œk										ɔŋ/ɔk									
	阴平	阳平	阴上	阳上	阴去	阳去	上阴入	上阳入	下阴入	下阳入	阴平	阳平	阴上	阳上	阴去	阳去	上阴入	下阴入	上阳入	下阳入
	1	2	3	4	5	6	7	8	9	10	1	2	3	4	5	6	7	8	9	10
p	帮	旁	榜			磅			博	雹	(13)	逢					卜	服		
pʰ	(1)				(2)				朴		髼		捧				仆			
m	芒	忙	(3)	网		望			膜	莫	蒙	朦	懵	蠓				木		
f									霍		风		讽				福			
t	当	糖	党	(4)	当	荡			剁	度	东	同	董	动			督	独		
tʰ	汤		傥		烫				托		通		桶				秃			
n	囊	囊	(5)		(6)				(7)	诺	(14)	农					(15)			
l	桹	狼	哴	朗		浪			烙	落	窿	龙		笼			录	六		
ʧ	赃	床			壮	状			捉	凿	钟	虫	总	重			粥	熟		
ʧʰ	仓		厂		创				戳		聪		宠				速			
ʃ	双		爽		丧				塑		鬆		耸				叔			
ȵ			(8)							着	(16)			勇			(17)	肉		
k	岗		讲		钢				各	(9)	公	穷	拱	拱	贡		谷	局		
kʰ	扛				抗				却								曲			
ŋ		昂		仰	(10)					岳	(18)			(19)				玉		
h	糠		(11)		(12)				壳		凶		孔				哭			
Ø		航		项		巷			恶	学	翁	红	(20)				屋			
j									跃		庸	容					(21)	育		
w																		获		

注解：

(1) $p^{h}œŋ^{44}$：名词，锄头；动词，锄

(2) $p^{h}øŋ^{32}$：疯

(3) $mœŋ^{52}$　杀～：小孩玩的一种杀敌游戏

(4) $tœŋ^{242}$　□u^{44}～：哪里

(5) $nœŋ^{52}$　骨～～：腿发抖

(6) $nøŋ^{32}$：扯

(7) nœk^{32}　门～：门后的角落
(8) ȵœŋ^{52}：韧性足，很难嚼
(9) kœk^{21}　大头～：大头角
(10) ŋøŋ^{32}：疯、傻
(11) hœŋ^{52}：形容没有油水、很干
(12) høŋ^{32}：在火上或边上熏烤
(13) pɔŋ^{44}：用拳头打
(14) nɔŋ^{44}：烧焦、烧糊
(15) nɔk$^{\underline{55}}$：往下摁
(16) ȵɔŋ^{44}　～□hoŋ^{44}：头发很长很乱
(17) ȵɔk$^{\underline{55}}$：动
(18) ŋɔŋ^{44}：弓着身体
(19) ŋɔŋ^{242}：脑子犯浑
(20) ɔŋ^{52}：推
(21) jɔk$^{\underline{55}}$：弯的、曲的
桹，量词，一桹豆/麦(玉米)
醲，食品等变馊变坏
哴，用水冲

表 2-22　开建话音节表(十五)

	uŋ										ŋ̍/m̩/n̩									
	阴平	阳平	阴上	阳上	阴去	阳去	上阴入	上阳入	下阴入	下阳入	阴平	阳平	阴上	阳上	阴去	阳去	上阴入	上阳入	下阴入	下阳入
	1	2	3	4	5	6	7	8	9	10	1	2	3	4	5	6	7	8	9	10
p		防				凤														
pʰ					碰															
m						梦														
f	荒		访		放															
t					冻	洞														
tʰ					痛															
n	侬				醲	脓														
l																				
ʧ					粽	尚														
ʧʰ					唱															
ʃ					送															
ȵ					(1)	(2)														
k	光	狂	广		(3)	共														
kʰ					矿															
ŋ											(4)	吾		五		悟				
j					样															
Ø	汪	黄	枉	往		旺														

注解：
(1) ȵuŋ^{32}：嗅
(2) ȵuŋ^{21}：使劲塞
(3) kuŋ^{32}：地下通水的渠道
(4) ŋ̍^{44}：否定词，相当于“不”

2.5 变　　调

2.5.1 开建话单音节词中的构词变调

构词变调是开建话单音节词中较为常用的一种构词方式，是通过变调来改变一个词的词义或词性。下面我们分别举例进行分析。

2.5.1.1 变调区分词性

开建话可以通过变调来区分词的不同词性，如：

(1) 眼，做名词的时候一般读 ŋan^{242}，如牛～；做量词的时候读 ŋan^{52}，如一～$_{根}$针。

(2) 人，做名词的时候读 ȵan^{24}，如南丰～；做量词的时候读 ȵan^{44}，如一～$_{个}$人。

(3) 担，做名词和量词的时候读 tam^{32}，如～挑(扁担)，一～；做动词的时候读 tam^{44}，如～禾，用膊头～。

(4) 晾，做动词的时候读 lœŋ^{21}，如～衫；做形容词或状态词的时候读 lœŋ^{32}，如天～(天由阴转晴)。

(5) 间，做名词时读 kan^{44}，如房～；做动词时读 kan^{32}，如～插仔(间禾苗)。

(6) 铺，做名词时读 p^{h}u^{32}，如店～；做动词时读 p^{h}u^{44}，如～床。

(7) 难，做形容词时读 nan^{24}，如日子～；做名词时读 nan^{21}，如落～。

(8) 数，做名词时读 ʃu^{32}，如有～；作动词时读 ʃu^{52}，如～银纸(数钱)。

2.5.1.2 变调区分词义

开建话还可以通过变调来区分词的不同词义，如：

(1) 泥，表示泥土义的时候读 nɐi^{24}，如红～；表示汗垢义的时候读 nɐi^{44}。

(2) 毛，表示毛发义的时候读 mɔ^{24}，如牛～；表示汗毛、东西发霉后起毛义的时候读 mɔ⁴⁴，如发～。

(3) 水，表示一般的水义时读 ʃœ⁵²，如井～；表示雾水义的时候读 ʃœ⁴⁴，如雾～。

(4) 毑，表示正常母性义时读 na²¹，如老～母亲；带有贬义的时候读 na⁵²，如猪～，婆～。

(5) 笼，表示装禽畜鸟类的竹笼义时读 loŋ²⁴，如鸡～；表示装衣服的箱子的时候读 loŋ²⁴²，如衫～。

(6) 妹，表妹妹义的时候读 muⁱ²¹，如舍～家妹；表亲昵喜爱时读 muⁱ⁴⁴，如阿～。

(7) 儿，正式场合读 n̥i²⁴（现在已经基本不单用，在前字时声调变为 21），表小或贬义时读 n̥i⁴⁴。

(8) 表，表示称谓词或表格义的时候读 pɛu⁵²，表示仪器义如电表、手表时读 pɛu⁴⁴。

这类区分词义的变调有一些就是我们常说的小称变调，这里统一归为构词变调。

从上面的分析我们可以观察到，开建话的构词变调主要是低调变高调，高调变低调的情况比较少。

2.5.2 开建话词语中的连读变调

开建话的单音节词保持本调，双音节以上的词在前字位置上会发生连读变化，下面我们按照词语音节数的多少分别对词语中的连读变调及其规则进行描写和说明。本节使用严式音标记录开建话的读音。

2.5.2.1 双音节词中的连读变调

开建话双音节词的连读变调规律非常清楚，后音节基本不变调①，前音节除去声（包括阴去和阳去）和长入（下阴入和下阳入）外都

① 当后音节为阴平 44 时，因为所有的声调在阴平前都会变成低的 32 或 21，所以后字阴平很容易受前面的低调尾影响，语图上会显示出一种上升的趋势，但是听感还是个平调。

要发生变调，变调规则为：当前字为阴平 44、阴上 52 时变同阴去 32；当前字为阳平 24、阳上 242 时变同阳去 21；当前字为上阴入$\underline{55}$时，变为短的下阴入$\underline{32}$；当前字为上阳入$\underline{34}$时，变作短的下阳入$\underline{21}$。详细描述如下：

（1）阴平＋各调：44＋各调→32＋各调。如：

阴平＋阴平：	封开 foŋ$^{44}_{32}$ hɔi^{44}；	飞机 fɐi$^{44}_{32}$ ki^{44}
阴平＋阳平：	西湖 ʃɐi$^{44}_{32}$ u^{24}；	开平 hɔi$^{44}_{32}$ pi^{ə}ŋ^{24}
阴平＋阴上：	工厂 koŋ$^{44}_{32}$ ʧ^{h}œŋ^{52}；	身体 ʃɐn$^{44}_{32}$ t^{h}ei^{52}
阴平＋阳上：	公社 koŋ$^{44}_{32}$ ʧiε^{242}；	招待 ʧi$^{u44}_{32}$ tɔi^{242}
阴平＋阴去：	书记 ʃy$^{44}_{32}$ ki^{32}；	登记 tɐŋ$^{44}_{32}$ ki^{32}
阴平＋阳去：	医院 i$^{44}_{32}$ yn^{21}；	车站 ʧ^{h}i$^{ε44}_{32}$ ʧam^{21}
阴平＋上阴入：	中国 ʧoŋ$^{44}_{32}$ kok$^{\underline{55}}$；	初一 ʧ^{h}u$^{ɔ44}_{32}$ iɐt$^{\underline{55}}$
阴平＋上阳入：	收集 ʃɐu$^{44}_{32}$ ʧɐp$^{\underline{34}}$；	风俗 foŋ$^{44}_{32}$ ʧok$^{\underline{34}}$
阴平＋下阴入：	开发 hɔi$^{44}_{32}$ fat^{32}；	瓜壳 kua$^{44}_{32}$ hœk^{32}
阴平＋下阳入：	中学 ʧoŋ$^{44}_{32}$ œk^{21}；	斑石 pan$^{44}_{32}$ ʧi^{ε}k^{21}

（2）阳平＋各调：24＋各调→21＋各调。如：

阳平＋阴平：	长安 tyŋ$^{24}_{21}$ ɔn^{44}；	平装 pi^{ə}ŋ$^{24}_{21}$ ʧœŋ^{44}
阳平＋阳平：	皮鞋 pɐi$^{24}_{21}$ ai^{24}；	油船 iɐu$^{24}_{21}$ ʧyn^{24}
阳平＋阴上：	甜酒 tεm$^{24}_{21}$ ʧau^{52}；	皮管 pɐi$^{24}_{21}$ kun^{52}
阳平＋阳上：	朋友 pɐŋ$^{24}_{21}$ iau^{242}；	徒弟 tu$^{24}_{21}$ tɐi^{242}
阳平＋阴去：	长裤 tyŋ$^{24}_{21}$ fu^{32}；	从化 ʧoŋ$^{24}_{21}$ fa^{32}
阳平＋阳去：	扶助 pu$^{24}_{21}$ ʧu^{ɔ21}；	排队 pai$^{24}_{21}$ tœ^{21}
阳平＋上阴入：	黄色 uŋ$^{24}_{21}$ ʃɐk$^{\underline{55}}$；	韩国 ɔn$^{24}_{21}$ kok$^{\underline{55}}$
阳平＋上阳入：	茶叶 ʧa$^{24}_{21}$ ip$^{\underline{34}}$；	和服 u$^{ɔ24}_{21}$ pok$^{\underline{34}}$
阳平＋下阴入：	菩萨 pu$^{24}_{21}$ ʃat^{32}；	球拍 ʧɐu$^{24}_{21}$ pεk^{32}
阳平＋下阳入：	同学 toŋ$^{24}_{21}$ œk^{21}；	蝴蝶 u$^{24}_{21}$ tεp^{21}

(3) 阴上＋各调：52＋各调→32＋各调。如：

阴上＋阴平：	火车 fu$^{ɔ}{}^{52}_{32}$ ʧ^{h}i^{ε44}；	点心 tɛm$^{52}_{32}$ ʃɐm^{44}
阴上＋阳平：	火油 fu$^{ɔ}{}^{52}_{32}$ iɐu^{24}；	草鞋 ʧ^{h}ɔ$^{52}_{32}$ ai^{24}
阴上＋阴上：	厂长 ʧ^{h}œŋ$^{52}_{32}$ ʧyŋ^{52}；	总统 ʧoŋ$^{52}_{32}$ t^{h}oŋ^{52}
阴上＋阳上：	狗肚 kou$^{52}_{32}$ tɔ^{242}；	水泡 ʃœ$^{52}_{32}$ pɔ^{242}
阴上＋阴去：	水库 ʃœ$^{52}_{32}$ fu^{32}；	海带 hɔi$^{52}_{32}$ tai^{32}
阴上＋阳去：	本事 pɐn$^{52}_{32}$ ʧi^{21}；	纸袋 ʧi$^{52}_{32}$ tɔi^{21}
阴上＋上阴入：	粉笔 fɐn$^{52}_{32}$ pɐt$^{\underline{55}}$；	口诀 hɐu$^{52}_{32}$ k^{h}yt$^{\underline{55}}$
阴上＋上阳入：	体育 t^{h}ei$^{52}_{32}$ jok$^{\underline{34}}$；	伙食 fu$^{ɔ}{}^{52}_{32}$ ʧɐk$^{\underline{34}}$
阴上＋下阴入：	酒角 ʧau$^{52}_{32}$ kœk^{32}；	警察 ki^{ə}ŋ$^{52}_{32}$ ʧ^{h}at^{32}
阴上＋下阳入：	主席 ʧy$^{52}_{32}$ ʧi^{ε}k^{21}；	火药 fu$^{ɔ}{}^{52}_{32}$ i^{ε}k^{21}

(4) 阳上＋各调：242＋各调→21＋各调。如：

阳上＋阴平：	社翁 ʧi$^{ε}{}^{242}_{21}$ oŋ^{44}；	士兵 ʧi$^{242}_{21}$ pi^{ə}ŋ^{44}
阳上＋阳平：	盾牌 tɐn$^{242}_{21}$ pai^{24}；	象棋 ʧyŋ$^{242}_{21}$ ki^{24}
阳上＋阴上：	淡水 tam$^{242}_{21}$ ʃœ^{52}；	市长 ʧi$^{242}_{21}$ ʧyŋ^{52}
阳上＋阳上：	动静 toŋ$^{242}_{21}$ ʧi^{ə}ŋ^{242}；	项羽 œŋ$^{242}_{21}$ y^{242}
阳上＋阴去：	动态 toŋ$^{242}_{21}$ t^{h}ai^{32}；	市镇 ʧi$^{242}_{21}$ ʧin^{32}
阳上＋阳去：	道具 tɔ$^{242}_{21}$ ky^{21}；	社会 ʧi$^{ε}{}^{242}_{21}$ u^{i21}
阳上＋上阴入：	辨析 pɛn$^{242}_{21}$ ʃi^{ə}k$^{\underline{55}}$；	道德 tɔ$^{242}_{21}$ tɐk$^{\underline{55}}$
阳上＋上阳入：	道术 tɔ$^{242}_{21}$ ʧɐt$^{\underline{34}}$；	市集 ʧi$^{242}_{21}$ ʧɐp$^{\underline{34}}$
阳上＋下阴入：	罪恶 ʧœ$^{242}_{21}$ œk^{32}；	动作 toŋ$^{242}_{21}$ ʧœk^{32}
阳上＋下阳入：	雨石 y$^{242}_{21}$ ʧi^{ε}k^{21}；	道学 tɔ$^{242}_{21}$ œk^{21}

(5) 阴去＋各调：32(不变调)＋各调。例子略。

(6) 阳去＋各调：21(不变调)＋各调。例子略。

(7) 上阴入＋各调：$\underline{55}$＋各调→$\underline{32}$＋各调。如：

上阴入＋阴平：　国家 kok$\frac{55}{\underline{32}}$ ka^{44}；　浙江 ʧit$\frac{55}{\underline{32}}$ kœŋ^{44}

上阴入＋阳平：　骨头 kuɐt$\frac{55}{\underline{32}}$ tɐu^{24}；　职权 ʧɐk$\frac{55}{\underline{32}}$ kyn^{24}

上阴入＋阴上：　结果 kit$\frac{55}{\underline{32}}$kuᵓ^{52}；　笔嘴 pɐt$\frac{55}{\underline{32}}$ ʧœ^{52}

上阴入＋阳上：　谷雨 kok$\frac{55}{\underline{32}}$ y^{242}；　出动 ʧʰɐt$\frac{55}{\underline{32}}$ toŋ^{242}

上阴入＋阴去：　激气 kiᵊk$\frac{55}{\underline{32}}$ hi^{32}；　织布 ʧɐk$\frac{55}{\underline{32}}$ pu^{32}

上阴入＋阳去：　职务 ʧɐk$\frac{55}{\underline{32}}$ mu^{21}；　黑洞 hɐk$\frac{55}{\underline{32}}$toŋ^{21}

上阴入＋上阴入：结束 kit$\frac{55}{\underline{32}}$ ʧʰok$^{\underline{55}}$；　德国 tɐk$\frac{55}{\underline{32}}$ kok$^{\underline{55}}$

上阴入＋上阳入：积极 ʧiᵊk$\frac{55}{\underline{32}}$ kɐk$^{\underline{34}}$；　复习 fok$\frac{55}{\underline{32}}$ ʧɐp$^{\underline{34}}$

上阴入＋下阴入：执法 ʧɐp$\frac{55}{\underline{32}}$ fat^{32}；　出发 ʧʰɐt$\frac{55}{\underline{32}}$ fat^{32}

上阴入＋下阳入：复合 fok$\frac{55}{\underline{32}}$ ɔp^{21}；　黑白 hɐk$\frac{55}{\underline{32}}$ pɛk^{21}

(8) 上阳入＋各调：$\underline{34}$＋各调→$\underline{21}$＋各调。如：

上阳入＋阴平：　实心 ʧɐt$\frac{34}{\underline{21}}$ ʃɐm^{44}；　读书 tok$\frac{34}{\underline{21}}$ʃy^{44}

上阳入＋阳平：　贼头 ʧɐk$\frac{34}{\underline{21}}$ tɐu^{24}；　食堂 ʧɐk$\frac{34}{\underline{21}}$ tœŋ^{24}

上阳入＋阴上：　局长 kok$\frac{34}{\underline{21}}$ ʧyŋ^{52}；　墨水 mɐk$\frac{34}{\underline{21}}$ ʃœ^{52}

上阳入＋阳上：　实在 ʧɐt$\frac{34}{\underline{21}}$ ʧɔi^{242}；　活动 ut$\frac{34}{\underline{21}}$ toŋ^{242}

上阳入＋阴去：　局势 kok$\frac{34}{\underline{21}}$ ʃiᵋ^{32}；　实际 ʧɐt$\frac{34}{\underline{21}}$ ʧei^{32}

上阳入＋阳去：　实地 ʧɐt$\frac{34}{\underline{21}}$ tei^{21}；　俗话 ʧok$\frac{34}{\underline{21}}$ ua^{21}

上阳入＋上阴入：墨汁 mɐk$\frac{34}{\underline{21}}$ ʧɐp$^{\underline{55}}$；　活塞 ut$\frac{34}{\underline{21}}$ ʃɐk$^{\underline{55}}$

上阳入＋上阳入：实习 ʧɐt$\frac{34}{\underline{21}}$ ʧɐp$^{\underline{34}}$；　活佛 ut$\frac{34}{\underline{21}}$ pɐt$^{\underline{34}}$

上阳入＋下阴入：鹿角 lok$\frac{34}{\underline{21}}$ kœk^{32}；　活泼 ut$\frac{34}{\underline{21}}$ pʰɔt^{32}

上阳入＋下阳入：毒药 tok$\frac{34}{\underline{21}}$ iᵋk^{21}；　入学 iɐp$\frac{34}{\underline{21}}$ œk^{21}

(9) 下阴入＋各调：32(不变调)＋各调。例子略。

(10) 下阳入＋各调：21(不变调)＋各调。例子略。

从上面的变调情况来看，开建话双音节词中的前字变调跟后字调值没有关系，只跟自身的调值有关系，属于自身交替式变调(王洪君,1999/2008),如果用调位来表示的话,实际上是 1 调和 3 调变 5 调;2 调和 4 调变 6 调。

2.5.2.2 三音节词中的连读变调

开建话三音节词的连读变调也很有规律:最后一个音节不变调,第一个音节和中间音节都要变调。变调规律跟双音节一样:都是自身交替式变调,如果第一或中间音节为 1 调和 3 调,就要变成 5 调;如果第一或中间音节为 2 调或 4 调,就要变成 6 调。因为 3 音节词在开建话中不像双音节词那么多,因此下面我们以调位为条件,每类举一个例子说明如下。三音节词最后一个音节不变调且不影响前字变调,因此我们用 X 来表示末字为任意调。

1+1+X:金针菇 kɐm$^{44}_{32}$ ʧɐm$^{44}_{32}$ ku^{44}

1+2+X:猪头皮 tœy$^{44}_{32}$ tɐu$^{24}_{21}$ pɐi^{24}

1+3+X:三点水 ʃam$^{44}_{32}$ tɛm$^{52}_{32}$ ʃœ^{52}

1+4+X:天柱山 t^{h}ɛn$^{44}_{32}$ ʧy$^{242}_{21}$ ʃan^{44}

1+5+X:猪八戒 tœy$^{44}_{32}$ pat^{32} kai^{32}

1+6+X:身份证 ʃɐn$^{44}_{32}$ fɐn^{21} ʧɐŋ^{32}

2+1+X:胡椒粉 u$^{24}_{21}$ ʧɛu$^{44}_{32}$ fɐn^{52}

2+2+X:油茶树 iɐu$^{24}_{21}$ ʧa$^{24}_{21}$ ʧy^{21}

2+3+X:牛草刀 ŋɐu$^{24}_{21}$ ʧ^{h}ɔ$^{52}_{32}$ tɔ^{44}

2+4+X:莲藕花 lɛn$^{24}_{21}$ ŋɐu$^{242}_{21}$ fa^{44}

2+5+X:皇帝柑 uŋ$^{24}_{21}$ tei^{32} kɔm^{44}

2+6+X:邮电局 iɐu$^{24}_{21}$ tin^{21} kok$^{\underline{34}}$

3+1+X:洗衫粉 ʃai$^{52}_{32}$ ʃam$^{44}_{32}$ fɐn^{52}

3+2+X:点名册 tɛm$^{52}_{32}$ mi^{ə}ŋ$^{24}_{21}$ ʧ^{h}ɛk^{32}

3+3+X:打火机 ta$^{52}_{32}$ fu^{ɔ}$^{52}_{32}$ ki^{44}

3+4+X:屎肚□$_{\text{肚脐眼}}$ ʃi$^{52}_{32}$ tɔ$^{242}_{21}$ pi^{u44}

3+5+X：解放鞋 kai$^{52}_{32}$ fuŋ^{32} ai^{24}

3+6+X：水电局 ʃœ$^{52}_{32}$ tin^{21} kok$^{\underline{34}}$

4+1+X：社翁庙 ʧi$^{\varepsilon 242}_{21}$ oŋ$^{44}_{32}$ miu^{21}

4+2+X：象棋盘 ʧyŋ$^{242}_{21}$ ki$^{24}_{21}$ pɔn^{24}

4+3+X：淡水鱼 tam$^{242}_{21}$ ʃœ$^{52}_{32}$ ȵy^{24}

4+4+X：犯罪人 pam$^{242}_{21}$ ʧœ$^{242}_{21}$ ȵɐn^{24}

4+5+X：罪恶感 ʧœ$^{242}_{21}$ œk^{32} kɔm^{52}

4+6+X：道具车 tɔ$^{242}_{21}$ ky^{21} ʧi$^{\varepsilon 44}$

5+1+X：铁观音 t^{h}ɛt^{32} kun$^{44}_{32}$ iɐm^{44}

5+2+X：裤头带 fu^{32} tɐu$^{24}_{21}$ tai^{32}

5+3+X：半桶水 pun^{32} t^{h}oŋ$^{52}_{32}$ ʃœ^{52}

5+4+X：制造厂 ʧɛ^{32} ʧɔ$^{242}_{21}$ ʧ^{h}œŋ^{52}

5+5+X：四角砖 ʃei^{32} kœk^{32} ʧyn^{44}

5+6+X：发电机 fat^{32} tin^{21} ki^{44}

6+1+X：办公室 pan^{21} koŋ$^{44}_{32}$ ʃɐt$^{\underline{55}}$

6+2+X：大头佛 tai^{21} tɐu$^{24}_{21}$ pɐt$^{\underline{34}}$

6+3+X：电影票 tin^{21} i^{ə}ŋ$^{52}_{32}$ p^{h}i^{u32}

6+4+X：大肚婆 tai^{21} tɔ$^{242}_{21}$ pu^{ɔ24}

6+5+X：事故办 ʧi^{21} ku^{32} pan^{21}

6+6+X：电话卡 tin^{21} ua^{21} k^{h}a$^{52/44}$

2.5.2.3　四音节词中的连读变调

开建话四音节词的变调规律为偶数音节不变调，奇数音节变调。变调规律跟双音节一样：都是自身交替式变调，如果自身为 5 调和 6 调则不变调，如果是 1 调和 3 调则变作 5 调，如果是 2 调和 4 调则变作 6 调。因为四音节词的变调完全可以通过单字调加变调规则推导出来，我们这里也不一一举例，仅列数例供参考：

干柴烈火 kɔn$^{44}_{32}$ ʧai^{24} lɛt$^{\underline{21}}$ fuᵓ^{52}

中山广场 ʧoŋ$^{44}_{32}$ ʃan^{44} kuŋ$^{52}_{32}$ ʧyŋ^{24}

齐齐哈尔 ʧɐi$^{24}_{21}$ ʧɐi^{24} ha$^{44}_{32}$ ȵi^{242}

铜墙铁壁 toŋ$^{24}_{21}$ ʧyŋ^{24} tʰɛt^{32} piᵊk$^{\underline{55}}$

口口声声 hɐu$^{52}_{32}$ hɐu^{52} ʃiᵊŋ$^{44}_{32}$ ʃiᵊŋ^{44}

手提电话 ʃou$^{52}_{32}$ tɐi^{24} tin^{21} ua^{21}

惹是生非 ȵiᵋ$^{242}_{21}$ ʧi^{21} ʃɛŋ$^{44}_{32}$ fɐi^{44}

市长大楼 ʧi$^{242}_{21}$ ʧyŋ^{52} tai^{21} lɐu^{24}

半夜三更 pun^{32} jiᵋ^{21} ʃam$^{44}_{32}$ kɛŋ^{44}

半生不熟 pun^{32} ʃɛŋ^{44} pɐt$^{55}_{\underline{32}}$ ʧok$^{\underline{34}}$

厦门大学 a^{21} mɐn^{24} tai^{21} œk^{21}

视死如归 ʧi^{21} ʃei^{52} ȵy$^{24}_{21}$ kuɐi^{44}

叔伯兄弟 ʃok$^{55}_{\underline{32}}$ pɛk^{32} hiᵊŋ$^{44}_{32}$ tɐi^{242}

一心一意 iɐt$^{55}_{\underline{32}}$ ʃɐm^{44} iɐt$^{55}_{\underline{32}}$ i^{32}

十指连心 ʃɐp$^{34}_{\underline{21}}$ ʧi^{52} lɛn$^{52}_{32}$ ʃɐm^{44}

立竿见影 lɐp$^{34}_{\underline{21}}$ kɔn^{44} kin^{32} iᵊŋ^{52}

接二连三 ʧɛp^{32} i^{21} lɛn^{21} ʃam^{44}

铁石心肠 tʰɛt^{32} ʧiᵋk^{21} ʃɐm$^{44}_{32}$ ʧyŋ^{24}

白色恐怖 pɛk$^{\underline{21}}$ ʃɐk$^{55}_{\underline{32}}$ hoŋ$^{52}_{32}$ pu^{32}

画蛇添足 uɛk$^{\underline{21}}$ ʧiᵋ^{24} tʰɛm$^{44}_{32}$ ʧok$^{\underline{55}}$

2.5.2.4 五音节及五音节以上词语的连读变调

开建话五音节以及五音节以上的词是非常少的，主要是一些专有名词和一些音译国名词。五音节词调模式主要跟这些词的内部构成以及习惯停延有关。如果五音节词的内部构成或习惯停延是“2＋3”，那么该词的第2和第5个音节不变调，第1和第3、第4个音节除5调和6调外都要变调，变调规律跟双音节和三音节的变调规律一样。如：

纸张/切割机 ʧi$^{52}_{32}$ ʧyŋ^{44} ʧʰɛt^{32} kɔt^{32} ki^{44}

阿尔/巴尼亚 a$^{44}_{32}$ ȵi^{242} pa$^{44}_{32}$ nɐi$^{24}_{21}$ a^{52}

如果五音节词的内部构成或习惯停延是“3＋2”，那么该词的第三和第五个音节不变调，第1、第2和第4个音节除5调和6调外都要变调，变调规律跟双音节和三音节的变调规律一样。如：

计算机/芯片 kɛ^{32} ʃyn$^{44}_{32}$ ki^{44} ʃɐm$^{44}_{32}$ pʰin^{44}

哈萨克/斯坦 ha$^{44}_{32}$ ʃat^{32} hɐk$^{\underline{55}}$ ʃi$^{44}_{32}$ tʰan^{52}

六音节的词调也可以分别根据它的内部构成及习惯停延的不同分为“2＋2＋2”和“3＋3”两大类型，其词调模式仍然可以根据双音节词和三音节词的变调规律推导出来。如：

2＋2＋2：奥林/匹克/饭店 ou^{32} lɐm^{24} pʰɐt$^{55}_{\underline{32}}$ hɐk$^{\underline{55}}$ pan^{21} tin^{32}

3＋3：　　全自动/洗衣机 ʧyn$^{24}_{21}$ ʧuᵓ^{21} toŋ^{242}　ʃai$^{52}_{32}$ i$^{44}_{32}$ ki^{44}

七音节词调常见的是“2＋2＋3”型，其词调模式仍然可以根据双音节词和三音节词的声调模式推导出来。如：

科学/技术/现代化　fuᵓ$^{44}_{32}$œk^{21}　ki^{21} ʧɐt$^{\underline{34}}$　in^{21} tɔi^{21} fa^{32}

酒泉/卫星/发射站　ʧau$^{52}_{32}$ ʧyn^{24}　uɐi$^{242}_{21}$ ʃiᵊŋ^{44}　fat^{32} ʧiᵋ^{21} ʧam^{21}

由于七音节词以上的词非常少见，如果出现的话也可以根据其内部构成或习惯停延的表现，用双音节和三音节的变调规律推出来，这里不再举例说明。

2.5.2.5　开建话词语连读变调小结

总的来说，开建话词语中的连读变调有如下规律：在语流停延或词界前的音节不变调，在非停延或非词界前的音节要发生变调。其变调都属于自身交替式变调：非停延或非词界前的音节声调为 5 调和 6 调时不变调（或叫变作自身调）；当非停延或非词界前的音节声调为 1 调和 3 调时变作 5 调；当非停延或非词界前的音节声调为 2 调和 4 调时变作 6 调。

2.5.3　开建话词组中的变调

开建话词组中有两种性质不同的变调，一种是纯语音层面上的变调，即我们常说的连读变调，这种变调多出现在三音节或三音节以上的词组中；第二种是音义变调，即受到句法语义等方面制约的变调，主要体现在双音节的某些词组中。下面我们按照音节多少的顺序来进行描述。

2.5.3.1　双音节词组中的音义变调

开建话双音节词组有的不发生变调，有的发生变调。不发生变调的词组主要包括主谓、述补、状中、联合、连谓和数量词组(数词为“一”的数量词组除外),发生变调词组主要是述宾及介宾词组、定中偏正词组、数词为“一”的数量词组和省略“一”的量名词组。典型的词组一般都不变调,发生变调的词组一般都会受到句法和语义等方面的制约。

2.5.3.1.1　双音节述宾及介宾词组

开建话双音节述宾和介宾词组的宾语不变调,动词和介词除5调和6调外都要发生变调,变调规律为:当动词和介词为1调和3调时变作5调;当动词和介词为2调和4调时变作6调。各类略举数例如下:

动/介词为阴平:	开车 hɔi$^{44}_{32}$ ʧʰiᵋ^{44}	耕田 kɛŋ$^{44}_{32}$ tɛn^{24}
	吹笛 ʧʰœ$^{44}_{32}$ tiᵋk^{21}	
动/介词为阳平:	排队 pai$^{24}_{21}$ tœ^{21}	除草 ʧy$^{24}_{21}$ ʧʰɔ^{52}
	防毒 puŋ$^{24}_{21}$ tok$^{\underline{34}}$	从中 ʧoŋ$^{24}_{21}$ ʧoŋ^{44}
动/介词为阴上:	打针 ta$^{52}_{32}$ ʧɐm^{44}	洗脸 ʃai$^{52}_{32}$ min^{21}
	止血 ʧi$^{52}_{32}$ hyt$^{\underline{55}}$	
动/介词为阳上:	坐船 ʧuɔ$^{242}_{21}$ ʧyn^{24}	养牛 yŋ$^{242}_{21}$ ŋɐu^{24}
	买肉 mai$^{242}_{21}$ ȵok$^{\underline{34}}$	
动/介词为阴去:	种田 ʧuŋ^{32} tɛn^{24}	送信 ʃuŋ^{32} ʃin^{32}
	送客 ʃoŋ^{32} hɛk^{32}	向南 hyŋ^{32} nam^{24}
动/介词为阳去:	卖鱼 mai^{21} ȵy^{24}	避雨 pei^{21} y^{242}
	换药 un^{21} iᵋk^{21}	用碗 iuŋ^{21} un^{52}
动/介词为上阴入:	织布 ʧɐk$^{\underline{55}}_{\underline{32}}$ pu^{32}	出国 ʧʰɐt$^{\underline{55}}_{\underline{32}}$ kok$^{\underline{55}}$
	吃药 hiᵊk$^{\underline{55}}_{\underline{32}}$ iᵋk^{21}	
动/介词为上阳入:	搭车 tap^{32} ʧʰiɛ^{44}	切菜 ʧʰɛt^{32} ʧʰɔi^{32}
	刷牙 ʧʰat^{32} ŋa^{24}	
动/介词为下阴入:	入党 ȵɐp$^{\underline{34}}_{\underline{21}}$ tœŋ^{52}	掘地 kuɐt$^{\underline{34}}_{\underline{21}}$ tei21
	服药 pok$^{\underline{34}}_{\underline{21}}$ iᵋk^{21}	

动/介词为下阳入：　灭火 mεt^{21} fuᵓ^{52}　罚酒 pat^{21} ʧau^{52}

落笔 lœk^{21} pɐt$^{\underline{55}}$

但是当宾语是代词的时候，动词一般也不变调，如：

揾我 uɐn^{52} ŋuᵓ^{52}　买渠 mai^{242} ky^{24}　理你 lɐi^{242} nɐi^{242}

2.5.3.1.2　双音节定中偏正词组

开建话双音节的状中词组一般不变调。双音节定中偏正词组（很多已经凝固，非常像词了，可以把它们叫做词或类词）的中心语不变调，定语除 5 调和 6 调外通常都要发生变调，变调规律为：当定语为 1 调和 3 调时变作 5 调；当定语为 2 调和 4 调时变作 6 调。各类略举数例如下：

定语为阴平：	新书 ʃɐn$^{44}_{32}$ ʃy^{44}	高山 kɔ$^{44}_{32}$ ʃan^{44}
定语为阳平：	平地 piᵊŋ$^{24}_{21}$ tei^{21}	长衫 tyŋ$^{24}_{21}$ ʃam^{44}
定语为阴上：	小路 ʃεu$^{52}_{32}$lu21	早车 ʧɔ$^{52}_{32}$ ʧʰiᵋ^{44}
定语为阳上：	老人 lɔ$^{242}_{21}$ ȵɐn^{24}	后山 hɐu$^{242}_{21}$ ʃan^{44}
定语为阴去：	怪事 kuai^{32} ʧi^{21}	快车 fai^{32} ʧʰiᵋ^{44}
定语为阳去：	大雨 tai^{21} y^{242}	嫩叶 nin^{21} ip$^{\underline{34}}$
定语为上阴入：	北门 pɐk$^{\underline{55}}_{\underline{32}}$ mɐn^{24}	黑狗 hɐk$^{\underline{55}}_{\underline{32}}$ kou^{52}
定语为上阳入：	实心 ʧɐt$^{\underline{34}}_{\underline{21}}$ ʃɐm^{44}	熟鱼 ʧok$^{\underline{34}}_{\underline{21}}$ ȵy^{24}
定语为下阴入：	百花 pεk^{32} fa^{44}	铁桶 tʰεt^{32} tʰoŋ^{52}
定语为下阳入：	白布 pεk^{21} pu^{32}	滑石 uat^{21} ʧiᵋk^{21}

开建话跟普通话一样很多双音节的定中偏正结构已经凝固为词了，通常需要变调，但是“好＋名词”组成的定中偏正结构通常不发生变调，如“好事 hɔ^{52} ʧi^{21}”，“好心 hɔ^{52} ʃɐm^{44}”等。这种结构已经很像词了，但是却没有像词语那样发生前字变调，很值得注意。

2.5.3.1.3　双音节数量词组

开建话数词不是“一”的数量词组通常都不变调。数词为“一”的双音节数量词组的量词不变调，数词除 5 调和 6 调外都要发生变调，变调规律为：当数词为 1 调和 3 调时变作 5 调；当数词为 2 调和 4 调时变作 6 调。略举数例如下：

一斤 iɐt$^{\underline{55}}_{\underline{32}}$ ʧɐn^{44}　　一拳 iɐt$^{\underline{55}}_{\underline{32}}$ kyn^{24}　　一起 iɐt$^{\underline{55}}_{\underline{32}}$ hi^{52}

一里 iɐt$^{\underline{55}}_{\underline{32}}$ lɐi^{242}　　一次 iɐt$^{\underline{55}}_{\underline{32}}$ ʧʰuᵓ^{32}　　一座 iɐt$^{\underline{55}}_{\underline{32}}$ ʧuᵓ^{21}

一脚 iɐt$^{\underline{55}}_{\underline{32}}$ kiᵊk$^{\underline{55}}$　　一局 iɐt$^{\underline{55}}_{\underline{32}}$ kok$^{\underline{34}}$　　一托 iɐt$^{\underline{55}}_{\underline{32}}$ tʰœk^{32}

一席 iɐt$^{\underline{55}}_{\underline{32}}$ ʧiᵋk^{21}

2.5.3.1.4　双音节量名词组

开建话的双音节量名词组中名词不变调，量词除 5 调和 6 调外通常都要发生变调，变调规律为：当数词为 1 调和 3 调时变作 5 调；当数词为 2 调和 4 调时变作 6 调。略举数例如下：

人人 ȵɐn$^{44}_{32}$ȵɐn^{24}　　本书 pɐn$^{52}_{32}$ʃy^{44}　　担柴 tam^{32}ʧai^{24}

幅画 fok$^{\underline{55}}_{\underline{32}}$ua^{21}　　壳水 hœk^{32}ʃœ^{52}　　头牛 tɐu$^{24}_{21}$ŋɐu^{24}

件衫 kin$^{242}_{21}$ʃam^{44}　　座山 ʧuɔ^{21}ʃan^{44}　　滴水 tek$^{\underline{34}}_{\underline{21}}$ʃœ^{52}

碟菜 tɛp^{21}ʧɔi^{32}

双音节量名词组中量词不变调的时候通常表示的是强调量词的数量为一，变调既可以表示定指，也可以表示不定指，跟量名词组所处的句法位置有关：当量名词组处在主语位置上时表示定指；当量名词组处在宾语位置上时表示不定指。

2.5.3.2　三音节词组中的变调

2.5.3.2.1　三音节主谓词组

三音节主谓词组的变调可根据词界推导出来。当主语为单音节词谓语为双音节词时，主语不变调，谓语的第一个音节要变调，变调规律同双音节词；当主语为双音节词而谓语为单音节词时，谓语不变调，主语的第一个音节要变调，变调规律同双音节词。如：

1+2 式：我/处理 ŋuᵓ^{52} ʧʰy^{32}lɐi^{242}　　人/发育 ȵɐn^{24}　fat^{32}iok$^{\underline{34}}$

2+1 式：张明/走 ʧyŋ$^{44}_{32}$mi^{ə}ŋ^{24} ʧou^{52}　　司机/笑 ʃu$^{ɔ}{}^{44}_{32}$ki^{44} ʃi$^{u}{}^{32}$

2.5.3.2.2　三音节述补词组

三音节述补词组的变调也可根据词界推导出来。当述语为单音节词补语为双音节词时，述语不变调，补语的第一个音节要变调，变调规律同双音节词；当述语为双音节词而补语为单音节词时，补语不变调，述语的第一个音节要变调，变调规律同双音节词。如：

1+2 式：坐/起身$_{\text{起来}}$ ʧu$^{ɔ}{}^{242}$ hi$^{52}_{32}$ʃɐn^{44}

2+1 式：处理/好 ʧy^{32}lɐi^{242} hɔ^{52}　　实习/完 ʧɐt$^{\underline{34}}_{\underline{21}}$ʧɐp$^{\underline{34}}$ yn^{24}

2.5.3.2.3　三音节状中偏正词组

三音节状中偏正词组的变调也可根据词界推导出来。当状语为单音节词中心语为双音节词时，状语不变调，中心语的第一个音节要变调，变调规律同双音节词；当状语为双音节词而中心语为单音节词时，中心语不变调，状语的第一个音节要变调，变调规律同双音节词。如：

1+2 式：好/恶死$_{\text{很凶}}$ hɔ^{52} œk^{32}ʃei^{52}　　早/了解 ʧɔ^{52} lɛu$^{242}_{21}$kai^{52}

2+1 式：相当/好 ʃyŋ$^{44}_{32}$tœŋ^{44} hɔ^{52}　　长日$_{\text{整天}}$/来 tyŋ$^{24}_{21}$ȵɐt$^{\underline{34}}$ lɔi^{24}

2.5.3.2.4　三音节定中偏正词组

三音节定中偏正词组的变调较为复杂一些。很多三音节定中偏正词组已经凝固，很像是词了，那么这些凝固的三音节定中偏正词组的变调规律就跟三音节词一样，如"青苹果，蓝牙机"等。如果三音节定中偏正词组的定语和中心语之间的关系还不是很紧密的话，那么它的变调可根据词界推导出来：当定语为单音节词中心语为双音节词时，定语不变调，中心语的第一个音节要变调，变调规律同双音节词；当定语为双音节词而中心语为单音节词时，中心语不变调，定语的第一个音节要变调，变调规律同双音节词。如：

1+2 式(很少用)：冷/天时 lɛŋ^{242} tʰɛn$^{44}_{32}$ʧi^{24}　好/医生 hɔ^{52} i$^{44}_{32}$ʃɛŋ^{44}

2+1 式：　红色/车 oŋ$^{24}_{21}$ʃɐk$^{\underline{55}}$ ʧiᵋ^{44}　封开/人 foŋ$^{44}_{32}$hɔi^{44} ȵɐn^{24}

2.5.3.2.5　三音节联合词组

三音节联合词组有变调和不变调两种情况：当联合词组的结构为“1+1+1”时不变调；当联合词组为“1+2”或“2+1”时会变调，变调可以根据词界推导出来，规律同相应的词语变调。如：

1+1+1 式：我/你/渠 ŋuᵓ^{52}　nɐi^{242}　ky^{24}

笔/墨/纸 pɐt$^{\underline{55}}$　mɐk$^{\underline{34}}$ ʧi^{52}

1+2 式：　酒/汽水 ʧau^{52}　hi^{32}ʃœ^{52}

面/河粉 min^{21}　hɔ$^{24}_{21}$fɐn^{52}

2+1 式：　西瓜/桃 ʃɐi$^{44}_{32}$kua^{44}　tɔ^{24}

火车/船 fuᵓ$^{52}_{32}$ʧiᵋ^{44}　ʧyn^{24}

2.5.3.2.6　三音节连谓词组

三音节连谓词组跟联合词组相似，有变调和不变调两种情况：当连谓词组的结构为“1+1+1”时不变调；当联合词组为“1+2”或“2+1”时会变调，变调可以根据词界推导出来，规律同相应的词语变调。如：

1+1+1 式：行/去/看 ɛŋ^{24}hœy^{32} hon^{32}

走/来/买 ʧou^{52} lɔi^{24} mai^{242}

1+2 式：　去/处理 hœy^{32}　ʧʰy^{32}lɐi^{242}

来/办公 lɔi^{24}　pan^{21}koŋ^{44}

2+1 式：　起身/倾 hi$^{52}_{32}$ʃɐn^{44}　kiᵊŋ^{44}

2.5.3.2.7　三音节数量词组

(1) 数词为“一”的三音节数量词组

在数词为“一”的三音节数量词组中，数词“一”和双音节量词的第一个音节都要变调，变调规律同三音节词。如：

一厘米 iɐt$^{55}_{\underline{32}}$ lɐi$^{242}_{21}$mɐi^{44}　　一海里 iɐt$^{55}_{\underline{32}}$ hɔi$^{52}_{32}$lɐi^{242}

一竹篙(长)iɐt$^{55}_{\underline{32}}$ ʧok$^{55}_{\underline{32}}$kɔ^{44}

(2) 数词不是“一”的三音节数量词组

在数词不是“一”的三音节数量词组中,数词不变调,双音节量词的第一个音节要变调,变调规律同双音节词。如:

两/厘米 lyŋ^{242}　lɐi$^{242}_{21}$mɐi^{44}　　十/海里 ʃɐp$^{\underline{34}}$　hɔi$^{52}_{32}$lɐi^{242}

七/竹篙 ʧʰɐt$^{\underline{55}}$　ʧok$^{55}_{\underline{32}}$kɔ^{44}

2.5.3.2.8　三音节述/介宾词组

三音节述/介宾词组的变调也可根据词界推导出来。当述语/介词为单音节词宾语为双音节词时,述语/介词不变调,宾语的第一个音节要变调,变调规律同双音节词;当述语/介词为双音节词而宾语为单音节词时,宾语不变调,述语/介词的第一个音节要变调,变调规律同双音节词。如:

1+2 式:吃/西瓜 hiᵊk$^{\underline{55}}$ ʃɐi$^{44}_{32}$kua^{44}　　住$_{在}$/北京 tɔi^{21} pɐk$^{55}_{\underline{32}}$kiᵊŋ^{44}

2+1 式(少用):培养/你 pui$^{24}_{21}$yŋ^{242} nɐi^{242}　了解/人 lɛu$^{242}_{21}$kai^{52} ȵɐn^{24}

2.5.3.2.9　三音节量名词组

开建话三音节量名词组中的量词一般不变调,名词的第一个音节除 5、6 调外要变调,这跟 1+2 式的动宾词组非常相似。如:

人学生 ȵɐn^{44}œk^{21}ʃɛŋ^{44}　　本杂志 pɐn^{52}ʧap^{21}ʧi^{32}

幅图画 fok$^{\underline{55}}$tu^{21}ua^{21}　　壳滚水 hœk^{32}kuɐn$^{52}_{32}$ʃœ^{52}

头水牛 tɐu^{24}ʃœ$^{52}_{32}$ŋɐu^{24}　　件单衫 kin^{242}tan$^{44}_{32}$ʃam^{44}

滴墨水 tek$^{\underline{34}}$mɐk$^{34}_{\underline{21}}$ʃœ^{52}　　碟鸡肉 tɛp^{21}kɐi$^{44}_{32}$ȵok$^{\underline{34}}$

2.5.3.3　三音节词以上词组的变调

三音节以上词组的变调都可以根据词界然后按照词语的变调规律进行推导,这里不再举例说明。

2.5.3.4 词组中的音义变调规律小结

词组中的连读变调以词界为连调域,变调规律跟词语的变调规律一致,这里不再赘述。我们重点总结一下开建话词组中的音义变调,看看它主要受哪些方面的制约。从上面的描写中我们不难看到,开建话词组中的音义变调主要受以下几个因素的制约:

(1) 受词汇化程度的制约。最典型的是双音节的定中偏正词组。这类词组在现代汉语中都有词汇化的趋势,而三音节的定中偏正词组词汇化趋势相对较弱一些,因此开建话双音节的偏正短语通常跟词语的变调规律一致,而三音节偏正短语的变调规律跟三音节词语的变调规律多有区别。

(2) 受语义和语用的制约。最明显的是数词为"一"的数量词组和量名词组。当数量词组的数词为"一"时,"一"通常要变调,而当数词为其他数词时一般不变调。因为数词"一"本身的语义就是表示数的最小,并且在日常使用中跟量词的搭配出现频率最高,因此语音上很容易弱化。"一"由高调变中降调符合语义和语用上的这种需求。还有一种比较典型的情况是量名词组,开建话的量名词组如"本书"在宾语位置上的量词"本"变调与否有两种不同的意思:量词不变调或重读的时候强调的是"一本书"(开建话数量名搭配时数词"一"通常要省略),突出量;当量词由 52 调变为 32 调(即量词弱读)的时候,整个量名词组有泛指或虚指的意思,这时并不一定只指一本书。量词"本"从实指到虚指(或从定指到不定指),语义上有弱化的迹象,因此语音上也要求有所表现。

(3) 受焦点和句法的制约。最典型的体现是双音节动宾词组。双音节动宾词组的动词通常要变调,宾语通常不变调,这是因为在中性的语句中宾语一般都是信息焦点的载体,从重音的角度来看就是要求宾语读得比动词重,而现代汉语及方言的重音位置通常倾向不变调,轻音位置倾向于变调。如果人们表达时故意把焦点放在了动词的位置上,这时动宾词组中的动词就无须变调。如"我教你<u>炒</u>菜,不是<u>煮</u>菜",这个句子的两个动词"炒"和"煮"都不用变调。另外当双音节动宾词组中的宾语为代词时，动词一般不变调，这是因为代词一般不是信息焦点，通常不承担重音，因此重音转移到前面的动词上来，所以不变调。三音节的动宾词组更有意思，当动词为单音节，宾语为双音节时，动词一般不变调，一方面这是因为双音节在韵律上本身已经比单音节重，因此不像双音节动宾词组那样要强迫前字变调来突出后字的“重”；另一方面“1＋2 式”动宾词组的前字不变调的一个更重要的原因是要排斥词汇化，因为动词一旦也变调了，整个三音节词组的变调模式就会变得跟三音节词一样。双音节动宾词组的变调由于受到信息焦点的影响只能变前字，这恰好跟双音节词的变调模式重合了，或许这也是开建话双音节动宾词组比起其他以动词为中心的词组更容易变成词的一种原因吧。

从上面的分析中我们还发现了在句法制约和语义制约都起作用的情况下，句法上的要求通常会强于语义上的要求。最有力的证明来自三音节“1＋2 式”的动宾词组和量名词组。这两种词组中的动词和量词在语义都有弱化的表现，理论上语音也应该有所弱化。但是如果语音弱化的话就会导致句法和词法的混淆，这是句法所不容忍的，这时句法就要调节语音上的表现，让本需弱化（如变调）的音节不弱化，以区别于词法。

2.5.4　开建话连读变调的生成音系学分析

在上面描述的几种不同性质的变调中，特点比较突出的是连读变调。开建话的连读变调规律非常强，而且很有特点，因此我们想用生成音系学描写声调的一些方法对开建话的连读变调进行一种重新分析，试图使其规律更加简明齐整。在对开建话的连读变调进行全面的生成音系学分析之前，有必要先从生成的角度对开建话的单字调进行一个简单的分析。

2.5.4.1　开建话单字调的音系学分析

前面我们谈到开建话有 10 个表层调类和调值。从现代音系学的角度看，这十个声调还可以进一步进行合并，合并方案有两种：

方案一：把上阴入55和上阳入34分别归到阴平44和阳平24；把下阴入32和下阳入21分别归到阴去32和阳去21。合并结果为6调。合并理由：首先，入声和非入声这两大类韵母不同，合并后并不会混淆。其次，汉语声调的本质是音节内具有区别意义的音高变化，声调的长短在开建话乃至其他汉语中并不区分意义，上阴入和上阳入两调较短的特征完全可以看作是由于韵腹及韵尾而引起的。最后，从双音节变调的情况来看，阴平和上阴入、阳平和上阳入、阴入和下阴入、阳入和下阳入，它们在前后音节的表现情况是一致的。

方案二：根据互补原则把下阴入32和上阴入55合并为阴入一类，把下阳入21和上阳入34合并为阳入一类。结果是8个声调。合并理由：由于下阴入和上阴入、下阳入和上阳入所搭配的韵腹是不一样的，它们是两两互补的。如果不考虑音位归纳的相似性原则，根据对立互补原则完全可以把这四个入声调合并为两个入声调。

这种方案还可以进一步合并，把阴入和阳入归入阴平和阳平，或者是把阴入和阳入归入阴去和阳去，理由同方案一归并理由的第一和第二点。因此方案二可进一步简化为：

阴平(阴入)	阳平(阳入)	阴上	阳上	阴去	阳去
44(55/42)	24(34/31)	52	342	42	31

或者

阴平	阳平	阴上	阳上	阴去(阴入)	阳去(阳入)
44	24	52	342	42(55/42)	31 (34/31)

理论上来说，方案一和二的两种处理都是可以的，没有对错之分。但是哪一个方案更好呢？相比之下我们认为方案一比较好，理由如下：

第一，方案一的归纳既依据互补原则又根据实际的调值，符合人们的听感。方案二主要根据互补原则进行归纳，忽视了语音上的相似性原则，上下阴阳入之间的实际调值差别很大，这种归纳是人为的，并不符合当地人的语感。

第二，方案一的归纳可以很好地解释双字调变调，而方案二不行。假如上阴入和下阴入是一类的话，为什么它们的变调情况不一样呢？

方案一归纳出来的 6 个声调实际上就是开建话的底层调，我们分别用五度标调法、H、M、L 标调法及阴阳域标调法表示如下：

表 2－23　开建话底层声调描写表

	阴平（上阴入）	阳平（上阳入）	阴上	阳上	阴去（下阴入）	阳去（下阳入）
五度值	55	24	52	342	42	31
H、M、L	H	LM	HL	LML	ML	L
阴阳域	阴 H	阳 LH	阴 HL	阳 LHL	阴 L	阳 L

2.5.4.2　开建话连读变调的生成音系学分析

2.5.4.2.1　开建话双音节词连读变调的自主音段音系学分析

上面我们对开建话的单字调进行了音系学层面的讨论，最后把单字调合并为 6 个调位，即六个底层调。单字调类的简化必然也会导致双字变调模式总类的简化。下面我们用 H、M、L 三级音高标调法把双字变调的详细情况列表如 2－24 所示。

表 2－24　开建话两字变调的三级音高特征表达（括号表示被删除的特征①）

	后阴平 H	后阳平 LM	后阴上 HL	后阳上 LML	后阴去 ML	后阳去 L
前阴平 H	**ML. H**	**ML. LM**	**ML. HL**	**ML. LML**	**ML. ML**	**ML. L**
前阳平 LM	L(L). H	L(L). LM	L(L). HL	L(L). LML	L(L). ML	L(L). L

① 我们这里并没有严格按照“强制非恒值原则（OCP）”对声调特征音列上不允许相同的音高特征进行删除，这是因为“强制非恒值原则（OCP）”是根据非洲的声调语言总结出来的，并不能有效地运用到所有的声调语言中。OCP 原则运用到汉语中就很成问题，比如广州话就允许“孙江批张芳”这样具有多个相同声调特征并且跨词界的音列。就开建话来说，如果严格按照 OCP 原则来操作，那么模式四“ML. LML”和模式六“ML. ML”就会相同，实际上这两个模式是不一样的：前者是中降调加曲折调而组成的模型；后者是中降加中降组成的模型。我们认为“强制非恒值原则（OCP）”仅在开建话的音节范围内有效，超出音节范围它就无效了，因此本书只删除音节内相同的音高特征。

续 表

	后阴平 H	后阳平 LM	后阴上 HL	后阳上 LML	后阴去 ML	后阳去 L
前阴上 HL	**ML. H**	**ML. LM**	**ML. HL**	**ML. LML**	**ML. ML**	**ML. L**
前阳上 LML	L(LL). H	L(LL). LM	L(LL). HL	L(LL). LML	L(LL). ML	L(LL). L
前阴去 ML	**ML. H**	**ML. LM**	**ML. HL**	**ML. LML**	**ML. ML**	**ML. L**
前阳去 L	L. H	L. LM	L. HL	L. LML	L. ML	L. L

总结该表我们发现，横着看每一列的变调模式都是不同的；竖着看每一奇数行和每一偶数行的变调模式都是一样的。因此，虽然理论上可以有 36 种连调模式，但实际上只有 12 种：

模式一：ML. H(阴平、阴上、阴去＋阴平)
模式二：ML. LM(阴平、阴上、阴去＋阳平)
模式三：ML. HL(阴平、阴上、阴去＋阴上)
模式四：ML. LML(阴平、阴上、阴去＋阳上)
模式五：ML. ML(阴平、阴上、阴去＋阴去)
模式六：ML. ML(阴平、阴上、阴去＋阴去)
模式七：L. H(阳平、阳上、阳去＋阴平)
模式八：L. LH(阳平、阳上、阳去＋阳平)
模式九：L. HL(阳平、阳上、阳去＋阴上)
模式十：L. LML(阳平、阳上、阳去＋阳上)
模式十一：L . ML(阳平、阳上、阳去＋阴去)
模式十二：L. L(阳平、阳上、阳去＋阳去)

我们可以用两条变调规则来表示开建话的两字变调规律：

规则一：H/HL → ML/__任何调
规则二：LM/LML →L/__任何调

这两条规则用文字表述为：在开建话双字调的前字位置上，所有高的声调特征都变为中的特征；所有中的声调特征都变为低的特征。

如果我们进一步改用阴阳域两级音高特征来对变调模式进行描

写的话，开建话的变调模式就更加简单了。具体情况见下表：

表 2-25 开建话两字变调的阴阳域两级音高表达

	后阴平 H	后阳平 LH	后阴上 HL	后阳上 LHL	后阴去 L	后阳去 L
前阴平 H	**L. H**	**L. LH**	**L. HL**	**L. LHL**	**L. L**	**L. L**
前阳平 LH	L(L). H	L(L). LH	L(L). HL	L(L). LHL	L(L). L	L(L). L
前阴上 HL	**L. H**	**L. LH**	**L. HL**	**L. LHL**	**L. L**	**L. L**
前阳上 LHL	L(LL). H	L(LL). LH	L(LL). HL	L(LL). LHL	L(LL). L	L(LL). L
前阴去 L	**L. H**	**L. LH**	**L. HL**	**L. LHL**	**L. L**	**L. L**
前阳去 L	L. H	L. LH	L. HL	L. LHL	L. L	L. L

我们从表中不难看出，用阴阳域两级音高对立标调法可以使开建话的两字调变调模式简化为 5 类：

模式一：阴/阳 L. 阴 H(阴平、阳平、阴上、阳上、阴去、阳去＋阴平)

模式二：阴/阳 L. 阳 LH(阴平、阳平、阴上、阳上、阴去、阳去＋阳平)

模式三：阴/阳 L. 阴 HL(阴平、阳平、阴上、阳上、阴去、阳去＋阴上)

模式四：阴/阳 L. 阳 LHL(阴平、阳平、阴上、阳上、阴去、阳去＋阳上)

模式五：阴/阳 L. 阴/阳 L(阴平、阳平、阴上、阳上、阴去、阳去＋阴去、阳去)

我们可以用一条变调规则来描写开建话的两字变调规律：

规则：阴/阳 H →阴/阳 L/__任何调

用文字表述为：在开建话两字调的前字位置上，所有高的声调特征都变为其所在调域中低的特征。

2.5.4.2.2 三音节词连读变调的自主音段音系学分析

开建话的三音节词最后一个音节不变调，前两个音节除阴去和阳去外都要变调。变调规律跟双音节词一样，如果该音节是 1 调或 3 调就变成 5 调，如果该音节是 2 调或 4 调就变成 6 调。因此开建话的三音节词也没有理论上 6×6×6＝216 种连调模型，实际上只有 2×2×6＝24 种，我们用阴阳域标调法标写如下，如表 2－26 所示。

表 2－26　开建话三音节连读变调表（↑表示阴域，↓表示阳域）

	第一音节	第二音节	末音节
模式一	L(L)↑	L(L)↑	H(H)↑
模式二	L(L)↑	L(L)↑	LH↓
模式三	L(L)↑	L(L)↑	HL↑
模式四	L(L)↑	L(L)↑	LHL↓
模式五	L(L)↑	L(L)↑	L(L)↑
模式六	L(L)↑	L(L)↑	L(L)↓
模式七	L(L)↑	L(L)↓	H(H)↑
模式八	L(L)↑	L(L)↓	LH↓
模式九	L(L)↑	L(L)↓	HL↑
模式十	L(L)↑	L(L)↓	LHL↓
模式十一	L(L)↑	L(L)↓	L(L)↑
模式十二	L(L)↑	L(L)↓	L(L)↓
模式十三	L(L)↓	L(L)↑	H(H)↑
模式十四	L(L)↓	L(L)↑	LH↓
模式十五	L(L)↓	L(L)↑	HL↑
模式十六	L(L)↓	L(L)↑	LHL↓
模式十七	L(L)↓	L(L)↑	L(L)↑
模式十八	L(L)↓	L(L)↑	L(L)↓
模式十九	L(L)↓	L(L)↓	H(H)↑
模式二十	L(L)↓	L(L)↓	LH↓
模式二十一	L(L)↓	L(L)↓	HL↑
模式二十二	L(L)↓	L(L)↓	LHL↓
模式二十三	L(L)↓	L(L)↓	L(L)↑
模式二十四	L(L)↓	L(L)↓	L(L)↓

如果我们用“X”代表后字位置上的 6 个声调，则开建话三音节词的 24 种词调模式就可以简化成以下四类：

模式一：L(L) ↑ L(L) ↑ X
模式二：L(L) ↑ L(L) ↓ X
模式三：L(L) ↓ L(L) ↑ X
模式四：L(L) ↓ L(L) ↓ X

这四种模式用文字可以表述为：后音节不变调，首音节和中音节都变作各自调域中的低调。

2.5.4.2.3　**四音节词的连读变调**

开建话四音节词的偶数音节不变调，奇数音节除阴去和阳去外都要变调，变调规律跟双音节词一样。因此开建话的四音节词的声调模型完全可以由双音节推导出来。因为双音节词有 12 种模式，四音节词可以看作是由两个双音节词结合而成的，所以四音节词总共有 $12\times12=144$ 种模式。由于这 144 种模式都是可以由变调规则推导出来的，因此我们不再一一列举。

2.5.4.2.4　**五音节词的连读调及其他**

开建话五音节以及五音节以上的词是非常少的，主要是一些专有名词和一些音译国名词。五音节词调模式主要跟这些词的内部构成以及习惯停延有关。如果五音节词的内部构成或习惯停延是“2+3”，那么该词的第 1 和第 5 五个音节不变调，第 1 和第 3、第 4 个音节除阴去和阳去外都要变调，变调规律跟双音节和三音节的变调规律一样；如果五音节词的内部构成或习惯停延是“3+2”，那么该词的第三和第五个音节不变调，第 1、第 2 和第 4 个音节除阴去和阳去外都要变调，变调规律跟双音节和三音节的变调规律一样。

按此类推，六音节的词调也可以分别根据它的内部构成及习惯停延的不同分为“2+2+2”和“3+3”两大类型，其词调模式仍然可以根据双音节词和三音节词的声调模式推导出来。

2.6 重音、音步和停延

2.6.1 重音和音步的相关理论

2.6.1.1 重音的定义

重音(stress)在不同的教材中的定义不完全相同。《现代语言学教程》(霍凯特,2005)认为"量征[①](accent)"和"重音(stress)"不是同义词,"量征"含义较广,(量征)有时体现在音高级或调形上,有时体现在持续时间上,有时通过相对的响度或显度(突显程度)体现出来。主要依靠相对响度或显度的量征系统叫做重音系统,而显度的对比程度就叫做重音或重音级。

《语言学概论》(高名凯、石安石,1987/2003)把重音定义为相连的音节中某个音节发音突出的现象,并把重音分为"力重音"和"乐调重音"两类,其中力重音主要通过音强的增加来表示,乐调重音主要通过音高的变化来表示。

Lehiste(1970)在《超音段》(*Suprasegmentals*)一书中认为重音是"有语言学意义的重读"。

节律音系学(metrical phonology)通常是把重音定义为节奏结构的语言学突显(参见 Liberman,1975;Liberman and Prince,1977;Halle and Vergnaud,1987;Hayes,1995)。节律音系学中有一条非常重要的原则叫做"相对突显(relative prominence)"原则,即重音和轻音是一种相对现象,二者互相依存。

本书采用节律音系学关于重音的定义。

2.6.1.2 本书对重音的判定

本书对重音的判定主要依据以下三种方法:一是传统的审词表的方法,即凭借笔者的母语感对开建话词语的轻重音进行判定;二是

---

① 也有不少学者把"accent"翻译为"重征"。

王志洁、冯胜利(2006)所用的声调对比法，即尽量建立相同发音、相同声调而不同重音类型的“最小差别对”或“近似最小差别对”来判定重音[①]；三是依据跟重音相关的声学相关物，如音调的高低(表现为基频 f0 的大小)、音节的长短、能量的强弱、元音的音质等。

过去认为重音主要跟音强有关，现在基本上已经扬弃这样的看法，但仍可把它看作狭义的重音。实验语音学显示重音跟基频、时长和振幅、共振峰结构等声学参数都有关系，相对而言基频和音长更重要一些。同时国内外一些重要的心理-声学实验研究也表明，无论是像英语这样的非声调语言(Fry，1958)，还是像汉语这样的有声调语言(林焘，1983；王韫佳，2004)，都证明了人在感知重音的时候，音高和时长远比音强重要。至于音高和音长哪个更重要，国外的研究一般认为音高更重要，而汉语普通话在这个问题上则无定论。林焘(1983)认为音长比音高重要，王韫佳(2004)的研究表明音高要比音长更重要。由于林先生的研究在实验设计及具体的操作上还有一些缺陷，本书取王说。我们把这种跟音高(基频)、音长(时长)和音强(振幅)、音质等参数都相关的重音叫做广义的重音(也有学者叫重征)。

2.6.1.3　重音和音步的关系

西方的节律音系学理论认为，重音和节奏的基本属性是强拍和轻拍的交替。每一个交替组成一个基本单位叫作音步。这样看来重音是音步的一部分，重音的存在必然蕴涵了音步的存在，反之亦然。

但是并非所有的学者都认同重音和音步具有上述关系。如王洪君(2004，2008)就认为汉语的节奏不是重轻型的，普通话基本节奏单元的性质是松紧型音步。

另外，石基琳(Shih，1986)和冯胜利(1997)都详细谈到普通话的

---

① 开建话有不少双音节成分如“提高”、“笔墨”、“饭剩”、“将军”等作为词的时候和作为词组的时候重音表现是不一样的：作为词的时候通常是右音节重，作为短语的时候通常是左音节重或等重。

音步问题，但是他们都没有谈及普通话的音步有没有重音，如果有重音是左重还是右重等问题。陈渊泉（Chen，2000/2001）在讨论普通话的节奏时甚至不用“音步”概念，而称“最小节奏单元”。

本书遵循西方节律音系学对重音和音步之间的相互关系的看法。

2.6.1.4 关于音步类型学的讨论

不少音系学家认为不同的语言在音步结构表现上是可以不同的，如重音的承载单位可以是音节，也可以是摩拉；重音可以在左，也可以在右。因此人类语言理论上可以有四种音步类型：

	音节步	摩拉步
重音在左	扬抑格	扬抑格
重音在右	抑扬格	抑扬格

但是近年来越来越多的音系学家开始质疑这种音步类型学理论。根据端木三（Duanmu San，2007）的介绍，音步类型学主要存在三方面的问题：首先，有学者认为典型的摩拉或音节的抑扬轻重步是非常少见的，轻重步要么压根不存在，要么就是可以分析成重轻步。其次，有时候我们很难确定一种语言的音步类型究竟是哪一种，如英语的“today”这个词，既可以分析为音节抑扬格，也可以分析为音节扬抑格，还可以分析为摩拉扬抑格。第三，音步类型学假定一个语言的重音要么是对音节敏感，要么是对摩拉敏感，但不能既对音节敏感又对摩拉敏感。有些学者认为英语和爱沙尼亚语（Estonian）的重音既对摩拉敏感，又对音节敏感。

有鉴于此，端木三（Duanmu San，2007）提出双重扬抑格（Dual Trochee）理论。该理论认为重音既对摩拉敏感，又对音节敏感，因此一个语言可以同时有摩拉步和音节步。其次，一个音步必须至少有两拍。最后，重音节必须是重的。

其实端木三的双重扬抑格还隐含了一个重要的前提，那就是人类语言没有抑扬格音步，不然他就无法说明为什么音步不是双重抑扬格。笔者认为,人类语言可能没有抑扬摩拉步,但是抑扬音节步是有的。笔者认为开建话就是典型的抑扬音节步(本书称之为轻重音节步,简称轻重步),下面将详细论述。

2.6.2　开建话轻重音节的声学表征和心理感知

2.6.2.1　开建话轻重音节的声学特征

开建话典型的音步是双音节轻重步,即由一个轻音节和一个重音节组成的抑扬格音步。其轻重音的声学特征如下:

1. 轻音节的声调除了 5 调(32)和 6 调(21)不变调外,其他的几个声调在轻音位置都要变调,变调规律为: 1 调(44)和 3 调(52)变作 32;2 调(24)和 4 调(242)变 21。总的特点是阴、阳两个调域中的高调要变为相应的低调。而重音节一般不变调。

2. 轻音节的时长一般都短于重音节的时长,且轻音节的平均振幅一般都要低于重音节。侯兴泉(2008)曾测量过开建话前后两个轻重音节的韵母的平均时长及平均振幅间的比例,发现前轻音节的时长要短于后重音节,两者的比值为 123 ms∶184 ms≈7∶10;而前轻音节的平均振幅比后重音节低 3 dB 左右。

3. 开建话词语中的轻重音节在元音音质上也有差别: 轻音节中的元音在一些很常用的词语中会发生弱化,如:“花生”的“花 f(v)(<fa)”,“舅翁$_{\text{舅舅}}$”的“舅 ʧɔ(<ʧɐu)”,“谢日$_{\text{昨天}}$”的“谢(ʧi< ʧiɛ)”,“豆腐”的“豆(tɔ< tou)”,“婆佬$_{\text{老婆}}$”的“婆 pɔ(< pu^{ɔ})”,“后日”的“后 ɔ(< ɐu)”等等。正是因为存在这种弱化现象,很多常用词人们已经不知道它的本字是什么了,比如“谢日”和“后日”,当地人经常就写成同音词“迟日”和“贺日”。在重音节位置上则不会出现这种元音弱化的现象。

由此可见,开建话音步的轻重是通过减弱前音节成分来突显后重音节的。

2.6.2.2　开建话轻重音节的心理感知

我们曾经抽取开建话 20 个由轻重音节组成的词语让 30 位母语

为开建话的人做主观心理测试。我们的问题是:“你觉得组成这个词的字哪个读起来用力些(或听起来大声些)?”有三项回答供受试者选择:A. 首字(前重),B. 末字(后重),C. 差不多(等重)。该研究通过调查问卷让被试通过自省的形式完成,目的是想从发音和听感上了解开建话母语者对开建话轻重音的主观感受。结果如表 2-27 所示。实验结果表明:后重在开建话中有明显的心理表征,后重占优势的词条为 15 项(占 75%),超过或接近 50%的受试者认为这些词为前重型;等重占优势的词条只有 3 项(占 15%),但是这种优势并不明显(没有一个词条有 55%以上的人认为它是等重型的);很少人认为开建话的这些词是前重型的,认可前重的人数比例都没有超过 25%。

表 2-27　开建话词语轻重音的心理实验结果

词　条	后　重	前　重	等　重	词　条	后　重	前　重	等　重
吾　叔	92%	8%	0	蝴　蝶	54%	8%	38%
地　震	77%	8%	15%	枇　杷	54%	23%	23%
日　日	77%	15%	8%	猪八戒	54%	23%	23%
书　本	70%	15%	15%	开　关	46%	23%	31%
接　近	69%	8%	23%	狂　热	46%	23%	31%
西班牙	69%	8%	23%	动　静	46%	8%	46%
初　一	69%	8%	23%	高　级	46%	8%	46%
读　者	69%	8%	23%	司　机	46%	15%	39%
猪　仔	62%	15%	23%	民　办	38%	23%	39%
偏　偏	61%	8%	31%	卫　生	38%	8%	54%

2.6.3　开建话的音步和重音在词语中的表现

本书用()表示音步,用“ * ”表示重音,用“ · ”表示轻音,用“Ø”表示空拍,“/”表示音步界。本节只讨论音步层次上的重音,高于音步层次的重音暂不讨论。

2.6.3.1　开建话的音步和重音在单纯词中的表现

（1）单音节单纯词：

开建话的单音节单纯词单用时可以组成单拍步，但是它是有条件的：只有能够单说的单音节单纯词在单说或前后都有停延的情况下才能跟空拍(empty beat)形成音步，这时重音落在单音节词上。由于单说或前后都有停延的单音节理论上可以跟前面的空拍组成轻重步，也可以跟后面的空拍组成重轻步，因此必须根据音步在多音节单纯词上的表现才能最终确定其音步类型。

（2）双音节单纯词：

双音节单纯词形成一个双拍步，重音在末音节上。如：

（•*）　（•*）　（•*）　（•*）　（•*）　（•*）

枇杷　葡萄　蝴蝶　叭啦水声　沙发　吉他

（3）三音节单纯词：

三音节单纯词不能形成“2＋1”或“1＋2”型的双拍步，只能形成一个三拍步，重音落在最后一个音节上。如：

（••*）　（••*）　（••*）　（••*）　（••*）

西班牙　蒙太奇　布拉特　麦当劳　旧金山

（4）四音节单纯词：

四音节单纯词不能是“3＋1”或“1＋3”型的双拍步，只能形成组成两个“2＋2”型的双拍步，重音落在偶数音节上，音步之间有小停延。如：

（•*）（•*）　（•*）（•*）　（•*）（•*）　（•*）（•*）

阿拉/法特　马尔/代夫　巴基/斯坦　斯里/兰卡

（5）五音节单纯词：

五音节单纯词根据习惯停延的不同可以形成“3＋2”和“2＋3”两种类型的双拍步：如果是“3＋2”型的双拍步，习惯小停延在第三音节后，重音落在第三和第五个音节上；如果是“2＋3”型的双拍步，习惯小停延在第二音节后，重音落在第二和第五个音节上。如：

（ • • ＊ ）（ • ＊ ）　（ • ＊ ）（ • • ＊ ）　（ • • ＊ ）（ • ＊ ）　（ • ＊ ）（ • • ＊ ）

哈萨克/斯坦　布尔/什维克　阿尔巴/尼亚　阿尔/巴尼亚

（6）六音节单纯词：

六音节单纯词最自然的音步组成方式是形成“2＋2＋2”的三个双拍步，每个音步间都有小停延，重音落在偶数音节上。有时候因为习惯停延的关系也能形成“3＋3”型的两个三拍步，音步间有小停延，重音落在第三和第六个音节上。如：

（ • ＊ ）（ • ＊ ）（ • ＊ ）　（ • ＊ ）（ • ＊ ）（ • ＊ ）　（ • ＊ ）（ • ＊ ）（ • ＊ ）

马里/亚纳/群岛　捷克/斯洛/伐克　乌兹/别克/斯坦

（ • • ＊ ）（ • • ＊ ）

达雷斯/萨拉姆

（7）七音节单纯词：

七音节单纯词最自然的音步组成方式是“2＋2＋3”型，即由两个双拍步加上一个三拍步组成，每个音步间都有小停延，重音落在第二、四、七个音节上。如：

（ • ＊ ）（ • ＊ ）（ • • ＊ ）

布宜/诺斯/埃利斯

由于七音节以上的单纯词很少，并且可以通过一定的规则预测到，因此我们不再一一描写。

2.6.3.2　开建话的音步和重音在合成词中的表现

2.6.3.2.1　开建话的音步和重音在复合词中的表现

（1）双音节复合词：

无论是哪种构造类型的双音节复合词在开建话中都自成一个双拍步，重音在最后一个音节上。如：

	(•*)	(•*)	(•*)	(•*)	(•*)	(•*)	(•*)
并列式：	头绪	生产	英明	开关	动静	人马	江山
	(•*)	(•*)	(•*)	(•*)	(•*)	(•*)	(•*)
偏正式：	黑板	电灯	象牙	公审	狂热	高级	好吃
	(•*)	(•*)	(•*)	(•*)	(•*)	(•*)	
陈述式：	霜降	自动	地震	国营	民办	肉麻	
	(•*)	(•*)	(•*)	(•*)	(•*)	(•*)	
支配式：	司机	开幕	动员	关心	破产	卫生	
	(•*)	(•*)	(•*)	(•*)	(•*)	(•*)	
补充式：	改善	推广	接近	书本	枪支	压缩	
	(•*)	(•*)	(•*)	(•*)			
重叠式：	日日	人人	时时	偏偏			

(2) 三音节复合词：

开建话的三音节复合词不管内部语法关系如何，一律只构成一个三拍步，重音在最后一个音节上。如：

(••*)	(••*)	(••*)	(••*)	(••*)	(••*)
猪八戒	三点水	洗衫粉	铁观音	大头佛	事故办

(3) 四音节复合词：

开建话的四音节复合词不管内部语法关系如何，一律只构成两个双拍步，音步间有小停延，重音在偶数音节上。如：

(•*)(•*)	(•*)(•*)	(•*)(•*)	(•*)(•*)	(•*)(•*)
一衣/带水	中山/广场	惹事/生非	北京/大学	半生/不熟

(4) 五音节复合词：

五音节复合词的音步构成跟其内部语法构成有关：如果五音节复合词的内部构成为“2+3”，则构成“2＋3”型的两个双拍步，习惯小停延在第二音节后，重音落在第二和第五个音节上；如果五音节复合词的内部构成为“3+2”，则构成“3＋2”型的两个双拍步，习惯小停延在第三音节后，重音落在第三和第五个音节上。如：

（•*）（••*）　（••*）（•*）

纸张/切割机　计算机/芯片

(5) 六音节复合词：

六音节复合的音步构成也跟其内部语法构成有关：如果六音节复合词的内部构成为"2+2+2"，则构成"2+2+2"型的三个双拍步，习惯小停延在偶数音节后，重音落在偶数音节上；如果六音节复合词的内部构成为"3+3"，则构成"3+3"型的两个三拍步，习惯小停延在第三音节后，重音落在第三和第六个音节上。如：

（•*）（•*）（•*）　（••*）（••*）

首都/机场/宾馆　全自动/洗衣机

(6) 七音节复合词

七音节复合词常见的音步是"2+2+3"型，即由两个双拍步加上一个三拍步组成，每个音步间都有小停延，重音落在第二、四、七个音节上。如：

（•*）（•*）（••*）　（•*）（•*）（••*）

科学/技术/现代化　酒泉/卫星/发射站

通过跟单纯词的对比我们不难发现，开建话的音步和重音在单纯词和复合词中的表现基本上是一致的。

2.6.3.2.2　开建话的音步和重音在派生词中的表现

开建话的词缀并不丰富，且通常只跟单音节词根组成双音节派生词。开建话音步和重音在派生词中的表现也非常明确：无论是前缀加词根式还是词根加后缀式的派生词，都自成一个双拍步，且重音都在后一音节上。如：

　　　　　　（•*）　（•*）　（•*）　（•*）　（•*）

前缀加词根式：吾叔　阿三　初一　第九　老虎

（•*）　（•*）　（•*）　（•*）　（•*）

词根加后缀式：猪仔　木头　弹性　绿化　读者

开建话词根加后缀式派生词重音在右，这跟普通话明显不同。这主要是因为后缀在开建话中很不发达，即使是上面所列的后缀，词义也比较实在，不像普通话那么虚。再者开建话最典型的音步类型是右重的双拍步，因此开建话的派生词都是后重也就不难理解了。

2.6.3.3　小结

通过上面两个小节的描写，我们不难总结出开建话词语中的音步和重音有以下特性：

1. 重音的承载单位是音节。

2. 开建话最常见的音步是双拍步，其次是三拍步，单拍步只出现在能够单说或前后都有停延的单音节单纯词中。

3. 开建话音步为有界音步，音步的重音出现在音步的最后一个音节上。

4. 开建话的音步界限由词末开始从右向左进行划界。

5. 开建话的音节不能跨越停延组成音步。

根据以上特性我们可以推出开建话的单拍步应该是由音节前的空拍和单音节自身形成的轻重步。如：

（•*）　（•*）

Ø我　Ø去

通过前面的分析和总结我们认为开建话的音步类型是典型的轻重音节步，这说明音步类型学中的抑扬音节步在人类语言中确实是存在的。

2.6.4　开建话的音步和重音在词组中的表现

2.6.4.1　开建话的音步和重音在双音节词组中的表现

开建话的音步和重音在双音节词组中的表现主要分为两类：在

主谓词组、联合(或并列)词组、连谓词组、述补词组、数词不是“一”的数量词组、状中偏正词组和少部分定中偏正及述宾词组中,词组里每个音节自成一个单拍步,音步之间有小停延,每个音节都有重音;在述宾词组、介宾词组、绝大多数的定中偏正词组以及数词为“一”的数量词组中,两个音节组成一个双拍步,重音在后一音节上。分别举例如下:

第一类(空拍省略):

(•*)(•*)	(•*)(•*)	(•*)(•*)	音步
我/去	山/崩	人/行	主谓
吃/饱	煮/熟	整/死	述补
快/去	慢/行	好/卖	状中
五/六	来/去	纸/笔	联合
入/去	出/来	返/入	连谓
五/斤	千/年	六/两	数量
好/人	前/日	后/年	定中
将/军①	起/身		述宾

第二类:

(•*)	(•*)	(•*)	音步
坐船	卖鱼	织布	述宾
用碗	从中	住屋在家	介宾
新书	平地	空心	定中
一拳	一斤	一次	数量

我们观察了大量的双音节词组,发现第二类通常都是平时出现频率比较高,语义或语法关系比较紧密的词组,人们平时基本上已经把它们看作词来看待了,因此它们的韵律表现也跟双音节词完全一

① “将军”一般被认为是离合词,这里的“将军”是作述宾词组的“将军”。

致。第一类则基本上是一些典型的词组，或者是一些虽然常用但是凝固化还不够高的词组，因此它们的韵律表现也有别于双音节词语。

开建话双音节词和短语在韵律上的这种差别在一些既可以做词又能够做短语的双音节成分中表现得最为明显。如下面的例子所示（不等号左边为词，右边为词组）：

（•*）≠（•*）（•*）	（•*）≠（•*）（•*）	（•*）≠（•*）（•*）
提高 ≠ 提/高	笔墨 ≠ 笔/墨	好吃 ≠ 好/吃
饭剩≠饭/剩	八步 ≠ 八/步	将军 ≠ 将/军

如果我们把第二类词组看作是词或类词（为了跟一般所说的语法词相区别，称为类词比较好）的话，那么开建话的音步界和词界之间就对应得非常整齐了，开建话的音步界就是词界，反之亦然。

2.6.4.2　开建话的音步和重音在多音节词组及句子中的表现

由于开建话的音步界和词界（含类词界）有整齐的对应关系，因此，开建话的音步和重音在多音节词组或句子中的音步就非常容易判定了，只要确定了词界，音步界也就确定。那么接下来音步的划分及重音的位置根据音步及重音在词语中的划分规律就可以推测出来了。这里需要特别说明的是开建话有几个一般情况下都轻读的功能词如"个"（相当于普通话的"的"）和"哈"（相当于普通话表完成的"了"），在分析的时候把它们看作韵律外成分（用"＜＞"表示）就可以了。如：

（•*）　（•*）　（•*）　（•*）

吃＜哈＞　饭　去　行街$_{吃了饭去逛街}$

（•*）（•*）（•*）（••*）（•*）（•*）

我 / 想 / 去 / 南丰街 / 买 / 西瓜

2.6.5　音步的轻重和连读变调之间的关系

对比前面 2.5.2 的描写，我们发现开建话音步的轻重和连读变调之间存在以下对应关系：

1. 凡是音步重音所在的音节通常不变调。

2. 凡是音步轻音所在的音节，除非它的本调为5、6调(调值分别为32和21)，否则一律要变调。变调的规律是：1、3调变5调；2、4调变6调。

由此我们可以认为，开建话的音步域跟连调域是一致的。那么究竟是什么原因造成这种一致性呢？换言之，开建话音步的轻重跟变调的关系是怎样的呢？是音步的轻重影响了变调还是变调导致了音步的轻重？

就开建话而言，我们认为是轻重音导致了变调。任何一种语言都会有一定的节奏，而体现节奏的主要方式无疑就是轻重[①]。不同语言的音步采用哪种节奏方式是不尽相同的，但不管哪种语言一旦音步采用了轻重或重轻这两种节奏方式，通常都会对音步内部组成要素(音节或摩拉)的音高、音长、音强乃至音质等产生影响。我们知道轻音在韵律上是非突显值，它通常是倾向于低调，避免高调(De Lacy Paul，1999/2002)；另外从人对调型的感知来说(以北京人感知普通话的调型为例)，“低降调最容易被感知为轻声，平调次之，升调和降升调最不容易被知觉为轻声”(王韫佳，2004：458)。因此开建话词语中的变调，估计是由于处在音步的轻音位置上而引起的。开建话音步类型属于轻重型(或叫抑扬格)，因此前字轻音位置上的声调如果是高平调、升调或曲折调时都发生了明显的变调，因为高平调、升调和曲折调不容易被感知为轻音。开建话音步的轻音不但影响音高、音长和音强，使得轻音的音高变低、音长缩短及音强减弱，甚至可以使轻音的韵母元音弱化。如果我们认为开建话的轻重音是由于变调形成，那么前字位置的时长和能量以及韵母元音为什么缩短减小甚至

① 当然节奏的体现还可以有别的方式，如松紧(王洪君，2004)，但轻重无疑是节奏中最明显也是最常见的。

弱化就不好解释。另外我们还必须进一步解释是别的什么原因造成了开建话的前字变调。从我们目前对变调的了解来看,造成变调的原因主要有语音和语义两方面:语音方面的动因要么是为了发音的协调和简便,要么是为了进一步区别发音;语义(包括语法和语用)方面的动因主要有构词、构形及语用焦点等。而这些原因都不能对开建话的前字变调做出合理统一的解释。因此,我们认为开建话的前字变调是由韵律上的轻音造成的。

用音步的轻重不但可以解释开建话词语非末音节的1、2、3、4调为什么要发生变调,还能解释5、6调为什么不变调。如果我们用阴阳域标调法对开建话的单字调进行分析的话,5、6调实际上就是各自调域中的低调(5调是阴调域中的低调,6调是阳调域中的低调),因此无须再变调。同时音步的轻重还能解释开建话词语的末音节为什么不变调。根据端木三(Duanmu San,1993、1995)、蒋平(2001、2005)、钟奇(2007)等对北京、上海、厦门、蒋巷、荔浦、长沙等多个汉语方言轻重音的研究,重音节都不易变调,因此开建话词语的末音节不变调也就很好理解了。

2.6.6 停延和重音

停延在开建话中通常跟重音一起,起到区分词和词组的作用。由于音节的延长通常都会造成"重"的听觉效果,因此停延通常会跟重音共同起作用。开建话中书写形式相同的词和词组主要是靠重音和停延来区分的。如下面八个例子所示(我们用"/"表示停顿,用波浪线表示延连,* 表示该字为同音字,用放大的粗体表示重音):

1. A. 我* 给轮数学成绩有所(**提高**)咧。这段时间我数学成绩有所提高了。

   B. 同我* 揸吊桶[**提**/**高**]些少咧。帮我把吊桶提高一些吧。

2. A. 浪费我唔少(**笔墨**)去写给篇文章。浪费我不少墨水去写这篇文章。

   B. 记得同我买[**笔**/**墨**]纸砚啵。记得帮我买笔墨纸砚。

3. A. 后日我去(**八步**)(地名,贺州市府所在地)卖成衣。后天我去(贺州)八步卖衣服。

B. 行够[八/步]都到咧。走八步就到了。

4. A. 阿有(饭剩)咧?还有没有剩饭?

B. 昨晚呢[饭/剩]落冻多?昨晚的饭剩下多少?

5. A. *贝边有(动静)记得话比我听。那边有动静记得告诉我。

B. 打太极要[动/静]结合。打太极拳要动和静结合。

6. A. *给种水果阿(好吃)呢?这种水果好不好吃呢?

B. 千记莫[好/吃]懒做啵!千万别好吃懒做啊!

7. A. 听闻讲渠吾爸是(将军)啵。听说他爸是将军来着。

B. 我[将/军]你给盘棋都输咧。我将你一军你这盘棋就输了。

8. A. *拧(菜干)煲汤好靓个。拿菜干煲汤非常好的。

B. *迟日买返呢[菜/干]哈咧。昨天买回来的菜干了。

从上面八对例子来看,每对例子的第一个句子加圆括号部分都是一个双音节词,因此词内部没有停顿(开建话双音节词的右音节通常比左音节长,因为可以预测,所以我们没有标出延长音节),后边的音节一般都重于左边的音节。而每对例子第二个句子的加方括号部分因为都是短语,因此中间都会有一个小停顿,很多时候还会伴随着某音节的延长(如偏正短语通常会延长前一音节,主谓短语通常会延长后一音节等),停顿前后的两个音节轻重对比不是很明显,这时的重音主要是根据句法位置和信息焦点来确定。

2.7 开建话声母的文白异读

随着广播电视的日益发达以及越来越多的本地民工外出珠江三角洲一带打工,权威方言广州话对开建话的影响在近二三十年中体现得越来越明显。开建话从广州话中借入词语及读音时,有些人喜欢按照自身的音系特点折合这些词语的读音,折合的结果通常会造成文白读音的一致性(本书不讨论这种情况)。另外有些人则喜欢直接借入词语及其读音，如果借入的读音跟开建话不一致，时间久了就会形成所谓的文白异读现象。本书所谈的文白异读包含两个方面：一是同一个汉字既有文读又有白读，二是一个汉字只有文读或只有白读。由于开建话的韵母和声调系统中很少有一字两读的文白异读（韵母系统较明显的文白异读出现在咸合三，如"范凡帆"等字白读am，文读an)，下面主要谈谈声母中的文白异读现象。本章所用的广州话资料主要来自《粤西十县市粤方言调查报告》。

2.7.1　古全浊塞音、塞擦音声母的文白异读

中古全浊塞音、塞擦音声母在开建话的白读层都读作清不送气塞音或塞擦音，文读层则多读作送气的塞音或塞擦音，跟广州话表现一致。如：

表 2-28　古全浊塞音塞擦音声母中的文白异读
("—"表示例字没有相应的白读，下同)

中古声母	开建话白读	开建话文读	广州话	例　字
並母	—	p^h	p^h	脯捕辟
定母	t	t^h	t^h	涛
群母	—	k^h	k^h	剧
从母	—	$ʧ^h$	$ʦ^h$	疵缉

2.7.2　古次清声母的文白异读

中古次清声母在开建话的白读层多读作送气清音，但是文读层中有个别读作不送气清音，跟广州话读音相同。

表 2-29　古次清声母中的文白异读

中古声母	开建话白读	开建话文读	广州话	例　字
滂母	p^h	p	p^h/p	仆～倒
彻母	—	ʧ	ʦ	侦
溪母	—	k	f/k	枯/杞

2.7.3　古全清声母的文白异读

中古全清声母在开建话白读层中一般读作不送气，但是文读层有个别读作送气清音，跟广州表现一致。

表 2-30　古全清声母中的文白异读

中古声母	开建话白读	开建话文读	广州话	例　字
帮母	—	p^h	p^h	彼鄙蝙遍
见母	—	k^h	k^h	拘驹俱概慨桧稽愧
精母	—	$ʧ^h$	$ʦ^h$	歼雀
知母	—	$ʧ^h$	$ʦ^h$	卓
章母	—	$ʧ^h$	$ʦ^h$	诊疹昭

2.7.4　古擦音声母的文白异读

中古擦音声母在开建话白读层中一般都读作擦音，但是文读层的有些字中读作送气塞音或塞擦音，跟广州话表现一致。

表 2-31　古擦音声母中的文白异读

中古声母	开建话白读	开建话文读	广州话	例　字
心母	—	$ʧ^h$	$ʦ^h$	赛栖赐鞘
书母	—	$ʧ^h$	$ʦ^h$	奢
晓母	—	k^h/f	f	霍藿
匣母	—	k^h	k^h	溃绘

2.7.5　古非组声母的文白异读

开建话古非组比广州话保留有更多的重唇音，因此这组声母的文白异读比较突出。在有文白异读的汉字中，开建话的白读一般读作重唇音，文读则一般读作唇齿擦音 f 或零声母（文读读作重唇的绝大部分都来自奉母，敷母的“妨”字在广州话混入奉母，而开建话奉母白读几乎都读作重唇 p，可见文读读作 p 应该是音系折合的结果）。

表 2-32　古非组声母中的文白异读

中古声母	开建话白读	开建话文读	广州话	例　字
非母	p	f	f	付分枫
	—	p^h	p^h	甫
	—	f	f	腑俯藩奋
敷母	p^h	f	f	副蜂覆赴
	—	p	f	妨
奉母	p	f	f	符凡帆乏繁烦
	—	f	f	釜翡愤忿
	—	p	f	芙矾伐筏焚坟缚奉俸
微母	—	Ø(w)	m/w	巫/挽

2.7.6　古知组声母的文白异读

开建话知母和澄母字还较多地保留"古无舌上"的读音，因此这两个声母也有较多的文白异读。在有文白异读的汉字中，开建话的白读一般读作 t，文读一般读作 ʧ。

表 2-33　古知组声母中的文白异读

中古声母	开建话白读	开建话文读	广州话	例　字
知母	t	ʧ	ʦ	转朝
	—	ʧ	ʦ	株驻缀肘蜇徵稙
澄母	t	ʧ	ʦ	住长阵缠
	—	ʧ	ʦ/ʦ^h	纣绽缠篆/绸稠辙

2.7.7　古邪、禅母的文白异读

邪、禅母在开建话的白读中一般读作不送气清塞擦音 ʧ，文读读作擦音 ʃ，跟广州话的读音对应。

表 2-34 古邪、禅母中的文白异读

中古声母	开建话白读	开建话文读	广州话	例　字
邪母	ʧ	ʃ	s	旋
	—	ʃ	s	绪穗羡殉
禅母	ʧ	ʃ	s	十
	—	ʃ	s/ʦʰ	嗜涉甚慎/署

2.7.8 古疑、日母的文白异读

日母在开建话的白读层中一般读作 ȵ，个别文读音读作 Ø(j)，跟广州话一致。疑母在开建话白读中一般读作 ŋ 或 ȵ(洪音读 ŋ，细音读 ȵ)，但是有个别文读音读作 Ø(j)、n 或 Ø(w)，跟广州话对应。

表 2-35 古疑、日母中的文白异读

中古声母	开建话白读	开建话文读	广州话	例　字
日母	—	Ø (j)	Ø (j)	儒芮戎绒茸
疑母	—	Ø (j)	Ø (j)	御虞娱砚寓狱
	—	n	n	孽虐疟
	—	Ø (w)	Ø (w)	玩

第三章
开建话跟其他勾漏片粤语的语音比较

本章用于比较的勾漏片粤语点有22个，主要集中在广东肇庆、清远以及广西梧州、玉林和贺州五个地区，这些方言分别是：广东肇庆地区封开县的开建话和罗董话、怀集县的上坊话和下坊话、广宁县南街话、四会市(县级)县城话、德庆县德城话；广东清远市阳山县的阳山话、连山壮族瑶族自治县的布田话、连县的清水话；广西玉林地区的玉林市区话和郊区福绵镇的福绵话；广西梧州地区苍梧县的六堡话、岑溪市(县级)大业话、藤县藤城话、蒙山县城话和蒙山西河话；广西贺州地区的昭平话、桂岭话、贺街话、信都话和铺门话；广西来宾市武宣县的樟村话。举例的时候为了便于称述，方言点省级行政单位统一省略，采取“县(市)+镇(乡或村)”的命名方式，如“封开罗董话”。各别点采用“县(市)+方言名(当地通称)”的命名方式，如“封开开建话”。由于各个方言点的材料对于介音的处理并不完全一致，有的把介音处理为声母的一部分，有的把介音处理为韵母的一部分。为了让材料更具可比性，我们统一将介音处理为韵母的一部分，即将前贤处理为唇化、腭化声母以及零声母位置上的介音统一还原到韵母的位置。处理后的介音声母我们通常会加括号表示，如(w)。

3.1　声母比较

3.1.1　古非组声母的主要今读

从表 3-1 可知，开建话古非组较多保留重唇音(其中又以奉母和微母最为突出)。其他地区的勾漏片粤语古微母普遍保留重唇音的读法，非敷奉母除了广西玉林和来宾地区的勾漏片粤语相对来说较少保留重唇音外，其他各地的勾漏片粤语都较多地保留有重唇音。下面取"斧粪甫赴捧吠饭房万物"等常用字为例，观察勾漏片粤语各点古非组保留双唇音的情况。

表 3-1　勾漏片粤语古非组保留重唇情况对照表(横线表示阙如，下同)

中古声母	非母			敷母		奉母			微	
例字	斧	粪	甫	赴	捧	吠	饭	房	万	物
封开开建话	p^h	p	p^h/p	f	p^h	p	p	p	m	m
封开罗董话	f	f	p^h	f	ɓ	f	f	f	m	m
怀集上坊话	p	p	p^h	f	p^h	p	p	f	m	m
怀集下坊话	p	p	p^h	p	p^h	p	f	f	m	m
广宁南街话	p^h	p	p	f	p^h	p/f	f	f	m	m
四会话	p^h/f	f	p	f	p^h	p/f	f	f	m	m
德庆德城话	f	f	p^h	f	p^h	p	f	f	m	m
阳山话	p^h	p	p^h	f	p^h	p	f	f	m	m
连山布田话	b	b	p^h	f	p^h	p	p/f	f	m	m
连县清水话	p^h	p	p^h	f	p^h	p	p	f	m	m
岑溪大业话	f	f	p^h	f	p^h	f	f	f	m	m
苍梧六堡话	b/h	b	p^h	f	p^h	p	p	p	m	m
藤县藤城话	f	f	f	f	p	p	f	f	m	m
蒙山话	f	p	p^h	f	p	—	p	p	v	m
蒙山西河话	f	f	p^h	f	p^h	p	p	p	Ø	m

续　表

中古声母	非　母			敷　母		奉　母			微	
例　字	斧	粪	甫	赴	捧	吠	饭	房	万	物
贺州昭平话	p	f	—	f	p	p	f	p	m	m
贺州桂岭话	p	p	p^h	p	p^h	p	p	p	m	m
贺州贺街话	p	p	—	p^h	p^h	p	p	f	m	m
贺州信都话	ɓ	ɓ	p^h	f	p^h	p	p	p	m/Ø	m
贺州铺门话	p	p	p^h	p^h	p^h	f	p	p	m	m
玉林市区话	f	f	—	—	p/p^h	f	f	f	m	m
玉林福绵话	f	f	f	ɬ	p	f	f	f	m	m
武宣樟村话	f	f	p^h	f	p^h	f	f	f	m	m

虽然以上例字各地的读音并不完全相同，但古非组较多地保留重唇音应可作为勾漏片粤语较为一致的音韵特征。因此，勾漏片粤语古非组声母的早期读音应该跟帮组读音一致，为 * p、* p^h、* b、* m。有些方言如贺州信都话、苍梧六堡话和连山布田话非母与帮母由于受到壮侗语的浊内爆音的影响，今读作浊内爆音 ɓ 或浊音 b。古非组声母在勾漏片粤语一般是演变为唇齿擦音 f，但是苍梧六堡话却有喉擦音 h 和唇齿擦音 f 两读，比较特别。仔细分析发现六堡话非敷两个声母绝大多数都是读 h，只有几个较为文雅的字读 f，奉母读音跟非敷则相反，绝大部分读 f，只有个别文雅的字读 h。因为六堡话非组读 h 通常都后接介音 u，而读 f 的通常不带 u 介音，由此可见 f 应该是由"hu"发展而来的。例证见表 3－1。

3.1.2　古帮、端组塞音声母的主要今读

开建话古帮並母主要读 p，古滂母主要读 p^h；古端定母主要读 t，古透母主要读 t^h，这跟勾漏片粤语的一部分方言是一致的。还有一部分勾漏片粤语古帮母主要读浊音 ɓ 或 b，古端母主要读 ɗ 或 d 或 l，如广东境内的封开罗董话和连山布田话，广西境内的岑溪话、苍梧六堡

话、信都话等①。古並定母在绝大多数勾漏片粤语中已经清化为不送气的塞音(藤县藤城话古並定母平声有不少字读作送气塞音),勾漏片粤语古並定母有读浊音的方言目前仅在罗董话中发现,侯兴泉(2006)有过详细的报道和讨论。例证如表 3-2 所示。

表 3-2 勾漏片粤语古帮端组塞音声母主要今读对照表

中古声母	帮母		滂母		並母		端母		透母		定母	
例字	杯	八	屁	拍	婆	平	多	凳	天	脱	地	毒
封开开建话	p	p	pʰ	pʰ	p	p	t	t	tʰ	tʰ	t	t
封开罗董话	ɓ	ɓ	pʰ	pʰ	ɓ	ɓ	ɗ	ɗ	tʰ	tʰ	ɗ	ɗ
怀集上坊话	p	p	pʰ	pʰ	p	p	t	t	tʰ	tʰ	t	t
怀集下坊话	p	p	pʰ	pʰ	p	p	t	t	tʰ	tʰ	t	t
广宁南街话	p	p	pʰ	pʰ	p	p	t	t	tʰ	tʰ	t	t
四会话	p	p	pʰ	pʰ	p	p	t	t	tʰ	tʰ	t	t
德庆德城话	p	p	pʰ	pʰ	p	p	t	t	tʰ	tʰ	t	t
阳山话	p	p	pʰ	pʰ	p	p	t	t	tʰ	tʰ	t	t
连山布田话	b	b	pʰ	pʰ	p	p	d	d	tʰ	tʰ	t	t
连县清水话	p	p	pʰ	pʰ	p	p	t	t	tʰ	tʰ	t	t
岑溪大业话	ɓ	ɓ	pʰ	pʰ	p	p	ɗ	ɗ	tʰ	tʰ	t	t
苍梧六堡话	b	b	pʰ	pʰ	p	p	d	d	tʰ	tʰ	t	t
藤县藤城话	p	p	pʰ	pʰ	p	pʰ	t	t	tʰ	tʰ	t	t
蒙山话	p	p	pʰ	pʰ	p	p	t	t	tʰ	tʰ	t	t
蒙山西河话	p	p	pʰ	pʰ	p	p	t	t	tʰ	tʰ	t	t
贺州昭平话	p	p	pʰ	pʰ	p	p	t	t	tʰ	tʰ	t	t
贺州桂岭话	p	p	pʰ	pʰ	p	p	l	l	tʰ	tʰ	t	t
贺州贺街话	p	p	pʰ	pʰ	p	p	l	l	tʰ	tʰ	t	t
贺州信都话	ɓ	p	pʰ	pʰ	p	p	ɗ	ɗ	tʰ	tʰ	t	t

① 另外,老派玉林话(见《广西汉语方言志》)帮端母仍读作浊音 b、d;余蔼芹(1979)记录的藤县话帮端母读作浊音 ʔb、ʔd。

续　表

中古声母	帮　母		滂　母		並　母		端　母		透　母		定　母	
例　　字	杯	八	屁	拍	婆	平	多	凳	天	脱	地	毒
贺州铺门话	p	p	p^h	p^h	p	p	t	t	t^h	t^h	t	t
玉林市区话	p	p	p^h	p^h	p	p	t	t	t^h	t^h	t	t
玉林福绵话	p	p	p^h	p^h	p	p	t	t	t^h	t^h	t	$\underline{t}/\underline{t}^h$
武宣樟村话	p	p	p^h	p^h	p	p	t	t	t^h	t^h	t	t

总的看来勾漏片粤语古帮、端组塞音声母的读音主要发生了两种类型的变化：一是古並定母清化并跟古帮端母合流；二是古帮端母在部分地区发生了浊化。前者主要是勾漏片粤语自身语音演变的结果，后者则极有可能是受到古壮侗语的影响而发生的接触音变。勾漏片粤语古帮端组塞音声母的主要演变途径如下（我们用实线箭头表示自身演变，用虚线箭头表示接触演变）：

古帮母：*p→p⇢ɓ→b

古並母：*b⇢ɓ（*b↗p）

古滂母：$*p^h→p^h$

古端母：*t→t⇢ɗ→（ⁿd）→（nᵈ）→（n）→l（ɗ↗d）

古定母：*d⇢ɗ（*d↗t）

古透母：$*t^h→t^h$

说明：罗董话古並母今读*ɓ和古定母今读*ɗ很可能是跟其他勾漏片粤语一样先清化（跟帮端母合流），然后再受周边少数民族的影响变作浊内爆音ɓ、ɗ的。当然也不排除直接从浊塞音变作浊内爆音的可能。

3.1.3　古知组声母的主要今读

开建话古知组声母多读为塞擦音ʧ或$ʧ^h$，但是知三和澄三较多读同端母 t。古知组二等除了“啄琢”两字在勾漏片较多读作舌头音(t、d 或 ɗ)外,其余的知组二等字基本都读作塞擦音。古知组三等今读在勾漏片粤语中大多也是读作塞擦音,但是一部分常用字如“猪竹朝长锤着”在封开开建话、怀集上坊话和下坊话、阳山话、连县清水话、贺州铺门话、广宁南街话和四会话等勾漏片粤语中较多地读作舌头音 t。古彻母在勾漏片粤语中几乎都读作送气的清塞擦音 ʧʰ、ʦʰ或 ʨʰ。古澄母今读勾漏片粤语主要以清不送气塞擦音为主,但是在连山的布田话,苍梧的六堡话,贺州的昭平话、贺街话、桂岭话和信都话等勾漏片粤语中,古澄母多读作擦音 ʃ 或 s,不过这几个点的古从母、崇母和船母都跟古澄母一样变成了擦音,可见古全浊塞擦音在这几个方言中都经历了擦音化这个演变过程。藤城话的古澄母字读作塞擦音和擦音的比例比较接近,都是一半左右,值得注意。另外,连县清水话古知组声母多读作卷舌塞擦音较为特别(庄章组声母与此类似),但是庄初升教授告诉笔者,据他调查,此音记音有误,实际的音值当为舌叶音。古知组今读例证见表 3-3。

表 3-3 勾漏片粤语古知组声母今读对照表

古声母	知二		知三			彻二	彻三	澄二		澄三		
例字	啄	罩	猪	竹	朝～早	撑	畜	茶	宅	长～短	锤	着～火
封开开建话	t	ʧ	t	t	t	ʧʰ	ʧʰ	ʧ	ʧ	t	t	t
怀集上坊话	t	ʦ	t	t	t	ʦʰ	ʦʰ	ʦ	ʦ	t	ʦ	t
怀集下坊话	t	ʦ	t	t	t	ʦʰ	ʦʰ	ʦ	ʦ	t	ʦ	t
阳山话	t	ʦ	t	t	t	ʦʰ	ʦʰ	ʦ	ʦʰ	ʦ	t	t
连县清水话	t	tʂ	t	tʂ	t	tʂʰ	tʂʰ	tʂ	tʂ	t	t	t
贺州铺门话	t	ʧ	t	t	t	ʧʰ	ʧʰ	ʃ	ʃ	t	t	t
广宁南街话	t	ʦ	t	t	ʦ	ʦʰ	ʦʰ	ʦ	ʦ	ʦ	ʦʰ	ʦ
四会话	t	ʦ	t/ʦ	t	ʦ	ʦʰ	ʦʰ	ʦ	ʦ	ʦ	ʦʰ	ʦ
封开罗董话	ɗ	ʧ	ʧ	ʧ	ʧ	ʧʰ	ʧʰ	ʧ	ʧ	ʧ	ʧ	ʧ
德庆德城话	t	ʦ	ʦ	ʦ	ʦ	ʦʰ	ʦʰ	ʦ	ʦ	ʦ	ʦ	ʦ

续　表

古声母	知$_{二}$		知$_{三}$			彻$_{二}$	彻$_{三}$	澄$_{二}$		澄$_{三}$		
例　字	啄	罩	猪	竹	朝$_{\sim早}$	撑	畜	茶	宅	长$_{\sim短}$	锤	着$_{\sim火}$
岑溪$_{大业}$话	ʦʰ	ʦ	ʦ	ʦ	ʦ	ʦʰ	ʦʰ	ʦ	ʦ	ʦ	ʦ	ʦ
藤县$_{藤城}$话	ʨ	ʨ	ʨ	ʨ	ʨ	ʨʰ	ʨʰ	ʨʰ	ʨ	ɕ	ʨ	ʨ
蒙山话	ʧ	ʧ	ʧ	ʧ	ʧ	ʧʰ	ʧʰ	ʧ	ʧ	ʧ	ʧ	ʧ
蒙山$_{西河}$话	ɬ	ʧ	ʧ	ʧ	ʧ	ʧʰ	ʧʰ	ʧ	ʧ	ʧ	ʧ	ʧ
玉林$_{市区}$话	ʦ	ʦ	ʦ	ʦ	ʦ	ʦʰ	ʦʰ	ʦ	ʦ	ʦ	ʦ	ʦ
玉林$_{福绵}$话	ʨ	ʨ	ʨ	ʨ	ʨ	ʨʰ	—	ʨ	ʦ	ʨ	ʨ	ʨ
武宣$_{樟村}$话	t	ʧ	ʧ	ʧ	ʧ	ʧʰ	ʧʰ	ʧ	ʧ	ʧ	ʧ	ʧ
连山$_{布田}$话	d	ʧ	ʧ	ʧ	ʧ	ʧʰ	ʧʰ	ʃ	ʃ	ʃ	ʃ	ʃ
苍梧$_{六堡}$话	ʦʰ	ʦ	ʦ	ʦ	ʦ	ʦʰ	ʦʰ	s	ʦ	ʦ	s	s
贺州$_{昭平}$话	t	ʦ	ʦ	ʦ	ʦ	ʦʰ	ʦʰ	s	—	s	s	s
贺州$_{桂岭}$话	ʧ	ʧ	ʧ	ʧ	ʧ	ʧʰ	ʧʰ	ʃ	ʃ	ʃ	ʃ	ʃ
贺州$_{贺街}$话	ʦʰ	ʦ	ʦ	ʦ	ʦ	ʦʰ	ʦʰ	s	s	s	ʦ	s
贺州$_{信都}$话	ʧ	ʧ	ʧ	ʧ	ʧ	ʧʰ	ʧʰ	ʃ	ʃ	ʃ	ʃ	ʃ

由此可见勾漏片粤语古知组声母早期读音当为 *t、*tʰ、*d，后来整体塞擦化，大部分勾漏片粤语的古澄母在清化的过程跟古知母合并为塞擦音，小部分勾漏片粤语的古澄母在清化的过程中进一步发生擦化，只有个别常用词还保留早期塞音的读法。勾漏片粤语古知组声母的主要演变途径如下：

古知母：*t → ʦ/ʧ/ʨ → ʦ/ʧ/ʨ

古澄母：*d → ʣ/ʤ/ʥ → s/ʃ/ʑ（↗ ʦ/ʧ/ʨ）

古彻母：*tʰ → ʦʰ/ʧʰ/ʨʰ → ʦʰ/ʧʰ/ʨʰ

3.1.4　古精庄章三组塞擦音声母的主要今读

从表 3－4 不难看出，封开开建话的古精组跟庄组、章组这三组塞擦音声母今读已经完全合并为一套同部位的塞擦音或擦音，与此类似的勾漏片粤语有怀集上坊话和下坊话。广宁南街话、四会话、德庆德城话、阳山话古精组和庄章组塞擦音声母今读大多情况亦已合并，只是船母读擦音，跟从崇母读塞擦音有别。武宣樟村话则是从母读塞擦音，跟船崇读擦音有别，其余古精庄章三组塞擦音声母的今读则已基本合并。

表 3-4　勾漏片粤语古精庄章三组塞擦音声母主要今读对照表

中古声母	精母	庄母	章母	清母	初母	昌母	从母	崇母	船母
例　字	酒	庄	章	菜	初	昌	坐	柴	船
封开开建话	ʧ	ʧ	ʧ	ʧʰ	ʧʰ	ʧʰ	ʧ	ʧ	ʧ
封开罗董话	t	ʧ	ʧ	tʰ	ʧʰ	ʧʰ	ɬ	ʧ	ʧ
怀集上坊话	ʦ	ʦ	ʦ	ʦʰ	ʦʰ	ʦʰ	ʦ	ʦ	ʦ
怀集下坊话	ʦ	ʦ	ʦ	ʦʰ	ʦʰ	ʦʰ	ʦ̲/ʦ̳ʰ	ʦ	ʦ
广宁南街话	ʦ	ʦ	ʦ	ʦʰ	ʦʰ	ʦʰ	ʦʰ	ʦ	s
四会话	ʦ	ʦ	ʦ	ʦʰ	ʦʰ	ʦʰ	ʦ/ʦʰ	ʦ	s
德庆德城话	ʦ	ʦ	ʦ	ʦʰ	ʦʰ	ʦʰ	ʦ	ʦ	s
阳山话	ʦ	ʦ	ʦ	ʦʰ	ʦʰ	ʦʰ	ʦ	ʦ	s
武宣樟村话	ʧ	ʧ	ʧ	ʧʰ	ʧʰ	ʧʰ	ʧ	ʃ	ʃ
贺州铺门话	ʧ	ʧ	ʧ	ʧʰ	ʧʰ	ʧʰ	θ	ʃ/θ	ʃ
连县清水话	ʦ	tʂ	tʂ	ʦʰ	tʂʰ	tʂʰ	ʦ	tʂ	tʂ/ʂ
玉林市区话	t	ʦ	ʦ	tʰ	ʦʰ	ʦʰ	t	s	s
玉林福绵话	t	ʨ/t	ʨ	tʰ	ʨʰ	ʨʰ	t	ɕ	ɕ
连山布田话	t	ʧ	ʧ	tʰ	ʧʰ	ʧʰ	ɬ	ʃ	ʃ
岑溪大业话	t	ʦ	ʦ	tʰ	ʦʰ	ʦʰ	ɬ	s	s
藤县藤城话	t	ʨ	ʨ	tʰ	ʨʰ	ʨʰ	ɬ	ɕ	ɕ
苍梧六堡话	t	ʦ	ʦ	tʰ	ʦʰ	ʦʰ	f	s/f	s
贺州昭平话	t	ʦ	ʦ	tʰ	ʦʰ	ʦʰ	f	s	s
贺州桂岭话	t	ʧ	ʧ	tʰ	ʧʰ	ʧʰ	θ	ʃ	ʃ
贺州贺街话	t	ʦ	ʦ	tʰ	ʦʰ	ʦʰ	θ	s	s
贺州信都话	t	ʧ	ʧ	tʰ	ʧʰ	ʧʰ	θ	ʃ	ʃ
蒙山话	θ	ʧ	ʧ	tʰ	ʧʰ	ʧʰ	θ	ʧ	ʧ
蒙山西河话	ɬ	ʧ	ʧ	tʰ	ʧʰ	ʧʰ	ɬ	ʧ	ɬ

大多勾漏片粤语的古精组跟庄章组的塞擦音声母今读区别明显,多数情况是古精母读 t(个别读 ʦ、θ 或 ɬ)、清母今读塞音 t^{h}(个别读 ʦ^{h}),从母读 ɬ、θ、f、t、ʦ;而古庄章今读 ʧ、ʦ、ʨ、tʂ,古初昌今读 ʧ^{h}、ʦ^{h}、ʨ^{h}、tʂ^{h},古崇船今读 ʃ、s、ɕ、tʂ/ʂ。在精组和庄组有别的勾漏片粤语中,古从母今读的分合以及古船母今读的分合问题特别值得关注,这个问题我们会联系古邪、禅母的今读在 6.2.2 和 6.2.3 做一个深入的探讨。

3.1.5　古精庄章三组擦音声母的主要今读

从表 3－5 的情况来看,封开开建话古精庄章三组擦音声母今读的情况是古邪禅今读合并为一套不送气的清塞擦音 ʧ,而古心生书今读合并为一套清擦音 ʃ。古邪禅今读合并为一套塞擦音的勾漏片粤语还有怀集上坊话和下坊话;其余勾漏片粤语则为古邪禅母今读有别。古心生书今读合并为一套清擦音声母的方言有封开开建话、怀集下坊话、广宁南街话、四会话、德庆德城话和阳山话;其余勾漏片粤语则是心母读音与生书母有别:大部分是 ɬ(心母)和 ʃ/s/ɕ/ʂ(生书母)的区别,如封开罗董话、怀集上坊话、武宣樟村话、蒙山西河话、连县清水话、连山布田话、岑溪大业话、藤县藤城话、玉林市区话和玉林福绵话;有的是 θ(心母)和 ʃ/s(生书母)的区别,如蒙山话以及贺州地区的桂岭话、贺街话、信都话和铺门话;有的是 f(心母)和 s(生书母)的区别,如苍梧六堡话和贺州昭平话。

表 3－5　勾漏片粤语古精庄章三组擦音声母主要今读对照表

中古声母	心母		邪母		生母		书母		禅母	
例　字	四	心	象	袖	生	梳	身	书	树	石
封开开建话	ʃ	ʃ	ʧ	ʧ	ʃ	ʃ	ʃ	ʃ	ʧ	ʧ
广宁南街话	s	s	ʦ	ʦ	s	s	s	s	s	s
四会话	s	s	ʦ	ʦ	s	s	s	s	s	s
德庆德城话	s	s	ʦ	ʦ	s	s	s	s	s	s

续　表

中古声母	心　母		邪　母		生　母		书　母		禅　母	
例　　字	四	心	象	袖	生	梳	身	书	树	石
阳山话	s	s	ʦ	ʦ	s	s	s	s	s	s
连县清水话	s	s	ʦ	ʦ	ʂ	ʂ	ʂ	ʂ	ʂ	ʂ
怀集下坊话	θ	θ	ʦ	ʦ	θ	θ	θ	θ	ʦ̲/θ̳	ʦ
蒙山话	θ	θ	θ	θ	ʃ	ʃ	ʃ	ʃ	ʧ	ʧ
怀集上坊话	ɬ	ɬ	ʦ	ʦ	s	s	s	s	ʦ	ʦ
武宣樟村话	ɬ	ɬ	ʧ	ʧ	ʃ	ʃ	ʃ	ʃ	ʃ	ʃ
玉林市区话	ɬ	ɬ	t	t	s	s	s	s	s	s
玉林福绵话	ɬ	ɬ	t	t	ɕ	ɕ	ɕ	ɕ	ɕ	ɕ
封开罗董话	ɬ	ɬ	ɬ	ɬ	ʃ	ʃ	ʃ	ʃ	ʧ	ʧ
蒙山西河话	ɬ	ɬ	ɬ	ɬ	ʃ	ʃ	ʃ	ʃ	ʧ	ʧ
连山布田话	ɬ	ɬ	ɬ	ɬ	ʃ	ʃ	ʃ	ʃ	ʃ	ʃ
岑溪大业话	ɬ	ɬ	ɬ	ɬ	s	s	s	s	s	s
藤县藤城话	ɬ	ɬ	ɬ	ɬ	ɕ	ɕ	ɕ	ɕ	ɕ	—
苍梧六堡话	f	f	f	f	s	s	s	s	s	s
贺州昭平话	f	f	f	f	s	s	s	s	s	s
贺州桂岭话	θ	θ	θ	θ/t	ʃ	ʃ	ʃ	ʃ	ʃ	ʃ
贺州贺街话	θ	θ	θ	θ	s	s	s	s	s	s
贺州信都话	θ	θ	θ	θ	ʃ	ʃ	ʃ	ʃ	ʃ	ʃ
贺州铺门话	θ	θ	θ	θ	ʃ	ʃ	ʃ	ʃ	ʃ	ʃ

总的来看，勾漏片粤语除了封开开建话是古精组声母跟古庄章组声母今读完全合并之外，其他勾漏片粤语或多或少都保留有古精组声母今读跟古庄章组声母有别的证据：有的是古精组的今读跟古庄章组的今读整个不同，有的只是从母跟船母或崇母读音有别，大多数情况则是心母的读音跟生书母有别。

3.1.6　古日、疑母的主要今读

开建话古日、疑母三四等细音基本上都读舌面前鼻音 ȵ，古疑母

一二等洪音基本读舌根鼻音 ŋ。古疑母一二等今读在勾漏片粤语中基本仍读作舌根鼻音 ŋ，只有玉林地区的勾漏片粤语古疑母一二等较多地读作舌面前鼻音或零声母。古日母和疑母三四等合并是勾漏片粤语内部较为一致的特征，大多数方言点的日母和疑母三四等合并后都是像开建话一样读作舌面前鼻音 ȵ（个别读 n），如封开罗董话、岑溪大业话、苍梧六堡话、藤县藤城话、贺州昭平话、贺州桂岭话、贺州贺街话、贺州信都话、贺州铺门话、玉林市区话和福绵话、德庆德城话等。怀集上下坊话、广宁南街话、四会县城话以及阳山话的古日、疑母细音也已经合并，但是音值基本上已经像广州话那样读作半元音 j 或零声母了。其余几个勾漏片粤语点如蒙山西河话、武宣樟村话、连县清水话、蒙山话和连山布田话的古疑日母细音字只是部分合并。具体例证见表 3－6。

表 3－6　勾漏片粤语古日、疑母主要今读对照表

中古声母	日　母		疑　　母							
例　字	二	日	鹅	外	牙	岳	鱼	玉	尧	研
封开开建话	ȵ	ȵ	ŋ	ŋ	ŋ	ŋ	ȵ	ŋ/ȵ	ȵ	ȵ
封开罗董话	ȵ	ȵ	ŋ	ŋ	ŋ	ŋ	ȵ	ȵ	ȵ	ȵ
岑溪大业话	ȵ	ȵ	ŋ	ŋ	ŋ	ŋ	ȵ	ŋ/ȵ	ȵ	(j)
苍梧六堡话	ȵ	ȵ	ŋ	ŋ	ŋ	ŋ	ȵ	ȵ	(j)	ȵ
藤县藤城话	ȵ	ȵ	ŋ	ŋ	ŋ	ŋ	ȵ	ȵ	ȵ	Ø
贺州昭平话	ȵ	ȵ	ŋ	ŋ	ŋ	ŋ	ȵ	ȵ	ȵ	ŋ/Ø̳
贺州桂岭话	ȵ	ȵ	ŋ	—	ŋ	ŋ	ȵ	ȵ	—	Ø
贺州贺街话	ȵ	ȵ	ŋ	—	ŋ	ŋ	ȵ	—	ŋ	—
贺州信都话	ȵ	ȵ	ŋ	ŋ	ŋ	ŋ	ȵ	ȵ	ȵ	ȵ
贺州铺门话	ȵ	ȵ	ŋ	ŋ	ŋ	ŋ	ȵ	ŋ	Ø	(ʔ)
玉林市区话	ȵ	ȵ	ŋ	(w)	ŋ/ȵ̳	ŋ	ȵ	ȵ	—	n
玉林福绵话	ȵ	ȵ	ŋ	(w)	ȵ	ȵ	ȵ	ȵ	ȵ	n
德庆德城话	n	n	ŋ	ŋ	ŋ	ŋ	n	n	Ø	Ø
怀集上坊话	(j)	(j)	ŋ	ŋ	ŋ	ŋ	(j)	(j)	(j)	ŋ

续 表

中古声母	日母		疑母							
例 字	二	日	鹅	外	牙	岳	鱼	玉	尧	研
怀集下坊话	Ø	Ø	ŋ	ŋ	ŋ	ŋ	Ø	Ø	Ø	ŋ
广宁南街话	(j)	(j)	ŋ	ŋ	ŋ	ŋ	(j)	(j)	(j)	(j)
四会话	(j)	(j)	ŋ	ŋ	ŋ	ŋ	(j)	(j)	(j)	(j)
阳山话	Ø	Ø	ŋ	ŋ	ŋ	ŋ	Ø	Ø	Ø	ŋ
蒙山西河话	ŋ	ȵ	ŋ	ŋ	ŋ	ŋ	ȵ	h	ŋ	ŋ
武宣樟村话	ŋ	ŋ	ŋ	ŋ	ŋ	ȵ	ȵ	Ø	Ø	ŋ
连县清水话	ŋ	ȵ	ŋ	ŋ	ŋ	ŋ	ŋ	ŋ	ŋ	ŋ
蒙山话	ŋ	ȵ	ŋ	ŋ	ŋ	ŋ	x	x	x	ŋ
连山布田话	ȵ	ȵ	ŋ	ŋ	ŋ	ŋ	ŋ	(j)	(j)	ŋ

古疑、日母在勾漏片粤语中的主要演变途径如下：

古日母：*ȵ→ȵ/____细音→j/Ø→ŋ

↗

古疑母：*ŋ→ŋ/____洪音

3.1.7 古见、溪母的主要今读

开建话古见母今读主要有 k、ʧ、k^h 三种读法，其中以读 k 为主（约占 82%），ʧ 主要出现在流、深、臻三摄中（约占 5%），读 k^h 则规律不强（约占 8%）；古溪母以读 h、k^h、k、f 为主。古溪母今读有 h（约占 46%）、k^h（约占 34%）、k（约占 8%）、f（约占 8%）和零声母（约 3%）四种读法，除了 f 通常只出现在合口一二等韵中，其他读法既可以出现在开口韵中也可以出现在合口韵中。大部分勾漏片粤语古见溪母的今读情况跟开建话相似，稍有区别的是流深臻的见母和合口韵中的溪母今读：在一部分勾漏片粤语如阳山话、连县清水话、藤县藤城话、贺州信都话、贺州铺门话、武宣樟村话和岑溪大业话中，流深臻中的见母一般不腭化为塞擦音；苍梧六堡话、蒙山话、蒙山西河话、武宣樟村话的合口溪母多读作擦音 h。勾漏片粤语的古见母有部分读作送气的清塞音而古溪母则有一部分字读作不送气清塞音，两部分字的比例相当，这类现象值得我们注意。例证见表 3－7。

表 3－7　勾漏片粤语古见、溪母主要今读对照表

中古声母	见母						溪母					
例字	鸡	甲	规	扛	九	斤	区	咳	裤	轻	揿	屈
封开开建话	k	k	k^h	k^h	ʧ	ʧ	k^h	k^h	f	h	k	(w)
连山布田话	k	k	k^h	k^h	ʧ	ʧ	k^h	k^h	f	h	h	kh
贺州昭平话	k	k	k^h	k^h	ʦ	ʦ	k^h	k^h	f	h	k	Ø
贺州桂岭话	k	k	k^h	k^h	ʧ	ʧ	k^h	k^h	f	h	k	Ø
贺州贺街话	k	k	k^h	k^h	ʦ	ʦ	k^h	k^h	f	h	k	(w)
封开罗董话	k	k	k^h	k^h	k	ʧ	k^h	k^h	f	h	—	Ø
怀集上坊话	k	k	k^h	k^h	ʦ	k	k^h	k^h	f	h	k	Ø
怀集下坊话	k	k	k^h	k^h	ʦ	k	k^h	k^h	f	h	k	Ø
广宁南街话	k	k	k^h	k^h	ʦ	k	k^h	k^h	f	h	—	(w)
四会话	k	k	k^h	k^h	ʦ	k	k^h	k^h	f	h	k	(w)
德庆德城话	k	k	k^h	k^h	k/ʦ	k/ʦ	k^h	k^h	f	h	k^h	Ø
苍梧六堡话	k	k	k^h	k^h	ʦ	ʦ	k^h	k^h	h	h	k	Ø
蒙山话	k	k	k^h	k^h	ʧ	k	k^h	k^h	x	x	—	k^h
蒙山西河话	k	k	k^h	k^h	ʧ	k	k^h	k^h	h	h	Ø	k^h
玉林市区话	k	k	k^h	k	ts	k	k^h	k^h	Ø	h	k	(w)
玉林福绵话	k	k	k^h	k	ʨ	k	k^h	k^h	(w)	h	k	(v)
阳山话	k	k	k^h	k^h	k	k	k^h	k^h	f	k^h	—	Ø
连县清水话	k	k	k^h	k^h	k	k	k^h	k^h	f	k^h	k	(w)
藤县藤城话	k	k	k^h	k^h	k	k	k^h	k^h	f	h	k	(v)
贺州信都话	k	k	k^h	k^h	k	k	k^h	k^h	f	h	k	Ø
贺州铺门话	k	k	k^h	k^h	k	k	k^h	k^h	f	h	k	Ø
武宣樟村话	k	k	k^h	k	k	k	k^h	k^h	h	h	k	Ø
岑溪大业话	k	k	k^h	k^h	k	k	k^h	k^h	(w)	h	k	(w)

3.1.8　古晓、匣母的主要今读

古晓、匣母在开建话中也有多种读法：古晓母读 h、f 为主，读 h 既可以在开口中出现也可以在合口中出现（约占 51%），读 f 一般只出现在合口的条件下（约占 28%）；古匣母大部分都读作零声母（约占 89%）。绝大多数勾漏片粤语古晓母的读音跟开建话相似，只有岑溪大业话、玉林话（含城郊的福绵话）、武宣樟村话等的古晓母合口字多读(w)或(v)，跟古匣母合口字合流。接近一半的勾漏片粤语的古匣母跟开建话一样大多读作零声母，其余勾漏片粤语点的古匣母一般只在非开口的条件下读作零声母，在开口的条件下多读作 h（当然两者都有少数例外）。例证如表 3-8 所示。

表 3-8　勾漏片粤语古晓、匣母主要今读对照表

中古声母	晓母						匣母					
例字	虾	喜	黑	花	婚	血	旱	夏	形	华	核果~	红
封开开建话	h	h	h	f	f	h	Ø	Ø	Ø(j)	Ø(w)	Ø(w)	Ø
连山布田话	h	h	h	f	k^h	h	Ø	Ø	(j)	(w)	(w)	Ø
苍梧六堡话	h	h	h	h	h	h	Ø	Ø	Ø	Ø	Ø	Ø
贺州桂岭话	h	h	h	f	f	h	Ø	Ø	Ø	Ø	Ø	Ø
贺州贺街话	h	h	h	f	f	h	h	Ø	Ø	Ø	w	Ø
贺州信都话	h	h	h	f	f	h	Ø	Ø	Ø	Ø	Ø	Ø
贺州铺门话	h	h	h	f	f	h	Ø	Ø	Ø	Ø	Ø	Ø
玉林市区话	h	h	h	(w)	(w)	(j)	Ø	Ø	Ø	(w)	(w)	Ø
玉林福绵话	h	h	h	(w)	v	Ø	Ø	Ø	(ʔ)	(w)	v	(ʔ)
封开罗董话	h	h	h	f	f	h	h	h	Ø	Ø	h	h
怀集上坊话	h	h	h	f	f	h	(ʔ)	h	Ø	Ø	Ø	h
怀集下坊话	h	h	h	f	f	h	h	h	Ø	Ø	Ø	h
广宁南街话	h	h	h	f	f	h	h	h	(j)	(w)	(w)	h
四会话	h	h	h	f	f	h	h	h	(j)	(w)	(w)	h
德庆德城话	h	h	h	f	f	h	h	h	h/Ø	Ø	Ø	h

续　表

中古声母	晓　　母						匣　　母					
例　　字	虾	喜	黑	花	婚	血	旱	夏	形	华	核果~	红
阳山话	h	h	h	f	f	h	h	h	Ø	Ø	Ø	h
连县清水话	h	h	h	f	kʰ	h	h	h	(j)	(w)	h	h
岑溪大业话	h	h	h	(w)	(w)	(j)	h	h	(j)	(w)	(w)	h
藤县藤城话	h	—	h	f	f	Ø	h	h	Ø	Ø(w)	h	h
蒙山话	x	x	x	f	v	(j)	x	x	x	v	v	x
蒙山西河话	h	h	h	f	Ø	Ø	h	h	h	Ø	h	h
贺州昭平话	h	h	h	f	f	h	h	h	h	Ø	Ø	h
武宣樟村话	h	h	h	Ø	Ø	h	h	Ø	h	Ø	h	h

3.1.9　古云、以母的主要今读

开建话的古云、以母绝大多数都读作零声母(j/w)，只有个别常用字如“熊勇舀”的白读才读作舌面鼻音ȵ。大部分勾漏片粤语的云以母也是以读零声母为主，只是个别读作鼻音或擦音。不过广宁南街话、蒙山话、蒙山西河话、岑溪大业话、武宣樟村话有不少古云、以母字读作擦音h或x，值得关注。例证见表3-9。

表3-9　勾漏片粤语古云以母主要今读对照表

中古声母	云　　母						以　　母					
例　　字	云	芋	雨	圆	炎	熊	维	匀	姨	余	勇	舀
封开开建话	(w)	(w)	(j)	(j)	(j)	ȵ/(j)	(w)	(w)	(j)	(j)	ȵ	ȵ/(j)
封开罗董话	Ø	Ø	Ø	Ø	Ø	ȵ	Ø	Ø	Ø	Ø	ȵ	Ø
怀集上坊话	(w)	(ʔ)	(ʔ)	(ʔ)	ŋ	h	Ø	Ø	Ø	(ʔ)	Ø	Ø
连山布田话	(w)	(w)	Ø	Ø	ŋ	(j)	(w)	Ø	(j)	Ø	Ø	—
贺州信都话	Ø	Ø	Ø	Ø	ȵ	Ø	Ø	Ø	Ø	Ø	ȵ	Ø
藤县藤城话	(v)	Ø	Ø	Ø	ȵ	(j)	(w)	(v)	Ø	Ø	(j)	—
贺州铺门话	Ø	Ø	Ø	Ø	(ʔ)	Ø	Ø	Ø	Ø	(ʔ)	ȵ	Ø
玉林市区话	(w)	Ø	Ø	Ø	(j)	(j)	(w)	(j)	Ø	Ø	ȵ	(j)

续 表

中古声母	云母						以母					
例 字	云	芋	雨	圆	炎	熊	维	匀	姨	余	勇	舀
玉林福绵话	(v)	(w)	(ʔ)	Ø	Ø	(j)	(v)	(j)	(ʔ)	(ʔ)	ȵ	(j)
广宁南街话	(w)	(w)	h	h	h	h	(w)	(w)	h	h	(j)	h
蒙山话	(v)	x	x	(j)	ŋ	(j)	(v)	(j)	x	x	(j)	x
蒙山西河话	Ø	h	h	Ø	ŋ	Ø	Ø	Ø	h	h	Ø	h
岑溪大业话	(w)	(w)	h/Ø	(j)	(j)	(j)	(w)	(j)	h	h/Ø	(j)	(j)
武宣樟村话	Ø	h	h	l	Ø	Ø	Ø	Ø	Ø	ȵ	Ø	Ø
怀集下坊话	Ø	Ø	(ʔ)	Ø	Ø	h	Ø	Ø	(ʔ)	Ø	Ø	Ø
四会话	(w)	(w)	(j)	(j)	(j)	h	(w)	(w)	(j)	(j)	(j)	(j)
德庆德城话	Ø	Ø	Ø	Ø	Ø	h	Ø	Ø	Ø	Ø	Ø	Ø
阳山话	Ø	Ø	Ø	Ø	Ø	h	Ø	Ø	Ø	Ø	(j)	Ø
连县清水话	(w)	(w̲/j̲)	(j)	(j)	(j)	h	(w)	(w)	(j)	(j)	(j)	(j)
贺州贺街话	(w)	Ø	Ø	Ø	Ø	s	(w)	(j)	Ø	Ø	(j)	Ø
贺州昭平话	Ø	Ø	Ø	Ø	Ø	Ø	Ø	Ø	Ø	Ø	Ø	Ø
贺州桂岭话	Ø	Ø	Ø	Ø	Ø	Ø	Ø	Ø	Ø	Ø	Ø	Ø
苍梧六堡话	Ø	Ø	Ø	Ø	Ø	Ø	Ø	Ø	Ø	Ø	Ø	—

3.2 韵母比较

3.2.1 古果、假、遇三摄的主要今读

从表 3-10 的比较不难发现，开建话跟其他勾漏片粤语内部一致的语音特点有：(1) 古果摄合口一等非见系韵母跟果开一的韵母读音相同(具体的音值有别，主要有 uɔ、ɔ、o、œ、ø、ɤ 等)。(2) 都区分古果摄开口一三等。(3) 古假开三和假开二今读有别。(4) 古遇摄合口三等鱼韵庄组的韵母读音跟非庄组不同。(5) 古遇摄合口三等非非组韵母跟合口一等读音不同。

表 3－10　勾漏片粤语古果假遇三摄主要今读对照表

古韵摄	果摄				假摄			遇摄		
	果开一	果开三	果合一	果合三	假开二	假开三	假合二	遇合一	遇合三鱼	遇合三虞
例　字	多/鹅	茄	波/过	靴	嫁/茶	借/夜	瓜/花	姑/图	书/蛆/初	夫/武/主/须
封开开建话	$u^{ɔ}$	$i^{ɛ}$	$u^{ɔ}$	œ	a	$i^{ɛ}$	ua/a	u	y/œy/$u^{ɔ}$	u/u/y/œy
藤县藤城话	ɔ	E	ɔ	œ	a	E/iE	wɔ	u	y/y/ɔ	u/u/y/y
贺州昭平话	o	ɛ	o	io	a	ɛ/iɛ	a	u	ʏ/ʏ/o	u/u/ʏ/ʏ
怀集上坊话	ɔ	ɛ	ɔ/uɔ	ø	a	iɐ	ua/a	u	y/y/ɔ	u/u/y/y
四会话	ɔ	e	ɔ/uɔ	œ	a	iɐ	ua/a	u/ɐu	y/oy/ɔ	u/ɐu/y/oy
贺州铺门话	ɔ/u	ɔ	ɔ/uɔ	œ	ɔ	ia	uɔ/ɔ	u/ɔu	y/oi/ou	u/u/y/io
广宁南街话	ɵ	e	ɵ/uɔ	ɵ	a	ieɐ	ua/a	u/ɐu	y/ɵy/ɵ	u/ɐu/y/ɵy
连山布田话	ø	ia	ø/uɔ	øy	a	ia	ua/a	u	y/y/ø	u/u/y/y
贺州桂岭话	ø	ia	ø/uo	iø	a	ia	ua/a	u	y/y/ø	u/u/y/y
贺州信都话	ø	e	ø/u：ɐ	ø	a	i：ɐ	ua/a	u	y/y/ø	u/u/y/y
贺州贺街话	œ	e	œ/uo	œ	a	e	ua/a	u	y/y/œ	u/u/y/y
怀集下坊话	ɔ	ɛ	ɔ/uɔ	ø	a	iɐ/ia	ua/a	u/ou	y/øy/ɔ	u/u/y/øy
连县清水话	ɔ	ɛ	ɔ/uɔ	œ	a	ɛ/iɛ	ua/a	u/ɐu	y/ɐu/ɔ	u/u/y/œy
苍梧六堡话	œ	ɛ	œ/uɔ	œ	a	ɛ/iɛ	ua	u	y/y/œ	u/u/y/y
蒙山话	o	ɛ	o/u	ɛ	a	ɛ/iɛ	ua/a	u	i/i/u	u/u/i/i
蒙山西河话	ɔ	ɛ	ɔ/u	ɛ	a	ɛ/i	ua/a	u	i/i/u	u/u/i/i
玉林市区话	œ	ɛ	œ/wœ	œ	ɔ	ɛ/jɛ	wɔ	u	y/y/œ	u/u/y/y
玉林福绵话	ɤ	E	ɤ/wɤ	œ	ɔ	E/iE	wɔ/wɔ	u	y/y/ɔ	u/u/y/y
封开罗董话	o	ie	o/uo	ø	a	e/ie	ua/a	u	y/y/o	u/u/y/y
德庆德城话	o	e	o/uo	œ	a	e/ie	ua/a	u	y/y/o	u/u/y/y
阳山话	ɔ	œ	ɔ/uɔ	œ	a	e/ie	ua/a	u/ɐu	y/ɔy/ɔ	u/u/y/ɔy
岑溪大业话	o	e	o/uɔ	ø	a	e/ie	wa	u	y/y/o	u/u/y/y
武宣樟村话	ɔ	it	ɔ/u	ɛ	a	i/ia	ua	u/əu	ui/ui/ɔ	əu/əu/ui/y

基本一致的特点有：(1) 古假开二和假合二见系韵母基本有别(只有贺州昭平话是例外，都读作 a)。(2) 绝大多数的勾漏片粤语古假开三喻母字的声母仍保留 i 介音(只有贺州贺街话失去了 i 介音)。(3) 绝大多数的勾漏片粤语古遇摄合口三等非组韵母都跟古遇摄合口一等见系韵母合并，基本上都读作 u(只有武宣樟村话古遇摄合口三等非组韵母跟古遇摄合口一等非见系韵母合并为 əu，是个例外)。(4) 大部分的勾漏片粤语都区别古果开三和果合三的读音(不区分的方言有蒙山话、蒙山西河话及阳山话)。(5) 多数勾漏片粤语古遇摄合口三等鱼韵庄组的韵母已跟果开一合并(贺州铺门话、蒙山话和蒙山西河话、玉林福绵话两者有别)。

勾漏片粤语古果、假、遇三摄内部较为明显的差异性语音特点有：(1) 封开开建话、藤县藤城话和贺州昭平话古果摄开合一等韵基本上已完全合并，其他勾漏片粤语只是古果摄合口一等非见系字跟开口一等合并。(2) 广宁南街话、贺州信都话、贺州贺街话、苍梧六堡话、玉林市区话古果合三今读已跟果合一的非见系韵母合并，其他勾漏片粤语依然有别。(3) 古假开三非零声母韵母今读在封开开建话、怀集上坊话和下坊话、四会话、广宁南街话、连山布田话、贺州铺门话、贺州桂岭话、贺州信都话中仍然保留 i 介音的读法，且介音 i 的实际音值较长，有韵腹化的趋势；其他勾漏片粤语则已失去了 i 介音。(4) 古假合二唇音字今读在多数勾漏片粤语中已经失去 u 介音，跟假开二合并，但是藤县藤城话、苍梧六堡话、玉林市区话和福绵话、岑溪大业话、武宣樟村话古假合二唇音字今读仍保留 u 介音，跟假开二有别。(5) 古遇合一在大多数勾漏片粤语中都以读 u 为主，但是四会话、广宁南街话、怀集下坊话、连县清水话、阳山话、贺州铺门话和武宣樟村话古遇合一非见系韵母读复合韵母，跟见系读 u 不同。

开建话跟其他勾漏片粤语在果、假、遇摄读音不一样的地方是古果合一和假开三基本上都还保留着介音，且介音的读音长而清晰，有韵腹化的趋势；其他勾漏片粤语这两个韵的介音都有不同程度的失落。

3.2.2　古蟹摄的主要今读

勾漏片粤语古蟹摄今读内部基本一致的语音特征有：(1) 古蟹合二跟蟹合一有别。(2) 古蟹合二非溪母字韵母跟蟹开二有别。(3) 古蟹摄开合三四等韵母有明显合流的趋势。

勾漏片粤语古蟹摄今读内部比较一致的语音特点有：(1) 大部分勾漏片粤语仍有一部分常用字可以区分咍泰韵以及怪卦韵的读音。(2) 大多数勾漏片粤语古蟹开一韵母的读音跟古蟹开二有合并的趋势(只是程度有别)，基本仍能区分古蟹开一和蟹开二读音的方言是贺州铺门话和苍梧六堡话。(3) 大部分勾漏片粤语都仍区分古蟹开二和蟹开三的读音，而怀集下坊话、广宁南街话、阳山话、连县清水话以及信都铺门话古蟹开二和蟹开三已经合并。(4) 绝大多数勾漏片粤语古蟹摄开合口一等唇音字已经合并(只有阳山话两者读音有别)。(5) 多数勾漏片粤语古蟹合一三等都有合并的趋势，只是合并的程度有别。

勾漏片粤语内部较为明显的区别性语音特点有：(1) 半数勾漏片粤语已基本上不区分古蟹开三和蟹开四的读音，另有半数左右的勾漏片粤语不同程度地保留有区分古蟹摄开口三四等的证据。(2) 连山布田话、蒙山西河话、玉林市区话福绵话、贺州铺门话、武宣樟村话、连县清水话、岑溪大业话和苍梧六堡话古蟹合二溪母韵跟蟹开二有别，其他勾漏片粤语则已合并。

相对来说，封开开建话古蟹摄读音跟其他勾漏片粤语较为明显的区别是基本还能区分开合口一二三四等韵(虽然个别字韵也已开始合并)，这在整个汉语方言中都是比较难得的。另外，开建话蟹摄开口三四等韵母存在比较系统的声调分韵现象(去声韵跟非去声韵读音有别)。

具体例证见表 3 - 11。

表 3－11　勾漏片粤语古蟹摄主要今读对照表

古韵摄	蟹开一咍	蟹开一泰	蟹开二皆佳夬	蟹开三祭	蟹开四	蟹合一灰泰	蟹合二皆佳夬	蟹合三祭废	蟹合四齐霁
例　字	戴/袋	带/盖/贝	街/寨	例/世	泥/计	梅/最	坏/卦/快	税/肺/卫	奎/桂
封开开建话	ai/ɔi	ai/ɔi/u^{i}	ai	ɛ/i^{ɛ}	ɐi/ɛ	u^{i}/œ	uai/ua/ai	œ/ɛi/uɐi	uɐi/uɛi
怀集上坊话	ai/ɔi	ai/ɔi/ui	ai	ai/ɐi	ɐi	ui/ɔi	uai/ua/ai	ɔi/i/uɐi	uai/uɐi
连山布田话	ai/ɔi	ai/øy/ui	ai	ɔi/uɛi	ɔi	ui	uai/ua/uai	ui/i/uɛi	uɛi
藤县藤城话	ai/œ	ai/œ/oi	ai	ɐi/Ei	ɐi/Ei	oi	uai/wa/ai	oi/i/uEi	wEi
蒙山话	ai/ɔi	ai/ɔi/ui	ai	ɐi/i	ɐi/i	ui	vai/ua/ai	ui/i/uɐi	uɐi
蒙山西河话	ai	ai/uai/ui	ai	ai/i	ɐi	ui	uai/ua/uai	ui/i/uɐi	uɐi
贺州贺街话	ai/œ	ai/œ/ui	ai	i/oi	oi	ui	wai/ua/ai	ui/i/woi	woi
玉林福绵话	œi	œi/œi/øi	œi	ai/i	ai	øi	uai/ɔ/wai	øi/i/vai	wai
怀集下坊话	ai/ɔi	ai/ɔi/ui	ai	ai	ai	ui/œy	uai/ua/ai	ɔi/ɐi/uai	uai
四会话	ɐi/oy	ɐi/oy/ui	ai/ɐi	ɐi	ai/ɐi	ui/oy	uai/ua/ɐi	oy/i/uɐi	uai
贺州铺门话	ai/u	a/ui/ui	a	a	a/i	ui/u	ua/uɔ/ua	u/ui/ui	ui
武宣樟村话	ai	ai/ɔi/ui	ai	ɛ	ɛ/i	ui/əi	uai/ua/uai	ui/uɐi/uɐi	uɐi
广宁南街话	ai/oi	ai/oi/ui	ai	ai	ai	ui/oi	uai/ua/ai	oi/i/uai	uai
德庆德城话	ai/oi	ai/oi/oi	ai	ɐi	ɐi	oi	uai/ua/ai	oi/i/uɐi	uɐi
阳山话	ai/oi	ai/oi/oi	ai	ai	ai	ui/oi	uai/uai/ai	oi/ɐi/uɐi	uɐi
连县清水话	ai/œy	ai/œy/ui	ai	ai	ai	ui/œy	uai/ua/uai	œy/ɐi/uai	uai
岑溪大业话	ai/oai	ai/oai/ui	ai	ɐi	ɐi	ui	wai/a/wai	ui/i/wɐi	ɐi/(w)ɐi
贺州昭平话	ai/oi	ai/oi/ui	ai	ɐi	ɐi	ui	uai/ua/ai	ui/i/uɐi	ɐi
封开罗董话	ai/ui	ai/ui/ui	ai	uɒi	uɒi	ui	uai/ua/ai	ui/i/uɒi	uɒi
贺州桂岭话	ai/ø	ai/ø/ui	ai	oi/—	oi	ui	uai/ua/ai	ui/i/uoi	uoi
贺州信都话	ai/oi	ai/oi/ui	ai	ɔi	ɔi	ui	uai/ua/ai	ui/i/uɔi	uɔi
苍梧六堡话	œ	ai/œ/uei	ai	ɐi	ɐi	uei	uai/ua/uai	uei/ui/uɐi	uɐi
玉林市区话	ɔi	ɔi/ɔi/—	ɔi	ai	ai	ui	wɔi/wɔ/—	ui/i/—	wai

3.2.3　古止摄的主要今读

勾漏片粤语古止摄今读基本一致的特征有：(1) 古止摄开口三

等知系和见系今读基本都已经合并，且绝大多数都读作 i（只有武宣樟村话以读 əi 为主）。（2）古止合三支、脂韵见系和非见系的读音有别。

比较一致的语音特征有：（1）绝大多数勾漏片粤语古止合三微韵唇音韵母读音都已并入止开三，跟非唇音韵母读音不同。（2）大部分勾漏片粤语的古止摄合口三等见系韵母基本都已跟蟹摄合口三等见系韵母合并。

勾漏片粤语内部较为明显的区别性语音特征有：（1）封开开建话、贺州铺门话、怀集下坊话和上坊话、连县清水话、广宁南街话、四会话、阳山话古止开三帮端系韵母都有声母分韵的现象（有多种读法），其他勾漏片粤语多只有 i 这一种读法。（2）古止开三微部今读在连县清水话、广宁南街话、四会话、阳山话、武宣樟村话中有多个读法，其他勾漏片粤语基本上都读作 i。

封开开建话古止摄今读跟其他勾漏片粤语相比，比较突出的特点是止开三精组韵母多读作 u^{ɔ}，跟非精组有别。其他勾漏片粤语中只有贺州铺门话读 yɔ 与开建话类似，其他方言的精组韵母多已跟其他声母相配的韵母合并。另外，开建话止摄非见系韵母也存在比较系统的声调分韵现象（去声韵跟非去声韵读音有别）。

具体例证见 3 - 12。

表 3 - 12　勾漏片粤语古止摄主要今读对照表

古韵摄	止开三支	止开三脂	止开三之	止开三微	止合三支	止合三脂	止合三微
例　字	枝/皮/紫	师/眉/私	市/李/词	机/汽	吹/规/喂	醉/龟/季	围/贵/飞/味
封开$_{\text{开建}}$话	i/ɐi/u^{ɔ}	i/ɐi/u^{ɔ}	i/ɐi/u^{ɔ}	i	œ/uɐi/uɛi	œ/uɐi/uɛi	uɐi/uei/ɐi/ɛi
贺州$_{\text{铺门}}$话	i/ai/yɔ	yɔ/ɐi/yɔ	i/ai/yɔ	i	u/ua/ui	u/ui/i	u/ua/ui/i
怀集$_{\text{下坊}}$话	i/ɐi/ɐi	i/ɐi/ɐi	i/ɐi/y	i	ɔi/uai/uai	ɔi/uai/uai	uai/uai/ɐi/ɐi
连县$_{\text{清水}}$话	i/ɐi/ɐi	i/ɐi/ɐi	i/ɐi/ɐi	ɐi/i	œy/uɐi/uɐi	œy/uɐi/uɐi	uɐi/uɐi/ɐi/ɐi
广宁$_{\text{南街}}$话	i/ɐi/ei	i/ei/ei	i/ei/ei	ei/i	oi/uai/uai	oi/uai/uai	uai/uai/ei/i
四会话	i/ɐi/i	i/ɐi/i	i/ɐi/i	ɐi/i	oy/uai/uɐi	oy/uai/uɐi	uai/uɐi/ɐi/i

续　表

古韵摄	止开三支	止开三脂	止开三之	止开三微	止合三支	止合三脂	止合三微
例　字	枝/皮/紫	师/眉/私	市/李/词	机/汽	吹/规/喂	醉/龟/季	围/贵/飞/味
阳山话	i/ɐi/i	i/ɐi/i	i/ɐi/i	ɐi/i	oi/uɐi/uɐi	oi/uɐi/uɐi	uɐi/uɐi/ɐi/ɐi
怀集上坊话	i	i/i/u	i	i	ɔi/uɐi/uɐi	ɔi/uɐi/uɐi	uɐi/uɐi/i/i
武宣樟村话	əi/əi/i	əi	əi	ɛ/əi	əi/uɐi/uəi	ui/uɐi/uɐi	uɐi/uɐi/ɐi/ui
封开罗董话	i	i	i	i	ui/uɒi/uɒi	ui/uɒi/uɒi	uɒi/uɒi/i/i
德庆德城话	i	i	i	i	oi/uɐi/uɐi	oi/uɐi/uɐi	uɐi/uɐi/i/i
连山布田话	i	i	i	i	ui/uɛi/uɛi	ui/uɛi/uɛi	uɛi/uɛi/i/i
岑溪大业话	i	i	i	i	ui/ɐi/wɐi	ui/wɐi/ɐi	wɐi/ɐi(wɐi)/i/i
苍梧六堡话	i	i	i	i	uei/uɐi/uɐi	uei/uɐi/uɐi	uɐi/uɐi/i/i
藤县藤城话	i	i	i	i/—	oi/WEi/uEi	oi/WEi/WEi	WEi/WEi/i/i
蒙山话	i	i	i	i	ui/uɐi/—	ui/uɐi/i	vɐi/uɐi/i/i
蒙山西河话	i	i	i	i	ui/uɐi/uɐi	ui/uɐi/i	uɐi/ua/i/i
贺州昭平话	i	i	i	i	ui/ɐi/ui	ui/ɐi/i	uɐi/ɐi/i/i
贺州桂岭话	i	i	i	i	ui/uoi/uoi	ui/uoi/uoi	uoi/uoi/i/i
贺州贺街话	i	i	i	i	ui/oi/woi	ui/woi/oi	woi/woi/i/i
贺州信都话	i	i	i	i	ui/uɔi/uɔi	ui/uɔi/i	uɔi/uɔi/i/i
玉林市区话	i	i/—/i	i	i	ui/wai/wai	ui/wai/—	wai/wai/i/i
玉林福绵话	i	i	i	i	øi/wai/vai	øi/wai/wai	vai/wai/i/i

3.2.4　古效摄、流摄的主要今读

从表3-13不难看出，包括开建话在内的勾漏片粤语内部一致性的语音特点有：(1) 古效开一非溪母字韵母与效开二有别(溪母字多数已经跟效开二合并，连县清水话、怀集下坊话、德庆德城话、武宣樟村话两者仍有别)。(2) 古效开三四等见系韵母今读基本上都已合并为iu韵。(3) 古流开三尤幽韵的唇音韵母有别而影组韵母合并。(4) 流开三尤部非组韵母已跟遇合三虞部韵母合并。

表 3－13　勾漏片粤语古效流摄主要今读对照表

古韵摄	效开一	效开二	效开三	效开四	流开一	流开三尤	流开三幽
例　字	宝/高/考	饱/交/貌	朝/笑/桥	条/吊/萧/缴	头/后/漏	流/瘦/油/妇	幽/彪
封开开建话	ɔ/ɔ/au	au	ɛu/iu/iu	ɛu/iu/ɛu/iu	ɐu/ɐu/ɔu	ɐu/ɔu/iɐu/u	iɐu/ɛu
贺州铺门话	ɔu/ɔu/aɤɛi①	ɛi	ɛi/ɛi/iu	ɛi/ɛi/ɛi/iu	ɔ/au/au	ia/au/ia/u	ia/ɛi
广宁南街话	o/o/au	eu/eu/au	iu	eu/eu/iu/iu	au	au/au/iau/u	iu/iau
四会话	ou/ou/au	eu/eu/au	iu	eu/eu/iu/iu	au/au/ɐu	au/ɐu/iɐu/u	iɐu/iu
阳山话	o/o/au	eu/eu/au	iu	eu/eu/iu/iu	au	ɐu/ɐu/iɐu/u	iɐu/iu
连县清水话	o	ɛu/ɛu/au	iu	ɛu/ɛu/iu/iu	au	ɐu/au/iɐu/u	iɐu/iu
怀集上坊话	au	ɛu/ɛu/au	iu	iu	ɐu	ɐu/ɐu/iɐu/u	iɐu/iu
怀集下坊话	ɔo	ɛu/ɛu/au	iu	iu	au	au/au/iau/u	iau/iu
苍梧六堡话	ɔ/ɔ/au	au	ieu	ieu	ɐu	ɐu/ɐu/iɐu/u	iɐu/ieu
封开罗董话	əu/əu/au	au	iu	iu	ɐu	ɐu/ɐu/iɐu/u	iɐu/iu
德庆德城话	ou	au	iu	iu	ɐu	ɐu/ɐu/iɐu/u	iɐu/iu
连山布田话	o/o/au	au	iu	iu	ɔu	ɔu/ɔu/iɔu/u	iɔu/iu
岑溪大业话	ɐu/ɐu/au	au	iu	iu	ɐu	ɐu/ɐu/iɐu/u	iɐu/iu
藤县藤城话	ɔu/ou/au	ao/ao/—	iu	iu	ɐu	ɐu/au/iɐu/u	—/iu
蒙山话	ou/ou/au	au	iu	iu	ɐu	ɐu/ɐu/jɐu/u	jɐu/iu
蒙山西河话	əu/əu/au	au	iu	iu	ɐu	ɐu/ɐu/iɐu/u	iɐu/iu
贺州昭平话	ɐu/ɐu/au	au	iu	iu	ɐu	ɐu/ɐu/iɐu/u	iɐu/iu
贺州桂岭话	u/o/au	au	iu	iu	ou	ou/ou/iou/u	iou/iu
贺州贺街话	u/o/au	au	iu	iu	ou	ou/ou/jou/u	—/iu
贺州信都话	o/o/au	au	iu	iu	ɔu	ɔu/ɔu/iɔu/u	iɔu/iu
玉林福绵话	ɐu/ɐu/au	au	iu	iu	ɔu/au/—	ɔu/ɔu/iɔu/u	iɔu/iu
玉林市区话	œu/œu/ɔu	ɔu/ɛ̲u̲(ɔ̳u̳)/ɔ̲u̲	iu	iu	au	au/au/jau/u	jau/iu
武宣樟村话	ɔ/ɔ/au	ɔ/au/ɔ	iu	iu	ɐu	ɐu/ɐu/iɐu/u	iɐu/iu

① 谢建猷材料中铺门话“考”字标音甚怪，笔者参考邓玉荣老师提供的铺门话同音字表（未发表）发现其韵母注音为[ɛi]，笔者倾向认可后者的注音。

比较一致的语音特点还有：(1) 除了铺门话古效摄开口二三等开始合并外，其余的勾漏片粤语都能较好地区分古效摄开口一二三等非溪母韵的读音。(2) 古流摄开口一三等在绝大多数的勾漏片粤语中合并趋势非常明显，只有阳山话和连县清水话仍旧保留较明显的区别，信都铺门话也有部分读音区分古流摄开口一三等。(3) 除了岑溪大业话和贺州昭平话古流摄开口一等读音跟古效摄开口一等读音相同外，其余勾漏片粤语的古流效摄两摄开口一等非溪母韵的读音是不同的。

勾漏片粤语内部比较明显的差异性特征为：(1) 古效摄开口四等跟三等读音合并，大部分勾漏片粤语都是如此；但是广宁南街话、四会县城话、阳山话、连县清水话古效开四等端系韵母主要跟效开二韵母合并，跟三等端系韵母有别。铺门话古效摄开口二三四等非见系韵母合并趋势明显，这在勾漏片粤语中比较特别。(2) 广宁南街话、四会话、阳山话、连县清水话、怀集上坊话和下坊话古效开二唇音和非唇音韵母读音有别，其他勾漏片粤语则没有这种区别。

总的看来，开建话古效流两摄今读相对其他勾漏片粤语而言，最有特色的语音现象是古效开三四等同时存在声母分韵和声调分韵现象：帮端(含知组部分常用字如“朝”)系韵母跟非帮端系韵母读音有别，同时帮端系去声韵母读音又跟非去声韵母有别。开建话流开三也存在系统的去声分韵现象(四会话流开三也存在与开建话类似的去声分韵)。

3.2.5 古咸摄、深摄的主要今读

勾漏片粤语古咸深摄内部基本一致的语音特点有：(1) 古咸摄开口一二三等基本上都没有保留重韵的读法。(2) 古咸摄开口一等非见系韵母读音跟古咸摄开口二等非见系韵母读音基本相同。(3) 古咸开三四等见系韵母读音基本相同(多数读 im，少数读 in)。(4) 古咸开三和咸开二读音有别。(5) 古咸开三和深开三今读有别。

比较一致的语音特点有：(1) 除了连山布田话和连县清水话古咸摄开口一二等韵尾读作舌尖音 n/t 外，其他勾漏片粤语古咸摄开口一二等的韵尾基本上都还保留鼻音韵尾 m/p。(2) 大多数勾漏片粤语古咸开一见系与咸开二见系及咸开一非见系韵母读音有别，怀集上坊话、连县清水话、玉林市区话和福绵话咸开一二等基本上已经完全合并。

勾漏片粤语古咸深摄今读内部比较明显的区别性语音特征有：(1) 大多数勾漏片粤语咸摄开口三四等韵仍较好地保留 m/p 韵尾，但是连山布田话、怀集下坊话和上坊话、广宁南街话、四会话、阳山话、连县清水话、贺州铺门话咸开三四等今读韵尾多已变为 n/t。(2) 贺州铺门话、广宁南街话、四会话、阳山话、连县清水话古咸开四端系韵母读音多跟咸开三端系韵母有别，其他勾漏片粤语则基本上已经合并。(3) 除了连山布田话和连县清水话古深开三韵尾多读作 n/t 外，其他勾漏片粤语基本仍保留 m/p 韵尾。(4) 古咸合三舒声韵在封开开建话、怀集上坊话和下坊话、广西玉林话、苍梧六堡话、蒙山西河话、贺州贺街话及信都话中仍较多地保留唇音韵尾 m，其他勾漏片粤语则基本都读作 n。

开建话古咸深摄今读相对其他方言点来说，比较有特点的语音特征是咸开三四等同时存在声母分韵和去声分韵的现象(端系和非端系读音有别，同时端系去声韵与非去声韵有别)，这跟效开三四等是类似的；同时深开三存在去声分韵现象，也跟流开三相似。

具体例证见 3-14。

表 3-14 勾漏片粤语古咸深摄主要今读对照表(多举平声韵以亥上去入，下同)

古韵摄	咸开一覃	咸开一谈	咸开二咸	咸开二衔	咸开三盐	咸开三严	咸开四添	咸合三凡	深开三侵
例　字	南/含	三/柑	斩/咸	衫/监	尖/盐	剑	甜/兼	犯	心/音
封开开建话	am/ɔm	am/ɔm	am	am	ɛm/im	im	ɛm/im	am	ɐm/iɐm
苍梧六堡话	am/ɔm	am/ɔm	am	am	im	im	im	am	ɐm/iɐm

续　表

古韵摄	咸开一覃	咸开一谈	咸开二咸	咸开二衔	咸开三盐	咸开三严	咸开四添	咸合三凡	深开三侵
例　字	南/含	三/柑	斩/咸	衫/监	尖/盐	剑	甜/兼	犯	心/音
贺州桂岭话	am/om	am/om	am	am	im	im	im	an	om/iom
贺州贺街话	am/om	am/om	am	am	im	im	im	am	om/jom
贺州信都话	am/om	am/om	am	am	im	im	im	am	ɔm/iɔm
连山布田话	an/øn	an/øn	an	an	in	in	in	an	ɔn/yɐn
贺州铺门话	ɔ̃/ɔm	ɔ̃/um	ɔ̃/ɛm	ō/ɛm	ɛm/in	in	ɛm/im	ɔ̃	iam
武宣樟村话	am/ɐm	am/ɔm	am	am	im	im	im	an	ɐm/iɐm
封开罗董话	am/əm	am/əm	am	am	im	im	im	an	ɒm/iɒm
蒙山西河话	am/əm	am/əm	am	am	im	im	im	am	ɐm/iɐm
蒙山话	am/ɤm	am/ɤm	am	am	im	im	im	an	ɐm/iɐm
岑溪大业话	am/ɐm	am/ɐm	am	am	im	im	im	an	ɐm/jɐm
藤县藤城话	am/ɐm	am/ɐm	am	am	im	im	im	an	ɐm/iɐm
贺州昭平话	am/ɐm	am/ɐm	am	am	im	im	im	an	ɐm/iɐm
怀集下坊话	am/ɐm	am	am	ɛn/am	in	in	in	am	ɐm/iɐm
广宁南街话	am/ɐm	am	am	am	in	in	en/in	an	ɐm/iɐm
四会话	am/ɐm	am	am	am	in	in	en/in	an	ɐm/iɐm
阳山话	am/ɐm	am	am	am	in	in	en/in	an	ɐm/iɐm
怀集上坊话	am	am	am	ɛn/am	in	in	in	am	ɐm/iɐm
玉林市区话	ɔm	ɔm	ɔm	ɔm	im	im	im	ɔm	am/jam
玉林福绵话	ɔm	ɔm	ɔm	ɔm	im	im	im	ɔm	ɐm/iɐm
连县清水话	an	an	ɛn/an	an	in	in	ɛn/in	an	ɐn/iɐn

3.2.6　古山摄、臻摄的主要今读

勾漏片粤语古山臻两摄今读内部一致性的语音特点有：(1) 古山开一非见系韵母读音基本已跟山开二合并(读 an 为主，个别点读作 ā 或 ɔn)。(2) 古臻开一三等基本上都已合并(具体音值有别)，且古臻摄开口一三等读音不同于古山摄一三等。(3) 古山合一二等基本

有别。(4) 古山合一端系韵母的读音在勾漏片粤语中多读作 yn/yt 或 un/ut，跟古山合三合并趋向明显。(5) 臻合一三等基本已经合并。(6) 臻摄开合一三等非见系韵母合并趋势明显(封开罗董话、连山布田话、贺州桂岭话和贺街话臻开合一三等见系都已合并)。

比较一致的语音特征有：(1) 除玉林话(含城区和市郊)和蒙山西河话外，绝大部分勾漏片粤语古山开一见系字读音跟古山开一非见系以及古山开二见系韵母读音不同。(2) 古山合三四等见系韵母在绝大多数勾漏片粤语中已经合并(只有怀集下坊话和武宣樟村话仍较多保留区别性读音)，以 yn、iun 为主。(3) 古山合二山/黠韵和删/鎋韵在勾漏片粤语中大都已经合并。(4) 古山合三元/月韵的唇音韵母一般读作 an/at 或 ɔn/ɔt，跟非唇音韵母不同(只有苍梧六堡话两者都读为 uan)。

勾漏片粤语古山、臻摄今读较为明显的区别性语音特点有：(1) 大部分勾漏片粤语古山摄开口二等都读作 an/at，但是也有一些勾漏片方言进一步区分唇音韵母和非唇音韵母。如怀集上坊话和下坊话、广宁南街话、四会县城话、阳山话、连县清水话山摄开口二等非唇音字一般读作 ɛn/ɛt 或 en/et，跟唇音韵母读 an/at 不同。(2) 古山开三仙/薛韵和元/月韵在多数勾漏片粤语中有合并的趋势，但是封开罗董话、怀集下坊话、广宁南街话、阳山话、连县清水话、贺州信都话和铺门话仍保留有两者不同读音的证据。(3) 古山开四先/屑韵非见系韵母在多数勾漏片粤语中基本已经跟古山开三合并，但是怀集下坊话、广宁南街话、四会话、连县清水话仍能较好地区分两者的读音。(4) 封开开建话、怀集上坊话和下坊话、广宁南街话、四会话、连县清水话、玉林市区话、德庆德城话、阳山话、封开罗董话、贺州铺门话古山合一唇音跟舌音韵母读音有别，其他勾漏片粤语则没有这种区别。

开建话古山、臻摄今读相对其他勾漏片粤语而言，比较明显的语音特色是古山摄开口三四等和臻开三都有去声分韵现象(去声韵跟非去声韵读音有别），同时古山开三四等还存在声母分韵现象（见系和非见系韵母读音有别）。这跟蟹止摄开口三四等、古效流开口三四等、咸深开口三四等的分韵现象是平行的。

具体例证见表 3－15 和表 3－16。

表 3－15　勾漏片粤语古山臻摄开口主要今读对照表

古韵摄	山开一寒	山开二山	山开二删	山开三仙	山开三元	山开四先	臻开一痕	臻开三真（臻）	臻开三殷
例　字	炭/干	扮/间	班/奸	鞭/件	言/建	天/坚	吞/跟	亲/因	斤/隐
封开开建话	an/ɔn	an	an	ɛn/in	in	ɛn/in	ɐn	ɐn/iɐn	ɐn/iɐn
蒙山话	an/ɔn	an	an	in	in	in	ɐn	ɐn/jən	ɐn/jən
武宣樟村话	an/ɔn	an	an/ɛn	in	in	in	ɐn	ɐn/iɐn	ɐn/iɐn
封开罗董话	an/on	an	an	ien	in/un(in)	in	uɐn/ɐn	uɐn/iuɐn	uɐn/iuɐn
德庆德城话	an/on	an	an	in	in	in	ɐn	ɐn/iɐn	ɐn/iɐn
藤县藤城话	an/on	an	an	in	in	in	ən	ən	ən/iən
贺州昭平话	an/on	an	an	in	in	in	ɐn	ɐn/iɐn	ɐn/iɐn
苍梧六堡话	an/œn	an	an	in	in	in	ɐn	ɐn/iɐn	ɐn/iɐn
岑溪大业话	an/oan	an	an	in	in	in	ɐn	ɐn/jɐn	ɐn/jɐn
贺州贺街话	an/œn	an	an	in	in	in	on	on/jon	on/jon
贺州桂岭话	an/øn	an	an	in	in	in	uon/on	uon/(i)on	uon/ion
贺州信都话	an/øn	an	an	in	in/in(yn)	in	ɔn	ɔn/iɛn	iɛn/iɛn
连山布田话	an/øn	an	an	in	in	in	ɔn	ɔn/yɐn	uɐn
怀集上坊话	an/ɔn	an/ɛn	an/ɛn	in	yn	in	ɐn	ɐn/iɐn	ɐn/iɐn
怀集下坊话	an/ɔn	an/ɛn	an/ɛn	in	yn/un(in)	ɛn/in	ɐn	ɐn/iɐn	ɐn/iɐn
广宁南街话	an/on	an/en	an/en	in	yn	en/in	ɐn	ɐn/jɐn	ɐn/iɐn
四会话	an/on	an/en	an/en	in	in	en/in	ɐn	ɐn/iɐn	ɐn/iɐn
阳山话	an/on	an/en	an/en	in	yn	en/in	ɐn	ɐn/iɐn	ɐn/iɐn
连县清水话	an/on	an/ɛn	an/ɛn	in	yn	ɛn/in	ɐn	ɐn/iɐn	ɐn/iɐn
贺州铺门话	ã	ã/ɛŋ	ã/ɛŋ	ɛŋ/in	in/yn	ɛŋ/in	an	in/iam	in
蒙山西河话	an	an	an	in	in	in	ɐn	ɐn/iən	ɐn/iən
玉林市区话	ɔn	ɔn	ɔn	in	in	in	an	an	an/jan
玉林福绵话	ɔn	ɔn	ɔn	in/ᴇn	in	in	ɐn	ɐn	ɐn/iɐn

表 3－16　勾漏片粤语古山臻摄合口主要今读对照表

古韵摄	山合一桓	山合二山	山合二删	山合三仙	山合三元	山合四先	臻合一魂	臻合三谆	臻合三文
例　字	搬/团	顽	关/闩	全/圆	反/元	犬/渊	昆/奔	春/匀	文/军
封开开建话	ɔn/yn	an	uan/an	yn	an/yn	yn	uɐn/ɐn	ɐn/uɐn	ɐn/uɐn
怀集上坊话	ɔn/yn	uan	uɛn/—	yn	an/yn	yn	uɐn/ɐn	ɐn/uɐn	ɐn/uɐn
怀集下坊话	ɔn/yn	uɛn	uɛn/ɔn	yn	an/yn	un	uɐn/ɐn	ɐn/uɐn	ɐn/uɐn
广宁南街话	un/yn	uen	uen/an	yn	an/yn	yn	uɐn/ɐn	ɐn/uɐn	ɐn/uɐn
四会话	un/yn	uen	uen/en	yn	an/yn	yn	uɐn/ɐn	ɐn/uɐn	ɐn/uɐn
连县清水话	on/yn	uɛn	uɛn/on	yn	an/yn	yn	uɐn/ɐn	ɐn/uɐn	ɐn/uɐn
玉林市区话	un/yn	ɔn	wɔn/ɔn	yn	ɔn/yn	yn	wan/an	an/jan	an/wan
德庆德城话	on/yn	uan	uan/an	on/ion	an/ion	on/ion	uɐn/ɐn	ɐn/uɐn	ɐn/uɐn
阳山话	on/yn	en	uen/uɛn	yn/ui(yn)	an/yn	yn	uɐn/ɐn	ɐn/uɐn	ɐn/uɐn
封开罗董话	un/yn	uan	uan/an	yn	an/yn	un/yn	(u)ɐn/uɐn	uɐn	uɐn
贺州铺门话	ā/un	ɛŋ	uẽ	un/yn	ā/un	yn	uɐn/an	ɐn/uan	an/uan
连山布田话	un	an	uan	un/yn	an/yn	yn	uɐn/ɐn	uɐn/yɐn	uɐn
岑溪大业话	un	an	an	un/jun	an/jun	jun	ɐn	ɐn/jɐn	ɐn/ɐn(wɐn)
苍梧六堡话	un	an	uan/—	un/yn	uan	yn	uɐn/ɐn	ɐn/uɐn	ɐn/uɐn
藤县藤城话	un	an	wan/an	un/yn	an/yn	yn	wən/ən	ən/vən	ən/wən
蒙山话	un	ɔn	ɔn	un/jun	an/jun	in/jun	ɐn/uɐn	ən/jən	vɐn/uɐn
蒙山西河话	un	uan	uan	un/iun	an/un	in/iun	ɐn/uɐn	ən/iən	uɐn
武宣樟村话	un	uan	uan/an	un	an/in	ɛn/in	ɐn/uɐn	ɐn/iɐn	ɐn/uɐn
贺州昭平话	un	an	an	un/iun	an/iun	un/iun	ɐn	ɐn/iɐn	uɐn/ɐn
贺州桂岭话	un	an	uan/—	un/yn	an/yn	—/yn	uon	uon/ion	uon/uot
贺州贺街话	un	an	wan/an	un/yn	an/yn	yn	on/oŋ	on/jon	on/won
贺州信都话	un	(u)an	uan/uaŋ(训读)	un/yn	an/yn	yn	uɔn/ɔn	uɔn	ɔn/uɔn
玉林福绵话	un	ɔn	wan	un/yn	ɔn/yn	yn	wɐn/ɐn	ɐn/iɐn	ɐn/vɐn

3.2.7 古宕摄、江摄和通摄的主要今读

勾漏片粤语宕江通三摄今读内部一致性比较明显，其分合规律共同的语音特征有：(1) 古宕摄开口一等跟三等非庄组韵母仍旧保持对立，古宕摄开口一等韵母的韵腹基本上都是圆唇元音，古宕开三非庄组韵母在大部分勾漏片粤语中仍保留介音 i 或 y。(2) 古宕摄开口三等庄组跟非庄组韵母读音不同，跟古宕摄开口一等读音相同。(3) 古宕合三和宕合一基本上都已经合并了，且古宕合一和宕合三的唇音韵母大多已跟古宕开一合并。(4) 江开二非庄组韵母基本都已跟宕开一合并；庄组韵母则跟宕开三合并。(5) 古通合一三等基本已经合并，主元音多为 u、o、ɔ。(6) 宕通两摄基本有别。(7) 大多数勾漏片粤语古江摄庄组字的读音跟非庄组字读音有别，武宣樟村话、阳山话、蒙山话和蒙山西河话、贺州昭平话两类读音多无区别。

勾漏片粤语宕江通三摄今读主要的区别体现在具体韵部的实际音值上，如江开二的实际音值就有 10 多种，其余韵部的读音具体见 3－17，此处不再一一细列。

表 3－17 开建话古宕江通三摄主要今读对照表

古韵摄	江开二江	宕开一唐	宕开三阳	宕合一唐	宕合三阳	通合一东	通合一冬	通合三东	通合三钟
例　字	巷/窗	忙/缸	姜/床	光/荒	王/忘	蒙/翁	冬/宋	风/融	龙/容
封开开建话	œŋ/yŋ	œŋ	yŋ/œŋ	u^{o}ŋ	u^{o}ŋ/œŋ	ɔŋ	ɔŋ/uŋ	ɔŋ/iɔŋ	ɔŋ/iɔŋ
连县清水话	œŋ/yŋ	œŋ	yŋ/œŋ	uɔŋ/ɔŋ	uɔŋ/œŋ	ɔŋ/iɔŋ	ɔŋ	ɔŋ/iɔŋ	ɔŋ/iɔŋ
苍梧六堡话	œŋ/iaŋ	œŋ	iaŋ/œŋ	uɐŋ	uɐŋ/œŋ	ɔŋ	ɔŋ	ɔŋ/iɔŋ	ɔŋ/iɔŋ
贺州贺街话	œŋ/iaŋ	œŋ	iaŋ/œŋ	uaŋ	uaŋ/œŋ	uŋ/uk	uŋ	uŋ/juŋ	uŋ/juŋ
贺州信都话	œŋ/iaŋ	œŋ	iaŋ/œŋ	uɔn/ɔŋ	uɔn/œŋ	oŋ/ok	oŋ	oŋ/ioŋ	oŋ/ioŋ
贺州桂岭话	øŋ/iaŋ	øŋ	iaŋ/øŋ	uoŋ	uoŋ/øŋ	uŋ/uk	uŋ	uŋ/iuŋ	uŋ/iuŋ
连山布田话	øŋ/iaŋ	øŋ	iaŋ/øŋ	uɔŋ/ɔŋ	uɔŋ/øŋ	oŋ	oŋ	oŋ/ioŋ	oŋ/ioŋ
岑溪大业话	oaŋ/iaŋ(oaŋ)	oaŋ	iaŋ/oaŋ	oaŋ	oaŋ	oŋ/joŋ	oŋ	oŋ/joŋ	oŋ/joŋ

续　表

古韵摄	江开二江	宕开一唐	宕开三阳	宕合一唐	宕合三阳	通合一东	通合一冬	通合三东	通合三钟
例　字	巷/窗	忙/缸	姜/床	光/荒	王/忘	蒙/翁	冬/宋	风/融	龙/容
封开罗董话	œŋ/iɐŋ	œŋ	iɐŋ/œŋ	uœŋ/œŋ	uœŋ/œŋ	oŋ	oŋ	oŋ/ioŋ	oŋ/ioŋ
怀集上坊话	ɔŋ/øŋ	ɔŋ	øŋ/ɔŋ	uɔŋ	uoŋ/ɔŋ	oŋ/ioŋ	oŋ	oŋ/ioŋ	oŋ/ioŋ
怀集下坊话	ɔŋ/øŋ	ɔŋ	øŋ/ɔŋ	uɔŋ	uɔŋ/ɔŋ	oŋ/ioŋ	oŋ	oŋ/ioŋ	oŋ/ioŋ
四会话	ɔŋ/yɔŋ	ɔŋ	yɔŋ/ɔŋ	uɔŋ/ɔŋ	uɔŋ/ɔŋ	oŋ/yoŋ	oŋ	oŋ/yoŋ	oŋ/yoŋ
德庆德城话	ɔ(ɔŋ)/e(eŋ)	ɔ(ɔŋ)	e/ɔ(ɔŋ)	ɔ(ɔŋ)/ɔŋ	uɔ(uɔŋ)/ɔ(ɔŋ)	oŋ	oŋ	oŋ/ioŋ	oŋ/ioŋ
广宁南街话	ɵŋ/yɵŋ	ɵŋ	yɵŋ/ɵŋ	uɔŋ/ɔŋ	uɔŋ/ɵŋ	oŋ/ioŋ	oŋ	oŋ/ioŋ	oŋ/ioŋ
玉林市区话	aŋ/uŋ	uŋ	a/uŋ	uŋ	wuŋ/uŋ	ɔŋ(ɛ̱ŋ)/ɔŋ	ɔŋ	ɔŋ/iɔŋ	ɔŋ/iɔŋ
玉林福绵话	ɐŋ/ɔŋ	ɔŋ	a/ɔŋ	^{w}ɔŋ/^{v}ɔŋ	uɔŋ/ɔŋ	oŋ	oŋ	oŋ/ioŋ	oŋ/ioŋ
贺州铺门话	ɤ̃/ũ	ũ/ɤ̃	ø̃/ũ	ɤ̃	ŋ̍/ũ	uŋ	uŋ	uŋ/yøŋ	iøŋ/yɔŋ
武宣樟村话	aŋ	aŋ	iaŋ/aŋ	uŋ	uŋ	ɔŋ/uŋ	ɔŋ	ɔŋ/iɔŋ	ɔŋ/iɔŋ
阳山话	œŋ	œŋ	iœŋ/œŋ	uɔŋ/ɔŋ	uɔŋ/œŋ	oŋ/ioŋ	oŋ	oŋ/ioŋ	oŋ/ioŋ
藤县藤城话	ɔŋ	ɔŋ	ᴇŋ/ɔŋ	ɔŋ/uŋ	ɔŋ/vɔŋ	uŋ	uŋ	uŋ/iuŋ	uŋ/iuŋ
蒙山话	ɔŋ	ɔŋ	iɤŋ/ɔŋ	uɤŋ	uɤŋ/ɔŋ	uŋ	uŋ	uŋ/juŋ	uŋ/juŋ
蒙山西河话	uaŋ	uaŋ	iəŋ/uaŋ	uəŋ/uaŋ	uəŋ/uaŋ	uŋ	uŋ	uŋ/iuŋ	uŋ/iuŋ
贺州昭平话	uoŋ	uoŋ	iɛŋ/uoŋ	uoŋ	uoŋ	uŋ	uŋ	uŋ/iuŋ	uŋ/iuŋ

开建话宕江通三摄今读相对其他勾漏片粤语而言，比较明显的韵母特点是宕合一三等和通合一三等都有去声分韵的现象，且两者的去声韵都合并为 uŋ 韵，非去声韵仍有别。

3.2.8　古曾摄、梗摄的主要今读

勾漏片粤语古曾梗摄内部基本一致的语音特点是：(1) 古梗开三四等今读基本合并，且梗开三庚清两韵部一般不保留重韵的区别。(2) 古梗开二庚耕两韵部在绝大多数勾漏片粤语中读音是一样的，个别方言仍有部分字保留重韵的对立（如蒙山西河话、贺州昭平话、苍

梧六堡话"彭棚"有别,岑溪大业话"羹耕"有别)。大多数的勾漏片粤语古梗开三四等都有跟古曾开三合并的趋势。(3) 古梗开二和梗开三今读有别(二等主要读作 aŋ 或 ɛŋ,三等主要读作 eŋ 或 iŋ)。(4) 大多数勾漏片粤语曾合一三等和梗合二仍保留 u 介音。(5) 梗合二的"横"和"宏"在绝大多数的勾漏片粤语中读音有别(读音的相同只有封开罗董话和德庆德城话)。(6) 古梗合三四等韵母今读在勾漏片粤语中有较明显的合并趋势。(7) 古曾梗摄今读无明显的文白异读现象。

勾漏片粤语古曾梗摄内部比较明显的区别性语音特点是:(1) 封开开建话、怀集下坊话、阳山话、广宁话、四会话、蒙山话、蒙山西河话、贺州铺门话、连县清水话、贺州信都话古曾开一跟古曾开三(非影组)合并;而封开罗董话、连山布田话、德庆德城话、岑溪大业话、贺州昭平话、苍梧六堡话、藤县藤城话、武宣樟村话、贺州桂岭话古曾开一多跟梗开二合并;而贺州贺街话、怀集上坊话、玉林市区话及福绵话仍旧保留古曾开一和古曾开三以及梗开二的区别。(2) 封开罗董话、连山布田话、德庆德城话、岑溪大业话、贺州昭平话、苍梧六堡话、藤县藤城话、武宣樟村话、贺州桂岭话和贺街话古曾开三已完全跟梗开三合并;而封开开建话、怀集下坊话、阳山话、贺州铺门话、连县清水话曾开三跟梗开三基本有别,其他勾漏片粤语只是曾开三影喻字韵母跟梗开三合并。(3) 古曾合一德韵的"惑"字和古曾合三职韵的"域"字在封开开建话、怀集上坊话和下坊话、广宁南街话、四会话、阳山话、贺州信都话和铺门话是同音字,其他勾漏片粤语两者读音有别。(4) 大多数勾漏片粤语曾合一的"弘"与梗合二的"宏"同韵,只有封开开建话、藤县藤城话和玉林福绵话两者的白读不同韵;而与之相对应的入声字"或"和"获"同韵的勾漏片方言则只有怀集上坊话和下坊话、广宁南街话、贺州信都话、苍梧六堡话、藤县藤城话、贺州桂岭话和贺街话。

例证如表 3-18 和 3-19 所示。

表 3-18　勾漏片粤语曾梗摄开口主要今读对照表

古韵摄	曾开一登	曾开三蒸	梗开二庚	梗开二耕	梗开三庚	梗开三清	梗开四青
例　字	灯/肯	蒸/应	彭/羹	棚/耕	丙/英	饼/婴	瓶/定
封开开建话	ɐŋ	ɐŋ/iɐŋ	ɛŋ	ɛŋ	i^{ə}ŋ	i^{ə}ŋ	i^{ə}ŋ/iŋ
怀集下坊话	ɐŋ	ɐŋ/iɐŋ	ɛŋ	ɛŋ	iEŋ	iEŋ	iEŋ
阳山话	ɐŋ	ɐŋ/iɐŋ	eŋ	eŋ	iŋ	iŋ	iŋ
广宁南街话	ɐŋ	ɐŋ/iɐŋ	aŋ	aŋ	iɐŋ	iɐŋ	iɐŋ
四会话	ɐŋ	ɐŋ/iɐŋ	aŋ	aŋ	iɐŋ	iɐŋ	iɐŋ
蒙山话	ɐŋ	ɐŋ/ɛŋ	iaŋ	iaŋ	ɛŋ	ɛŋ	ɛŋ
蒙山西河话	ɐŋ	ɐŋ/iŋ	iəŋ/iaŋ	iaŋ	iŋ	iŋ	iŋ
贺州铺门话	aŋ	aŋ/iaŋ	ɛ̃	ɛ̃	ĩ	ĩ	ĩ
连县清水话	aŋ	aŋ/iaŋ	iaŋ	iaŋ	iŋ	iŋ	iŋ
贺州信都话	ɔŋ	ɔŋ/eŋ	aŋ	aŋ	eŋ	eŋ	eŋ
封开罗董话	aŋ	eŋ/ieŋ	aŋ	aŋ	eŋ/ieŋ	eŋ/ieŋ	eŋ
连山布田话	aŋ	ɛŋ	aŋ	aŋ	ɛŋ	ɛŋ	ɛŋ
德庆德城话	ɐŋ	eŋ/ieŋ	ɐŋ	ɐŋ	eŋ/ieŋ	eŋ/ieŋ	eŋ
岑溪大业话	ɐŋ	iŋ	ɐŋ	ɐŋ/iŋ	iŋ	iŋ	iŋ
贺州昭平话	ɐŋ	eŋ/ieŋ	aŋ/eŋ	ɐŋ/eŋ	eŋ/ieŋ	eŋ/ieŋ	eŋ
苍梧六堡话	ɐŋ	eŋ	ɐŋ/aŋ	aŋ	eŋ/ieŋ	eŋ	eŋ
藤县藤城话	ɐŋ	eŋ	aŋ/eŋ	aŋ/eŋ	eŋ	eŋ	eŋ
武宣樟村话	ɐŋ	iŋ	aŋ	ɐŋ	iŋ	iŋ	iŋ
贺州桂岭话	aŋ	ɛn	aŋ	aŋ	ɛn	ɛn	ɛn
贺州贺街话	oŋ	eŋ	aŋ	aŋ	eŋ	eŋ	eŋ
怀集上坊话	ɐŋ	eŋ	ɛŋ	ɛŋ	iEŋ/ieŋ	iEŋ/eŋ	eŋ/iEŋ
玉林福绵话	ɐŋ	eŋ	a	a	eŋ	eŋ	eŋ
玉林市区话	aŋ	ɛŋ	—/a	a	ɛŋ	ɛŋ	ɛŋ

表 3－19　勾漏片粤语古曾梗摄合口主要今读对照表

古韵摄	曾合一登德	曾合三职	梗合二庚陌	梗合二耕麦	梗合三庚	梗合三清昔	梗合四青
例　字	弘/或	域	横/矿	宏/获	兄/荣/永	营/疫	萤(莹)
封开开建话	uɐŋ/uɐk	uɐk	uɛŋ/uŋ	ɔŋ(uɐŋ)/uok	i^{ə}ŋ/ui^{ə}ŋ/ui^{ə}ŋ	i^{ə}ŋ/i^{ɛ}k	iɐŋ(i^{ə}ŋ)
怀集上坊话	uɐŋ/uɐk	uɐk	uɛŋ/uɔŋ	uɐŋ/uɐk	iEŋ/ueŋ/uiEŋ	ueŋ/uiEk	ueŋ
怀集下坊话	uɐŋ/uɐk	uɐk	uɛŋ/uɔŋ	uɐŋ/uɐk	iEŋ/uiEŋ/uiEŋ	uiEŋ/uiEk	iEŋ
广宁南街话	uɐŋ/uɐk	uɐk	uaŋ/uɔŋ	uɐŋ/uɐk	iɐŋ/wiɐŋ/wiɐŋ	ieɐŋ/ieɐk	ieɐŋ
四会话	uɐŋ/uɐk	uɐk	uaŋ/uɔŋ	uɐŋ/uɔk	iɐŋ/wiɐŋ/wiɐŋ	iɐŋ/iɐk	iɐŋ
阳山话	uɐŋ/uɐk	uɐk	ueŋ/œŋ	uɐŋ/uok	iŋ/uiŋ/uiŋ	iŋ/uik	iŋ
贺州信都话	oŋ/uɔk	uɔk	uaŋ/uɔn	oŋ/uɔk	eŋ/ueŋ/ueŋ	ueŋ/ek	ueŋ
贺州铺门话	ɔŋ/uak	uak	uɛ̃/ɤ̃	ɔŋ/u	ɪ̃/uɪ̃/uɪ̃	uɪ̃/uɛk	uɪ̃
封开罗董话	uaŋ/uak	uek	uaŋ/œŋ	uaŋ/uœk	eŋ/ueŋ/ueŋ	ieŋ/iek	ieŋ
德庆德城话	uɐŋ/uɐk	uɐk/uek	uɐŋ/ɔŋ	uɐŋ/uɔk	eŋ/ueŋ/ueŋ	ieŋ/iek	ueŋ/uen
连山布田话	oŋ/uɔk	yt	uaŋ/uɔŋ	oŋ/uak	ɛŋ/iɛŋ/uɛŋ	iɛŋ/iɛk	iɛŋ
连县清水话	ɔŋ/uak	uɛk	uaŋ/uɔŋ	ɔŋ/uɔk	iŋ/iɔŋ/wiŋ	iŋ/iak	iŋ
岑溪大业话	oŋ/wɐk	wik	wɐŋ/oaŋ	oŋ/woak	iŋ/wiŋ/wiŋ	iŋ/wik	iŋ
苍梧六堡话	ɔŋ/uɐk	ek	uaŋ/œŋ	ɔŋ/uɐk	ueŋ(eŋ)/ueŋ/ueŋ	ueŋ/uek	ueŋ
藤县藤城话	oŋ/vɐk	vek	vaŋ/ɔŋ	uŋ/vak	eŋ/iuŋ/veŋ	ieŋ/vek	ieŋ
蒙山话	uŋ/vak	ɛk	viaŋ/uɤŋ	uŋ/viak	ɛŋ/juŋ/vɛŋ	vɛŋ/vɛk	vɛŋ
蒙山西河话	uŋ/uɐk	uik	uiaŋ/	uŋ/uiak	iŋ/iuŋ/uiŋ	uiŋ/uik	uiŋ
贺州昭平话	uŋ/uok	uɛk	uɛŋ/uoŋ	uŋ/uak	eŋ/ioŋ/uɛŋ	uɛŋ/uɛk	uɛŋ
贺州桂岭话	uŋ/uok	—	uaŋ/uoŋ	uŋ/uok	ɛn/uɛn/uɛn	uɛn/ɛt	uɛn
贺州贺街话	uŋ/wok	—	uaŋ/uəŋ	uŋ/wok	eŋ/juŋ/weŋ	eŋ/ek	eŋ
玉林市区话	ɔŋ/wuk	wɛk	wa/uŋ	ɔŋ/wa	wɛŋ	wɛŋ/(w)ɛk	wɛŋ
玉林福绵话	oŋ/uɔk	vek	va/ɔŋ	ɔn/va	veŋ	veŋ/vek	veŋ
武宣樟村话	uŋ/uk	ik	uaŋ/ɔŋ	uŋ/uak	uiŋ	uiŋ/ik	iŋ

3.3　声 调 比 较

3.3.1　单字调比较

从声调数目来看，勾漏片粤语的声调以 9 调为主，8 调（四会话、蒙山话、贺州昭平话和贺街话）和 10 调（开建话、玉林市区话和福绵话）为次。从调类的分合来看，蒙山话、贺州昭平话和贺街话以中古声母清浊为条件各分为阴阳两类（共 8 个声调），开建话、玉林市区话和福绵话、怀集上坊话、广宁南街话和四会话的阴入和阳入再根据韵母主元音的高低分为两类（共 10 个声调）；其余大部分勾漏片粤语阳入没有分化（共 9 个声调）；广宁话比较特别，阳入仍分两类，只是阳上跟阳去合并了（也是 9 个声调）；四会话阳入分为两类，但是上声和去声整个合并了（阴上和阴去合，阳上和阳去合），因此只剩下 8 个声调。从调值的角度来看，阴平调以读高降调为主；阳平以低降为主；阴上以高平为主；阳上以低升为主；阴去以中平为主；阳去以低降升为主；阴入以高平或中平为主；阳入以低平为主。

表 3－20　勾漏片粤语单字调比较表（方框和底纹表示合并了的舒声调）

调类 / 调值 / 方言点	平		上		去		入			
	清	浊	清	浊	清	浊	清		浊	
	阴平	阳平	阴上	阳上	阴去	阳去	上阴入	下阴入	上阳入	下阳入
封开开建话	44	24	52	242	32	21	55	32	34	21
玉林市区话	55	32	33	24	52	11	44	33	22	11
玉林福绵话	54	31	33	13	52	22	55	33	13	22
怀集上坊话	53	21	45	242	33	21	55	33	24	21
广宁南街话	42	21	55	214	33	214	55	33	22	214
四会话	42	21	33	24	33	24	55	33	22	213

续　表

调类 调值 方言点	平		上		去		入			
	清	浊	清	浊	清	浊	清		浊	
	阴平	阳平	阴上	阳上	阴去	阳去	上阴入	下阴入	上阳入	下阳入
怀集下坊话	42	231	53	13	33	325	55	33	325①	
封开罗董话	55	24	35	13	53	22	55	43	22	
德庆德城话	55	342	35	13	53	21	55	33	22	
阳山话	52	342	55	24	35	22	55	33	22	
岑溪大业话	52	232	44	13	334	11	5	334	1	
贺州信都话	53	231	55	13	35	24	5	34	12	
贺州铺门话	44	24	52	31	35	213	52	35	24	
连县清水话	53	21	55	35	33	22	55	33	22	
连山布田话	53	21	55	13	35	214	55	13	214	
苍梧六堡话	53	21	44	24	435	223	5	435	223	
蒙山西河话	53	21	42	35	44	214	55	33	22	
武宣樟村话	55	22	45	24	42	21	55	33	22	
蒙山话	52	31	54	24	44	21	5		2	
贺州昭平话	52	242	55	35	44	214	5		2	
贺州贺街话	53	132	55	24	35	213	5		23	

3.3.2　连读变调比较

通过 2.5.2 对开建话词语中的连读变调的描写和讨论不难发现，开建话的连读变调是以词界为连调域的，而开建话的词语跟其他汉语方言一样主要是以双音节词为主，因此连读变调主要出现在双音节词语当中。我们挑选了广东肇庆和广西玉林、梧州、贺州四个地区几个较有代表性的方言点的连读变调来跟开建话进行比较。本节所

① 杨璧菀(2007)把下坊话上阳入和下阳入合并为一个阳入调。但是据笔者的调查，怀城话的上阳入和下阳入虽然调型都是降升调，但是两者的调域并不相同，认真听辨还是可以区分的。我们也曾调查过怀集甘洒镇的下坊话，其上阳入和下阳入仍可区分。

列的连读变调材料由笔者的调查和引用前人的研究成果两部分组成,引用前人的材料都随文注明出处,笔者对前人语料的重新分析一般以笔者按的形式给出。

3.3.2.1　肇庆地区其他 3 个方言点的两字连读变调

3.3.2.1.1　广东封开罗董话的连读变调

封开罗董话两字连读变调的规律比较简单,9 个声调中只有阳平调 24 在前字位置上会发生变调,变调后的调值为 22。如:

阳平 24＋阴平 55:	杭州 hœŋ$^{24}_{21}$ ʦɐu^{55}	长安 ʦiɐŋ$^{24}_{21}$ ɔn^{55}
	平装 peŋ$^{24}_{21}$ ʦœŋ^{55}	
阳平 24＋阳平 24:	贫穷 puɐn$^{24}_{21}$ koŋ^{24}	皮鞋 pi$^{24}_{21}$ ai^{24}
	油船 iɐu$^{24}_{21}$ ʦyn^{24}	
阳平 24＋阴上 35	词典 ɬi$^{24}_{21}$ ɗin^{35}	甜酒 tim$^{24}_{21}$ tɐu^{35}
	皮管 pi$^{24}_{21}$ kun^{35}	
阳平 24＋阳上 13:	城市 ʦeŋ$^{24}_{21}$ si^{13}	朋友 pɐŋ$^{24}_{21}$ iɐu^{24}
	徒弟 tu$^{24}_{21}$ tuɐi^{13}	
阳平 24＋阴去 43:	长裤 ʦiɐŋ$^{24}_{21}$ fu^{43}	从化 ɬoŋ$^{24}_{21}$ fa^{43}
	同意 toŋ$^{24}_{21}$ i^{43}	
阳平 24＋阳去 22:	扶助 fu$^{24}_{21}$ ʦɔ^{22}	长寿 ʦiɐŋ$^{24}_{21}$ sɐu^{22}
	排队 pai$^{24}_{21}$ tui^{22}	
阳平 24＋上阴入 55:	蛇粥 ʦe$^{24}_{21}$ ʦok$^{\underline{55}}$	黄色 uœŋ$^{24}_{21}$ sek$^{\underline{55}}$
	韩国 hɔn$^{24}_{21}$ kuœk$^{\underline{55}}$	
阳平 24＋中阴入 43:	菩萨 pɔ$^{24}_{21}$ sat^{43}	球拍 kɐu$^{24}_{21}$ pak^{43}
	头发 tɐu$^{24}_{21}$ fat^{43}	
阳平 24＋阳入 22:	茶叶 ʦa$^{24}_{21}$ ip^{21}	排毒 pai$^{24}_{21}$ tok^{22}
	toŋ$^{24}_{21}$ hœk^{22}	

我们把罗董话的声调换用生成音系学的 H、M、L 三级音高表示

法来表示，这样用一条变调规则就可以表示罗董话的两字连读变调规律：

LM→L/__任何调

3.3.2.1.2　怀集下坊话两字连读变调

怀集下坊话的两字连读变调也发生在前字位置上，根据杨璧菀(2007)的研究，其变调有以下规律：

(1) 舒声阴平42、阳平231、阴去33、阳去325的音节在其他音节前面时，一般都成31调。阴上53、阳上13读为32调。31调与32调相比，较舒缓①，如："悲伤"，"皮[231-31]鞋"，"被告"，"比较"，"被单"、"被套"变调后"悲""皮""被~告"同音读31调，"比""被~单"同音读32调，但"被单"、"被告"两个"被"仍不同音。

(2) 上阴入55、下阴入33、阳入325音节在其他音节前面时，一般读31调，如：着衫＝着火，法律＝罚款，竹[55-31]笋＝读书，烛心＝轴心。

笔者按：我们把怀集上坊话的声调改用H、M、L三级音高表示法来表示后，可以用以下两条变调规则来表示下坊话的两字连读变调规律：

(1) HL/LML/M/MLH/H → L/__ 任何调

(2) HM/LM → ML/__ 任何调

3.3.2.1.3　广东德庆话的两字连读变调

《粤西十县市粤方言调查报告》(简称《报告》)的词汇对照表中有连读变调的描写，但是该书并没有系统地总结德庆话的连读变调规律，只是在德庆白话音系特点的声调部分提到阳平首字变调较常见。我们根据《报告》提供的1 248条带记音的词汇材料，总结出德庆话词

---

① 为了加强区别，我们把31描写为低降21，用生成音系学的三级音高标调法表示为L。

语的连读变调有以下规律：

德庆话词语的连读变调以前字变调为主，阴平 55 在一些常用词中经常要变调，通常是变为 53，如花生、芝麻、番薯、阿母、桑树、包粟、桑叶等；偶尔也变 33，如“阿奶、阿叔”等。阳平 342 在词语中不管后字是什么调，通常要变作 33，如“农村、银河、头顶、龙眼、床铺、捱夜、颜色、头发、茶叶”等。阴上 35、阴去 53 和上阴入 55 通常不变调，变调的时候也是在前字位置变 33，如“指模、腐乳、顺风、下个月、称一称、谷□mik[33]（谷秕）”等。阳上 13 变调有时候变 33，如“被胎、马蹄、洗米汤、被面”等；有时候变 11，如“码头、老鼠”等。阳去 21 通常不变调，变调的时候变低平 22，如“病字头、外父佬、大路、待薄”等。阳入 22 通常不变调。由此可见德庆话前字变调的规律主要是变作中平调 33 及低平调 22 或 11。

其实有关德庆话连读变调的记录早在一百多年前就有。如清光绪年间编纂的《德庆州志》地理志第六“方言”有云：“发语急滑，二三字连呼，则上一二声多变去声。如‘东西’为‘冻西’，‘子女’为‘智女’，‘城隍庙’为‘盛旺庙’之类，唯入声不变。下平声字，多呼作上上声，如‘人’读做‘忍’，‘同’读若‘董’之类。”《德庆州志》所描写的现象跟《报告》词汇记音中所反映处理的变调情况大多吻合。

同样，我们用 H、M、L 三级音高表示法来表示德庆话的声调，德庆话的两字连读变调规律可以用以下变调规则来表示：

(1) MHL→ M/__ 任何调

(2) H→ HM/M/__ 任何调（非强制）

(3) LM→ M/L/__ 任何调（非强制）

(4) MH/HM/→ M/__ 任何调（非强制）

3.3.2.2　贺州地区本地话的两字连读变调

贺州地区的汉语方言主要有本地话、广州话、客家话和西南官话，其中使用人口最多，历史最悠久的是贺州本地话。陈小燕（2007）

对贺州本地话跟周边汉语方言的语音亲疏关系的相关分析表明，贺州本地话最像勾漏片粤语中的连山话，其次是钟山土话、怀集白话和玉林白话，可见把贺州本地话归为勾漏片粤语是没有什么问题的。

根据陈小燕(2007)的研究，贺州本地话两字组连读，前字多数变调，后字则不变。具体表现为：前字为阴平、阳平、阳去、上阴入、下阴入、阳入调时，除两字组为主谓结构时不变调，其余一律变调；前字为阴上、阳上、阴去时，情况较为复杂，一般来说，日常口语中的常用词前字都变调，而非常用词、外来方言词、书语词以及主谓结构的词语均读原调。

前字变调的两字组，其变调基本规则一是后字决定前字，二是阴阳有别。具体变调规律为：阴平、阴上、阴去字在阴调字前不论后字为何调一律变为中平调(鹅塘、仁义点阴去调本身即中平调，故阴去调字在阴调前无所谓变不变调)；阴平、阴上、阴去字在阳调字前无论后字为何调一律变读中降调；阳平、阳上、阳去字在阴调、阳调字前都读为低降调；上阴入、中阴入字在阴调、阳调字前都读为中促调，调值为 3；阳入调在阴调、阳调字前都读为低促调，调值为 1。下面举贺州桂岭本地话两字组连读变调规律做一说明，见表 3－21(引自陈小燕，2007：53－54)：

表 3－21 贺州桂岭本地话两字组连读变调规律表

前字 后字	阴平(52)	阳平(132)	阴上(55)	阳上(24)	阴去(35)	阳去(214)	上阴入(5)	下阴入(34)	阳入(214)
阴平(52)	33	21	33/不变	21/不变	33/不变	21	3	3	1
阳平(132)	31	21	31/不变	21/不变	31/不变	21	3	3	1
阴上(55)	33	21	33/不变	21/不变	33/不变	21	3	3	1
阳上(24)	31	21	31/不变	21/不变	31/不变	21	3	3	1
阴去(35)	33	21	33/不变	21/不变	33/不变	21	3	3	1
阳去(214)	31	21	31/不变	21/不变	31/不变	21	3	3	1
上阴入(5)	33	21	33/不变	21/不变	33/不变	21	3	3	1
下阴入(34)	33	21	33/不变	21/不变	33/不变	21	3	3	1
阳入(214)	31	21	31/不变	21/不变	31/不变	21	3	3	1

笔者按：我们把贺州本地话的声调用 H、M、L 三级音高表示法来表示，其变调规律可以概括为以下两条规则：

(1) HL/H/MH → M/L/__ 任何调 {→ M/__ 阴调；→ L/__ 阳调}

(2) LML/LH/MLH → L/__ 任何调

3.3.2.3　玉林地区玉林话的连读变调

玉林话的归属还有争议，但是大多数学者都倾向于把它归为粤语勾漏片。根据李谱英(1982)的研究，玉林方言主要有两种变调：一种是因字音位置不同而引起的变调，即我们常说的连读变调或语音变调；二是因词的意义和语法特点不同而引起的变调，即一般所说的语法变调或音义变调。我们主要引述连读变调的情况，如下：

玉林方言单音节的词仍读原调，多音节的词第一音节往往要变调，其它音节均读原调。由几个多音节的词构成的词组或句子，也是按上述规律变调的。但是这种变调现象的出现只限于阴平、阳平、阴去、阳去、上阴入、上阳入六个调，其它四个调无此现象。阴平、阴去变调后，调值为 33，与阴上的调值相同；阳平、阳去变调后，调值为 22；上阴入变调后，调值为 3，与上阳入的调值相同；上阳入变调后，调值为 1，与下阳入的调值相同。具体表现如下(例子略)：

(1) 阴平(54)＋各调 → 33(阴上)＋各调

(2) 阳平(32)＋各调 → 22 ＋各调

(3) 阴去(52)＋各调 → 33(阴上)＋各调

(4) 阳去(21)＋各调 → 22 ＋各调

(5) 上阴入(5)＋各调 → 3 ＋各调

(6) 上阳入(2)＋各调 → 1 ＋各调

笔者按：我们用 H、M、L 三级音高表示法来表示玉林话的声调，其两字变调规律可以概括为以下两条规则：

(1) HM/HL/H → M/__ 任何调

(2) ML/L → L/__ 任何调

3.3.2.4　梧州地区3个方言点的两字连读变调

梧州地区我们介绍岑溪、苍梧和藤县三个点的两字连读变调情况。前两个点的材料来自北大中文系方言调查队(2008)①,后一个点来自余霭芹(1979)和邓玉荣(2009)。

3.3.2.4.1　岑溪话两字组的连读变调

岑溪大业同福村方言的连读变调属于前字变调,基本上都是变低调,变调规律为:阴去52、阴上44、阴去334后接阴调变调时一律变22,后接阳调(阳上13除外,后接阳上不变调)变调时一律变11;上阴入5、下阴入334后接阴调变调时一律变2,后接阳调变调时有的变2、有的变1;阳平232和阳上13变调时无论后接什么调一律变11;阳去11和阳入1一律不变调。具体规律见表3-22:

表3-22　岑溪话两字组前字变调规律表

前字 / 后字	阴平(52)	阳平(232)	阴上(44)	阳上(13)	阴去(334)	阳去(11)	上阴入(5)	下阴入(334)	阳入(1)
阴平(52)	不变	不变	不变	不变	不变	不变	不变	不变	不变
	22	11	22		22	11	22	22	11
阳平(232)	11	11	11	11	11	11	11	11	11
阴上(44)	不变	不变	不变	不变	不变	不变	不变	不变	不变
	22	11	22		22	11	22	22	11
阳上(13)	不变	不变	不变	不变	不变	不变	不变	不变	不变
	11	11	11	11	11	11	11	11	11

① 这次方言调查实习由李小凡和项梦冰两位教授带队,总共分为4个小组。苍梧六堡四柳村方言的发音人叫易小婷,女,1989年出生,梧州学院教师教育系05文2班学生,2005年以前一直住在家中,父母都是六堡镇人,她本人除六堡方言外还会普通话,略会一点白话。岑溪大业镇同福村方言的发音人叫周基容,女,1988年出生,现在梧州学院学习,之前一直在大业镇生活,父母都是大业镇人,她本人除了岑溪话外还会讲梧州话和普通话。

续　表

前字 / 后字	阴平 (52)	阳平 (232)	阴上 (44)	阳上 (13)	阴去 (334)	阳去 (11)	上阴入 (5)	下阴入 (334)	阳入 (1)
阴去(334)	22	不变	22	不变	22	11/不变	22	22	11
阳去(11)	不变	不变	不变	不变	不变	不变	不变	不变	不变
上阴入(5)	不变	不变	不变	不变	不变	不变	不变	不变	不变
	2	2	2		2		2	2	1
下阴入(334)	33	21	33/不变	21/不变	33/不变	21	3	3	1
阳入(1)	不变	不变	不变	不变	不变	不变	不变	不变	不变

笔者按：我们用 H、M、L 三级音高表示法来表示岑溪话的声调，其两字变调规律可以概括为以下两条规则：

(1) HL、H、MH → M/L/__ 任何调 { → M/__ 阴调(主要)；→ L/__ 阳调(主要) }

(2) LML、LM、L → L/__ 任何调

3.3.2.4.2　苍梧话两字组的连读变调

苍梧六堡四柳村方言的连读变调形式以前字变调为主，变调与两字组自身的内部结构关系不大，但与调型调值有密切相关。总的来说，高降、高平调或保持不变或向中平调靠拢，低降调向低平调靠拢，曲折调向中平调靠拢或略升，升调向低平调靠拢或保持不变调。在一些口语词中有例外情况。具体变调规律如表 3－23：

表 3－23　苍梧话两字组前字变调规律表

前字 / 后字	阴平 (53)	阳平 (21)	阴上 (44)	阳上 (24)	阴去 (435)	阳去 (223)	上阴入 (5)	下阴入 (435)	阳入 (223)
阴平(53)	不变	不变	33	不变	不变	不变	33	不变	不变
	33				33				
阳平(21)	22	不变	22	22	22	22	22	22	22
阴上(44)	不变	不变	不变	不变	不变	不变	不变	不变	不变
			33						

续 表

<table>
<tr><th>前字
后字</th><th>阴平
(53)</th><th>阳平
(21)</th><th>阴上
(44)</th><th>阳上
(24)</th><th>阴去
(435)</th><th>阳去
(223)</th><th>上阴入
(5)</th><th>下阴入
(435)</th><th>阳入
(223)</th></tr>
<tr><td rowspan="2">阳上(24)</td><td>不变</td><td>不变</td><td>不变</td><td rowspan="2">不变</td><td rowspan="2">不变</td><td>不变</td><td rowspan="2">不变</td><td rowspan="2">不变</td><td rowspan="2">不变</td></tr>
<tr><td>22</td><td>22</td><td>22</td><td>22</td></tr>
<tr><td>阴去(435)</td><td>33</td><td>45</td><td>33</td><td>45</td><td>33</td><td>33</td><td>33</td><td>33</td><td>33</td></tr>
<tr><td>阳去(223)</td><td>22</td><td>22</td><td>22</td><td>22</td><td>22</td><td>22</td><td>22</td><td>22</td><td>22</td></tr>
<tr><td rowspan="2">上阴入(5)</td><td></td><td>不变</td><td></td><td rowspan="2">不变</td><td rowspan="2">不变</td><td rowspan="2">不变</td><td rowspan="2">3</td><td rowspan="2">不变</td><td rowspan="2">不变</td></tr>
<tr><td>3</td><td></td><td>3</td></tr>
<tr><td>下阴入(435)</td><td>3</td><td>3</td><td>3</td><td>3</td><td>3</td><td>3</td><td>3</td><td>3</td><td>3</td></tr>
<tr><td>阳入(223)</td><td>2</td><td>2</td><td>2</td><td>2</td><td>2</td><td>2</td><td>2</td><td>2</td><td>2</td></tr>
</table>

说明：(1) 前字阴上44、后字阴平535或阴去435时，前字变调不稳定，可能是33，也可能保持不变，变或不变是无条件的。

(2) 本报告把53处理为高降调，认为21是低降调，44是高平调，24和阳去223是升调，435是曲折调，33是中平调，22是低平调，45是微升调。

笔者按：我们同样用H、M、L三级音高表示法来表示苍梧话的声调，其两字变调规律可以概括为以下几条规则：

(1) HMH → M/MH/__ 任何调

(2) LM → L/__ 任何调

(3) HM、H → M/__ 阴调(非强制)

(4) LH → L/__ HM、H、L、LM(非强制)

3.3.2.4.3 藤县话的两字连读变调

余蔼芹先生在《藤县方言》中曾描写过藤县话两种比较有规则的变调[①]：

(1) 任何舒声调(除了阳平)在阳平调(231/11)前面都要变成一个可以带也可以不带降尾的中低调[22]或[21]；任何入声调在阳平前面都要变成一个短的中低调[2]。前者的变调值像阳去，后者的变调值像阳入。

① 原文是英文，这里仅翻译连读变调部分。

（2）任何阴调在另一个阴调前面都要变成一个高中平调[33]，非入声调的变调值类似阳去调；任何一个阴入调在另一个阴调前面都要变成一个短的高中平调[3]，音值类似中阴入。

邓玉荣(2009)提供了一份更为详细的藤县话两字连读变调材料。他对藤县话两字组的连读变调描写如下：两字组连读只有前字变调，后字不变调。变调都是调值高的调类调值变低，调值低的调类变成相近的低调。具体分布为阴类调的平上去在阴类调前调值变为33。阴类调的上阴入在阴类调前调值变为4，与下阴入调值相同。下阴入在阴类调前不变调。阴类调的平上去在阳类调前、阳类调的平上去在任何调类前调值均变为22，与阳类调中调值最低的阳去调值相近。阳去在任何调类前都变成与其调值相近的22调。阴入在阳类调前调值变为2，与阳入的调值相同。阳入在任何调类前都不变调。藤县方言两字组连读变调详细情况见表3-24(引自邓玉荣，2009)：

表3-24　藤县话两字连读前字变调规律表

	阴平 51	阳平 231	阴上 44	阳上 24	阴去 433	阳去 21	上阴入 5	下阴入 4	阳入 2
阴　平　51	33	22	33	22	33	22	33	33	22
阳　平 231	22	22	22	22	22	22	22	22	22
阴　上　44	33	22	33	22	33	22	33	33	22
阳　上　24	22	22	22	22	22	22	22	22	22
阴　去 433	33	22	33	22	33	22	33	33	22
阳　去　21	22	22	22	22	22	22	22	22	22
上阴入　5	4	2	4	2	4	2	4	4	2
下阴入　4	4	2	4	2	4	2	4	4	2
阳　入　2	2	2	2	2	2	2	2	2	2

说明：名词、形容词重叠式的连读一般不受此规律约束。部分两字组连读后不变调，多为偏正式、动补式、附加式和单词性不强的主谓式、动宾式。其中外来词和书面语用词所占的比例较大。

笔者按：我们用 H、M、L 三级音高表示法来表示藤县话的声调[①]，其两字变调规律可以概括为以下两条规则：

(1) 任何调→ L/__ LML/L

(2) 任何阴调→ M/__ 阴调

3.3.2.5　小结

通过以上的介绍，我们发现勾漏片粤语大都存在连读变调现象。勾漏片粤语两字组后字通常不变调，前字为中平（或中降）和低平（或低降）的声调在前字位置上通常也不变调，其他调值的声调在前字位置则通常会发生连读变调，变调规律也有较强的一致性：通常是阴调类声调变成较低的中平或中降调，阳调类声调变成更低的低平或低降调。虽然阴阳两个调类的变调值不同是勾漏片粤语连读变调的主流，但是也有一些方言的阴阳类变调值开始合并为一个共同的调值（一般是中平调值或低平调值）。从连读变调前后字的关系来看，大部分声调的前字变调跟后字声调没有关系，属于自身交替式变调；小部分声调的前字变调跟后字声调有一定的关系，主要是阴调为一类，阳调为另一类。从连读变调规律的整齐性和普适性而言，开建话和玉林话的连读变调规律最为整齐和普遍，贺州本地话、梧州岑溪话、怀集下坊话次之，苍梧六堡话、藤县话、德庆话和封开罗董话再次之。

3.3.2.6　勾漏片粤语两字连读变调的成因

3.3.2.6.1　受"轻重"节律制约的连读变调模式

勾漏片粤语的两字连读变调以前字变调为主这种变调模式的形成，估计是受到"前轻后重"这种节奏模式的制约。

以开建话为例，开建话双音节词中的前一个音节除了声调经常要由阴阳调类的高调值分别变为相应的低调值外，音长也要比后一音节短。侯兴泉(2008)曾经测量过一些本调相同的双音节词语的平

---

① 邓玉荣先生描写的上阴入 5 和阴上 44 用三级音高标调法可统一描写为 H，下阴入 4 可表示为 M。

均韵母时长和振幅，发现前音节韵母平均时长普遍短于后音节的韵母时长，两者的比值为 123 ms∶184 ms≈7∶10；前音节韵母的平均振幅也要比后音节低 3 dB 左右。除了上面的声学表征外，开建话的一些双音节词语在元音音质上也有差别：前音节中的元音在一些很常用的词语中会发生弱化现象，如："花生"的"花 f(v)(<fa)"，"舅翁"的"舅 ʧɔ(<ʧɐu)"，"谢日昨天"的"谢 ʧi(< ʧiɛ)"，"豆腐"的"豆 tɔ(< tɔu)"，"婆佬老婆"的"婆 pɔ(< puɔ)"，后日的"后 ɔ(< ɐu)"等等。正是因为存在这种弱化现象，很多常用词人们已经不知道它的本字是什么了，比如"谢日"和"后日"，当地人经常就写成同音词"迟日"和"贺 ɔ 日"。在后音节位置上则一般不会出现这种元音弱化的现象。

也许四音节的变调情况更容易看出轻重节律对变调的影响。还是以开建话为例，开建话的四音节词（主要是一些成语和俗语），一律都是一三变调，二四不变调，且变调规律跟双音节词一样。这样我们似乎可以很明显地看到轻重交替的节奏模式对连读变调的影响。

我们在第二章 2.6 的重音部分已经谈到轻音在韵律上是非突显值，它通常倾向于低调，避免高调（De Lacy Paul，1999，2002）；从人对调型的感知来说（以北京人感知普通话的调型为例），"低降调最容易被感知为轻声，平调次之，升调和降升调最不容易被知觉为轻声"（王韫佳，2004：458）；另外根据端木三（Duanmu San 1993，1995）、蒋平（2001，2005）、钟奇（2007）等对北京、上海、厦门、蒋巷、荔浦、长沙等多个汉语方言轻重音的研究，都发现重音节在汉语中不易变调。

勾漏片粤语的两字组一般是前字变调后字不变调，且前字通常是变成一个比原调值低的调值，这非常符合轻重型节律对轻音音高的要求。用轻重音制约变调除了可以解释勾漏片粤语为何是前字变调后字不变调外，还可以解释为什么中平、中降调或者低平、低降调在前字位置通常不变调，因为这些声调本身的调值已经符合轻音的音高表现要求了，因此无须再作变化，只需缩短音长或弱化元音就可以达到轻音的效果了。

3.3.2.6.2　与壮侗语类似连读的连读变调模式

广府粤语一般很少有规律的连读变调，而勾漏片粤语及粤西的一些粤方言乃至桂北的一些平话和土话普遍存在着较有规律的前字变调，这跟两广交界地区的壮侗语非常相似。

壮语的词语也是以双音节词为主，变调一般以双音节为基础，也是属于前字不变后字变的连读模式。据黄平文(2000)对武鸣(双桥)、横县(云表)、隆安(扬湾)和平果(城厢)4 个壮语点的分析，壮语的连读变调多发生在第 1、2、5、6、7、8 调上，3、4 调通常不变。除了横县的第 1、5、7(短元音)调与单、双调不同的搭配产生两种变调值外，一般一个声调只有一个变调值，而且是单数调变为第 3 调，双数调变为第 4 调。值得注意的是壮语的第 3 调和第 4 调的调值在自己的声调系统中一般不是最高值。黄平文认为壮语连读变调的动力是“前轻后重”节奏律。这样看来勾漏片粤语的连读变调连制约条件都跟壮语一致。

属于侗水语支的标话也普遍存在前字变调现象。标话主要分布在肇庆的怀集县和封开县，有意思的是怀集和封开境内标话的连读变调跟怀集话和开建话非常相似。根据梁敏、张均如(2002)的研究，怀集诗洞的标话也有连读变调现象，如第 1、3、5、7、9(调值较高)的音节在其他音节前面时，一般都读成中平调；第 2、4、6、8、10(调值)较低的音节在其他音节前面时，一般都读成低调。怀集诗洞标话的 10 个调类及调值分别为：1 调 55，2 调 214，3 调 54，4 调 132，5 调 35，6 调 22，7 调 55，8 调 12，9 调 35，10 调 22。笔者最近调查了封开长安镇标话的连读变调情况，发现其模式跟开建话基本是一样的。下面我们对长安标话的连读变调作一简单的介绍。

封开长安标话由于长期跟开建话接触，其固有词只剩下几百个，80%以上的词语借自开建话。还有一部分词语是由固有词和汉语借词复合而成的，如“上面”叫“□hyn^{44}边/顶”，前字为固有词，后字为汉语借词；又如“棍头”叫“棍□mɔ^{52}”，前字是汉语借词，后字为固有词。因为长安标话的借词乃借自开建话，因此长安标话借词的连读变调情况跟开建话完全相同，这里不再赘述。长安标话固有词的声调系统跟开建话也完全一样，有 10 个调类 6 个调位，调值也基本一样：1 调 44，3 调 52(3)①，5 调 32，7 调 55，9 调 32，2 调 24，4 调 242，6 调 21，8 调 34，10 调 21。长安标话固有词的连读变调情况跟开建话也基本相同，主要是在前字位置上发生连读变调，其变调规律也跟开建话相同：44、52 变 32；24、242 变 21，55 变 32，34 变 21。32(32)和 21(21)不变调。下面分别举例加以说明：

(1) 44、52＋各调→32＋各调，如：

上面 hyn$^{44}_{32}$pin^{44}/tiŋ^{52}	后面 lɔŋ$^{44}_{32}$tɐn^{24}
今年 pʰen$^{44}_{32}$na^{21}	昨天 hɐn$^{44}_{32}$ȵɐt$^{\underline{34}}$
田埂 syn$^{52}_{32}$lœ^{21}	谷秕 kɔ$^{52}_{32}$mɛ^{52}
糯米 kɔ$^{52}_{32}$sy^{44}	薅草 lei$^{52}_{32}$lœk^{21}

(2) 24、242＋各调→21＋各调，如：

芝麻 ɐm$^{24}_{21}$miɛ^{44}	手掌 iɛ$^{24}_{21}$yŋ^{52}
富翁 mui$^{24}_{21}$ʦin^{24}lɐn^{24}	牛嘴笼 ui$^{24}_{21}$lœ^{44}
大人 tœn$^{242}_{21}$lɐn^{24}	木头 mɐi$^{242}_{21}$mɔ^{52}
住宿 ȵiɛ$^{242}_{21}$hɛm^{32}	下雨 lui$^{242}_{21}$sɐn^{44}

(3) $\underline{55}$＋各调→$\underline{32}$＋各调

蜻蜓 kok$^{\underline{55}}_{\underline{32}}$ȵi^{44}	蝌蚪 kɐp$^{\underline{55}}_{\underline{32}}$nop^{55}
脚踝 puk$^{\underline{55}}_{\underline{32}}$kœ^{242}	鱼篓 pɐt$^{\underline{55}}_{\underline{32}}$niŋ^{52}

(4) $\underline{34}$＋各调→$\underline{21}$＋各调

后天 pɐt$^{\underline{34}}_{\underline{21}}$lɔ^{44}	蜥蜴 tɐk$^{\underline{34}}_{\underline{21}}$tɐk$^{\underline{34}}_{\underline{21}}$ʦʰœ^{44}
反刍 ŋɐt$^{\underline{34}}_{\underline{21}}$siu^{44}	起床 lok$^{\underline{34}}_{\underline{21}}$ʦɐn^{24}

---

① 长安标话 3 调的调值是 523，但是后面的微升在非强调情况下一般不体现出来，本书标作 52。

我们把长安标话的声调也换用生成音系学的 H、M、L 三级音高表示法来表示，就会发现其变调规则跟开建话是一样的：

规则一：H/HL → ML/__ 任何调

规则二：LM/LML → L/__ 任何调

另外，长安标话的双音节词语也像开建话一样表现出“前轻后重”的节律特点。

通过上面的分析我们看到，勾漏片粤语的连读变调规律及成因跟壮侗语是基本一致的。那么它们之间究竟是谁影响了谁呢？鉴于两广交界地区的汉语跟壮侗语之间相互接触的时间非常久远，这个问题暂时还不能下定论，值得以后进一步探讨。

3.4 开建话与其他勾漏片粤语的语音一致性和差异性

3.4.1 一致性语音特点

通过前面开建话与其他勾漏片粤语声韵调三个方面的比较，我们可以总结出开建话跟其他勾漏片粤语有以下一致性的语音特点：

(1) 古全浊塞音声母今读白读层一般读作不送气清塞音或塞擦音。

(2) 古非组声母的一些常用字今读不同程度地保留有重唇音的读法，其中以明微不分最为突出。

(3) 古从邪不分、船禅不分。

(4) 古知组、庄组和章组今读多不分。

(5) 古疑母一二等洪音今读基本仍读鼻音 ŋ。

(6) 古见、溪母一般都有几种读法，其中见母以读 k、ʦ/ʧ/ʨ 及 k^h 为主，溪母以读 k^h、h、f 为主。见组声母在流、深、臻等摄中变为塞擦音是勾漏片粤语比较有特色的音韵特点。

(7) 大部分勾漏片粤语古晓母今读以 h、f 为主，h 既可以在开口中出现也可以在合口中出现，而 f 一般只出现在合口的条件下；匣母合口多读作零声母，跟喻母合流。

(8) 多数勾漏片粤语的云母和以母以读零声母或半元音 j、w 为主，个别常用字读作舌面鼻音。

(9) 绝大多数的勾漏片粤语古果摄开合口一等非见系韵母今读基本上都合并了。古果摄三等开合口今读一般不混。古果摄开口一三等今读不混，合口一三等今读则大部分勾漏片粤语都区分，少部分不区分。

(10) 绝大多数勾漏片粤语都区分古假摄开合口二等以及开口三等韵母；大部分勾漏片粤语古假摄开口三等字今读都保留 i 介音（部分方言中的 i 介音有韵腹化趋势）。

(11) 古果摄合口一等非见系韵母跟果开一的韵母读音相同（具体的音值有别，主要有 uɔ、ɔ、o、œ、ø、ɤ 等）。都区分古果摄开口一三等。大部分的勾漏片粤语都区别古果开三和果合三的读音。

(12) 古假开三和假开二今读有别。古假开二和假合二见系韵母基本有别（只有贺州昭平话是例外，都读作 a）。绝大多数的勾漏片粤语古假开三喻母字的韵母仍保留 i 介音（贺州贺街话已失去 i 介音）。

(13) 古遇摄合口三等鱼韵庄组的韵母读音跟非庄组不同。古遇摄合口三等非非组韵母跟合口一等读音不同。绝大多数的勾漏片粤语古遇摄合口三等非组韵母跟古遇摄合口一等见系韵母合并，基本上都读作 u。多数勾漏片粤语古遇摄合口三等鱼韵庄组的韵母已跟果开一合并。

(14) 古蟹合二跟蟹合一有别。古蟹合二非溪母字韵母跟蟹开二有别。大部分勾漏片粤语仍有一部分常用字可以区分哈泰韵以及怪卦韵的读音。大多数勾漏片粤语古蟹开一韵母的读音跟古蟹开二有合并的趋势（只是程度有别）。绝大多数勾漏片粤语古蟹摄开合口一等唇音韵母已经合并。多数勾漏片粤语古蟹合一三等韵母都有合并的趋势，只是合并程度有别。古蟹摄开合三四等韵母有明显合流的趋势。

（15）古止摄开口三等知系和见系今读基本都已经合并，且绝大多数都读作 i（只有武宣樟村话以读 əi 为主）。古止合三支、脂韵见系和非见系的读音有别。绝大多数勾漏片粤语古止合三微部唇音韵母已并入止开三，跟非唇音韵母读音不同。大部分勾漏片粤语的古止摄合口三等见系韵母基本都已跟蟹摄合口三等见系韵母合并。

（16）古效开一非溪母字韵母与效开二有别。古效开三四等见系韵母今读基本上都已合并为 iu 韵。除了铺门话古效摄开口二三等开始合并外，其余的勾漏片粤语都能较好地区分古效摄开口一二三等非溪母韵的读音。

（17）古流开三尤幽韵的唇音韵母有别而影组韵母合并。古流开三尤韵非组韵母已跟遇合三虞部韵母合并。古流摄开口一三等在大多数的勾漏片粤语中合并趋势非常明显。

（18）绝大多数勾漏片粤语的古流、效两摄开口一等非溪母韵的读音是不同的。

（19）古咸摄开口一二三等基本上都没有保留重韵的读法。古咸摄开口一等非见系韵母读音跟古咸摄开口二等非见系韵母读音基本相同。古咸开三四等见系韵母读音基本相同（多数读 im，少数读 in）。古咸开三和咸开二读音有别。绝大多数勾漏片粤语古咸摄开口一二等的韵尾基本上都还保留鼻音韵尾 m/p。大多数勾漏片粤语古咸开一见系与咸开二见系及咸开一非见系韵母读音有别。

（20）古咸开三和深开三韵母今读有别。

（21）古山开一非见系韵母读音基本已跟山开二合并（读 an 为主，个别点读作 ā 或 ɔn）。古山合一二等基本有别。绝大多数勾漏片粤语古山开一见系韵母读音跟古山开一非见系以及古山开二见系韵母读音不同。古山合一端系韵母的读音在勾漏片粤语中多读作 yn/yt 或 un/ut，跟古山合三合并趋向明显。古山合三四等见系韵母在绝大多数勾漏片粤语中已经合并，以 yn、iun 为主。古山合二山/黠韵和删/鎋韵在勾漏片粤语中大都不区分。古山合三元/月韵的唇音韵母一般读作 an/at 或 ɔn/ɔt，跟非唇音韵母不同（只有苍梧六堡话两者都读为 uan）。

（22）古臻开一三等韵母今读基本上都已合并（具体音值有别），且古臻摄开口一三等今读不同于古山摄一三等。臻合一三等基本已经合并。古臻摄开合一三等非见系韵母合并趋势明显。

（23）古宕摄开口一等跟三等非庄组韵母仍旧保持对立，古宕摄开口一等韵母的韵腹基本上都是圆唇元音，古宕开三非庄组韵母在大部分勾漏片粤语中仍保留介音 i 或 y。古宕摄开口三等庄组跟非庄组韵母读音不同，跟古宕摄开口一等韵母读音相同。古宕合三和宕合一基本上都已经合并了，且古宕合一和宕合三的唇音韵母今读大多已跟古宕开一今读合并。

（24）古江开二非庄组韵母今读基本都已跟宕开一合并；庄组韵母则跟宕开三合并。

（25）古梗开三四等今读基本合并，且梗开三庚清两韵部一般不保留重韵的区别。古梗开二庚耕两韵部在绝大多数勾漏片粤语中读音是一样的。古梗开二和梗开三今读有别（二等主要读作 aŋ 或 ɛŋ，三等主要读作 eŋ 或 iŋ）。古梗合三四等韵母今读在勾漏片粤语中有较明显的合并趋势。

（26）大多数勾漏片粤语古梗开三四等都有跟古曾开三合并的趋势。大多数勾漏片粤语曾合一三等和梗合二仍保留 u 介音。古曾、梗摄今读无明显的文白异读现象。

（27）古通合一三等基本已经合并，主元音多为 u、o、ɔ。

（28）宕通两摄基本有别。

（29）大部分勾漏片粤语的声调都分阴阳两类，其中阴入调进一步根据主元音的不同分为高低两类。

（30）勾漏片粤语两字组后字通常不变调，前字为中平（或中降）

和低平(或低降)的声调在前字位置上通常也不变调,其他调值的声调在前字位置则通常会发生连读变调,变调规律也有较强的一致性:通常是阴调类声调变成较低的中平或中降调,阳调类声调变成更低的低平或低降调。

3.4.2 差异性语音特点

我们只总结开建话跟其他勾漏片粤语差异较大的一些语音特点,差异较小的地方详见前文的相应说明,这里不再赘述。总结起来,开建话跟其他勾漏片粤语差异较大的语音特点有以下几个方面:

(1) 开建话跟多数勾漏片粤语的帮母读 p,端定母读 t,而罗董话、连山布田话、广西境内的老派玉林话、老派藤县话、岑溪话、苍梧六堡话、信都话帮母读浊音 ɓ 或 b,端母读 ɗ 或 d 或 l。

(2) 开建话跟绝大部分勾漏片粤语的澄母都读作塞擦音声母,而连山布田话、苍梧六堡、贺州贺街话、桂岭话和信都话澄母多读作擦音 ʃ 或 s。另外,开建话跟上坊话、下坊话、南街话、四会话、阳山话、清水话、铺门话的知澄母保留有较多的"古无舌上"的读法;而其他勾漏片粤语的知澄母基本上都已经塞擦化或擦化了。

(3) 勾漏片粤语除了封开开建话是古精组声母跟古庄章组声母今读完全合并之外,其他勾漏片粤语或多或少都保留有古精组声母今读跟古庄章组声母有别的证据:有的是古精组的今读跟古庄章组的今读整个不同,有的只是从母跟船母或崇母读音有别,大多数情况则是心母的读音跟生书有别。

(4) 开建话跟怀集上坊话和下坊话、蒙山话和蒙山西河话、连县清水话的庄、章、崇、船、禅母基本上都读作不送气塞擦音 ʧ/ts,生、书母读擦音。其它勾漏片粤语则是庄、章母读不送气塞擦音,崇、船、生、书、禅都读作擦音。

(5) 开建话及其他大部分勾漏片粤语的日母和疑母细音字基本上都读舌面前鼻音 ȵ(个别读舌根鼻音 ŋ),而怀集上下坊话、广宁南街话、四会县城话以及阳山话的日母及疑母细音字基本上已经像广州话那样读作半元音 j 或零声母了。

(6) 有一半左右的勾漏片粤语匣母读音跟开建话一样大多读作零声母，另外半数左右的勾漏片粤语的匣母一般只在合口的条件下读作零声母，在开口的条件下多读作 h。

(7) 封开开建话、藤县藤城话和贺州昭平话古果摄开合一等韵基本上已完全合并，其他勾漏片粤语只是古果摄合口一等非见系字跟开口一等合并。广宁南街话、贺州信都话、贺州贺街话、苍梧六堡话、玉林市区话古果合三今读已跟果合一的非见系韵母合并，其他勾漏片粤语依然有别。

(8) 古假开三非零声母韵母今读在封开开建话、怀集上坊话和下坊话、四会话、广宁南街话、连山布田话、贺州铺门话、贺州桂岭话、贺州信都话中仍然保留 i 介音的读法，且介音 i 的实际音值较长，有韵腹化的趋势；其他勾漏片粤语则已失去了 i 介音。古假合二唇音韵母今读在多数勾漏片粤语中已经失去 u 介音，跟假开二合并，但是藤县藤城话、苍梧六堡话、玉林市区话和福绵话、岑溪大业话、武宣樟村话古假合二唇音韵母今读仍保留 u 介音，跟假开二有别。

(9) 古遇合一在大多数勾漏片粤语中都以读 u 为主，但是四会话、广宁南街话、怀集下坊话、连县清水话、阳山话、贺州铺门话和武宣樟村话古遇合一非见系韵母读复合韵母，跟见系读 u 不同。

(10) 半数勾漏片粤语已基本上不区分古蟹开三和蟹开四的读音，另有半数左右的勾漏片粤语不同程度地保留有区分古蟹摄开口三四等的证据。连山布田话、蒙山西河话、玉林市区话和福绵话、贺州铺门话、武宣樟村话、连县清水话、岑溪大业话和苍梧六堡话古蟹合二溪母韵跟蟹开二有别，其他勾漏片粤语则已合并。

(11) 封开开建话、贺州铺门话、怀集下坊话和上坊话、连县清水话、广宁南街话、四会话、阳山话古止开三帮端系韵母都有声母分韵的现象（有多种读法），其他勾漏片粤语多只有 i 这一种读法。古止开三微部今读在连县清水话、广宁南街话、四会话、阳山话、武宣樟村话中有多个读法，其他勾漏片粤语基本上都读作 i。

(12) 大多数勾漏片粤语咸摄开口三四等韵仍较好地保留 m/p 韵尾，但是连山布田话、怀集下坊话和上坊话、广宁南街话、四会话、阳山话、连县清水话、贺州铺门话咸开三四等今读韵尾多已变为 n/t。贺州铺门话、广宁南街话、四会话、阳山话、连县清水话古咸开四端系韵母读音多跟咸开三端系韵母有别，其他勾漏片粤语则基本上已经合并。古咸合三舒声韵在封开开建话、怀集上坊话和下坊话、广西玉林话、苍梧六堡话、蒙山西河话、贺州贺街话及信都话中仍较多地保留唇音韵尾 m，其他勾漏片粤语则基本都读作 n。

(13) 除了连山布田话和连县清水话古深开三韵尾多读作 n/t 外，其他勾漏片粤语基本仍保留 m/p 韵尾。

(14) 大部分勾漏片粤语古山摄开口二等都读作 an/at，但是也有一些勾漏片方言进一步区分唇音韵母和非唇音韵母，如怀集上坊话和下坊话、广宁南街话、四会县城话、阳山话、连县清水话山摄开口二等非唇音韵母一般读作 ɛn/ɛt 或 en/et，跟唇音韵母读 an/at 不同。古山开三仙/薛韵和元/月韵在多数勾漏片粤语中有合并的趋势，但是封开罗董话、怀集下坊话、广宁南街话、阳山话、连县清水话、贺州信都话和铺门话仍保留有两者不同读音的证据。古山开四先/屑韵非见系韵母在多数勾漏片粤语中基本已经跟古山开三合并，但是怀集下坊话、广宁南街话、四会话、连县清水话仍能较好地区分两者的读音。封开开建话、怀集上坊话和下坊话、广宁南街话、四会话、连县清水话、玉林市区话、德庆德城话、阳山话、封开罗董话、贺州铺门话古山合一唇音跟舌音韵母读音有别，其他勾漏片粤语则没有这种区别。

(15) 封开开建话、怀集下坊话、阳山话、广宁话、四会话、蒙山话、蒙山西河话、贺州铺门话、连县清水话、贺州信都话古曾开一跟古曾开三(非影组)合并；而封开罗董话、连山布田话、德庆德城话、岑溪大业话、贺州昭平话、苍梧六堡话、藤县藤城话、武宣樟村话、贺州桂岭话古曾开一多跟梗开二合并；而贺州贺街话、怀集上坊话、玉林市区话及福绵话仍旧保留古曾开一和古曾开三以及梗开二的区别。

（16）封开罗董话、连山布田话、德庆德城话、岑溪大业话、贺州昭平话、苍梧六堡话、藤县藤城话、武宣樟村话、贺州桂岭话和贺街话古曾开三已完全跟梗开三合并；而封开开建话、怀集下坊话、阳山话、贺州铺门话、连县清水话曾开三跟梗开三基本有别，其他勾漏片粤语只是曾开三影喻字韵母跟梗开三合并。

（17）开建话跟玉林市区话及市郊福绵话有 10 个调类，是勾漏片粤语声调最多的方言。其他勾漏片粤语的声调以 9 调为主，8 调少见。

3.4.3　小结

从开建话跟其他勾漏片粤语语音一致性和差异性的比较中我们不难发现，开建话跟其他勾漏片粤语的一致性语音特点还是非常明显的，这些一致性特点大多具有普遍性，且基本都是音类层面的特性。而它们之间的语音差异主要体现在音值层面上，音类层面上的差异性多不具备普遍性。这充分说明开建话跟其他勾漏片粤语有着密不可分的关系，当属同一种方言。

第四章
开建话跟桂南平话的语音比较

本章对开建话和桂南平话作一系统比较，探讨它们之间的语音区别与联系。桂南平话我们取马山乔利话、田东林逢话、百色那毕话、富宁剥隘话、南宁亭子话、龙州上龙话、扶绥龙头话、横县横州话、宾阳芦墟话、融水融水镇话、南宁四塘话、南宁石埠话、宾阳王灵话、宾阳新桥话、宾阳黎塘话、扶绥城厢话、崇左新和话、田东平马话、横县百合话以及灵山横州话等 20 个点。由于以上方音点的音系多是把介音处理为声母的一部分，为了方便比较，我们统一将介音处理为韵母的一部分，即把唇化、腭化声母以及零声母位置上的介音统一还原到韵母的位置，原来声母位置上的介音我们统一加上圆括号，如(j)。

4.1 声母比较

4.1.1 古全浊塞音声母的主要今读

开建话跟桂南平话古全浊塞音声母今读主要读作不送气的清塞音或清塞擦音(横县横州话和灵山丰塘话有部分读作送气清音乃受周边方言影响的结果，详见 6.2.1)。开建话跟宾阳、横县和灵山等地的桂南平话的群母在流开三等韵前腭化为不送气塞擦音，其他桂南平话流开三中的群母基本仍读作清塞音 k。例证见表 4-1。

表 4-1 开建话与桂南平话古全浊塞音主要今读对照表

中古声母	並	母			定	母			群	母		
例 字	婆	抱	鼻	薄	桃	弟	地	毒	棋	舅	柜	杰
封开开建	p	p	p	p	t	t	t	t	k	ʧ	k	k
南宁亭子	p	p	p	p	t	t	t	t	k	k	k	k
南宁石埠	p	p	p	p	t	t	t	t	k	k	k	k
南宁四塘	p	p	p	p	t	t	t	t	k	k	k	k
宾阳芦墟	p	p	p	p	t	t	t	t	k	—	k	k
宾阳王灵	p	p	p	p	t	t	t	t	k	ʧ	k	k
宾阳新桥	p	p	p	p	t	t	t	t	k	ʦ	k	k
宾阳黎塘	p	p	p	p	t	t	t	t	k	ʧ	k	k
马山乔利	p	p	p	p	t	t	t	t	k	k	k	k
横县百合	p	p	p	p	t	t	t	t	k	ʦ	k	k
横县横州	p^h	p^h	p	p	t^h	t	t	t	k^h	ʦ	k	k
灵山丰塘	p^h	p	p^h	p	t^h	t	t	t	k^h	ʦ	k	k
崇左新和	p	p	p	p	t	t	—	t	k	k	k	k
扶绥城厢	p	p	p	p	t	t	t	t	k	k	k	k
扶绥龙头	p	p	p	p	t	t	t	t	k	k	k	k
龙州上龙	p	p	p	p	t	t	t	t	k	k	k	k
百色那毕	p	p	p	p	t	t	t	t	k	k	k	k
田东平马	p	p	p	p	t	t	t	t	k	k	k	k
田东林逢	p	p	p	p	t	t	t	t	k	k	k	k
富宁剥隘	p	p	p	p	t	t	t	t	k	k	k	k
融水融水镇	p	p	p	p	t	t	t	t	k	k	k	k

4.1.2 古非组是否保留双唇音

开建话的古非敷奉微都保留有重唇音的读法，其中非母约占19%，敷母约占20%，奉母约占84，微母占到94%以上。桂南平话非敷奉母也都在一定程度上保留有双唇音的读法，但是从量上要远少于开建话，其中非敷奉读双唇音的比例都在10%以下，微母除了融水只剩 32%左右读作双唇音外，其他桂南平话基本还有 50%以上的微母读作双唇音。例证如表 4-2 所示。

表 4-2 开建话与桂南平话古非组主要今读对照表

中古声母	非母			敷母		奉母			微	
例字	斧	粪	甫	赴	捧	吠	饭	房	万	物
封开开建	p^h	p	p^h	p^h	p^h	p	p	p	m	m
南宁亭子	f	f	p^h	f	p^h	f	f	f	m	m
南宁石埠	f	f	p^h	f	p^h	f	f	f	m	f
南宁四塘	f	f	p^h	f	p^h	f	f	f	m	m
宾阳芦墟	f	f	—	—	p^h	—	f	f	m	m
宾阳王灵	f	f	p^h	f	p^h	f	f	f	m	f
宾阳新桥	f	f	p^h	f	p^h	f	f	f	m	f
宾阳黎塘	f	f	p^h	f	p^h	f	f	f	m	f
马山乔利	f	f	—	p^h	p^h	f	f	f	m	m
横县百合	f	f	p^h	f	p	f	f	f	m	m
横县横州	f	f	p^h	f	p^h	f	f	f	m	m
灵山丰塘	f	f	p^h	—	p^h	f	f	f	m	m
崇左新和	f	—	p^h	p^h	p^h	f	f	f	—	—
扶绥城厢	f	f	p^h	f	p^h	f	f	f	m	m
扶绥龙头	f	f	p^h	f	p^h	f	f	f	m	m
龙州上龙	f	f	p^h	p^h	p	f	f	f	m	m
百色那毕	f	f	p^h	f	p^h	f	f	f	m	m
田东林逢	f	f	p^h	f	p^h	f	f	f	m	m
田东平马	f	f	p^h	f	p^h	f	f	f	m	f
富宁剥隘	f	f	p	p^h	p^h	f	f	f	m	m
融水融水镇	f	f	p^h	f	p^h	f	f	f	w	w

4.1.3 古知组声母的主要今读

开建话跟桂南平话古知组声母的分合基本上是一致的，主要是古澄母清化并入了古知母，读作不送气的清塞擦音。另外开建话与桂南平话古知组声母大多已跟庄组和章组声母合并。

横县横州和灵山丰塘平话古澄母今读去入多读作送气清塞擦音，成因与古全浊塞音今读同。开建话古知澄母较多地保留有“古无舌上”的读法，而桂南平话则很少保留这种读法。开建话与桂南平话古知组的具体音值主要有舌尖前、舌面前和舌叶三套塞擦音，具体如表 4－3 所示。

表 4－3　开建话与桂南平话古知组声母主要今读对照表

中古声母	知		彻		澄	
例　字	猪	竹	超	拆	尘	直
封开开建	t	ʧ	ʧʰ	ʧʰ	t	ʧ
南宁亭子	tɕ	tɕ	tɕʰ	tɕʰ	tɕ	tɕ
南宁石埠	ʧ	ʧ	ʧʰ	ʧʰ	ʧ	ʧ
南宁四塘	tɕ	tɕ	tɕʰ	tɕʰ	tɕ	tɕ
宾阳芦墟	ts	ts	tsʰ	tsʰ	ts	ts
宾阳王灵	ʧ	ʧ	ʧʰ	ʧʰ	ʧ	ʧ
宾阳新桥	ts	ts	tsʰ	tsʰ	tsʰ	ts
宾阳黎塘	ʧ	ʧ	ʧʰ	ʧʰ	ʧ	ʧ
马山乔利	ts	ts	tsʰ	tsʰ	ts	ts
横县百合	ts	ts	tsʰ	tsʰ	ts	ts
横县横州	ts	ts	tsʰ	tsʰ	tsʰ	ts
灵山丰塘	tɕ	ts	tɕʰ	tsʰ	tsʰ	tɕʰ
崇左新和	ts	ts	tsʰ	tsʰ	ts	ts
扶绥城厢	ts	ts	tsʰ	tsʰ	ts	ts
扶绥龙头	ts	ts	tsʰ	tsʰ	ts	ts
龙州上龙	ts	ts	tsʰ	tsʰ	ts	ts
百色那毕	ts	ts	tsʰ	tsʰ	ts	ts
田东林逢	ts	ts	tsʰ	tsʰ	ts	ts
百色田东	ts	ʧ	tsʰ	ʧʰ	ʧ	ʧ
富宁剥隘	ts	ts	tsʰ	tsʰ	ts	ts
融水融水镇	tɕ	tɕ	tɕʰ	tɕʰ	ts	ts

4.1.4　古精、庄、章三组声母的主要今读

开建话跟桂南平话古精、庄、章三组声母今读一致的读音有以下几点：(1) 精清、庄初、章昌已经合并为一套不区别意义的塞擦音 ʧ、ʦ 或 ʨ(具体方言有两种音值乃条件变体)。(2) 古从、邪今读不分，多读作不送气清塞擦音(部分邪母字读擦音，疑受周边少数民族语言或广府粤语影响所致)。(3) 祟、船、禅不分，不过具体音值有别：开建话船、禅基本都读作不送气清塞擦音，而桂南平话基本都读作清擦音。(4) 生、书合流为一套清擦音 ʃ、s、ɬ 或 ɕ。

开建话跟桂南平话古精、庄、章三组声母今读比较明显的区别性语音特征有：(1) 开建话的古从邪母跟祟、船、禅合并为一套清塞擦音声母；而桂南平话的古从邪母主要读清塞擦音，跟祟、船、禅主要读擦音有别。(2) 开建话的心、生、书母合并为一套清擦音 ʃ；但是桂南平话(融水平话除外)的心母跟生、书母的读音有别(心母多读作边擦音 ɬ，生、书母多读作清擦音 ʃ、s 或 ɕ)。

具体例证见 4－4(1)和 4－4(2)。

表 4－4(1)　开建话与桂南平话古精、庄、章三组塞擦音声母主要今读对照表

中古声母	精	清	从		庄	初	祟		章	昌	船	
例　字	子	抢	集	字	斋	疮	事	柴	止	厂	赎	神
封开开建	ʧ	ʧʰ	ʧ	ʧ	ʧ	ʧʰ	ʧ	ʧ	ʧ	ʧʰ	ʧ	ʧ
南宁亭子	ʨ	ʨʰ	ʨ	ʨ	ʨ	ʨʰ	ɕ	ɕ	ʨ	ʨʰ	ɕ	ɕ
南宁石埠	ʧ	ʧʰ	ʧ	ʧ	ʧ	ʧʰ	ʃ	ʃ	ʧ	ʧʰ	s	ʃ
南宁四塘	ʨ	ʨʰ	ʨ	ʨ	ʨ	ʨʰ	ɬ	ɬ	ʨ	ʨʰ	ɬ	ɬ
宾阳芦墟	ʦ	ʦʰ	ʦ	ʦ	ʦ	ʦʰ	s	s	ʦ	ʦʰ	s	s
宾阳王灵	ʧ	ʧʰ	ʧ	ʧ	ʧ	ʧʰ	ʃ	ʃ	ʧ	ʧʰ	ʃ	ʧ
宾阳新桥	ʦ	ʦʰ	ʦ	ʦ	ʦ	ʦʰ	s	s	ʦ	ʦʰ	s	s
宾阳黎塘	ʧ	ʧʰ	ʧ	ʧ	ʧ	ʧʰ	ʃ	ʃ	ʧ	ʧʰ	ʃ	ʃ
横县百合	ʦ	ʦʰ	ʦ	ʦ	ʦ	ʦʰ	s	s	ʦ	ʦʰ	s	s

续　表

中古声母	精	清	从		庄	初	崇		章	昌	船	
例　字	子	抢	集	字	斋	疮	事	柴	止	厂	赎	神
横县横州	ʦ①	ʦʰ	ɬ	ʦ	ʦ	ʦʰ	s	s	ʦ	ʦʰ	s	s
灵山丰塘	ʦ	ʨʰ	ʦʰ	ʦ	ʦ	ʦʰ	s	ʦʰ	ʨ	ʦʰ	s	s
马山乔利	ʦ	ʦʰ	ʦ	ʦ	ʦ	ʦʰ	s	s	ʦ	ʦʰ	s	s
崇左新和	ʦ	—	ʦ	ʦ	ʦ	ʦʰ	s	s	ʦ	ʦʰ	s	s
扶绥城厢	—	ʦʰ	ʦ	ʦ	ʦ	ʦʰ	s	s	ʦ	ʦʰ	s	s
扶绥龙头	ʦ	ʦʰ	ʦ	ʦ	ʦ	ʦʰ	s	ʦʰ	ʦ	ʦʰ	s	s
龙州上龙	ʦ	ʦʰ	ʦ	ʦ	ʦ	ʦʰ	s	s	ʦ	ʦʰ	s	s
百色那毕	ʦ	ʦʰ	ʦ	ʦ	ʦ	ʦʰ	s	s	ʦ	ʦʰ	s	s
田东林逢	ʦ	ʦʰ	ʦ	ʦ	ʦ	ʦʰ	s	s	ʦ	ʦʰ	s	s
田东平马	—	ʧʰ	ʧ	ʦ	ʦ	ʧʰ	s	s	ʦ	ʧʰ	ʧ	ʃ
富宁剥隘	ʦ	ʦʰ	ʦ	ʦ	ʦ	ʦʰ	s	s	ʦ	ʦʰ	s	s
融水融水镇	ʦ	ʦʰ	ʦ	ʦ	ʦ	ʨʰ	ɕ	ɕ	ʨ	ʨʰ	s	s

表 4-4(2)　开建话与桂南平话古精、庄、章三组擦音声母主要今读对照表

中古声母	心		邪		生		书		禅	
例　字	思	心	习	寺	史	梳	试	身	属	辰
封开开建	ʃ	ʃ	ʧ	ʧ	ʃ	ʃ	ʃ	ʃ	ʧ	ʧ
南宁亭子	ɕ	ɬ	ʨ	ʨ	ɕ	ɕ	ɕ	ɕ	ɕ	ɕ
南宁石埠	ɬ	ɬ	ʧ	ʧ	ʃ	ʃ	ʃ	ʃ	s	ʃ
南宁四塘	ɬ	ɬ	ʨ	ɬ	ɬ	ɬ	ɬ	ɬ	ɬ	ɬ
宾阳芦墟	ɬ	ɬ	ʦ	ʦ	s	s	s	s	s	s
宾阳王灵	ɬ	ɬ	ʧ	ʧ	ʃ	ʃ	ʃ	ʃ	ʃ	ʃ
宾阳新桥	ɬ	ɬ	ʦ	ʦ	s	s	s	s	s	s
宾阳黎塘	ɬ	ɬ	ʧ	ʧ	ʃ	ʃ	ʃ	ʃ	ɬ	ʃ
马山乔利	ɬ	ɬ	ʦ	ʦ	s	s	s	s	s	s
横县百合	ɬ	ɬ	ʦ	ʦ	s	s	s	s	s	s

① 麦耘先生告知笔者，横县止摄开口精组的实际读音应是 tɬ，他曾亲自调查核实。

续　表

中古声母	心		邪		生		书		禅	
例　字	思	心	习	寺	史	梳	试	身	属	辰
横县横州	ɬ	ɬ	ʦ	ʦ	s	s	s	s	s	s
灵山丰塘	ɬ	ɬ	ʦʰ	ʦ	s	s	s	s	s	s
崇左新和	ɬ	ɬ	ʦ	ʦ	s	s	s	s	—	s
扶绥城厢	ɬ	ɬ	ʦ	—	s	s	s	s	s	s
扶绥龙头	ɬ	ɬ	ʦ	ʦ	s	s	s	s	s	s
龙州上龙	ɬ	ɬ	ʦ	s	s	s	s	s	s	s
百色那毕	ɬ	ɬ	ʦ	ʦ	s	s	s	s	s	s
田东林逢	ɬ	ɬ	ʦ	ʦ	s	s	s	s	s	s
田东平马	ɬ	ɬ	ʧ	s	s	ɬ	s	ʃ	s	ʃ
富宁剥隘	ɬ	ɬ	ʦ	s	s	s	s	s	s	s
融水融水镇	s	s	ʦ	ʦ	ɕ	ɕ	ɕ	ɕ	s	ɕ①

4.1.5　古日母、疑母的主要今读

开建话与桂南平话古疑、日母今读一致的语音特点有：(1) 古疑母三等和日母今读大多合流(绝大多数方言点以读舌面前鼻音 ȵ 为主，个别方言点如扶绥县内的平话以读零声母为主)。(2) 疑母一等非合口字基本仍保留舌根鼻音 ŋ 的读法；疑母四等“研”字在绝大多数方言中仍保留鼻音的读法。

开建话与桂南平话古疑、日母今读区别比较明显的语音特点有：(1) 开建话古疑母二等今读仍为舌根鼻音 ŋ，桂南平话除了融水融水镇、百色那毕、横县横州和灵山丰塘等地的平话仍读舌根鼻音外，其他桂南平话多已腭化为舌面前鼻音 ȵ 或零声母，跟疑母三等合流。(2) 开建话疑母合口一等字仍保留舌根鼻音 ŋ 的读法，桂南平话除了

① 从李连进《平话音韵研究》提供的融水话音系说明来看，擦音 ɕ 和 s 基本呈互补分布，因此 ɕ 可看做是 s 的音位变体。就“辰”和“神”字的读音而言，两字的韵母和声调都一致，唯声母有别，跟作者的音系说明不符，估计是“辰”字声母的标音有误。

宾阳王灵平话仍较多保留舌根鼻音的读法外，其他桂南平话多读作零声母或双唇擦音声母。(3) 开建话疑母四等“尧”字声母读作舌面前鼻音 ȵ，桂南平话除了宾阳、横县和灵山地区的平话跟开建话的读音相同外，其他桂南平话多读作零声母或清擦音 h。

例证如表 4－5 所示。

表 4－5　开建话与桂南平话古日、疑母主要今读对照表

中古声母	日母		疑母							
例字	二	日	鹅	外	牙	岳	鱼	玉	尧	研
封开开建	ȵ	ȵ	ŋ	ŋ	ŋ	ŋ	ȵ	ŋ/ȵ	ȵ	ȵ
南宁亭子	ȵ	ȵ	ŋ	Ø	ȵ	ŋ	Ø	ȵ	Ø	n
南宁石埠	ȵ	ȵ	ŋ	w	ȵ	ȵ	ȵ	ȵ	h	n
南宁四塘	ȵ	ȵ	ŋ	w	ȵ	ȵ	ȵ	ȵ	j	j
宾阳芦墟	ȵ	ȵ	ŋ	(ʋ)	ȵ	Ø	ȵ	ȵ	—	n
宾阳王灵	ȵ	ȵ	ŋ	ŋ	ȵ	ȵ	ȵ	ȵ	ȵ	n
宾阳新桥	ȵ	ȵ	ŋ	w	ȵ	ȵ	ȵ	ȵ	ȵ	n
宾阳黎塘	ȵ	ȵ	ŋ	w	ȵ	ȵ	ȵ	ȵ	ȵ	n
马山乔利	ȵ	ȵ	ŋ	Ø	ȵ	ȵ	ȵ	ȵ	Ø	n
横县百合	ȵ	ȵ	ŋ	w	ŋ	ŋ	ȵ	ȵ	ȵ	ŋ
横县横州	ȵ	ȵ	ŋ	(ʋ)	ŋ	ŋ	ȵ	ȵ	ȵ	ŋ
灵山丰塘	ȵ	ȵ	ŋ	w	ŋ	ŋ	ȵ	ȵ	ȵ	ŋ
崇左新和	ȵ	ȵ	ŋ	v	ȵ	ȵ	ȵ	ȵ	j	n
龙州上龙	Ø	ȵ	ŋ	w	ȵ	(j)	ȵ	ȵ	Ø	n
扶绥城厢	Ø	Ø	ŋ	v	Ø	Ø	Ø	Ø	Ø	n
扶绥龙头	Ø	Ø	ŋ	(v)	Ø	Ø	Ø	Ø	Ø	n
百色那毕	ȵ	ȵ	ŋ	(ʋ)	ȵ	(j)	ȵ	ȵ	h	n
田东平马	ȵ	ȵ	ŋ	w	ȵ	ȵ	ȵ	ȵ	h	n
田东林逢	ȵ	ȵ	ŋ	Ø	ȵ	ȵ	ȵ	ȵ/v	h	n
富宁剥隘	ȵ	Ø	ŋ	w	ȵ	Ø	Ø	Ø	Ø	n
融水融水镇	ȵ	n	ŋ	m	ŋ	ŋ	ȵ	Ø	Ø	n

4.1.6 古见、溪母的主要今读

开建话和桂南平话古见、溪母今读比较一致的语音特点有：(1) 见母(非流深臻韵)多读作清不送气塞音 k(例外字“规扛”多读作送气塞音 k^h)。(2) 溪母“区呕”字基本都读作送气清塞音 k^h,“轻”字除融水平话外多读作清擦音 h。

开建话和桂南平话古见、溪母今读区别比较明显的语音特点有：(1) 开建话流深臻三摄中的见母多腭化为不送气清塞擦音 ʧ,而桂南平话除了宾阳、横县和灵山地区的平话流摄中的见母多腭化为清塞擦音外,其余桂南平话多仍保留舌根清塞音 k 的读法。(2) 溪母合口字开建话多读作 f,而绝大多数的桂南平话多读作 h。(3) 溪母“屈”字的声母开建话及多数桂南平话读作零声母,但是还有一部分桂南平话如马山乔利、富宁剥隘、龙州上龙、扶绥龙头、融水融水镇、南宁四塘、横县横州、灵山丰塘、田东平马等地的平话仍保留舌根塞音的读法。

例子如表 4-6 所示。

表 4-6 开建话与桂南平话古见、溪母主要今读对照表

中古声母	见母						溪母					
例字	鸡	甲	规	扛	九	斤	区	咳	裤	轻	揿	屈
封开开建	k	k	k^h	k^h	ʧ	ʧ	k^h	k^h	f	h	k	(w)
南宁亭子	k	k	k^h	k^h	k	k	k^h	k^h	h	h	k	Ø
南宁石埠	k	k	k^h	k^h	k	k	k^h	—	h	h	k	w
南宁四塘	k	k	k^h	k	k	k	k^h	—	h	h	k	k^h
宾阳芦墟	k	ʦ	k^h	k	ʦ	k	k^h	—	h	h	ʦ	(ʋ)
宾阳王灵	k	ʧ	k^h	k	ʧ	k	k^h	k^h	h	h	ʧ	w
宾阳新桥	k	ʦ	k^h	k	ʦ	k	k^h	k^h	h	h	ʦ	w
宾阳黎塘	k	ʧ	k^h	—	ʧ	k	k^h	k^h	h	h	ʧ	w
马山乔利	k	k	k	k^h	k	k	k^h	k^h	h	h	k	k

续　表

中古声母	见母						溪母					
例　字	鸡	甲	规	扛	九	斤	区	咳	裤	轻	揿	屈
横县百合	k	k	k^h	k	ʦ	k	k^h	—	h	h	ʧ	w
横县横州	k	k	k^h	k^h	$ʦ^h$	k	k^h	k^h	h	h	k	(ʋ)
灵山丰塘	k	k	k^h	k^h	ʦ	k	k^h	—	h	h	h	k^h
崇左新和	k	k	—	k^h	k	k	—	k^h	h	h	k	v
扶绥城厢	k	k	k^h	k	k	k	k^h	—	h	h	—	v
扶绥龙头	k	k	k^h	k^h	k	k	k^h	—	h	h	—	k^h
龙州上龙	k	k	k^h	k^h	k	k	k^h	k^h	h	h	k	k^h
百色那毕	k	k	k^h	k^h	k	k	k^h	k^h	h	h	k	(ʋ)
田东平马	k	k	k^h	—	k	k	k^h	k^h	h	h	k	k/w
田东林逢	k	k	k^h	k^h	k	k	k^h	k^h	h	h	k	Ø
富宁剥隘	k	k	k	k^h	k	k	k^h	k^h	h	h	k	k^h
融水融水镇	k	k	k	k	k	k	k^h	k^h	k^h	k^h	k	k^h

4.1.7　古晓、匣母的主要读音

开建话和桂南平话古晓、匣母今读一致的语音特征有：(1) 晓母开口基本都读作 h。(2) 古匣母合口多读作零声母。

开建话和桂南平话古晓、匣母今读比较明显的区别在于：(1) 桂南平话(融水平话除外)晓母合口以读作零声母或半元音为主，跟开建话不一样。(2) 桂南平话古匣母开口大部分今仍读 h，与开建话多读作零声母不同。

具体例子如表 4-7 所示。

表 4-7　开建话与桂南平话古晓、匣母主要今读对照表

中古声母	晓母						匣母					
例　字	虾	喜	黑	花	婚	血	旱	夏	形	华	核果~	县
封开开建	h	h	h	f	f	h	Ø	Ø	Ø(j)	Ø(w)	Ø(w)	Ø(j)
南宁亭子	h	h	h	Ø	(v)	h	h	Ø	h	Ø(w)	(v)	Ø

续 表

中古声母	晓			母			匣			母		
例 字	虾	喜	黑	花	婚	血	旱	夏	形	华	核果~	县
南宁石埠	h	h	h	(w)	(w)	w	h	(j)	h	(w)	(w)	(w)
南宁四塘	h	h	h	(w)	(w)	h	h	(j)	h	(w)	(w)	h
宾阳芦墟	h	h	h	Ø	(ʋ)	Ø	h	Ø/ȵ	h	Ø	h	Ø
宾阳王灵	h	h	h	(w)	(w)	(j)	h	(j)	h	(w)	(w)	(j)
宾阳新桥	h	h	h	(w)	(w)	(j)	h	(j)	h	(w)	(w)	(j)
宾阳黎塘	h	h	h	(w)	(w)	(j)	h	(j)	h	(w)	(w)	(j)
马山乔利	h	h	h	Ø	Ø	(v)	h	Ø	h	Ø(w)	h	(v)
横县横州	h	h	h	(ʋ)	(ʋ)	h	h	h	h	(ʋ)	(ʋ)	h
灵山丰塘	h	h	h	(w)	(w)	h	h	h	h	(w)	(w)	h
横县百合	h	h	h	(w)	(w)	h	h	h	h	(w)	(w)	h
崇左新和	h	h	h	(v)	(v)	(v)	h	(j)	h	(v)	—	(v)
扶绥城厢	h	h	h	(v)	(v)	(v)	h	—	h	(v)	h	(v)
扶绥龙头	h	h	h	(v)	k^h	(v)	h	Ø	h	(v)	h	(v)
龙州上龙	h	h	h	(v)	(v)	h	h	(j)	(j)	(v)	h	(v)
百色那毕	h	h	h	(ʋ)	(ʋ)	(ʋ)	h	(j)	h	(ʋ)	h	(ʋ)
田东平马	h	h	h	(w)	(w)	(w)	h	(j)	h	(w)	—	(w)
田东林逢	h	h	h	Ø	Ø	(v)	h	Ø	h	Ø(w)	h/(v)	(v)
富宁剥隘	h	h	h	(w)	(v)	(w)	h	Ø	Ø	(w)	h	(v)
融水融水镇	h	ɕ	h	f	f	ɕ	h	h	h	(w)	h	Ø

4.1.8 古云、以母的主要今读

开建话与桂南平话古云、以母今读在合口呼前面多读作零声母，但在齐齿呼和撮口呼前面读音有较大的区别：开建话以读零声母为主(个别字如“熊勇舀”的白读为舌面前鼻音)，桂南平话则多读作清擦音 h(也有个别读作舌面鼻音或零声母)。覃远雄(2005)认为桂南平话云以母字今读读 h 和舌面鼻音 ɲ/ȵ 都是由半元音 j 演变来的，笔者同意他的观点。具体例证如表 4－8 所示。

表 4－8　开建话与桂南平话古云、以母主要今读对照表

中古声母	云						以					
例　字	云	芋	雨	圆	炎	熊	维	匀	姨	余	勇	舀
封开开建	(w)	(w)	(j)	(j)	(j)	ȵ/(j)	(w)	(w)	(j)	(j)	ȵ	ȵ/(j)
南宁亭子	Ø	Ø	Ø	Ø	Ø	Ø	(v)	(v)	Ø	Ø	Ø	Ø (j)
南宁石埠	(w)	h	h	(w)	h	(j)	(w)	(w)	h	h	(j)	—
南宁四塘	(w)	h	h	(j)	h	(j)	(w)	(j)	h	(j)	(j)	h
宾阳芦墟	(ʋ)	h	h	Ø	Ø	Ø (j)	(ʋ)	Ø	h	h	Ø (j)	Ø
宾阳王灵	(w)	h	h	(j)	(j)	(j)	w	(j)	h	h	(j)	(j)
宾阳新桥	(w)	h	h	(j)	ȵ	(j)	w	(j)	h	h	(j)	(j)
宾阳黎塘	(w)	h	h	(j)	(j)	(j)	w	(j)	h	h	(j)	(j)
马山乔利	(v)	h	h	(v)	Ø	Ø	Ø(w)	Ø	h	h	Ø (j)	Ø (j)
横县横州	(ʋ)	h	h	h	h	Ø	(ʋ)	Ø	h	h	Ø	—
灵山丰塘	(w)	—	h	h	h	(j)	(w)	(j)	(j)	h	(j)	Ø
横县百合	(w)	h	h	h	h	h	(w)	(j)	h	h	(j)	h
崇左新和	(v)	h	h	(v)	ȵ	ȵ	(v)	(v)	h	(j)	(j)	—
扶绥城厢	(v)	—	h	(v)	Ø	Ø	(v)	(v)	h	Ø	Ø	—
扶绥龙头	(v)	h	h	(v)	Ø	Ø	Ø	Ø	h	Ø	Ø (j)	—
龙州上龙	(v)	h	h	Ø	h	ȵ	(w)	ȵ	Ø	Ø	(j)	(j)
百色那毕	Ø	h	h	(ʋ)	h	Ø	(ʋ)	(j)	h	h	(j)	—
田东平马	(w)	h	h	(w)	ȵ	(j)	(w)	(j)	h	h	(j)	—
田东林逢	(v)	h	h	(v)	ȵ	Ø	Ø(w)	(v)	h	h	Ø (j)	—
富宁剥隘	(v)	Ø	h	(v)	h	s	(w)	Ø	h	Ø	Ø (j)	Ø (j)
融水融水镇	Ø	Ø	Ø	Ø	Ø	ɕ	(w)	Ø	Ø	Ø	Ø	Ø

4.2 韵母比较

4.2.1 古果、假、遇三摄的主要今读

开建话跟桂南平话古果、假、遇三摄的今读比较一致的地方有：(1) 古果摄开合口一等非见系韵母基本上都合并了。(2) 古果摄开

合口一等与开合口三等基本不混。(3) 古假摄开合口基本不混(晓组韵母除外)。(4) 古遇摄合口三等鱼韵庄组韵母读音跟非庄组不同。(5) 古遇合一三等今读基本不混(庄组、非组韵母除外)。

开建话跟桂南平话古果、假、遇三摄的今读区别比较明显的地方有:(1) 开建话和一部分桂南平话如南宁、宾阳、百色、横县、灵山等地区平话古果摄开合口一等见系韵母多数已经合并了,但是其他地区的桂南平话两者读音大多有别。(2) 开建话古假摄开口三等非零声母字都保留 i 介音(且介音有韵腹化趋势),而桂南平话古假摄开口三等非零声母字一般没有 i 介音(但是很多点读作 i,说明介音已经变成主元音了)。(3) 开建话古遇摄合口三等非组韵母跟遇合一合并,桂南平话只有部分方言表现如此。(4) 开建话遇合一跟果合一有别,部分桂南平话遇合一跟果合一合并。(5) 遇合三鱼韵庄组韵母跟果开合一等韵母合并,而多数桂南平话遇合三鱼韵庄组韵母是跟遇合一合并。

例证如表 4 - 9 所示。

表 4 - 9　开建话与桂南平话古果、假、遇三摄主要今读对照表

古韵摄	果摄				假摄			遇摄		
	果开一	果开三	果合一	果合三	假开二	假开三	假合二	遇合一	遇合三鱼	遇合三虞
例　字	多/鹅	茄	波/过	靴	茶/嫁	借/夜	瓜/花	姑/图	书/蛆/初	主/须/夫
封开$_{\text{开建}}$	u^{ɔ}	i^{ε}	u^{ɔ}	œ	a	i^{ε}	ua/a	u	y/œy/u^{ɔ}	y/œy/u
南宁$_{\text{亭子}}$	ɔ	i	ɔ/u	(v)ᴇ	a	i/iᴇ	wa/ua	u	y/y/u	y/y/u
南宁$_{\text{石埠}}$	o	ε	o	ε	a	ε	ua/wa	o	ʊi/ʊi/o	ʊi/ɯ/ɐu
南宁$_{\text{四塘}}$	ø	ε	ø	ø	a	ε	ua/wa	u/ø	ɯ/ɯ/ø	ɯ/ɯ/u
宾阳$_{\text{芦墟}}$	ø	ᴇ	ø/ou	—	a	ᴇ/iᴇ	wa/ua	ou	u/u/ou	u/u/ou
宾阳$_{\text{王灵}}$	ø	ε	ø	ε	a	i	ua/wa	əu	ui/ui/əu	ui/əu/ui
宾阳$_{\text{新桥}}$	ø	e	ø	—	a	e	ua/wa	əu	u/u/əu	u/əu/u
宾阳$_{\text{黎塘}}$	ɔ	e	ɔ	e	a	e	ua/wa	əu	ui/ui/əu	ui/əu/ui

续　表

古韵摄	果摄				假摄			遇摄		
	果开一	果开三	果合一	果合三	假开二	假开三	假合二	遇合一	遇合三鱼	遇合三虞
例　字	多/鹅	茄	波/过	靴	茶/嫁	借/夜	瓜/花	姑/图	书/蛆/初	主/须/夫
马山乔利	ɔ/a	ε	ɔ/u	—	a	i/ia	wa/ua	ɔ	ei/ei/ɔ	ei/ei/ou
横县百合	ɔ	e	ɔ/u	ø	a	i	wa	u	y/y/u	y/y/u
横县横州	ɔ	i	ɔ/u	œ	a	i	wa/ʋa	u/ɐu	y/u/u	y/y/u
灵山丰塘	o	ε	o	ε	a	i	ua/wa	u	y/y/u	y/ui/u
崇左新和	ɔ/a(ɔ)	—	ɔ	(v)ε	a	i	ua/va	u/ɔ	oi/oi/ɔ	oi/əu/—
扶绥城厢	a	i	ɔ	uε	a	i	ua/vua	ɔ	əŋ/-/ɔ(əŋ)	əŋ/əu/əŋ
扶绥龙头	ɔ/a	E	ɔ/u	(v)E	a	i/iE	wa/va	u/ɔ	ɤ/ɤ/ɔ	ɤ/ɤ/ou
龙州上龙	ɔ	—	ɔ/u	—	a	i/ja	wa/va	ɔ	øi/—/ɔ	øi/øi/ou
百色那毕	ɔ/A	i	ɔ/u	E	A	E/jE	wA/ʋa	ɔ̱(u)/ɔ	øi/øi/ɔ	øi/øi/ou
田东平马	ɔ	i	ɔ	ε	a	ε	ua/wa	u/ɔ	uoi/—/ɔ	uoi/ɐu/ɯ
田东林逢	ɔ/a①	i	ɔ/u	uε	a	ε/i②	a/ua	u/ɔ	øi/øi/ɔ	øi/øi/ɔu
富宁剥隘	ɔ/a	—	ɔ/u	—	a	i/iε	wa	u/ɔ	øi/øi/ɔ	øi/øi/ou
融水融水镇	ɔ	ia	ɔ/wa	ɔa	a	ia	wa/a	u	y/y/u	y/y/u

4.2.2　古蟹摄的主要今读

开建话跟桂南平话古蟹摄今读一致的语音特征有：(1) 古蟹开一唇音韵母跟蟹合一唇音韵母合并，与非唇音韵母今读有别。(2) 古蟹开合二三等韵母今读有别，二等主元音多读作 a，三等主元音多为 ɐ 或 E、e。(3) 蟹合一二三等多数有别(蟹合三"税"字韵母多并入蟹合一)。(4) 古蟹开合三四等今读多已合并。

开建话与桂南平话古蟹摄今读差别较大的语音特征有：(1) 开

① 老派读 a，新派读 o。其余桂南平话此韵读法有 a 和 ɔ/o 两读时情况类似。

② 单说时是 ia，在"夜晚"中读作 iε。

建话古蟹开一除了泰韵部分字读音跟古蟹开二读音相同外，大部分蟹开一的今读跟古蟹开二不同；但是桂南平话的古蟹开一二等却有明显的合并趋势。(2) 开建话跟一部分桂南平话古蟹开一咍、泰见系与非见系韵母的读音多是一样的，但是宾阳、横县、灵山、融水等地的平话咍韵和泰韵见系与非见系韵母读音明显有别。(3) 开建话古蟹开合三四等今读存在比较明显的去声分韵现象，桂南平话古蟹开合三四等今读则较少存在这类现象。

例证如表 4-10 所示。

表 4-10　开建话与桂南平话古蟹摄主要今读对照表

古韵摄	蟹开一咍	蟹开一泰	蟹开二	蟹开三	蟹开四	蟹合一	蟹合二	蟹合三	蟹合四
例　字	袋/改	带/盖/贝	排/街	例/祭/世	泥/帝/计	梅/最	坏/卦	税/卫/肺	奎/桂
封开开建	ɔi	ai/ɔi/u^{i}	ai	ɛ/ɛi/i^{ɛ}	ɐi/ɛi/ɛ	u^{i}/œ	uai/ua	œ/uɐi/ɛi	uɐi/uɛi
南宁亭子	ai	ai/ai/ui	ai	ᴇi/ᴇi/i	ᴇi/ᴇi/i	ui	uai/wa	ui/uᴇi/i	wᴇi
南宁石埠	ai	ai/ai/oi	ai	ɐi/ɐi/i	ɐi/ɐi/ʊi	oi/ui	wai/ua	ui	ui
南宁四塘	ai	ai/ai/oi	ai	ɐi/ɐi/i	ɐi	øy/ui	wai/ua	ui/wɐi/ɐi	uɐi
宾阳芦墟	ai/ø	ai/ø/u	ai	ei/—/i	ei/ei/ᴇi	u	ʋai/wa	u/ʋei/ɩi	wᴇi
宾阳王灵	ai/ø	ai/ø/ui	ai	əi/ɐi/i	ɐi	ui	wai/ua	ui/wɐi/əi	uɐi
宾阳新桥	ai/ø	ai/ø/u	ai/a	əi/ɐi/i	ɐi	u	wai/a	u/wəi/əi	ɐi
宾阳黎塘	ai/ɔi	ai/ɔi/ui	ai	—/ɐi/i	ɐi	ui	wai/ua	ui/wɐi/əi	uɐi
横县横州	ai/œi	ai/œi/øi	ai	ᴇi	ᴇi	øi	ʋai/wa	øi/uai/ɐi	wei
灵山丰塘	ai/ɔi	ai/ɔi/ui	ai	ɐi	ɐi	ui	wai/ua	ui/wɐi/ɐi	uɐi
横县百合	ai/ɔi	ai/ɔi/ui	ai	ɐi	ɐi	ui	wai/wa	ui/wai/ɐi	wɐi
马山乔利	ai	ai/ai/ɔi	ai	ei/ei/i	ei/ei/ᴇi	ɔi/ᴇi	uai/wa	oi/uᴇi/ei	wᴇi
崇左新和	ai	ai/ai/—	ai①	ɐi/ɐi/i	ɐi	ɔi/ui	vai/ua	ui/voi/oi	—/ui
龙州上龙	ai	ai/ai/øi	ai	ᴇi/ᴇi/i	ᴇi/ᴇi/øi	øi	wai/wa	øi/wøi/øi	øi
扶绥龙头	ai	ai/ai/œi	ai	ᴇi/ᴇi/i	ᴇi	œi/øi	uai/wa	øi/vei/ei	wei
扶绥城厢	ai	ai/ai/ɔi	ai	ɐi	ɐi	ɔi/ui	vuai/—	ui/vuei/ei	uei

① 新和"排"字还有[pɛ]的读法。

续　表

古韵摄	蟹开一咍	蟹开一泰	蟹开二	蟹开三	蟹开四	蟹合一	蟹合二	蟹合三	蟹合四
例　字	袋/改	带/盖/贝	排/街	例/祭/世	泥/帝/计	梅/最	坏/卦	税/卫/肺	奎/桂
百色那毕	ᴀi	ᴀi/øi/œi	ᴀi	ᴇi/ᴇi/i	ᴇi/ᴇi/øi	œi/øi	ʋᴀi/wᴀ	øi/ʋøi/øi	wøi
田东平马	ai	ai/ai/—	ai	ɐi/ɐi/i	ɐi/ɐi/uoi	oi/uoi	wai/ua	uoi/	uoi
田东林逢	ai	ai/ai/œi	ai	ᴇi/ᴇi/i	ᴇi	œi/øi	uai/a	øi/uøi/øi	øi/wᴇi
富宁剥隘	ᴇi/ai	ai/ai/øi	ai	oi/ᴇi/i	ᴇi/ᴇi/øi	œi/øi	wai/wa	øi wøi/øi	wᴇi
融水融水镇	æi/ai	æi/ai/øi	ai	ᴇ	ᴇ	øi	wai/wa	øi/ye/ᴇ	wᴇi

4.2.3　古止摄的主要今读

开建话和桂南平话古止摄今读比较一致的语音特征是：(1) 古止摄开合三等唇音韵母多合并，非唇音韵母多数仍有别。(2) 古止摄开口唇音和舌音韵母今读开建话和多数桂南平话以读作复合元音为主。(3) 古止合三见系韵母跟古蟹合三四见系韵母合并趋势明显。

开建话与桂南平话古止摄今读区别比较明显的地方有：(1) 开建话古止摄精组韵母今读多 $u^{ɔ}$，跟非精组有别；桂南平话止摄精组韵母则多无此类特征。(2) 开建话止开三微部韵母多读作 i，而桂南平话则大多读作复合韵母。

例证见 4-11。

表 4-11　开建话与桂南平话古止摄主要今读对照表

古韵摄	止开三支	止开三脂	止开三之	止开三微	止合三支	止合三脂	止合三微
例　字	枝/皮/紫	师/眉/私	市/李/词	机/汽	吹/规/喂	醉/龟/季	围/贵/飞
封开开建	i/ɐi/$u^{ɔ}$	i/ɐi/$u^{ɔ}$	i/ɐi/$u^{ɔ}$	i	œ/uɐi/uɛi	œ/uɐi/uɛi	uɐi/uei/ɐi
南宁亭子	i	ᴇi/i/i	i	i	ui/wᴇi/vᴇi	ui/wᴇi/i	vᴇi/wᴇi/i
南宁四塘	i	ɐi/i/i	i	i	ui/uɐi/wɐi	ui/uɐi/uɐi	wɐi/uɐi/i
南宁石埠	i/ui/i	ɐi/ui/ʊi	i/ʊi/i	ʊi	ui	ui/ui/ʊi	ui
宾阳芦墟	i/ei/i	ei/ɩi/ɩi	i/ɩi/ɩi	ɩi	u/wei/—	u/wei/ᴇi	ʋei/wei/ɩi

续 表

古韵摄	止开三支	止开三脂	止开三之	止开三微	止合三支	止合三脂	止合三微
例　字	枝/皮/紫	师/眉/私	市/李/词	机/汽	吹/规/喂	醉/龟/季	围/贵/飞
宾阳王灵	i/əi/əi	ɐi/əi/əi	i/əi/əi	əi	ui/uəi/wəi	ui/uəi/əi	wəi/uəi/əi
宾阳新桥	i/əi/əi	ɐi/əi/əi	i/əi/əi	əi	u/əi/wəi	u/əi/əi	wəi/əi/əi
宾阳黎塘	i/əi/ei	ɐi/ei/ei	i/ei/ei	ei	ui/uɐi/wei	ui/uei/ei	wei/uɐi/ei
马山乔利	i/ᴇi/i	ei	i/ei/i	ei	oi/wei/—	oi/wei/i	uei/wei/ei
横县横州	i/i/ᴇi	ᴇi/i/i	i	i/ᴇi	øi/wᴇi/ʋᴇi	øi/wᴇi/ᴇi	ʋᴇi/wᴇi/i
灵山丰塘	i/i/ɐi	ɐi/i/i	i	i/ɐi	ui/uɐi/wɐi	ui/ui/uɐi	wɐi/uɐi/i
横县百合	i/i/ɐi	ɐi/i/i	i	i/ɐi	ui/wɐi/—	ui/wɐi/ɐi	wɐi/wɐi/i
崇左新和	i/oi/i	ɐi/oi/oi	i/oi/i	oi	ui/-/ui(voi)	ui/ui/oi	voi/ui/oi
龙州上龙	i/øi/øi	ᴇi/øi/øi	i/øi/ɿ	øi	øi/øi/—	øi	wøi/øi/øi
扶绥城厢	ei	ɐi/ei/ei	i/ei/—	ei	ui/uei/—	ui/uei/—	uei/uei/ei
扶绥龙头	ei	ᴇi/ei/ei	i/ei/i	ei	øi/wei/uei	øi/wei/ei	uei/wei/øi
百色那毕	i/øi/i	ᴇi/øi/øi	i/øi/i	øi	øi/øi/—	øi	ʋøi/øi/øi
田东平马	i/uoi/i	—/uoi/uoi	i/uoi/—	uoi	uoi	uoi	uoi
田东林逢	i/øi/i	ᴇi/øi/øi	i/øi/i	øi	øi/øi/uøi	øi	uøi/øi/øi
富宁剥隘	i/øi/i	ᴇi/ᴇi/øi	i/øi/i	øi	øi/wᴇi/—	øi/wᴇi/ᴇi	wᴇi/wᴇi/ᴇi
融水融水镇	i	i	i	i	ᴇ/wᴇ/wᴇ	øi/wᴇ/i	wye/wᴇ/i

4.2.4 古效摄、流摄的主要今读

开建话与桂南平话古效摄、流摄今读一致的语音特点有：(1) 古效开三四等今读基本都已合并（开建话端系非去声韵读 ɛu，其余读 i^{u}；桂南平话基本都读 iu）。(2) 古流开一三等非帮组和影组韵母今读合并趋势明显（只有宾阳地区的平话仍较多保留两者的区别）。(3) 古流开三尤部唇音韵母多跟遇合一合并；幽部唇音韵母多跟效开三合并。(4) 古流摄和效摄今读有别。

开建话与桂南平话古效摄、流摄今读比较明显的区别性语音特点有：(1) 开建话古效摄开口一二三等基本不混，但是大部分桂南平话古

效摄开口一二等基本上都合并了(宾阳、融水、横县、灵山地区的平话跟开建话类似)。(2) 开建话古效开三四等和流开一三等都有明显的去声分韵现象,桂南平话只有少部分方言(如横县横州平话)有类似的现象。

例证见 4－12。

表 4－12　开建话与桂南平话古效、流摄主要今读对照表

古韵摄	效开一	效开二	效开三	效开四	流开一	流开三尤	流开三幽
例　字	宝/高/考	饱/交/貌	朝/笑/桥	条/吊/萧	头/后/漏	流/瘦/油/妇	幽/彪
封开开建	ɔ/ɔ/au	au	ɛu/i^{u}/i^{u}	ɛu/i^{u}/i^{u}	ɐu/ɐu/ɔu	ɐu/ɔu/iɐu/u	iɐu/ɛu
南宁亭子	au	au	iu	iu	ɐu	ɐu/ɐu/iɐu/u	iɐu/iu
南宁石埠	au	au	iu	iu	ɐu	ɐu/ɐu/jɐu/u	jɐu/iu
南宁四塘	au	au	iu	iu	ɐu	ɐu/ɐu/jɐu/u	jɐu/iu
宾阳芦墟	ɛu/ɛu/au	ɛu/au/ɛu	iu	iu	ɔu	ou/au/iou/ou	iou/iu
宾阳王灵	øu/øu/au	au/øu/øu	iu	iu	ɐu	əu/ɐu/jəu/əu	jəu/iu
宾阳新桥	øu/øu/au	au/øu/øu	iu	iu	ɐu	əu/ɐu/jəu/əu	jəu/iu
宾阳黎塘	ɔu/ɔu/au	au/ɔu/ɔu	iu	iu	ɐu	əu/ɐu/jəu/əu	jəu/iu
马山乔利	au	au	iu	iu	ou/ɔu/ɔu	ou/ɔu/iou/ou	iou/iu
横县百合	ɔu/ɔu/au	au	iu	iu	ɐu	ɐu/ɐu/jɐu/u	jɐu/iu
横县横州	ou①	au	iu	iu	ɔu	ɔu/ou/iou/u	iou/iu
灵山丰塘	ou/ou/au	au	iu	iu	ɐu	ɐu/ɐu/iɐu/u	jɐu/iu
崇左新和	au	au	iu	iu	əu/ɐu/ɐu	əu/ɐu/jəu/əu	jəu/iu
龙州上龙	au	au	iu	iu	ou	ou/ou/jou/ou	iou/iu
扶绥城厢	au	au	iu	iu	əu/ɐu/ɐu	əu/ɐu/iəu/əu	iɐu/iu
扶绥龙头	au	au	iu	iu	ou/ɔu/ɔu	ou/ou/iou/ou	iou/iu
百色那毕	Au	Au	iu	iu	ou	ou/ou/jou/ou	jou/iu
田东平马	au	au	iu	iu	ɐu	ɐu/ɐu/jɐu/ɐu	jɐu/iu
田东林逢	au	au	iu	iu	ɔu	ɔu/ɔu/iɔu/ɔu	iɔu/iu
富宁剥隘	ao	ao	iu	iu	ou	ou/ou/iou/ou	iou/iu
融水融水镇	əu	ao	iu	iu	ɔu	ɔu/ɔu/iɔu/u	iɔu/iu

① 新派“考”读作 au。

4.2.5　古咸摄、深摄的主要今读

开建话与桂南平话古咸摄、深摄今读一致的语音特点有：(1) 古咸开一非见系韵母跟咸开二韵母合流为 am/p 韵。(2) 古咸开三四等今读合流(开建话端系非去声韵多读作 ɛm,其余基本读作 iu;桂南平话基本上都是读作 iu)。(3) 古咸开二与咸开三四今读有别,二等基本都读作 am/p,三四等多读作 im/p。(4) 古咸、深摄今读基本都还保留 m/p 韵尾,但咸、深两摄韵腹读音有别。

开建话与桂南平话古咸摄、深摄今读比较明显的区别在于：(1) 开建话与宾阳、融水、横县、灵山地区的桂南平话古咸开一二等见系韵母读音有别,其余桂南平话多已合并。(2) 开建话古咸、深三四等有明显的去声分韵现象,而桂南平话一般不存在类似的现象。(3) 开建话与多数桂南平话古咸合三阳声韵尾多保留唇音韵尾 m,但是少部分桂南平话很少保留有唇音韵尾。

例证见 4 - 13。

表 4 - 13　开建话与桂南平话古咸、深摄主要今读对照表
(多举平声韵以亥上去入,下同)

古韵摄	咸开一覃	咸开一谈	咸开二咸	咸开二衔	咸开三盐	咸开三严	咸开四添	咸合三凡	深开三侵
例　字	南/含	三/柑	咸/斩	衫/监	尖/盐	剑	甜/兼	犯	心/音
封开开建	am/ɔm	am/ɔm	am	am	ɛm/im	im	ɛm/im	am	ɐm/iɐm
南宁亭子	am	am	am	am	im	im	im	am	ɐm/iɐm
南宁石埠	am	am	am	am	im	im	im	am	ɐm/jɐm
南宁四塘	am	am	am	am	im	im	im	an	ɐm/jɐm
宾阳芦墟	am/øn	am/øm	am	am	im	im	im	am	əm/iəm
宾阳王灵	am/øm	am/øm	am	am	im	im	im	am	əm/iəm
宾阳新桥	am/øm	am/øm	am	am	im	im	im	am	əm/iəm
宾阳黎塘	am/ɔm	am/ɔm	am	am	im	im	im	am	əm/iəm
横县横州	am/ɐm	am/əm	am	am	im	im	im	an	ɐm/iɐm

续　表

古韵摄	咸开一覃	咸开一谈	咸开二咸	咸开二衔	咸开三盐	咸开三严	咸开四添	咸合三凡	深开三侵
例　字	南/含	三/柑	咸/斩	衫/监	尖/盐	剑	甜/兼	犯	心/音
灵山丰塘	am/ɔm	am/ɔm	am	am	im	im	im	an	ɐm/jɐm
横县百合	am/ɔm	am/ɔm	am	am	im	im	im	am	ɐm/jɐm
马山乔利	am	am	am	am	im	in	im	am	ɐm/iɐm
崇左新和	am	am	am	am	im	im	im	am	ɐm/jɐm
龙州上龙	am	am	am	am	im	im	im	am	ɐm/jɐm
扶绥城厢	am	am	am	am	im	im	im	an	ɐm/iɐm
扶绥龙头	am	am	am	am	im	im	im	am	ɐm/iɐm
百色那毕	Am	Am	Am	Am	im	im	im	An	əm/jəm
田东平马	am	am	am	am	im	im	im	an	ɐm/jɐm
田东林逢	am	am	am	am	im	im	im	am	ɐm/iɐm
富宁剥隘	am	am	am	am	im	im	im	am	əm/iəm
融水融水镇	am/əm	am/əm	am	am	im	im	im	am	əm/iəm

4.2.6　古山摄、臻摄开口的主要读音

开建话与桂南平话古山、臻摄开口今读一致的语音特征有：(1) 古山开一二等非见系韵母今读基本都已合流为 an/t。(2) 古山开三四等今读基本都已合流(绝大多数桂南平话基本都读作 in/t；开建话端系非去声韵母多读作 ɛn/t，其余多读作 in/t；南宁亭子平话见系韵母多读作 yn/yt，非见系为 in/t)。(3) 古臻开一三等韵母今读多已合并(宾阳地区的平话还部分保留两者的区别)。(4) 古山、臻两摄基本仍保留 n/t 韵尾，但山、臻两摄的韵腹读音有别。

开建话与桂南平话古山、臻摄开口今读差别比较明显的语音特点有：(1) 开建话与宾阳、融水、横县、灵山地区的桂南平话古山开一二等见系韵母读音有别，其余桂南平话多已合并。(2) 开建话古山、臻三四等今读有明显的去声分韵现象，而桂南平话一般不存在

类似的现象。(3) 开建话与多数桂南平话古臻开三影组韵母今读多仍保留 i 介音，但是也有部分桂南平话古臻开三影组韵母已失去 i 介音。

例证见 4 - 14。

表 4 - 14　开建话与桂南平话古山、臻摄开口主要今读对照表

古韵摄	山开一寒	山开二山	山开二删	山开三仙	山开三元	山开四先	臻开一痕	臻开三真(臻)	臻开三殷
例　字	炭/干	扮/间	班/奸	鞭/件	言/建	天/坚	吞/跟	亲/因	斤/隐
封开开建	an/ɔn	an	an	ɛn/in	in	ɛn/in	ɐn	ɐn/iɐn	ɐn/iɐn
南宁亭子	an	an	an	in/yn	yn/in	in/yn	ɐn	ɐn/iɐn	ɐn
南宁石埠	an	an	an	in	in	in	ɐn	ɐn	ɐn
南宁四塘	an	an	an	in	in	in	ɐn	ɐn	ɐn
宾阳芦墟	an/øn	an	an	in	in	in	ən	ən/iən	ən/iən
宾阳王灵	an/øn	an	an	in	in	in	ɐn	ən/jən	ɐn/jən
宾阳新桥	an/øn	an	an	in	in	in	ɐn	ən/jən	ɐn/jən
宾阳黎塘	an/ɔn	an	an	in	in	in	ɐn	ən/jən	ɐn/jən
横县横州	an/on	an	an	in	in	in	ən	ən	ən/ʋən
横县百合	an/ɔn	an	an	in	in	in	ɐn	ɐn	ɐn
灵山丰塘	an/ɔn	an	an	in	in	in	ɐn	ɐn	ɐn/jɐn
马山乔利	an	an	an	in	in	in	ɐn	ɐn/iɐn	ɐn/iən
崇左新和	an	an	an	in	—/in	in	ɐn	ɐn/jɐn	ɐn/jɐn
扶绥城厢	an	an	an	in	in	in	—/ɐn	ɐn/iɐn	ɐn/iɐn
扶绥龙头	an	an	an	in	in	in	ən	ɐn/ən	ən/iən
龙州上龙	an	an	an	in	in	in	ən	ən	ən
百色那毕	An	An	An	in	in	in	ən	ən	ən
田东平马	an	an	an	in	in	in	ɐn	ɐn	ɐn/wɐn
田东林逢	an	an	an	in	in	in	ɐn	ɐn	ɐn
富宁剥隘	an	an	an	in	in	in	ɐn	ɐn/yən	ɐn/iɐm
融水融水镇	an/wan	an	an	in	in	in	ən	ən/iEn	En/iEn

4.2.7　古山摄、臻摄合口的主要读音

开建话与桂南平话古山、臻合口今读一致性的读音特点有：(1) 古山合一今读不同于古山合二的今读，一般也不区分古山合二等重韵。(2) 古山合三元部的唇音韵母一般读作 an/at，跟非唇音韵母不同；而非唇音韵母一般读作 yn/yt 或 v(ʋ)in/v(ʋ)it，基本上已经跟古山合三等的仙部合并了。(3) 古山合四先部今读基本上已经跟古山合三的仙部合并了。(4) 古臻摄合口一三等今读基本上已合并。

开建话古山、臻摄合口今读跟桂南平话区别比较明显的语音特征有：(1) 开建话古山合一端系韵母今读跟非端系韵母有别，前者读 yn，后者读 un；而桂南平话无此区别，基本都读作 un。(2) 古山合三四等非唇音韵母今读开建话与南宁亭子、融水、横县百合等地的桂南平话以读 yn 为主，宾阳地区的平话以读 jun 为主，其余地区的桂南平话多读作 in 或 w/vin。

例证见 4－15。

表 4－15　开建话与桂南平话古山、臻摄合口主要今读对照表

古韵摄	山合一桓	山合二山	山合二删	山合三仙	山合三元	山合四先	臻合一魂	臻合三谆术	臻合三文物
例　字	搬/团	顽	关/闩	全/圆	反/元	犬/渊	昆/奔	春/匀	文/军
封开开建	ɔn/yn	an	uan/an	yn	an/yn	yn	uɐn/ɐn	ɐn/uɐn	ɐn/uɐn
南宁亭子	un	an	wan/an	yn	an/yn	yn/—	wɐn/ɐn	iɐn/vɐn	ɐn/wɐn
南宁石埠	un	—	uan/an	in/win	an/win	uin/in	uɐn/ɐn	ɯn/wɯn	ɐn/uɐn
南宁四塘	un	—	uan/an	in	an/in	in	uɐn/ɐn	ɐn/jɐn	ɐn/uɐn
宾阳芦墟	un	ʋan	wan/—	un/yn	an/yn	un/yn	wən/ən	ən/iən	ən/wən
宾阳王灵	un	uan	uan/an	un/jun	an/un	jun	uɐn/ɐn	ən/jən	ɐn/uən
宾阳新桥	un	an	uan/an	un/jun	an/jun	jun	ən/ɐn	ən/jən	ɐn/uən
宾阳黎塘	un	—	uan/an	un/jun	an/jun	jun/in	uən/ɐn	ən/jən	ɐn/uən
横县横州	un	ʋan	wan/an	yn	an/yn	yn	wən/ən	ən/uɐn	ən/wən
灵山丰塘	un	wan	an/—	in	an/in	in	uɐn/ɐn	ɐn/jɐn	ɐn/uɐn

续 表

古韵摄	山合一桓	山合二山	山合二删	山合三仙	山合三元	山合四先	臻合一魂	臻合三谆术	臻合三文物
例　字	搬/团	顽	关/闩	全/圆	反/元	犬/渊	昆/奔	春/匀	文/军
横县百合	un	wan	uan/an	wan	an/yn	yn	wɐn/ɐn	ɐn/jɐn	ɐn/wɐn
马山乔利	un	an	wan/—	in/vin	an/vin	in	wɐn/ɐn	ən/iən	vɐn/wɐn
崇左新和	un	—	uan/—	in/vin	an/vin	—/vin	—/ɐn	ən/vən	ɐn/uən
扶绥城厢	un	—	uan/an	in/vin	an/vin	ɛn/in	uɐn/ɐn	ən/uɐn	ɐn/uɐn
扶绥龙头	un	an	wan/—	in/vin	an/vin	win/in	wən/ɐn	ən/iən	ən/wən
龙州上龙	un	an	wan/in	in	an/in	im/in	wən/ɐn	ən	ən/wən
百色那毕	un	ʋʌn	wʌn/ʌn	in/ʋin	ʌn/ʋin	in	wən/ən	əːn/jən	ən/wən
田东林逢	un	an	an/—	in/vin	an/vin	in	ɐn	ɐn/vɐn	ɐn
田东平马	un	wan	uan	—/win	an/win	in	uən/ɐn	ɐn/jən	ɐn/uən
富宁剥隘	un	an	wan/—	in/vin	an/vin	—/in	wɐn/ɐn	uən/yn	ɐn/wɐn
融水融水镇	un	uan	wan/yɛn	un/yn	an/yn	yn	wən/ən	ən/yɛn	wən/yɛn

4.2.8 古宕摄、江摄和通摄的主要今读

开建话与桂南平话古宕、江、通三摄今读一致的语音特点有：(1) 古宕摄开口一等跟三等非庄组韵母今读仍旧保持对立，而古宕开三的庄组韵母今读多已跟古宕开一合并了。(2) 古宕合一和古宕合三今读也基本上合并了。(3) 古通摄合口一三等今读已经合并，并且一般都不区分古通摄合口三等重韵。

开建话与桂南平话古宕、江、通三摄今读比较明显的区别有：(1) 开建话跟半数左右的桂南平话古江摄庄组韵母的读音与非庄组韵母读音有别，其余桂南平话两者多没有区别。(2) 开建话跟多数桂南平话古江开二非庄组韵母今读基本上都已经跟古宕开一合并了，但是还有一部分桂南平话(如宾阳和融水地区的平话)两者并未合并。(3) 开建话和部分桂南平话古宕开一唇音和非唇音韵母今读无别，但是多数桂南平话两者读音是有区别的(宕开一唇音韵母多跟宕

合一三等合并)。

例证见 4 - 16。

表 4 - 16　开建话与桂南平话古宕、江、通摄主要今读对照表

古韵摄	宕开一	宕开三	宕合一	宕合三	江开二	通合一东	通合一冬	通合三东	通合三钟
例　字	忙/缸	姜/床	光/荒	方/王	巷/窗	蒙/翁	冬/宋	风/融	龙/容
封开开建	œŋ	yŋ/œŋ	u^{o}ŋ	u^{o}ŋ	œŋ/yŋ	ɔŋ	ɔŋ/uŋ	ɔŋ/iɔŋ	ɔŋ/iɔŋ
南宁亭子	aŋ	ᴇŋ/aŋ	oŋ	oŋ	aŋ	øŋ	øŋ	øŋ/yøŋ	øŋ/yøŋ
南宁石埠	aŋ	ɛŋ/aŋ	uŋ	uŋ	aŋ	oŋ/joŋ	oŋ	oŋ/joŋ	oŋ/joŋ
南宁四塘	uŋ/aŋ	ɛŋ/aŋ	uŋ	uŋ	aŋ	oŋ/woŋ	oŋ	oŋ/joŋ	oŋ/joŋ
宾阳芦墟	uŋ/øŋ	ᴇŋ/øŋ	uŋ	uŋ/oŋ	aŋ/uŋ	oŋ/ʋoŋ	oŋ	oŋ/ioŋ	oŋ/ioŋ
宾阳王灵	uŋ/øŋ	ɛŋ/øŋ	uŋ	uŋ	aŋ/uŋ	oŋ	oŋ	oŋ/joŋ	oŋ/joŋ
宾阳新桥	uŋ/øŋ	eŋ/øŋ	uŋ	uŋ	aŋ/uŋ	oŋ/woŋ	oŋ	oŋ/joŋ	oŋ/joŋ
宾阳黎塘	uŋ/ɔŋ	eŋ/ɔŋ	uŋ	uŋ	aŋ/ɔŋ	oŋ	oŋ	oŋ/joŋ	oŋ/joŋ
横县横州	ɔŋ	ᴇŋ/ɔŋ	wɔŋ/ʋɔŋ	ɔŋ/ʋɔŋ	ɔŋ	oŋ/ioŋ	oŋ	oŋ/ioŋ	oŋ/ioŋ
横县百合	ɔn/aŋ	iaŋ/aŋ	ɔŋ/wɔŋ	ɔŋ/wɔŋ	aŋ/ɔŋ	uŋ/juŋ	uŋ	uŋ/juŋ	uŋ/juŋ
灵山丰塘	ɔn/aŋ	ɛŋ/aŋ	ɔn/wɔn	ɔn/wɔn	aŋ/ɔn	uŋ/juŋ	uŋ	uŋ/juŋ	uŋ/juŋ
马山乔利	oŋ/aŋ	ᴇŋ/aŋ	oŋ	oŋ	aŋ	ɔŋ	ɔŋ	ɔŋ/iɔŋ	ɔŋ/iɔŋ
崇左新和	aŋ	—/aŋ	uŋ	uŋ	aŋ/—	oŋ	oŋ	oŋ/joŋ	oŋ/joŋ
扶绥城厢	uŋ①/aŋ	iɛŋ/aŋ	uŋ	uŋ	aŋ	ɔŋ/vɔŋ	ɔŋ	ɔŋ/iɔŋ	ɔŋ/iɔŋ
扶绥龙头	aŋ	ᴇŋ/aŋ	uŋ	uŋ	aŋ	uŋ/ɔŋ	ɔŋ	ɔŋ/iɔŋ	ɔŋ/iɔŋ
龙州上龙	aŋ	ᴇŋ/aŋ	ɔŋ/oŋ	ɔŋ/oŋ	aŋ/ᴇŋ	oŋ	oŋ	oŋ/joŋ	oŋ/joŋ
百色那毕	ᴀŋ	ᴇŋ/ᴀŋ	oŋ	oŋ	ᴀŋ	ɔŋ	ɔŋ	ɔŋ/jɔŋ	ɔŋ/jɔŋ
田东平马	aŋ	iəŋ/aŋ	uŋ	uŋ	aŋ	oŋ	oŋ	oŋ/joŋ	oŋ/joŋ
田东林逢	aŋ	ᴇŋ/aŋ	oŋ	oŋ	aŋ	ɔŋ	ɔŋ	ɔŋ/iɔŋ	ɔŋ/iɔŋ
富宁剥隘	oŋ/aŋ	ᴇŋ/aŋ	oŋ	oŋ	aŋ	oŋ/voŋ	ɔŋ/oŋ	ɔŋ/ioŋ	oŋ/ioŋ
融水融水镇	uŋ/ɔŋ	iŋ/uŋ	uŋ	uŋ/yuŋ	ɐŋ/uŋ	uŋ/ɔŋ	ɔŋ	ɔŋ/iɔŋ	ɔŋ/iɔŋ

① 扶绥城厢"忙"字韵母还有一读为 aŋ。

4.2.9　古曾摄、梗摄的主要今读

开建话跟桂南平话古曾、梗摄今读一致的语音特点有：(1) 古梗开合二等跟梗开合三等的今读多有别。(2) 古梗摄开合三四等今读基本上都已经合并了。

开建话与桂南平话古曾、梗摄今读比较明显的区别有：(1) 开建话的古曾摄开合一三等今读有明显的合并趋势，但是桂南平话除了个别入声字外，古曾摄开合一三今读基本不混。(2) 开建话古曾开三今读与梗开三、四今读区别明显，但是桂南平话除了龙州和融水平话外，其余的桂南平话两者基本上都已经合并了。(3) 开建话古曾开一和梗开二今读区别明显，但是多数桂南平话梗开二都有跟曾开一合流的趋势。(4) 开建话与多数桂南平话古梗开三四等今读仍保留后鼻音韵尾 ŋ/k，但是一部分桂南平话已经读作前鼻音韵尾 n/t。(5) 开建话曾开三的 i 介音有韵腹化趋势，而桂南平话则多已失去 i 介音。(6) 开建话梗合三四等除了“荣永”今读仍保留 u 介音外，其它都是 i 开头的；而大多数桂南平话仍保留 u 介音及其变体 ʋ。

具体例证见 4－17 和 4－18。

表 4－17　开建话与桂南平话古曾、梗摄开口主要今读对照表

古韵摄	曾开一	曾开三	梗开二庚	梗开二耕	梗开三庚	梗开三清	梗开四青
例　字	灯/肯	蒸/应	彭/羹	棚/耕	丙/景	饼/颈	瓶/经
封开$_{\text{开建}}$	ɐŋ	ɐŋ/i^{ɐ}ŋ	ɛŋ	ɛŋ/ɛk	i^{ə}ŋ	i^{ə}ŋ	i^{ə}ŋ
南宁$_{\text{亭子}}$	əŋ	ɐŋ	Eŋ	øŋ/Eŋ	ɐŋ	ɐŋ	ɐŋ
南宁$_{\text{石埠}}$	ɐŋ	ɯn	ɛŋ	aŋ/ɛŋ	ɯn	ɯn	ɯn
南宁$_{\text{四塘}}$	ɐŋ	eŋ	aŋ/ɛŋ	aŋ/ɛŋ	eŋ	eŋ	eŋ
宾阳$_{\text{芦墟}}$	əŋ/ən	ɐŋ	aŋ/—	aŋ	ɐŋ	ɐŋ/əŋ	ɐŋ
宾阳$_{\text{王灵}}$	ɐŋ	əŋ	aŋ	aŋ	əŋ	əŋ	əŋ
宾阳$_{\text{新桥}}$	ɐŋ	əŋ	ɐŋ/aŋ	aŋ	əŋ	əŋ	əŋ
宾阳$_{\text{黎塘}}$	ɐŋ	ɪŋ	aŋ	aŋ	ɪŋ	ɪŋ	ɪŋ

续　表

古韵摄	曾开一	曾开三	梗开二庚	梗开二耕	梗开三庚	梗开三清	梗开四青
例　字	灯/肯	蒸/应	彭/羹	棚/耕	丙/景	饼/颈	瓶/经
横县横州	əŋ	ɐŋ	aŋ/əŋ	aŋ/əŋ	ɐŋ	ɐŋ	ɐŋ
灵山丰塘	ɐŋ	eŋ	aŋ	aŋ	eŋ	eŋ	eŋ
横县百合	ɐŋ	eŋ	aŋ/ɐŋ	aŋ	eŋ	eŋ	eŋ
马山乔利	ɐŋ	ən	aŋ/ᴇŋ	aŋ/ᴇŋ	ən	ən	ən
崇左新和	ɐŋ	ən	ɐŋ/ɐŋ(ɛŋ)	ɐŋ(ɛŋ)/ɛŋ	ən	ən	ən
扶绥城厢	ɐŋ	eŋ	ɛŋ/ɐŋ	ɛŋ/iɛŋ	eŋ	eŋ	eŋ
扶绥龙头	ɐŋ	eŋ/əŋ	ᴇŋ/ᴇk	ɐŋ	eŋ	eŋ	eŋ
龙州上龙	ɐŋ	ən	aŋ/—	ɐŋ	ɐn	ɐn	ɐn
百色那毕	əŋ	ən/əːn	ᴀŋ/ᴇŋ	ᴀŋ/ᴇŋ	ən/əːn	ən	ən/əːn
田东平马	ɐŋ	ən	ɐŋ/iəŋ	ɐŋ/iəŋ	ən	ən	ən
田东林逢	ɐŋ	ən	aŋ/ᴇŋ	ɐŋ/ᴇŋ	ən	ən	ən
富宁剥隘	ɐŋ	ɯn	aŋ/ᴇŋ	oŋ/ᴇŋ	ɯn	ɯn	ɯn
融水融水镇	ɐŋ	eŋ	ɔŋ/ᴇŋ	ɔŋ/ᴇŋ	ᴇŋ	ᴇŋ	ᴇŋ

表 4－18　开建话与桂南平话古曾、梗摄合口主要今读对照表

古韵摄	曾合一登德	曾合三职	梗合二庚陌	梗合二耕麦	梗合三庚	梗合三清昔	梗合四青
例　字	弘/或	域	横/矿	宏/获	兄/荣/永	营/疫	萤(莹)
封开开建	uɐŋ/uɐk	uɐk	uɛŋ/uŋ	ɔŋ(uɐŋ)/uɔk	i^{ə}ŋ/ui^{ə}ŋ/ui^{ə}ŋ	i^{ə}ŋ/i^{ɛ}k	iɐŋ(i^{ə}ŋ)
南宁亭子	øŋ/ɷk	viɐk	vᴇŋ/waŋ	øŋ/vᴇk	vɐŋ/yøŋ/vɐŋ	vɐŋ/vᴇk	—
南宁石埠	uŋ/uk	wɯt	wɛŋ/uaŋ	oŋ/wɛk	wɯn/joŋ/wɯn	wɯn/wɯt	wɯn
南宁四塘	oŋ/wak	wek	wɛŋ/uŋ	—/wak	weŋ	weŋ/wek	jeŋ
宾阳芦墟	oŋ/ʋak	ʋɪk	ʋaŋ/uŋ	oŋ/uak	ʋɐŋ/ioŋ/ʋɐŋ	ʋɐŋ/ʋɪk	ʋɐŋ
宾阳王灵	oŋ/wak	wək	waŋ/uŋ	oŋ/wak	wəŋ	wəŋ/wək	jəŋ
宾阳新桥	oŋ/wak	wək	waŋ/uŋ	oŋ/wak	wəŋ	wəŋ/ək	jəŋ
宾阳黎塘	oŋ/wak	wik	waŋ/ɔŋ	oŋ/wak	wiŋ	wiŋ/wik	jɪŋ
横县百合	—/wɔk	wek	waŋ/wɔŋ	uŋ/wak	weŋ	jeŋ/wek	jeŋ
横县横州	oŋ/ʋɔk	ʋɪk	ʋaŋ/wɔŋ	oŋ/ʋɔk	ʋɐŋ	ʋɐŋ/ʋɪk	ʋɐŋ

续 表

古韵摄	曾合一登德	曾合三职	梗合二庚陌	梗合二耕麦	梗合三庚	梗合三清昔	梗合四青
例　字	弘/或	域	横/矿	宏/获	兄/荣/永	营/疫	萤(莹)
灵山丰塘	uŋ/wɔk	wik	uɐŋ/ɔn	uŋ/wɔk	eŋ/weŋ/weŋ	jeŋ/ik	jeŋ
马山乔利	ɔŋ/ɔ	i	uᴇŋ/oŋ	ɔŋ/ɔ	vən/iɔŋ/vən	ən/i	iɔŋ
崇左新和	—	vət	vɛŋ/uaŋ	—	vən/joŋ/vən	—/jət	—
扶绥城厢	ɔŋ/vak	vek	vɛŋ/uaŋ	ɔŋ/vak	veŋ/iɔŋ/veŋ	ieŋ/ek	ieŋ
扶绥龙头	uŋ/uk	vek	veŋ/waŋ	uŋ/vᴇk	veŋ/iuŋ/veŋ	veŋ/vek	veŋ
龙州上龙	oŋ/ɔk/vɐk	—	vᴇŋ/waŋ	oŋ/vᴇk	ɐn/joŋ/vɐn	jeŋ/jɐt	jeŋ
百色那毕	ɔŋ/uk	ʋɐt	ʋᴇŋ/wᴀŋ	ɔŋ/ʋᴀk	ʋəːn/jɔŋ/ʋəːn	ʋən/ʋɐt	ʋən
田东平马	oŋ/uk	wət	wiəŋ/uaŋ	oŋ/wɐk	wən/joŋ/wən	wən/wət	wən
田东林逢	oŋ/ok	vət	uᴇŋ/aŋ	ɔŋ/uak	vən/iɔŋ/vən	vən/iət	iɔŋ
富宁剥隘	oŋ/vak	iɷk	vᴇŋ/waŋ	oŋ/ut	vɯn/ioŋ/ioŋ	iɯn/ik	iɯn
融水融水镇	ɔŋ/wɐk	yet	wᴇŋ/uŋ	uŋ/wᴇt	ᴇŋ/iɔŋ/weŋ	yɛn/yet	wᴇŋ

4.3 单字调比较

由于目前发表的桂南平话材料中尚未发现有关连读变调的描写①,因此本节主要进行单字调的比较。

开建话与桂南平话单字调一致的语音特征有:(1) 古平、去、入皆按声母的清浊各自分出阴、阳两大类。(2) 古上声除了扶绥城厢的浊上并入他调外,其余方言点皆按声母的清浊分为阴上和阳上两大类。(3) 各调类调值基本维持阴高阳低的格局。

开建话与桂南平话声调区别比较明显的地方有:(1) 开建话与大多数桂南平话的阴入和阳入再以主元音或声母为条件分为上、下阴入和阳入两类,但是部分桂南平话如南宁石埠、扶绥城厢和融水镇

① 广西大学的林亦教授曾在第十四届国际粤方言研讨会中向笔者透露,有些桂南平话也有类似勾漏片粤语一样的连读变调。看来今后需更多地关注桂南平话的连读变调情况。

平话的阴入没进一步分化，而宾阳王灵、宾阳新桥、宾阳黎塘、扶绥城厢和融水镇的平话则是阳入没有分化。（2）各调类的调值开建话及桂南平话之间区别比较明显。

具体见表 4 - 19 所示。

表 4 - 19　开建话与桂南平话单字调对照表

中古调类	平		上		去		入			
中古声母	清	浊	清	浊	清	浊	清		浊	
调类名称	阴平	阳平	阴上	阳上	阴去	阳去	上阴入	下阴入	上阳入	下阳入
封开开建	44	24	52	242	32	21	55	32	34	21
南宁亭子	41	21	33	13	55	223	55	33	24	22
南宁四塘	55	21	33	24	35	22	5	3	24	2
南宁石埠	55	31	33	24	35	22	3		24	2
宾阳芦墟	34	213	33	22	55	42	55	33	42	11
宾阳王灵	35	213	33	22	55	21	5	3	42	
宾阳新桥	24	213	33	22	55	41	5	3	2	
宾阳黎塘	35	213	33	22	55	21	5	3	2	
马山乔利	55	41	33	22	35	13	33	55	22	35
横县百合	34	13	44	23	55	42	4	3	2	42
横县横州	55	25	33	13	53	22	55	33	22	35
灵山丰塘	34	212	33	22	55	43	5	3	42	2
百色那毕	54	42	33	13	35	22	33	55	13	22
田东林逢	54	41	33	13	35	22	33	55	13	22
田东平马	55	42	33	13	35	322	5	3	23	21
富宁剥隘	44	31	33	21	13	22	55	33	22	35
崇左新和	55	31	33	21	35	22	33	35	22	21
龙州上龙	55	31	33	53	35	21	33	35	55	11
扶绥龙头	53	21	33	11	35	22	33	35	22	13
扶绥城厢	355	33	53	—	24	22	3		2	
融水融水镇	53	21	55	44	435	134	55		23	

4.4 开建话跟桂南平话的语音一致性与差异性

4.4.1 语音一致性

通过上面声韵调方面的对比，我们总结出开建话跟桂南平话在语音上有以下一致性：

（1）古全浊塞音声母今读主要读作不送气的清塞音或清塞擦音。

（2）古明微今读大多不分，仍读作鼻音 m。

（3）古知组声母的分合基本上是一致的，主要是古澄母清化并入了古知母，读作不送气的清塞擦音。

（4）古知组声母大多已跟庄组和章组声母合并。

（5）古精清、庄初、章昌已经合并为一套不区别意义的塞擦音 ʧ、ʦ 或 ʨ。

（6）古从、邪今读不分，多读作不送气清塞擦音。

（7）古船、禅今读不分。

（8）古生、书今读合流为一套清擦音 ʃ、s、ɬ 或 ɕ。

（9）古疑母三等和日母今读大多合流（绝大多数方言点以读舌面前鼻音 ȵ 为主，个别方言点如扶绥县内的平话以读零声母为主）。

（10）古疑母一等非合口字基本仍保留舌根鼻音 ŋ 的读法。

（11）古见母（非流深臻韵）今多读作清不送气塞音 k。

（12）古晓母开口基本都读作 h；古匣母合口多读作零声母。

（13）古云、以母今读在合口呼前面多读作零声母

（14）古果摄开合口一等非见系韵母基本上都合并了；古果摄开合口一等与开合口三等基本不混。

（15）古假摄开合口基本不混（晓组韵母除外）。

（16）古遇摄合口三等鱼韵庄组韵母读音跟非庄组不同；古遇合一三等今读基本不混（庄组、非组韵母除外）。

(17) 古蟹开一唇音韵母跟蟹合一唇音韵母合并，与非唇音韵母今读有别；古蟹开合二三等韵母今读有别；蟹合一二三等多数有别；古蟹开合三四等今读多已合并。

(18) 古止摄开合三等唇音韵母多合并，非唇音韵母多数仍有别；古止摄开口唇音和舌音韵母今读以读作复合元音为主；古止合三见系韵母跟古蟹合三四见系韵母合并趋势明显。

(19) 古效开三四等今读基本都已合并。

(20) 古流开一三等非帮、影组韵母今读合并趋势明显(只有宾阳地区的平话仍较多保留两者的区别)。

(21) 古流开三尤部唇音韵母多跟遇合一合并；幽部唇音韵母多跟效开三合并。

(22) 古流摄和效摄今读有别。

(23) 古咸开一非见系韵母跟咸开二韵母合流为 am/p 韵；古咸开三四等今读合流；古咸开二与咸开三四今读有别，二等基本都读作 am/p，三四等多读作 im/p。

(24) 古咸、深摄今读基本都还保留 m/p 韵尾，但咸、深两摄韵腹读音多有别。

(25) 古山开一二等非见系韵母今读基本都已合流为 an/t；古山开三四等今读基本都已合流；古山合一今读不同于古山合二的今读，一般也不区分古山合二等重韵；古山合三元部的唇音韵母一般读作 an/at，跟非唇音韵母不同；而非唇音韵母基本上已经跟古山合三等的仙部合并了；古山合四先部今读基本上已经跟古山合三的仙部合并了。

(26) 古臻开一三等韵母今读多已合并；古臻摄合口一三等今读基本上都已合并。

(27) 古山、臻两摄基本仍保留 n/t 韵尾，但山、臻两摄的韵腹读音有别。

(28) 古宕摄开口一等跟三等非庄组韵母今读仍旧保持对立，而古宕开三的庄组韵母今读多已跟古宕开一合并了；古宕合一和古宕合三今读也基本上合并了。

(29) 古通摄合口一三等今读已经合并，并且一般都不区分古通摄合口三等重韵。

(30) 古梗开合二等跟梗开合三等的今读多有别；古梗摄开合三四等今读基本上都已经合并了。

(31) 古平、去、入皆按声母的清浊各自分出阴、阳两大类；古上声除了扶绥城厢的浊上并入他调外，其余方言点皆按声母的清浊分为阴上和阳上两大类；各调类调值基本维持阴高阳低的格局。

4.4.2　语音差异性

开建话跟桂南平话在语音上也有不少差异性，表现如下：

(1) 开建话跟宾阳、横县和灵山等地的桂南平话的群母在流开三等韵前腭化为不送气塞擦音，其他桂南平话流开三中的群母基本仍读作清塞音 k。

(2) 开建话古非组非、敷、奉保留重唇音的比例要远高于桂南平话。

(3) 开建话古知、澄母三等较多地保留有“古无舌上”的读法，而桂南平话则很少保留有这种读法。

(4) 开建话的古从邪母跟崇、船、禅合并一套清塞擦音声母；而桂南平话的古从邪母主要读清塞擦音，跟崇、船、禅主要读擦音有别。

(5) 开建话的心、生、书母合并为一套清擦音 ʃ；但是桂南平话(融水平话除外)的心母跟生、书母的读音有别(心母多读作边擦音 ɬ，生、书母多读作清擦音 ʃ、s 或 ɕ)。

(6) 开建话古疑母二等今读仍为舌根鼻音 ŋ，桂南平话除了融水融水镇、百色那毕、横县横州和灵山丰塘等地的平话仍读舌根鼻音外，其他桂南平话多已腭化为舌面前鼻音 ȵ 或零声母，跟疑母三等合流；开建话疑母合口一等仍保留舌根鼻音 ŋ 的读法，桂南平话除了宾阳王灵平话仍较多保留舌根鼻音的读法外，其他桂南平话多读作零声母或双唇擦音声母。

(7) 开建话流深臻三摄中的见母多腭化为不送气清塞擦音 ʧ，而桂南平话除了宾阳、横县和灵山地区的平话流摄中的见母多腭化为清塞擦音外，其余桂南平话多仍保留舌根清塞音 k 的读法。

(8) 溪母合口字开建话多读作 f，而绝大多数的桂南平话多读作 h。

(9) 桂南平话(融水平话除外)晓母合口以读作零声母或半元音为主，跟开建话不一样。

(10) 桂南平话古匣母开口大部分今仍读 h，与开建话多读作零声母不同。

(11) 古云、以母今读在齐齿呼和撮口呼前面开建话以读零声母为主(个别字如“熊勇舀”的白读为舌面前鼻音)，桂南平话则多读作清擦音 h(也有个别读作舌面鼻音或零声母)。

(12) 开建话和一部分桂南平话如南宁、宾阳、百色、横县、灵山等地区平话古果摄开合口一等见系韵母多数已经合并了，但是其他地区的桂南平话两者读音大多有别。

(13) 开建话古假摄开口三等非零声母韵母都保留 i 介音(且介音有韵腹化趋势)，而桂南平话古假摄开口三等非零声母韵母一般没有 i 介音(但是很多点读作 i，说明介音已经变成主元音了)。

(14) 开建话古遇摄合口三等非组韵母跟合口一等合，桂南平话只有部分方言表现如此。

(15) 开建话遇合一跟果合一有别，部分桂南平话遇合一跟果合一合并；古遇合三鱼韵庄组韵母跟果开合一等韵母合并，而多数桂南平话遇合三鱼韵庄组韵母是跟遇合一合并。

(16) 开建话古蟹开一除了泰韵部分字读音跟古蟹开二读音相同外，大部分蟹开一的今读跟古蟹开二不同，但是桂南平话的古蟹开一二等却有明显的合并趋势。开建话跟一部分桂南平话古蟹开一哈、泰见系与非见系韵母的读音多是一样的，但是宾阳、横县、灵山、融水等地的平话咍韵和泰韵见系与非见系韵母读音明显有别。开建话古蟹开合三四等今读存在比较明显的去声分韵现象，桂南平话古蟹开合三四等今读则较少存在这类现象。

（17）开建话古止摄精组韵母今读多 u^{ɔ}，跟非精组有别；桂南平话止摄精组韵母则多无此类特征。开建话止开三微部韵母多读作 i，而桂南平话则大多读作复合韵母。

（18）开建话古效摄开口一二三等基本不混，但是大部分桂南平话古效摄开口一二等基本上都合并了（宾阳、融水、横县、灵山地区的平话跟开建话类似）。开建话古效开三四等和流开一三等都有明显的去声分韵现象，桂南平话只有少部分方言（如横县平话）有类似的现象。

（19）开建话与宾阳、融水、横县、灵山地区的桂南平话古咸开一二等见系韵母读音有别，其余桂南平话多已合并。开建话古咸、深三四等有明显的去声分韵现象，而桂南平话一般不存在类似的现象。开建话与多数桂南平话古咸合三阳声韵尾多保留唇音韵尾 m，但是少部分桂南平话很少保留有唇音韵尾。

（20）开建话与宾阳、融水、横县、灵山地区的桂南平话古山开一二等见系韵母读音有别，其余桂南平话多已合并。开建话古山、臻三四等今读有明显的去声分韵现象，而桂南平话一般不存在类似的现象。

（21）开建话与多数桂南平话古臻开三影组韵母今读多仍保留 i 介音，但是也有部分桂南平话古臻开三影组韵母已失去 i 介音。

（22）开建话古山合一端系韵母今读跟非端系韵母有别，前者读 yn，后者读 un；而桂南平话无此区别，基本都读作 un。古山合三四等非唇音韵母今读开建话与南宁亭子、融水、横县百合等地的桂南平话以读 yn 为主，宾阳地区的平话以读 jun 为主，其余地区的桂南平话多读作 in 或 w/vin。

（23）开建话跟半数左右的桂南平话古江摄庄组韵母的读音与非庄组韵母读音有别，其余桂南平话两者多没有区别。

（24）开建话跟多数桂南平话古江开二非庄组韵母今读基本上都已经跟古宕开一合并了，但是还有一部分桂南平话（如宾阳和融水地区的平话）两者并未合并。

（25）开建话和部分桂南平话古宕开一唇音和非唇音韵母今读无别，但是多数桂南平话两者读音是有区别的（宕开一多跟宕合一三等合并）。

（26）开建话的古曾摄开合一三等今读有明显的合并趋势，但是桂南平话除了个别入声字外，古曾摄开合一三今读基本不混。开建话曾开三的 i 介音有韵腹化趋势，而桂南平话则多已失去 i 介音。

（27）开建话古曾开一和梗开二今读区别明显，但是多数桂南平话梗开二都有跟曾开一合流的趋势。开建话古曾开三今读与梗开三、四今读区别明显，但是桂南平话除了龙州和融水平话外，其余的桂南平话两者基本上都已经合并了。

（28）开建话与多数桂南平话古梗开三四等今读仍保留后鼻音韵尾 ŋ/k，但是一部分桂南平话已经读作前鼻音韵尾 n/t。开建话梗合三四等除了“荣永”今读仍保留 u 介音外，其它都是 i 开头的；而大多数桂南平话仍保留 u 介音及其变体 ʋ。

（29）开建话与大多数桂南平话的阴入和阳入再以主元音或声母为条件分为上、下阴入和阳入两类，但是部分桂南平话如南宁石埠、扶绥城厢和融水镇平话的阴入没进一步分化，而宾阳王灵、宾阳新桥、宾阳黎塘、扶绥城厢和融水镇的平话则是阳入没有分化。各调类的调值开建话及桂南平话之间区别比较明显。

4.4.3　小结

通过上面的对比我们不难发现，开建话跟桂南平话的一致性语音特征要比差异性特征突出。最为关键的地方是开建话跟桂南平话在主要的音类分合上一致性比较明显，其差异性主要表现在音类的具体音值上。有意思的是开建话跟桂南平话一致的语音特点中，多数重要的语音共同特征跟其他勾漏片粤语也是一致的，这意味着勾漏片粤语和桂南平话之间有着相当密切的联系。我们将在第七章专门讨论两者之间的关系及系属问题。

第五章
开建话跟标话的语音接触

开建话是较有地方特色的一种方言，这种方言主要是由汉族移民迁入该地区后逐渐形成的。但是在它漫长的发展过程中，开建话也不断地吸收了周边一些民族语言如标话的语言成分。而封开境内的标话由于长期受开建话影响，语言面貌也越来越像开建话。

封开标话跟怀集诗洞标话不完全一样，有人说是一种语言的两种方言。从《肇庆市志》和《封开县志》提供的音系材料来看，两者差别较大。因此加强封开境内标话的研究很有必要。本书调查的是跟开建话有密切接触的长安标话，因为长安标话周围都被开建话包围，从它入手更容易了解开建话跟标话的交融情况。

封开长安镇的讲标人主要集中在上下罗境、罗仇、庙后、上老柴、庚楼、马令寨、大棚、帝沐、老迈、老涝、东山、潭寺、帝塱等自然村，总人数估计有七八千人。据长安当地人说，讲标人主要出自“七姓祠”，其中以仇、褥、梁、陈四姓居多。本书的两位发音人在长安庙后村长大，后来都嫁到临近的金宝村。褥华娇，女，1954 年出生，小学文化；褥梅英，女，1942 年出生，一年级未读满。两位发音人除了会讲标话外都会讲一口流利的开建话。

我们先介绍封开长安标话的音系，然后探讨长安标话和开建话借词与被借词之间的语音对应关系，最后总结封开长安标话和开建话之间相互接触的语音特点。

5.1　封开长安(庙后)标话音系

《封开县志》方言部分介绍过标话，并总结有标话的音系。我们去除例字，把县志中归纳的声韵调情况总结如下：声母有 p、p^h、m、f、v、w、t、t^h、n、l、s、tɕ、$tɕ^h$、ȵ、c、j、k、k^h、ŋ、ʒ、h、Ø 22 个；韵母有 a、ai、au、am、an、aŋ①、ap、at、ak、i、ia、ie、iau、im、in、iaŋ、ip、it、ik、iəu、iem、ien、iat、iak、e、ea、ei、eu、em、en、ep、et、ek、u、ua、ui、un、uŋ、ut、uk、uai、uen、uaŋ、uat、uak、əu、ən、əŋ、uk、ɔ、ɔa、ɔi、ɔm、ɔn、ɔŋ、ɔp、ɔk、ø、øɔ、on、øŋ、øt、øk、y、ye、yn、yŋ、yt、yk、m、n、m②、ŋ 72 个；8 个声调分别是中降 42、高升 35、低升 13、中平 33、低平 11、高平 55(入声调)、中平 33(入声调)、低平 11(入声调)。

我们调查长安标话后总结出来的音系跟《封开县志》中标话的音系有较多的不同，具体如下。

5.1.1　声母

长安标话的声母系统非常简单，跟开建话一样，只有 17 个声母(含零声母)：

p	p^h	m	f	
t	t^h	n		l
k	k^h	ŋ	h	
ʦ	$ʦ^h$	ȵ	s	
Ø				

声母说明：

1. ʦ、$ʦ^h$、s 的音色近似舌叶音。

2. ȵ 和 n 都可以跟 i 介音配合，ŋ 不可以跟 i 介音配合。考虑到

---

① 原文写作 an，当为印刷错误。

② 这里的 m 应该是印刷错误导致的，因为前面已经有一个 m 韵母了。具体是什么笔者无从推测。

ȵ 和 ŋ 的音色差别较大，这里把两者分开作为两个音位。

3. 零声母 Ø 在长安标话中有三个音位变体：ʔ、j、w。当零声母后接非高元音（尤其是配高调时）的时候，实际音值为喉塞音 ʔ；当零声母后接 i/y 介音或 i/y 元音时，实际音值为半元音 j（接 y 的时候伴随有唇化色彩）；当零声母后接 u 介音或 u 元音时，实际音值为 w。

表 5－1　长安标话声母及例词音义表

<table>
<tr><th>声　母</th><th>词　义</th><th>词　音</th><th colspan="2"></th><th>词　义</th><th>词　音</th></tr>
<tr><td>p</td><td>月亮</td><td>pin^{44}</td><td colspan="2">ŋ</td><td>小</td><td>ŋɛ^{44}</td></tr>
<tr><td>p^{h}</td><td>年</td><td>p^{h}y^{44}</td><td colspan="2">h</td><td>鹅</td><td>hœn^{52}</td></tr>
<tr><td>m</td><td>鱼</td><td>mai^{21}</td><td colspan="2">ʦ</td><td>刀</td><td>ʦœ^{242}</td></tr>
<tr><td>f</td><td>摆动</td><td>fɛŋ^{52}</td><td colspan="2">ʦ^{h}</td><td>蛇</td><td>ʦ^{h}œ^{44}</td></tr>
<tr><td>t</td><td>门</td><td>tɔ^{44}</td><td colspan="2">ȵ</td><td>你</td><td>ȵiɛ^{24}</td></tr>
<tr><td>t^{h}</td><td>屎</td><td>t^{h}ui^{52}</td><td colspan="2">s</td><td>雨</td><td>sɐn^{44}</td></tr>
<tr><td>n</td><td>水</td><td>niɛm^{242}</td><td rowspan="3">Ø</td><td>ʔ</td><td>进</td><td>(ʔ)ɔ^{242}</td></tr>
<tr><td>l</td><td>人</td><td>lɐn^{24}</td><td>j</td><td>身</td><td>(j)iɐn^{24}</td></tr>
<tr><td>k</td><td>放置</td><td>ka^{21}</td><td>w</td><td>多</td><td>(w)uɔ^{242}</td></tr>
<tr><td>k^{h}</td><td>挂</td><td>k^{h}uɐŋ^{32}</td><td colspan="2"></td><td></td><td></td></tr>
</table>

5.1.2　韵母

长安标话有 107 个韵母（含声化韵），其具体形式及相应例词的音义如表 5－2 所示。

表 5－2　长安标话韵母及例词音义表

韵母	词义	词音	韵母	词义	词音	韵母	词义	词音
a	带子	la^{24}	ia	背	nia^{32}	ua	贫瘠	kua^{52}
ɛ	好	lɛ^{44}	iɛ	过	tiɛ^{21}	uɛ	抓、挠	kuɛ^{242}
œ	眼睛	ʦœ^{44}	iœ	泼	iœ^{242}			
i	我	ki^{44}						
y	甘蔗	t^{h}y^{52}						

续　表

韵母	词义	词音	韵母	词义	词音	韵母	词义	词音
ɔ	买	ɔ^{44}	iɔ	起哄	iɔ^{44}	uɔ	柴火	tʰuɔ^{44}
u	蜂刺	tu^{32}						
ai	新	mai^{52}	iai	削(竹篾)	iai^{21}	uai	怪	kuai^{32}
ɐi	捉	tɐi^{24}	iɐi	差劲、不听话	iɐi^{24}	uɐi	块	kʰuɐi^{32}
ei	拔	lei^{52}				uei	位	uei^{21}
ɔi	火	pɔi^{44}						
ui	牛	ui^{24}						
œy	疮	tsœy^{21}						
au	鸬鹚	(mai^{21}) kau^{44}	iau	友	iau^{242}			
ɐu	猪	mɐu^{44}	iɐu	忧	iɐu^{44}			
ou	窝、巢	tou^{32}	iou	抖	ȵiou^{52}			
ɛu	绊	lɛu^{52}	iɛu	烧	tiɛu^{242}			
iu	稠	niu^{44}						
am	叉	tsʰam^{52}	iam	渗透	iam^{32}			
ɐm	苦	tʰɐm^{44}	iɐm	音	iɐm^{44}			
ɔm ɔm	抱	ɔm^{52}						
om	跺	tom^{21}	iom	任	ȵiom^{21}			
ɛm	夜里	hɛm^{32}	iɛm	水	niɛm^{242}			
im	禾稿	ȵim^{52}						
an	间(苗)	tan^{32}				uan	关	kuan^{44}
ɐn	人	lɐn^{24}	iɐn	身	iɐn^{24}	uɐn	瘟	uɐn^{44}
œn	大	tœn^{242}						
ɔn	衣服	tɔn^{52}						
un	吃	kun^{44}						
ɛn ɛn	挺	ɛn^{52}	iɛn	返回	pʰiɛn^{44}			
en	泉	men^{32}				uen	圈养	uen^{32}
in	月亮	pin^{44}						

续　表

韵母		词义	词音	韵母	词义	词音	韵母	词义	词音
yn		上	hyn^{44}						
ɐŋ		那么	hɐŋ^{52}	iɐŋ	连着	ȵiɐŋ^{44}	uɐŋ	挂	kʰuɐŋ^{32}
œŋ		路	ʦœŋ^{44}	iœŋ	韧	ȵiœŋ^{52}			
ɔŋ		菜	lɔŋ^{24}						
oŋ		焦、糊	noŋ^{44}	ioŋ	培（土）	ioŋ^{44}			
uŋ		来	nuŋ^{44}	iuŋ	嗅	ȵiuŋ^{32}			
εŋ	εŋ	硬	pʰεŋ^{44}	iεŋ	鼻子	niεŋ^{44}	uεŋ	圈（绳）	kʰuεŋ^{44}
	eŋ	挤	eŋ^{32}				ueŋ	（门）杠	kueŋ^{32}
iŋ		这么	niŋ^{44}				uiŋ	荣	uiŋ^{24}
yŋ		尾	tyŋ^{44}						
ap		蜡	lap^{21}	iap	眨	iap^{32}			
ɐp		胖	nɐp$^{\underline{55}}$	iɐp	撮	ȵiɐp$^{\underline{55}}$			
ɔp		重	ʦʰɔp^{32}						
εp	εp	接	ʦεp^{32}	iεp	卷（袖）	ȵiεp^{32}			
	ep	咂	tep$^{\underline{55}}$						
ip		涩	kip$^{\underline{55}}$						
at		伸	nat^{21}	iat	逸、跑	iat^{32}	uat	挑	uat^{21}
ɐt		鸭子	pɐt$^{\underline{55}}$	iɐt	一	iɐt$^{\underline{55}}$	uɐt	骨	kuɐt$^{\underline{55}}$
œt		噎住	pœt^{21}						
ɔt		钵	pɔt^{32}						
εt	εt	痛	hεt^{32}	iεt	发	piεt^{32}			
	et	软、烂	pet$^{\underline{34}}$						
it		剥、掐	mit$^{\underline{55}}$						
yt		热	lyt$^{\underline{55}}$						
ut		打	kut$^{\underline{55}}$						
εk	εk	摆、摇	fεk^{32}	iεk	家、儿子	liεk^{21}	uεk	摔打	kuεk^{32}
	ek	点（头）	nek$^{\underline{55}}$						
ɐk		砍	lɐk^{55}	iɐk	招（手）	iɐk$^{\underline{34}}$	uɐk	锄	kʰuɐk$^{\underline{55}}$

续　表

韵母	词义	词音	韵母	词义	词音	韵母	词义	词音
œk	草	lœk^{21}	iœk	跃	iœk^{32}			
ok	六	sok$^{\underline{55}}$	iok	曲	iok$^{\underline{55}}$	uok	获	uok$^{\underline{34}}$
uk	脚	puk$^{\underline{55}}$						
ŋ̍/m̩/n̩	那	h ŋ̍^{44}						

韵母说明：

1. ua、uai、uɐi、uei、iau、iɐu、iɐm、iom、uan、uɐn、uiŋ、ap、ɛp、iɐt、uɐt、ɔt、iœk、uok 等韵母主要出现在汉语借词中。

2. iɛu、iɛm、œn、iɛn、en、uen、ɔŋ、iɛŋ、iɛp、œt、iɛt、iɛk、uk 等韵母是长安标话有而开建话没有的韵母。

3. iɛ、uɔ 的实际音值为 iː ɛɐ、uː ɔɐ。

4. 主元音为 ɛ 的韵母 ɛn、ɛŋ、ɛp、ɛt、ɛk 都有相应的音位变体，当这些韵母跟 5 调 32 和 6 调 21 配合的时候主元音为 e，其他情况下读 ɛ；韵母 ɔm 也有音位变体，当它跟 5 调 32 和 6 调 21 配合的时候主元音为 o，其他情况下读 ɔ；韵母 iŋ 也有音位变体，当它跟 5 调 32 和 6 调 21 配合的时候读 iŋ，其他情况下读 iəŋ。

5. 声化韵ŋ̍有多个音位变体：当它后接唇音声母时，多变为m̩，当后接齿龈声母时多变为n̩，当声化韵与 h 声母拼合的时候，实际音值为清化鼻音ŋ̊①。

5.1.3　声调

5.1.3.1　单字调

长安标话跟开建话一样，共有 10 个声调：

1 调 44　3 调 52　5 调 32　7 调 55　9 调 32

---

① 这种清化鼻音发音的时候软腭上抬堵住上颚，先是在鼻孔中有较强的摩擦，然后声带震动发声。

2 调 24　4 调 242　6 调 21　8 调 34　10 调 21

声调说明：

1. 3 调实际音值为 523，高降以后微升。

2. 5 调、9 调、6 调、10 调在单念时调头的实际调值要比 3 和 2 高半度。

3. 9 调和 10 调的调形跟 5 调和 6 调一样，调长稍短一些，但是差别不大。

4. 长安标话实际上只有 6 个调位：44/55、24/34、52、242、32、21。

5.1.3.2　连读变调

我们在 3.3.2.6.2 中曾介绍过长安标话的连读变调情况，其变调规律跟开建话基本相同：44、52 变 32；24、242 变 21，55 变 32，34 变 21。32 和 21 不变调。此处不再举例。

根据梁敏、张均如(2002)的研究，怀集诗洞的标话也有连读变调现象，如第 1、3、5、7、9(调值较高)的音节在其他音节前面时，一般都读成中平调；第 2、4、6、8、10(调值)较低的音节在其他音节前面时，一般都读成低调。怀集诗洞标话的 10 个调类及调值分别为：1 调 55，2 调 214，3 调 54，4 调 132，5 调 35，6 调 22，7 调 55，8 调 12，9 调 35，10 调 22。诗洞除了 5 调和 9 调调值跟长安标话及开建话区别较大外，其他各调调值及连读变调的表现跟长安标话及开建话的表现基本一致。

5.2　长安标话和开建话借词与被借词之间的语音对应

5.2.1　借词和被借词的确定标准

在讨论长安标话和开建话的借词和被借词之间的语音对应之前，有必要先谈谈借词和被借词的标准问题。我们确定长安标话和开建话之间的关系词哪个是借词哪个是被借词的时候遵循以下程序和标准：

(1) 建立长安标话和开建话之间的音义对应关系，把这些有音义对应的词称为关系词。如我们调查后发现“磨米”的“磨”在标话中读[mœ²⁴]，开建话读[muɔ²⁴]，而这个词的声韵调对应普遍存在于标话和开建话中，这样我们就可以确认“磨”就是一个关系词。

(2) 通过检验关系词在各自亲属语言中的分布情况来确定哪个是借词哪个是被借词。如果某关系词在跟标话(乃至其他壮侗语)没有任何接触的汉语方言中也存在系统的音义对应关系，该关系词对标话来说就是借词，对于开建话而言就是被借词；如果某关系词在跟标话(乃至其他壮侗语)没有任何接触的汉语方言中不存在系统的音义对应关系，反而在跟标话有亲缘关系的壮侗语中有系统的音义对应关系，该关系词对开建话来说就是借词，对于标话而言就是被借词。如果该关系词是只出现于开建话或其他粤语中的历史词或创新词，而该词没有系统地出现在其他壮侗语中，我们也认为该关系词相对标话来说是借词。

5.2.2 长安标话借词读音和开建话的对应

长安标话的借词绝大部分都借自跟它保持亲密接触的开建话，其中很多借词的读音完完整整地借自开建话，但也有不少借词的读音(通常是某个音类，如声母或韵母)跟现在的开建话不完全相同。有意思的是这些读音跟现在开建话不一致的借词往往是借入的时间较早的，后来开建话相应的读音已经改变了，而标话借词的读音仍保留早期借入时的面貌，因此反而更好地反映了开建话相应读音的早期层次。如“中秋”的“中”的声母，标话仍然读作舌头音 t，而开建话现在读作塞擦音 ʧ，前者声母反映的读音层次无疑要早于后者。又如“心脏”的“心”的韵母，标话读作 iɛm，开建话读作 ɐm，前者仍然保留早期的 i 介音。由于直接借入开建话读音的例子不胜枚举，因此本书只对长安标话中不同于开建话读音的那些借词的读音(主要是音类)与开建话之间的对应进行描写和分析,附录2我们给出具体的例词。

5.2.2.1　声母的对应

长安标话借词的声母跟开建话的声母基本上都是一一对应且音值也基本相同的,只是有个别字的声母读音不一致。这些不一致的地方大多是反映了开建话早期的读音现象,下面我们重点介绍一下这些不一致的地方。

中古非母的"发"、"放"两字开建话读为 f,标话借词为 p,后者反映的是开建话轻唇音尚未分化时期的读音;非母的"枫"字开建话白读读 p,文读读 f,标话借词仍读为 p,跟开建话白读音一致。

中古敷母的"蜂"字南丰开建话读 f,长安白话有 p^h、f 两读。标话借词读作 p^h,同样反映的是开建话轻唇音尚未分化时期的读音。

中古知母"中秋"的"中"字在开建话中读 ʧ,标话借词读作 t,反映的是开建话端知不分时期的读音。

中古见母"沟"字开建话读作 k^h(可能是因为要避讳男性器官这个音而该读),标话借词仍读作 k。中古溪母"敲"字开建话读 h,标话借词仍读为 k^h。标话借词的这两项读音都保留了较早期的读音。

中古匣母"含"字开建话读为零声母,标话借词仍读作 h,保留了开建话早期的音值。

以母"舀"字和"蚓"字开建话读 ȵ,标话借词读零声母,标话借词的读音所反映的层次更为早些①。

5.2.2.2　韵母的对应

中古果开合一等韵母在开建话中都读为 $u^ɔ$,在标话借词中多读为 œ,如"磨"、"箩"、"拖"、"驮"、"可"等。

假开三麻韵的"车"字,开建话读为 $i^ɛ$,标话借词读为 ia,韵腹主元

---

①　因为开建话以母个别字读 ȵ 是由零声母(j)发展而来,因此零声母应该是其早期的读音。

音要比开建话低，可能反映了早期的读音面貌。

流开一厚韵的“呕”字，开建话读为 ɐu，标话借词读作 au；流开三有韵的“扭”字，开建话读为 au，标话借词读为 ɛu。

山开一见系各韵开建话读为 ɔn(øn)/ɔt/un，标话借词主要读作 œn/œt/øn，如“看”、“寒”、“赶”、“旱”、“焊”、“汗”、“割”。山开二非去声各韵开建话主要读为 an/at，标话借词主要读作 ɛn/ɛt(个别字如“板”有 an、ɛn 两读)，如“拣”、“眼”、“铲”、“间”、“斑”；山开二去声谏韵的“慢”字开建话读作 an，标话借词读做 in。山开三四平上各韵开建话读作 ɛn，标话借词读作 in，如“仙”、“煎”、“浅”、“剪”、“辫”、“边”、“填”、“前”；山开三四去声各韵开建话读为 in，标话借词读为 ɛn/en，如“便”、“扇”、“电”；山开四入声屑韵开建话读为 ɛt，标话借词读做 it，如“篾”、“铁”、“切”、“节”。山合一非去声韵开建话主要读为 ɔn/un，标话借词主要读作 œn/øn，如“瞒”、“盘”、“搬”、“满”、“半”。山合二各韵开建话主要读作 uan/uat，标话借词主要读作 uɛn/uɛt，如“惯”、“刮”、“弯”。山合三月韵的读音对应稍微有点复杂：“番”字开建话读为 an，标话借词读作“ɐn”；“袜”字开建话读作 ɔt，标话借词读作 œt；“发”字开建话读为 at，标话借词读作 iɛt，这里标话借词仍保留了三等的介音 i，应该是早期读音的存留。

深开三侵韵的“心”字开建话做作 ɐm，标话借词读作 iɛm，仍然保留三等 i 介音。

咸开一合韵“踏”字的韵母开建话读为 ap，标话借词读作 ɔp。咸开二洽韵的“夹”字韵母开建话读为 ap，标话借词读作 ɛp。咸开三四等平、上声韵开建话读作 ɛm，标话借词读作 im，如“甜”和“点”。

效开二各韵字开建话读作 au；标话借词主要读作 ɛu，如“坳”、“教”、“敲”、“刨”、“包”，个别读作 ou，如“豹”。效开三四各韵字开建话读 ɛu 或 iu，标话借词读作 iu 或(i)ɛu，对应刚好调转，如“舀”、“晓”，开建话读 iu，标话借词读(i)ɛu；又如“硝”、“蕉”、“了”开建话读 ɛu，标话借词读 iu。

蟹开一代韵“赛”、“菜”南丰的开建话读作 ɔi，长安的开建话和长安的标话读作 œy，可见标话这两个字的读音应是就近借于长安的开建话。蟹开四荠韵的“底”字开建话读作 ai，标话借词读作 i，蟹开四齐韵的“鸡”字开建话读为 ɐi，标话借词读作 ui。蟹合一队韵的“块”字开建话读作 uai，标话借词读作 uɐi。

遇合一的读音标话借词和开建话之间的对应也不整齐。如“苦”字开建话读 u，标话借词读 ɔ；“五”字开建话读声化韵 ŋ̍，标话借词读 œ；“肚”开建话读 ɔ，标话借词读 u。

曾开一德韵“墨”开建话读 ɐk，标话借词读 uk。

臻开三的“印”、“震”开建话读 in，标话借词读 ɛn；臻开三的“伸”、“趁”开建话读 ɐn，标话借词则分别读作 in 和 ɛn；臻开三质韵的“逸”开建话读作 iɐt，标话借词读作 iat。臻合一三等的“粪”、“棍”、“寸”开建话读作 in/uin，标话借词读作 ɛn/uɛn。

止开三的“筛”、“使”开建话读作 $i^{ɛ}$，标话借词读作 ɛ；止开三的“气”、“几”开建话读作 i，标话借词读作 œ；止开三的“移”开建话读作 i，标话借词读作 ɛ；止开三的“死”开建话读作 ɛi，标话借词读作 a。

梗开二映韵的“硬”开建话读 ɐŋ，标话借词读 eŋ；梗开四锡韵的“滴”开建话读 ɛk(ek)，标话借词读 iɛk。

5.2.2.3　声调的对应

中古平声的对应标话借词跟开建话基本一致，调值也相同。我们只发现“坳”字是例外（开建话读阴去 32，标话读 1 调 44，标话的读音反映的应该是早期声调的读音）。

中古上声和去声的对应也基本一致，调值也基本一致（标话借词的 3 调高降后稍微有点上升，5 调对应开建话阴去调的调头要稍微高些）。

中古入声的对应也比较整齐，但有不少例字的对应有些乱。如“滴”和“墨”的声调开建话都读上阳入 $\underline{34}$，标话借词则分别读作 10 调 21 和 7 调 $\underline{55}$；又如“逸”字开建话读上阳入 $\underline{34}$，标话借词读作下阴入

32；再如“节”、“切”、“铁”开建话读下阴入 32，标话借词读 7 调55。

5.2.3　开建话借词读音和长安标话的对应

开建话中存在不少借词，我们认为这些借词很可能也是就近借自标话。开建话借词的读音绝大部分都跟相应的标话固有词读音一致，只有个别在声韵调方面存在差异，但是这些读音存在差异的借词和标话固有词之间通常没有显示出明显的对应规律，只有个别韵存在较为系统的对应：如开建话借词的 an 韵通常对应于标话的 ɛn 韵，开建话借词的 ɔt 韵和 yt 韵通常对应于标话的 œt 韵，开建话借词的 ɛm、au、ɛu 韵经常对应于标话的 im、ɛu、i u 韵，开建话借词的 œŋ 韵对应于标话的 ɔŋ 韵等。其中 ɔt-œt，au-ɛu，œŋ-ɔŋ 之间的对应跟上述标话借词与开建话之间的对应是一致的。其它没有规律的一些对应我们这里不再一一列举，请参考附录 3。

5.3　小　　结

由于封开为古广信所在地，而广信是两汉时期管理整个岭南地区的交趾刺史部的治所所在地，因此是北方汉人最早进入岭南并跟当地少数民族发生融合的地区之一。而讲标人据有关学者的研究认为他们乃是当地的“主侗”(即岭南土著越人的后裔)，因此开建话与长安标话之间的接触，估计有接近两千多年的历史。长期以来长安标话从开建话中大量借入词汇，根据笔者的初步统计，长安标话 80% 以上的词汇都借自开建话，因此长安标话的声韵调明显地趋向于开建话。另一方面，开建话也从标话中借入了很多词语(包括不少的核心词)。在双方长期的接触过程中，开建话明显占据优势，这从双方借词的数量上就可以很容易地看出。另一方面，由于双方千百年来共处一地，商贸、婚嫁、教育各方面沟通频繁，两者已经形成你中有我，我中有你的共存局面。

从长安标话和开建话借词与被借词之间的语音对应关系来看，

长安标话借词的声韵调与开建话存在着较为系统的对应，而开建话借词和长安标话之间的对应则较为零散。从这也可以看出在开建话与长安标话的接触过程中，开建话始终处在较为权威的一方，即输出为主，借入为次。长安标话正好相反。

第六章
勾漏片粤语及桂南平话重要音韵问题讨论

6.1 关于古非组声母今读双唇音的讨论

6.1.1 勾漏片粤语和桂南平话古非组今读唇音概况

在前面第三章和第四章的比较中已经知道，勾漏片粤语和桂南平话都存在古非组声母今读双唇音的现象，但是程度有别。为了加深对这一现象的认识，我们抽取了勾漏片粤语和桂南平话的主要方言点，对其非组声母今读双唇音（p、p^h、m）的情况做了一个全面的统计，结果如表 6－1。从统计结果我们可以看出，非组声母保留双唇音的情况在勾漏片粤语和桂南平话中呈现如下特点：

表 6－1　勾漏片粤语和桂南平话古非组声母今读双唇音个数及比例表

		非		敷		奉		微	
		个数	百分比	个数	百分比	个数	百分比	个数	百分比
勾漏片粤语	封开开建话	8	19%	6	20%	42	84%	32	94%
	封开罗董话	2	5%	0	0	0	0	32	94%
	怀集上坊话	9	21%	1	3%	9	18%	34	100%
	怀集下坊话	5	12%	1	3%	5	10%	33	97%
	广宁南街话	5	12%	1	3%	3	6%	32	94%
	四会县城话	4	9%	1	3%	2	4%	34	100%

续　表

		非		敷		奉		微	
		个数	百分比	个数	百分比	个数	百分比	个数	百分比
勾漏片粤语	德庆德城话	3	7%	1	3%	1	2%	33	97%
	阳山话	5	12%	1	3%	0	0	32	94%
	连县清水话	3	7%	1	3%	2	4%	32	94%
	连山布田话	4	9%	2	7%	3	6%	33	97%
	玉林市区话	1	2%	1	3%	1	2%	26	77%
	玉林福绵话	1	2%	1	3%	0	0	27	79%
	岑溪大业话	2	5%	1	3%	0	0	33	97%
	苍梧六堡话	6	14%	1	3%	17	34%	28	82%
	藤县藤城话	1	2%	2	7%	2	4%	32	94%
	贺州桂岭话	10	23%	10	33%	32	64%	31	91%
	贺州贺街话	6	14%	3	10%	34	68%	29	85%
	贺州信都话	6	14%	4	13%	42	84%	33	97%
	贺州铺门话	4	9%	5	17%	42	84%	32	94%
桂南平话	马山乔利话	2	5%	2	7%	1	2%	17	50%
	田东林逢话	3	7%	1	3%	2	4%	23	68%
	百色那毕话	2	5%	2	7%	1	2%	19	56%
	富宁剥隘话	2	5%	2	7%	1	2%	23	68%
	南宁亭子话	2	5%	2	7%	2	4%	19	56%
	龙州上龙话	3	7%	2	7%	2	4%	26	77%
	扶绥龙头话	2	5%	1	3%	2	4%	24	71%
	宾阳芦墟话	1	2%	2	7%	2	4%	20	59%
	融水融水镇话	2	5%	1	3%	1	2%	11	32%
	横县横州话	3	7%	2	7%	1	2%	31	91%

(1) 微母保留双唇音的比例要远高于非敷奉母，若以50%为界，绝大多数勾漏片粤语及桂南平话的微母字保留双唇音的比例都在50%以上，而非敷奉母则大多在50%以下。其中勾漏片粤语的微母保留双唇音的比例普遍在80%以上，桂南平话(横县横州话除外)则

多数在 50%～80%之间。

50%以上的微母字都读作双唇鼻音 m，这是勾漏片粤语及桂南平话较为一致的特征。桂南平话微母保留双唇音的比例普遍少于勾漏片粤语，估计这跟西南官话的影响以及自身的演变有关。勾漏片粤语的比例跟粤语中心区 80%以上的比例（数据根据项梦冰，2005）是较为一致的。总体而言桂南平话跟勾漏片粤语微母字的存古特点都非常明显，因此项梦冰先生（2005）把这项特征作为平话归属粤语的证据之一。

（2）勾漏片粤语非敷奉母保留双唇音的比例多在 10%以上，而桂南平话基本都在 10%以下。

（3）勾漏片粤语有几个方言点如封开开建话、贺州铺门话、贺州信都话及贺州贺街话的奉母保留双唇音的比例在 65%以上，远高于非敷母 10%～20%之间的比例。

下面我们重点讨论第三点。

6.1.2　开建话及周边勾漏片粤语奉母今读唇音 p 探讨

开建话奉母字绝大多数读双唇音 p，非敷母除了部分保留双唇读法外多数读作唇齿擦音 f。这种奉母和非敷母读作双唇音不对等的情况在汉语方言中并不多见，除了开建话外还有同属贺江流域的广西贺州铺门话、信都话、贺街话、桂岭话以及临近的苍梧六堡话。

项梦冰先生（2005）认为南丰话（即开建话）奉母读 p 是一种语音逆变化（或回头演变）。项先生列出南丰话奉母字读 p-具有如下特点：（1）主体性（读 p-的字音占 67%）；（2）单层性（无文白异读）；（3）辖字既有口语用字又有非口语用字。因此他认为南丰话奉母读 p-也很可能是一种回头演变的结果，即奉母先轻唇化为 v，后来再变为 p-（中间可能有一个读 b-的中间阶段）。项先生分别运用了日耳曼语的“第二次音变”、南丰话古船、禅母字的今读以及东安（花桥）土话古非组字的今读来论证他的观点。

首先我们必须肯定开建话的奉母字有主体性的特点①，另外奉母读 p 的辖字确实既有口语用字也有非口语用字。不过单层性是没有的，开建话的奉母字跟非敷母字都有文白异读，详见第二章 2.7.5(如“符凡帆乏”等白读为 p，文读为 f)。得出单层性的特征，是因为项先生依据《粤西十县市粤方言调查报告》的字音材料中并没有给出详细的文白异读。不过开建话奉母读 f 这种文读音有可能是比较晚才从权威方言借入的。项先生用来佐证的日耳曼语的第二次音变和东安话古非组字的读音只能说明存在着擦音变塞音的可能性。至于项先生对南丰话船禅母的分析我们有不同的看法，南丰话的船禅母跟绝大多数的粤语和桂南平话一样都是不分的，我们认为它反映的是早期粤语和平话船禅不分的情形，而项先生把开建话的船禅母早期读音构拟为浊擦音，认为开建话船禅母经历了塞擦化，这跟我们的认识刚好相反(详见本章 6.2.3)。现在看来支持回头演变最重要的一项证据就是主体性了。主体性是项先生(2005)在讨论南海沙头话古非敷奉母字读重唇音时总结出来的一个特点，意思是说古非敷奉母以读重唇音为主体。开建话的情况跟沙头话有所不同，我们认为仅凭主体性很难确认开建话奉母主要读 p 就是一种回头演变，因为说它保留了较为早期的读音也可以解释主体性。开建话奉母读 p 为主的本质是奉母和非敷母演变的不平衡，回头演变是说奉母演变要比非敷母快些，保留早期的读音则认为奉母的演变要比非敷母慢些。我们更倾向于认为开建话奉母主要读 p 是早期读音的保留，主要基于下面几点理由：

(1) 从唇音系统来看，开建话奉、微母绝大多数仍保留重唇的读音，跟並、明合流；而非、敷母基本已经变为唇齿音跟帮滂有别。唇音中非、敷先于奉、微分化的例证在历史上也是曾经出现过的。如完成

① 项先生根据《粤西十县市粤方言调查报告》中南丰话的语音材料，统计出奉母读 p 比例占 67%，我们根据自己的调查得出的统计结果是 84%。

于公元 649 年(唐贞观末年)之前的《玄应一切经音义》的反切中,帮、滂和非、敷已经分立,而並、明和奉、微还不能分划清楚[①]。

(2) 根据方言地理学中的"方言周圈论"(即柴田武所谓的"周边分布原则"),越是边缘地区的语言现象越可能是存古现象。勾漏片粤语、平话乃至客家话甚至闽语都分布在汉语的边缘地区,因此这些方言中的轻唇读重唇现象都应该优先考虑为存古现象。如果我们仅把目光投向粤语,开建话同样只分布在强势粤语的边缘地区,因此也应该优先考虑为存古现象。

(3) 开建话奉母存在文白异读,白读基本上都读 p,文读绝大部分都读 f。如"肥凡帆范符附缚奉"的白读为 p,文读为 f。从文白的反映来看,p 是早期的读音应该没有什么问题。

(4) 从方言比较的角度来说,开建话奉母读 p 声母的很多常用字如"饭房吠浮腐肥佛"等在周边勾漏片粤语及平话和土话的白读中也多读作 p。

(5) 开建话奉母保留重唇的一些常用字所配的韵母不同于非敷母。如废韵和微韵非敷母"废肺非飞妃"的韵母为 ɛi 或 ɐi,而奉母的"吠肥"为 ui;咸合三敷母所辖"泛"字韵母读作 an,而奉母所辖的"凡帆范犯"白读仍为 am。对于这种现象,比较合理的解释是奉母及其相应的韵母的演变都比非敷母及其对应的韵母慢("吠肥"的 u 音及"凡帆范犯"的 m 韵尾都是存古性的佐证)。

广西贺州的铺门话、信都话、贺街话奉母读重唇的比例接近开建话,由于铺门、信都、贺街以前都属贺县管辖,距离封开南丰都不远,且同在贺江流域,历史上贺县也曾跟开建县同属临贺郡管辖,因此这几种方言可视为同一种类型。

广西苍梧六堡话奉母跟非敷母的演变也不平衡,不过情况跟开

---

① 参看周法高的《玄应反切考》(《中央研究院历史语言研究所集刊》第二十本,1948)。

建话不大一样。苍梧六堡话非敷母读重唇的例字只有“粪(b)”、“甫(p^h)”、“捧(p^h)”(“捧”字因为是特字,可以剔除);大部分非敷母已经演变为擦音 h,如“府腑俯赋肺非飞匪痱富法藩反贩发头～发～财分粉方肪仿～效放风枫疯讽福幅蝠腹封(非母)”和“敷釜废妃费副番翻芬纷芳纺仿访丰覆峰蜂锋(敷母)”等;只有少部分的非敷母读轻唇 f,如“付否奋(非母)”和“赴佛仿相～妨(敷母)”。奉母较多保留重唇音,例子有“扶吠肥浮阜饭伐份房缚冯凤伏(p)”和“辅(p^h)”。其余大部分读 f,如“符芙附负凡帆饭范犯乏烦矾繁筏罚焚坟愤忿佛大～防服逢缝奉”;只有个别读 h,如“翡复～原”。苍梧六堡话非敷奉还有部分字有双唇音和擦音 h/f 两读:如非组的“夫肤斧”有 b/h 两读,“傅”有 p/h 两读;奉母的“腐”有 p/f 两读。苍梧六堡话奉母有 p、p^h、h、f 四种读音,其中读双唇 p/p^h的跟读擦音 h/f 之间并无严格的分化条件。从文白异读的情况来看,读重唇的为白读,读擦音的是文读,因此重唇音当为早期的读音层次。另外读重唇的奉母字很多都是日常口语字,读 f 的则多为较为文雅的用字,从这也可以看出重唇音为早期层次。六堡话非敷奉母读擦音 h 和 f 的字倒是有较为清楚的语音分化条件:读 h 的一般后面紧跟 u 介音,读 f 的一般不跟 u 介音,且 h 和 f 之间不存在异读。可见 f 比较明显是由 hu 演变而来的。

由此可见,非敷母和奉母演变不平衡的现象在勾漏片粤语多个方言中都存在,奉母读作双唇音这种现象在有文白异读的勾漏片粤语中基本都是较为早期的读音层次。我们以前都只知道粤语的微母字跟非敷奉母的演变很不平衡:非敷奉母大部分都已经读为唇齿擦音了,而微母大部分仍保留双唇鼻音的读法,跟明母合流。现在看来,在部分勾漏片粤语中还存在奉母跟非敷母演变不平衡的现象。如何解释这种现象是个比较棘手的问题,我们倾向于把开建话奉母大量保留双唇音这种现象看作是早期读音的存留。

封开开建话及周边的铺门话、信都话、贺街话还有六堡话等不但奉母保留重唇的读音较多，非敷母保留重唇的比例也要高出周边的方言，这也许跟这个地区在历史上的地位有关。我们在绪论部分已经谈到，广信（今封开县跟梧州市一带）是古苍梧郡郡治所在地，是两汉时期岭南的首府，统辖岭南九郡的交趾刺史部的治所就设在广信。广信在政治、军事、经济和文化上的优势一直延续到唐代（两广第一状元莫宣卿就是地道的封开人）。"古无轻唇"反映的恰好是隋唐《切韵》音系及之前的语音情况，因此在封开一带较多地保留有重唇音是有其深刻的历史背景的。唐宋以后，广信在两广的政治、经济及文化中心地位就逐渐被周边的广州、桂林以及南宁所代替，它跟周边的地区也慢慢地沦落为一个偏僻的山区地带，辉煌不再了。特别是明清以后，广府商人借助其经济优势溯西江而上，西南官话凭借政治和文化上的优势沿桂江而下，广府粤语和西南官话也跟着影响粤西北及桂东南的广大城乡。现在勾漏片粤语及桂南平话非组声母的多种读音多少也为这段历史加入了生动的注脚。

当然，我们现在还不能排除开建话及其周边方言奉母大量保留双唇音是晚期音变的可能，因为在一个古代的中心地区产生某项音变，然后该音变逐渐向周围扩展的可能性也是存在的。但是结合非、敷母保留重唇音以及知、澄母口语字保留较多舌头音的情况来看，认为奉母大量读作双唇音是早期读音的存留可能性更大一些。因为封开及其周边地区虽然在唐末以前是岭南地区极为重要的一个政治、经济和文化中心，但是唐以后其地位就逐渐被广州、桂林、南宁等城市所取代了。假设宋末经由大庾岭再沿北江南下珠三角地区的移民以及明清进入桂林地区再沿桂江向周围扩散的移民导致了广府粤语和桂北平话都已发生了奉母擦化的音变，然后以这两个地区为中心的音变逐渐向西和向东扩散，结果必然是越到边缘地区其影响力就越弱。封开及其周边地区刚好位于这两个中心的边缘地区，所以奉母较少受到该音变的影响，从而保留了较多的双唇音，这种解释可能更加合理。

6.2　关于古全浊声母今读的讨论

6.2.1　古全浊塞音的今读问题

绝大部分的勾漏片粤语古全浊塞音今读基本都读作不送气清音。藤县藤城话古全浊塞音平声有较多字读作送气清音，仄声字基本不送气。罗董话的古並定母还较多地读作浊音（既有读作正常浊塞音的也有读作浊内爆音的，还有不少读作不送气清音的，音位归纳可以统一为浊内爆音），比较特别。桂南平话除了横县横州话和灵山丰塘话（又叫灵山横州话）的平声（和部分上声）今大多读作送气清音外，其他主要读作不送气清音。由此可见，古全浊塞音今读基本不送气是勾漏片粤语和桂南平话内部较为一致的特征。

勾漏片粤语和桂南平话古全浊塞音今读基本不送气与其他粤语明显不同，其他粤语大多是平上送气，去入不送气型的。但是古全浊塞音（有些学者还扩大到古全浊塞擦音）今读不送气应该作为粤语分片的条件看待还是作为汉语方言分区的条件来看，学者们的意见分歧较大。正如我们在综述中总结所说的那样，对这条特征的不同看法就会得出不同的分区或分片意见。支持古全浊塞音及塞擦音今读作为粤语分片标准的学者基本都倾向于认为平话该归属粤语，而支持古全浊塞音及塞擦音今读作为汉语分区条件的学者则大多认为平话应该独立或可以独立。我们暂且抛开平话归属问题不谈，单从古全浊塞音今读基本不送气的情况来看，勾漏片粤语跟桂南平话基本是一个类型的，因此两者应属一种方言的可能性极大，至于它们是否应该独立为一个大方言区，需要在另一个层次上讨论。我们在后面的章节中将进一步探讨勾漏片粤语跟桂南平话的关系及归属问题。下面让我们来讨论一下封开罗董话古並定母读作浊音以及横县横州话和藤县藤城话古全浊塞音的今读问题。

6.2.1.1　关于罗董话古并定母今读浊音的问题

关于罗董话古並定母今读浊音的问题，曾引起一些学者非常浓厚的兴趣。罗康宁先生在《封川话浊塞音声母初探》(1996)一文中专门探讨过这个问题。罗先生引用了《封开县志》中封川话(取点方言为罗董话)的材料，认为"其一，古並、定、群三母读为浊塞音，这一点与《切韵》完全一致，可以肯定是《切韵》音系的保留。其二，古帮、端、见读为浊塞音，与《切韵》音系不同……笔者认为也是古音的保留"。对于第二点，罗先生首先排除了少数民族语言的影响，因为"封开境内的标话便属于壮侗语族，它的声母中并没有浊塞音"；其次，罗先生根据"浊音清化"的规律，认为"帮、端、见三母在《切韵》读为清音，如果封川话由于受到别的语言(如壮侗语)的影响而演变为浊音，那就不是'浊音清化'而是'清音浊化'了，这是不大可能的"。因此他推断："在《切韵》之前的音系，浊塞音声母可能比《切韵》音系发达，可能有过帮並、端定、见群合流的情况，而封川话古帮端见与古並定群同读为浊塞音，正是这种情况的保留。"最后，罗先生把封川话保留浊塞音这一现象作为他跟叶国泉在《粤语源流考》提出的"粤语形成于西江中部，也就是广信一带的"这一观点的重要语言证据。两年后，罗先生在《粤语的起源地》这篇文章中继续沿用了《粤语源流考》的主要观点和《封川话浊塞音声母初探》中的论证，认为"粤语形成于西江中部，说得具体一点就是古广信一带"。

由于封川话读浊塞音这一现象是支持罗先生观点的唯一语言材料，这里很有必要做一番研讨。首先，罗先生引用的是《封开县志》的材料，也就是说罗先生并未对封川话做过深入的调查。其实《封开县志》里封川话的浊声母是经过音位归纳处理的，里面并没有相关的语音说明。实际上，封川话的帮、端、並、定母的读音是比较复杂的，其中帮端母主要是读浊内爆音(以前多称作先喉塞音)，並定母既有读正常浊塞音的也有读浊内爆音的(还有读作不送气清音的)。其中帮、端母读内爆音在两广交界地区的粤语以及海南闽语中非常普遍，并非封开独有，侯兴泉（2006b）认为罗董话帮端母读为浊内爆音是“原壮侗少数民族居民学习并换用汉语而留下的底层”。其次，罗先生的论证也欠严密：第一，标话的声母实际上是有浊塞音的，只是因为大部分已经简化合并才把它归为清音而已，这点梁敏和张均如先生在他们的专著《标话研究》中有说明，笔者后来的调查也印证了这点。第二，罗先生没有经过任何论证就认为“如果封川话由于受到别的语言（如壮侗语）的影响而演变为浊音，那就不是‘浊音清化’而是‘清音浊化’了，这是不大可能的”，这是值得商榷的。我们知道，语音演变主要有两种：一种是原发性的音变，音变原因来自内部；一种是由于语言接触而引发的音变，音变原因来自外部（王福堂，2005：p27）。在没有经过论证的情况下，我们不能只根据“浊音清化”这条规律来排除语言接触引发音变的可能。事实上封川话帮端母读为浊音正是由于语言接触而引发的（详细论证见侯兴泉，2006a）。由于材料跟论证都不可靠，罗先生关于“在《切韵》之前的音系，浊塞音声母可能比《切韵》音系发达，可能有过帮並、端定、见群合流的情况”这个猜测并不能让人信服。

其实罗董话並、定母保留浊音的程度跟声调有关系：今读仄声（含阳上、阳去和阳入）的並、定母多读浊内爆音或正常的浊塞音，今读平声（阳平）的並、定母多读清塞音或较弱的浊塞音。换言之，罗董话古並、定母的清化速度跟声调有关，平声较快清化而仄声次之。罗董话並、定母今读的复杂性为我们了解语音接触及汉语浊音清化的具体过程提供了非常有益的启示：其一，罗董话的並、定母之所以至今仍保留浊音，估计跟壮侗语普遍存在的浊内爆音有关，浊内爆音本质上是一种强化了的浊塞音（VOT 值要大于一般的浊塞音）；其二，浊音清化并非一蹴而就的，其清化过程跟声调的影响有关。

6.2.1.2　横县横州话古全浊塞音的今读问题

横县横州话古全浊塞音今读有不送气和送气两种读法，横县话古全浊塞音今读大体跟广州话一样，主要是今读平上送气、今读去入不送气。不过横县横州话的平上声有不少常用字读作不送气清音，为此，我们统计了《方言调查字表》中收录的古並、定、群母字（剔除个别生僻字）在横县横州话中今读送气不送气的情况，如表 6－2 所示：

表 6－2　横县横州话古全浊塞音声母今读送气不送气表

	並			定			群		
	总字数	送气字数/比例	不送气字数/比例	总字数	送气字数/比例	不送气字数/比例	总字数	送气字数/比例	不送气字数/比例
平	48	39/81%	5/10%	62	54/87%	7/11%	45	38/84%	6/13%
上	21	7/33%	13/62%	23	8/35%	13/57%	17	6/35%	10/59%
去	30	6/20%	22/73%	39	1/3%	33/85%	15	1/7%	14/93%
入	16	1/6%	10/63%	21	0	19/91%	11	3/27%	7/64%
总	115	53/46%	50/44%	145	63/44%	72/50%	88	48/55%	37/42%

说明：表格左边的调类为古调类；有些字在横州话中不用或者使用别的说法，这些字在送气和不送气字数中并没有统计。

从表 6－2 反映的情况来看，横州话古平声浊塞音字今读送气的比例还是非常高的，80%以上的並定群母字今天都读送气音。值得注意的是横州话古全浊塞音声母今读不送气的字数虽然少，但是很多都是常用字，如並母的“菩便便宜凭彭”、定母的“条调调和谈痰弹弹琴团臀”以及群母的“渠渠他瞿琼”等，这些字可能是其早期层次。

相对于古平声字而言，横州话古上声浊塞音字今读送气的比例要低很多，大概有 30%左右读作送气音。这主要是因为横州话的很多古浊上字已经合并到浊去字中去了，因此很多古浊上字今读是否送气的情况跟古浊去字一致了。

横州话古去声浊塞音字今读七成以上都读不送气，其中定群母是九成以上读作不送气音。因此古去声浊塞音今读不送气是横州话的主要规律。並母去声字中有 6 个字读作送气音，这 6 个字都是非常文雅或者说当地日常很少使用的，如“耙捕稗佩鉋叛”，这些字音很可能是从官话中借入的。

横州话古入声浊塞音字跟古去声比较类似，大部分古入声字今读为不送气音。虽然横州话古並定群母入声字有几个字读作送气音，但是这些字多是文读音或当地日常很少使用的字，如並母的“辟”和群母的“倔掘”。

综上所述横县横州话古全浊塞音今读的主要规律是今读平上声送气，今读去入不送气，跟广州话基本一致。从古全浊塞音声母今读的表现来看，现在的横州话更接近于广府粤语，跟勾漏片粤语及桂南平话差别较大。鉴于横县附近的百合话仍是较为典型的勾漏片粤语，以及横州话古全浊塞音本身仍有一些常用字今读跟勾漏片粤语表现一致，我们可以认为横州话的底层是勾漏片粤语，近代受广府粤语影响很大，有向权威粤语靠拢的趋势。

6.2.1.3 藤县藤城话古全浊塞音的今读问题

藤县藤城话古全浊塞音今读也有不送气和送气两种读法，有点类似普通话，属于平送仄不送型。不过藤县藤城话古全浊塞音声母的今读送气与否实际上比较复杂，下面我们专门对此进行探讨。

从表 6-3 中的统计数字我们不难看出，藤县藤城话古全浊塞音声母今读的主要规律是平声送气(70%以上)，仄声不送气(仄声送气的基本都是文读音)。值得注意的是藤县藤城话古平声浊塞音字有不少常用字是读作不送气的，如並母的“婆菩脯牌培刨刨地便便宜”、定母的“徒屠图涂途题提蹄啼臀屯堂瞳”和群母的“渠渠他瞿祁乾乾坤强强弱擎鲸”。这些都是日常生活中的常用字，可能是其固有的读音。这说明藤县藤城话古平声字原来也跟别的勾漏片粤语及桂南平话一样是读作不送气的，后来城里由于广府商人的大量进入，广府粤语的发音慢慢地影响了藤城话古平声浊塞音声母的读音。藤城话古平声浊塞音字早期可能读作不送气，还可以从另外两份材料中得到印证。余蔼芹先生 20 世纪 70 年代曾经调查过藤县县城话，并用英文出版过《藤县方言》(*The Teng-xian Dialect of Chinese: Its Phonology, Lexicon and Texts with Grammatical notes*)一书。余先生的发音人1916年出生于藤县县城，1969年移民到美国三藩市(San Francisco)，因此余先生调查的藤县话可以看作是早期的藤县话。我们从《藤县方言》词汇部分找出其中收录的古全浊塞音平声字，发现90%以上都是读作不送气清音的。邓玉荣先生曾给笔者提供过一份藤县城郊话的同音字表(未刊)，其中的古全浊塞音字今读也基本是不送气的。由此可见藤县话古全浊塞音平声字今读送气的情况是在近几十年才逐渐增多的，它的早期读音应为不送气清音。

表6-3 藤县藤城话古全浊塞音声母今读送气不送气表

	並			定			群		
	总字数	送气字数/比例	不送气字数/比例	总字数	送气字数/比例	不送气字数/比例	总字数	送气字数/比例	不送气字数/比例
平	48	36/75%	9/19%	62	48/77%	13/21%	45	31/69%	9/20%
上	21	0	19/91%	23	2/9%	20/87%	17	3/18%	13/77%
去	30	4/13%	21/70%	39	1/3%	33/85%	15	0	15/100%
入	16	3/19%	9/56%	21	0	20/95%	11	0	10/91%
	115	43/37%	58/50%	145	51/35%	86/59%	88	34/39%	47/53%

说明：表格左边的调类为古调类；有些字在藤城话中不用或者使用别的说法，这些字在送气和不送气字数中并没有统计。

也就是说藤县藤城话整体上还可以看作是勾漏片粤语，只是有向权威粤语广州话靠拢的趋势。

6.2.2 从邪不分

6.2.2.1 勾漏片粤语和桂南平话古从邪母的今读类型

在讨论勾漏片粤语和桂南平话古从邪母的主要今读类型之前，我们首先要排除掉一些比较明显的文读字，如从母的“矬褯疵蹲睛錾"和邪母的"绪祀巳遂隧穗涎羡旬殉旋镟诵颂讼"①等。判断这些字为文读字主要基于两方面的考虑：一是这些字很少会在勾漏片粤语和桂南平话的口语中出现；二是这些字绝大部分都不符合勾漏片粤语和桂南平话从邪母的主要读音规律。勾漏片粤语和桂南平话除了以上一些各点都很常见的文读字外，各具体的方言还会有另外一些例外字（或为文读或为误读），这些具体的例外基本都可以解释，因此并不会影响本书的讨论。排除掉一些明显的例外以后我们发现勾漏片粤语和桂南平话的从邪母基本上是不分的，主要有塞擦音、塞音和擦音三大类型。

（一）塞擦音型

从邪母今读塞擦音又可细分为两种类型：一种以声调为条件分送气和不送气清塞擦音两类；一种不论平仄，基本读作不送气清塞擦音。

（1）不送气型

这种类型的从邪母不论平仄基本都读作不送气的清塞擦音 ʦ/ʨ/ʧ。一半左右的勾漏片粤语（主要集中在广东境内）和绝大多数的桂南平话都属于这种类型。勾漏片粤语如封开的开建话、怀集的上坊话和下坊话、广宁南街话、四会县城话、德庆的德城话、阳山话、连县的清水话、武宣樟村话等；桂南平话如马山乔利话、田东林逢话、百色那毕话、富宁剥隘话、南宁亭子话、龙州上龙话、扶绥龙头话、横县横州话、宾阳芦墟话、融水融水镇话、南宁四塘话、南宁石埠话、宾阳王灵话、宾阳新桥话、宾阳黎塘话、扶绥城厢话、崇左新和话、田东平马话、横县百合话以及灵山横州话等。为了节省篇幅，桂南平话我们只列出一些代表点的情况，如表 6－4 所示。

---

① 邪母的这些文读字主要是合口三等字，现在基本都读擦音。一开始我们以为这是条件音变而不是例外，但是后来我们把粤语和平话的所有邪母字都拿出来分析的时候发现很多常用的合口三等字并不读擦音，而这批字官话系统基本都是读擦音的，因此将其确定为文读。

表 6-4　勾漏片粤语和桂南平话古从邪母今读不送气型对照表

古声调	平		上				去		入	
古声母	从	邪	从	邪	从	邪	从	邪	从	邪
例　字	从跟~	松①	坐	似②	罪	象	字	寺	集	习
封开开建话	ʧ	ʧ	ʧ	ʧ	ʧ	ʧ	ʧ	ʧ	ʧ	ʧ
怀集上坊话	ʦ	ʦ	ʦ	ʦ	ʦ	ʦ	ʦ	ʦ	ʦ	ʦ
怀集下坊话	ʦ	ʦ	ʦ/ʦʻ	ʦ	ʦ	ʦ	ʦ	ʦ	ʦ	ʦ
广宁南街话	ʦ	ʦ	ʦʻ	ʦ	ʦ	ʦ	ʦ	ʦ	ʦ	ʦ
四会县城话	ʦ	ʦ	ʦ/ʦʻ	ʦ	ʦ	ʦ	ʦ	ʦ	ʦ	ʦ
德庆德城话	ʦ	ʦ	ʦ	ʦ	ʦ	ʦ	ʦ	ʦ	ʦ	ʦ
阳山话	ʦ	ʦ	ʦ	ʦ	ʦ	ʦ	ʦ	ʦ	ʦ	ʦ
连县清水话	ʦ	ʦ	ʦ	ʦ	ʦ	ʦ	ʦ	ʦ	ʦ	ʦ
武宣樟村话	ʧ	ʧ	ʧ	ʧ	ʧ	ʧ	ʧ	ʧ	ʧ	ʧ
马山乔利话	ʦ	ɬ	ʦ	ʦʻ	ʦ	ʦ	ʦ	ʦ	ʦ	ʦ
田东林逢话	ʦ	ɬ	ʦ	ʦʻ	ʦ	ʦ	ʦ	ʦ	ʦ	ʦ
百色那毕话	ʦ	ɬ	ʦ	ʦʻ	ʦ	ʦ	ʦ	ʦ	ʦ	ʦ
富宁剥隘话	ʦ	ɬ	ʦ	s	ʦ	ʦ	ʦ	s	ʦ	ʦ
南宁亭子话	ʨ	ɬ	ʨ	ʨ	ʨ	ʨ	ʨ	ʨ	ʨ	ʨ
龙州上龙话	ʦ	ɬ	ʦ	ʦ	ʦ	ʦ	ʦ	s	ʦ	ʦ
扶绥龙头话	ʦ	ɬ	ʦ	ʦʻ	ʦ	ʦ	ʦ	ʦ	ʦ	ʦ
宾阳芦墟话	ʦ	ʦ	ʦ	ʦ	ʦ	ʦ	ʦ	ʦ	ʦ	ʦ
融水融水镇话	ʦ	s	ʦ	s	ʨ	ʦ	ʦ	ʦ	ʦ	ʦ

（2）平上送气去入不送气型

这种类型的从邪母以声调为条件分为两类：阳平和阳上字基本都读送气的清塞擦音 ʦʻ，阳去和阳入字基本都读不送气的清塞擦音

① “松”字在大多数桂南平话中只有心母一种读音，因此多读作擦音并配阴调。

② “似”字在桂南平话中有读送气的也有读擦音的，读送气的疑受广府粤语的影响所致，读擦音的疑是受西南官话的影响所致。

音 ʦ。桂南平话中的横县横州话属于这种类型。如表 6－5 所示。横县横州话从邪母清化后送气与否的规律与其他古全浊塞音清化的规律一致，说明其向权威粤语靠拢的趋势比较明显。

表 6－5 勾漏片粤语和桂南平话古从邪母今读平上送气去入不送气型例表

今调类	阳平				阳上		阳去		阳去				阳入			
古声母	从	邪	从	邪	从	邪	从	邪	从	邪	从	邪	从	邪	从	邪
例字	从	松	墙	祥	坐	似	罪	象	就	袖	字	寺	籍	席	集	习
横州话	ʦʻ	ʦʻ	ʦʻ	ʦʻ	ʦʻ	ɬ	ʦ	ʦ	ʦ	ʦ	ʦ	ʦ	ʦ	ʦ	ʦ	ʦ

(3) 平入送气上去声不送型

灵山丰塘话(又叫灵山横州话)古从邪母的今读以声调为条件大体分为两类：今读阳平和阳入者多读作送气清塞擦音，今读阳上阳去者多读作不送气清塞擦音。灵山横州话古从邪母的今读情况比较特别，既不同于横县县城的横州话，也不同于周边的勾漏片粤语和桂南平话。它跟灵山县主要通行的灵山话也不一样，据林钦娟(2010)报道，灵山县主要通行的灵山话“古全浊声母今读塞音和塞擦音的字基本送气”。如此看来，灵山横州话古从邪母的今读应是自身演变的结果。

表 6－6 勾漏片粤语和桂南平话古从邪母今读平入送气上去不送气型例表

今调类	阳平				阳上		阳去		阳去				阳入			
古声母	从	邪	从	邪	从	邪	从	邪	从	邪	从	邪	从	邪	从	邪
例字	从	松	墙	祥	坐	似	罪	象	就	袖	字	寺	籍	席	集	习
丰塘话	ʦʻ	ʦʻ	ʦʻ	ʦʻ	ʦ	ʦʻ	ʦ	ʦ	ʦ	ʦ	ʦ	ʦ	ʦʻ	ʦʻ	ʦʻ	ʦʻ

(二) 塞音型

这种类型的从邪母不论平仄今读基本都读作不送气的清塞音 t。这种类型的方言见于玉林市区话和市郊的福绵话。如表 6－7 所示。

表 6-7　勾漏片粤语和桂南平话古从邪母今读塞音型对照表

古调类	平				上				去				入			
古声母	从	邪	从	邪	从	邪	从	邪	从	邪	从	邪	从	邪	从	邪
例　字	从	松	墙	祥	坐	似	罪	象	就	袖	字	寺	籍	席	集	习
玉林话	t	t	t	t	t	t	t	t	t	t	t	t	t	t	t	t
福绵话	t	t	t	t	t	t	t	t	t	t	t	t	t	t	t	t

（三）擦音型

这种类型的从邪母基本都读作齿间清擦音 θ 或清边擦音 ɬ，个别读作唇齿擦音 f。近半数左右的勾漏片粤语属于该类型，如封开罗董话，连山布田话，梧州地区的苍梧六堡话、藤县话、岑溪大业话、蒙山话和蒙山西河话，贺州地区的昭平话、桂岭话、贺街话、信都话和铺门话等。如表 6-8 所示。

表 6-8　勾漏片粤语和桂南平话古从邪母今读擦音型对照表

古声调	平		上				去		入	
古声母	从	邪	从	邪	从	邪	从	邪	从	邪
例　字	从跟~	松	坐	似	罪	象	字	寺	集	习
封开罗董话	ɬ	ɬ	ɬ	ɬ	ɬ	ɬ	ɬ	ɬ	ɬ	ɬ
连山布田话	ɬ	ɬ	ɬ	ɬ	ɬ	ɬ	ɬ	ɬ	ɬ	ɬ
藤县藤城话	ɬ	ɬ	ɬ	ɬ	ɬ	ɬ	ɬ	ɬ	ɬ	ɬ
岑溪大业话	ɬ	ɬ	ɬ	ɬ	ɬ	ɬ	ɬ	ɬ	ɬ	ɬ
蒙山西河话	ɬ	ɬ	ɬ	ʦ	ɬ	ɬ	ɬ	ɬ	ɬ	ɬ
蒙山话	θ	θ	θ	θ	θ	θ	θ	θ	θ	θ
贺州桂岭话	θ	θ	θ	θ	θ	θ	θ	θ	θ	θ
贺州贺街话	θ	θ	θ	—	θ	—	θ	θ	θ	θ
贺州信都话	θ	θ	θ	θ	θ	θ	θ	θ	θ	θ
贺州铺门话	θ	θ	θ	ʃ	ʃ	θ	ʃ	ʃ	θ	θ
贺州昭平话	f	f	f	f	f	f	f	s	f	f
苍梧六堡话	f	f	f	f	f	f	f	s	f	f

6.2.2.2　其他粤语和平话古从邪母的今读类型

桂北平话从邪母的今读类型基本上跟勾漏片粤语和桂南平话一致，这里不再举例赘述。这里主要讲讲其他粤语古从邪母的今读类型。其他粤语古从邪母今读主要有塞擦音型和塞音型两类，这两类跟勾漏片粤语和桂南平话的主要读音类型在送气与否上表现有所不同：塞擦音型其他粤语主要是平上送气去入不送气型（横县话与其类似），而主流的勾漏片粤语及桂南平话属于不论平仄一律不送气型。塞音型其他粤语也主要是属于平上送气去入不送气型的，而勾漏片粤语和桂南平话的塞音型基本都是一律不送气的。粤语古从邪母今读塞擦音和塞音除了平上送气而去入不送气外，还有一些特殊的次类型，如绝大多数送气型，阳去不送气其他声调多送气等，这些类型一般出现在方言接触比较频繁的地区，故读音存在几个层次（详见侯兴泉，2012）。下面我们主要介绍其他粤语中最常见的两种类型。

（一）塞擦音型

其他粤语从邪母的今读大部分也是属于塞擦音型的，不过跟勾漏片粤语及桂南平话不论平仄一律不送气不同，其他粤语从邪母今读大部分是今读平上送气而今读去入不送气。如表 6－9 所示。

表 6－9　其他粤语古从邪母今读塞擦音型对照表（引自侯兴泉，2012：表 1）

今调类	阳平				阳上		阳去		阳去				阳入			
古声类	从	邪	从	邪	从	邪	从	邪	从	邪	从	邪	从	邪	从	邪
例　字	从	松	墙	祥	坐	似	罪	象	就	袖	字	寺	籍	席	集	习
广州粤语	ʦʻ	ʦʻ	ʦʻ	ʦʻ	ʦʻ	ʦʻ	ʦ	ʦ	ʦ	ʦ	ʦ	ʦ	ʦ	ʦ	ʦ	ʦ
珠海粤语	ʦʻ	ʦʻ	ʦʻ	ʦʻ	ʦʻ	ʦʻ	ʦ	ʦ	ʦ	ʦ	ʦ	ʦ	ʦ	ʦ	ʦ	ʦ
江门粤语	ʦʻ	ʦʻ	ʦʻ	ʦʻ	ʦʻ	ʦ	ʦ	ʦ	ʦ	ʦ	ʦ	ʦ	ʦ	ʦ	ʦ	ʦ
莞城粤语	ʦʻ	ʦʻ	ʦʻ	ʦʻ	ʦʻ	ʦʻ	ʦ	ʦ	ʦ	ʦ	ʦ	ʦ	ʦ	ʦ	ʦ	ʦ
清远粤语	ʦʻ	ʦʻ	ʦʻ	ʦʻ	ʦʻ	ʦʻ	ʦ	ʦ	ʦ	ʦ	ʦʻ	ʦ	ʦ	ʦ	ʦ	ʦ
韶关粤语	ʦʻ	ʦʻ	ʦʻ	ʦʻ	ʦʻ	ʦʻ	ʦ	ʦ	ʦ	ʦ	ʦ	ʦ	ʦ	ʦ	ʦ	ʦ

续 表

今调类	阳平				阳上		阳去		阳去				阳入			
古声类	从	邪	从	邪	从	邪	从	邪	从	邪	从	邪	从	邪	从	邪
例　字	从	松	墙	祥	坐	似	罪	象	就	袖	字	寺	籍	席	集	习
肇庆粤语	ʦʻ	ʦʻ	ʦʻ	ʦʻ	ʦ	ʦʻ	ʦ	ʦ	ʦ	ʦ	ʦ	ʦ	ʦ	ʦ	ʦʻ	ʦʻ
云浮粤语	ʦʻ	ʦʻ	ʦʻ	ʦʻ	ʦʻ	ʦʻ	ʦ	ʦ	ʦ	ʦ	ʦ	ʦ	ʦ	ʦ	ʦ	ʦ
南宁粤语	ʦʻ	ʦʻ	ʦʻ	ʦʻ	ʦʻ	ʦʻ	ʦ	ʦ	ʦ	ʦ	ʦ	ʦ/ʦʻ	ʦ	ʦ	ʦ	ʦ
梧州粤语	ʨʻ	ʨʻ	ʨʻ	ʨʻ	ʨʻ	ʨʻ	ʨ	ʨ	ʨ	ʨ	ʨ	ʨʻ	ʨ	ʨ	ʨ	ʨ
钦州粤语	ʦʻ	ʦʻ	ʦʻ	ʦʻ	ʦ	ʦʻ	ʦ	ʦ	ʦ	ʦ	ʦ	ʦ	ʦ	—	ʦ	ʦ

（二）塞音型

其他粤语的从邪母今读也有塞音型的，主要集中在四邑及珠三角地区，如台山话、开平话和南海沙头话。这些粤语的从邪母以声调为条件分为两类：阳平和阳上字基本都读送气的清塞擦音 tʻ，阳去和阳入字基本都读不送气的清塞擦音音 t，这跟玉林市区话和市郊的福绵话不论平仄一律读作不送气也有所不同。我们把这种类型称作台山话型，如表 6－10 所示：

表 6－10　其他粤语古从邪母今读塞音型对照表（引自侯兴泉，2012：表 6）

今调类	阳平				阳上		阳去		阳去				阳入			
古声类	从	邪	从	邪	从	邪	从	邪	从	邪	从	邪	从	邪	从	邪
例　字	从	松	墙	祥	坐	似	罪	象	就	袖	字	寺	籍	席	集	习
台山粤语	tʻ	tʻ	tʻ	tʻ	tʻ	ɬ	t	t	t	t	t	t	t	t	t	t
开平粤语	tʻ	tʻ	tʻ	tʻ	t	ɬ	t	t	t	t	t	t	t	t	t	t
鹤山粤语	tʻ	tʻ	tʻ	tʻ	tʻ/t	tʻ	—	t	t	t	t	t	ʦ	t	t	t
南海沙头粤语	tʻ	tʻ	tʻ	tʻ	tʻ	tʻ	t	t	t	t	t	t	ʦ	t	t	t
北流粤语	tʻ	tʻ	tʻ	tʻ	tʻ	tʻ	t	t	t	t	t	t	—	t	t	t

特别需要指出的是，台山和开平的从邪母在止摄开合口条件下已经读作边擦音 ɬ 了，但是这并不影响其主体读塞音的性质。

6.2.2.3　早期粤语和平话从邪母的读音

由于粤语和平话普遍不分从邪母，由此推测，早期粤语和平话应该也是从邪不分的（即邪母在粤语和平话中并不是一个独立的音类）。

辻伸久（1980）把原始粤语（Proto-Yue）的邪母拟为浊擦音 *z，从母拟为 *dz，笔者认为欠妥。首先，从目前我们掌握的100多个粤语和平话点的材料来看，从邪母基本都是合流的，把原始粤语的从母和邪母分开构拟两个音值，有人为的一面；其次，粤语邪母字以读塞擦音或塞音为主，80多个粤语点仅有10多个点读作擦音（而且大多都读作齿间擦音或边擦音），从概率的角度也不应该把邪母的音值构拟为舌尖前浊擦音；最后，如果早期粤语的邪母为浊擦音，这就很难解释塞擦音型和塞音型粤语的邪母为什么会跟浊塞擦音声母一样以声调为条件来进行分化。

麦耘先生（1997）认为精组声母在早期粤语中有两类读法：1. *tθ，*$tθ^h$，*dð/*ð，*θ；2. *ts，*ts^h，*dz/*z，*s。对于从邪母的拟音，麦先生有专门的说明。他认为粤语“总的趋势是从、邪不分。今拟浊塞擦音和浊擦音两个音，首先是指在早期的各次方言点会有区别，其次也认为有可能当时在某些方言点同时存在两种读法，或为自由变体，或为条件变体，也不完全排除会是两个独立的音位，但未必是从、邪之别”。麦耘（2008）进一步修正该观点，认为早期粤语精组读音并无两类地域方言变体，而只有一类，即上述的1类。由此可见，麦先生是一直都主张把早期粤语从邪母的读音合在一起构拟的，只是在从邪母该拟为一类还是两类的问题上有变化。

刘涛（2003）根据《珠江三角洲方言字音对照》、《粤北十县市粤方言调查报告》和《粤西十县市粤方言调查报告》所提供的语料分析了粤语邪母的读音类型，得出的结论是粤语邪母以读塞擦音为主，而且她也注意到粤语邪母字不管是以读塞擦音为主还是以读塞音或边擦音为主，读音发展规律都跟自身从母字读音发展规律保持较高的一致性。她认为粤语邪母字读塞擦音属于较早期的语音现象。笔者同意她的看法。不过她并没对早期邪母的读音进行构拟，从而说明邪母从早期到现代粤语的变化，也没有明确提出早期粤语是从邪母不分的。

我们赞同早期粤语从邪不分而且当以塞擦音为其早期音值的看法，并且进一步指出早期平话跟早期粤语一样都是从邪不分的。因此早期粤语和平话的从邪母读音宜合起来构拟。下面从发音方法和发音部位两个方面对早期粤语和平话的从邪母的拟音进行探讨。

（一）早期粤语和平话从邪母应拟作浊塞擦音

从发音方法来看，早期粤语和平话的从邪母宜构拟为浊塞擦音，这可以合理地解释粤语和平话从邪母从早期到现代的多种变化。

首先，它可以很好地解释塞擦音型从邪母的今读。粤语和平话从邪母今读最主要的类型是读作塞擦音，从概率的角度来看早期粤语的邪母也应该优先考虑塞擦音而不是擦音或塞音。从音变的角度来看，浊塞擦音无论是变不送气或送气的清塞擦音或者是按照声调的条件进行分化，都非常符合汉语自身的语音演变规律。

其次，它还可以较好地解释塞音型从邪母的今读。塞音型从邪母的今读其实就是塞擦音型的地域变体。在广东四邑以及两广交界地区，很多粤语和平话都有精组声母塞化的现象，对于这类现象，学界目前主流的看法是受壮侗语影响的结果，或是原壮侗少数民族换用粤语和平话的结果。影响也好，换用也罢，这种类型都应该是在塞擦音型的基础上变化而来的。从逻辑蕴涵的角度来看，塞擦音型可以蕴涵塞音型，反过来则不行。塞音型中的每一个次类型都可以在塞擦音型的次类中找到对应的原型，如广州话型可看作台山话型的原型，开建话型可看作玉林话型的原型等等。

最后，把早期从邪母构拟为浊塞擦音也可以解释擦音型从邪母的今读。从音变的角度来看，浊塞擦音发生擦化的演变在人类语言中是比较常见的，这种音变并不一定需要特定的语音条件，可以把它看作弱化音变的一种（脱落塞音成分）。另外，从语言接触的角度也很好解释这种类型的音变。从目前壮侗语借词的读音情况来看，从邪母的汉语借词在壮侗语中多被读作擦音，而擦音的音值跟壮侗语的地理位置有关，如南壮和黎语区多读作边擦音 ɬ，拉珈语、毛南语北壮多读地区读作齿间擦音 θ（参见梁敏、张均如，1996）。这跟粤语和平话从邪母今读擦音这些方言的地理位置比较吻合。

（二）早期粤语和平话从邪母宜拟为 * dz/dð

麦耘（1997）曾经为早期粤语的精组构拟了两类地域方言变体，其中从邪母的拟音分别为齿间音 * dð/ð 和齿背音 * dz/z。分两类构拟应该是比较符合当时粤语和平话的实际的，只是没有必要把擦音读法作为塞擦音的变体来处理。在粤语和平话形成之初，* dz 类音和 * dð 类音一开始可能只是以社会方言的形式出现，前者多出现在南来的汉人口中（* dz 比较接近当时通语的拟音），后者主要出现在当地土著口中（* dð 音地区特色明显）。随着当地土著学讲或换用粤语和平话人数的增多，两者就会逐渐演变为地域次方言。汉人由于政治、经济和文化上的优势占据着城市和乡村有利的地区，后者则占据着世代所居的地方或偏僻的地区。类似的情况在今天广西一些汉族和少数民族杂居的地方还在进行着。这两种次方言一旦形成，相互之间也会互相影响，影响的结果取决于社会语言中常提到的政治、经济、文化、人口、通婚等多种因素。* dz 类音和 * dð 类音在早期粤语和平话中估计有相当长一段时间内是以社会方言或地域方言的面貌出现的，为了能够更好地反映当时的现状，我们把早期粤语和平话的从邪母拟为 * dz/dð。

麦耘（2008）把精组字构拟为一类，反映了他语言观的改变，他认为当地土著学讲或换用的读音才是早期粤语的读音。这里涉及粤语和平话历史研究中的一个关键问题，即粤语是分化而成的，还是接触而成的？抑或是分化和接触交错进行相互影响而成的？麦耘（2009）把粤语的形成模式比喻为“珠江三角洲水网状”，即粤语类型的汉语方言形成的轨迹在大模样上近似谱系树，细节上往往成网状。就从邪的读音而言，有一个问题目前还无定论，即粤语和平话从邪不分是演变的结果还是接触的结果。如果是演变的结果则拟为 * dz 较好，如果是接触的产物，拟为 * dð 更为恰当。在这个问题没有得到充分论证之前，我们认为还是把早期粤语和平话的从邪母拟为 * dz/dð 比较合适。

6.2.2.4　粤语和平话从邪不分的成因

粤语和平话从邪不分究竟是汉语自身演变的产物，还是汉语跟其他少数民族语言接触的结果？这个问题需要放在更大的背景下讨论。就整个汉语方言来说，从邪母的分合情况呈现出明显的南北差别：北方方言（或官话方言）基本上从邪有别①；而南方方言（含吴、粤、客、赣、闽、湘及平话）白读音基本上都有从邪不分的现象，不过程度有别：其中吴语、老湘语、粤语和平话绝大多数从邪母的白读音都是不分的，客家话、赣语、闽语和新湘语只有部分常用字仍保留有从邪不分的现象。而典籍资料上明确记录南方方言有从邪不分现象的是《颜氏家训・音辞篇》，颜之推在该书中批评南人以"钱"为"涎"，以"贱"为"羡"，说的就是这种现象。不过颜氏当时心目中的南人可能专指江浙一带的南方居民，未必是泛指整个长江以南的南人。因此，我们还不能单凭颜说就认定粤语和平话在南北朝至隋朝初年已经发生了从邪合流的语音变化。至于南方方言从邪不分的原因，演变说和接触说似乎都有一定的道理。演变说无论是以中古音或是上古音为参照系，都可以找到合并的语音条件：邪母在三等 i 介音的影响下塞擦化，跟从母合流。接触说的理由是南方主要是百越族的居住地（今天的壮侗语族居民是其主要后裔），由于原始壮侗语缺少塞擦音，原壮侗居民学习中原汉语的时候用一个带地方特色的声母读音来对应汉语从邪两个声母的读音是很有可能的。不过从目前对壮侗语汉

① 邪母有四个字（"辞词祠/囚"）在北方方言中多读作送气塞擦音，跟从母合流。这究竟是早期从邪不分的遗留还是受南方方言影响的结果仍需进一步研究。

借词的研究情况来看，汉语的从邪母在壮侗语的汉借词中多读为擦音而不是塞擦音。另外，南方除了壮侗少数民族外还有很多其他少数民族居民，如果是接触换用的结果，不大可能整个南方都体现出一个整齐的替换模式（都是用一个音来对应汉语从邪母两个音）。

因此，粤语和平话等南方方言从邪不分是汉语自身演变的结果可能性更大一些。第一，南方汉语从邪不分除了现代吴语主要读作浊擦音之外，其他方言基本上都是以读塞擦音为主，即邪母在三等 i 介音的影响下塞擦化跟从母合流。第二，即使是从邪以读擦音为主的现代吴语，仍有一些从邪母白读字保留塞擦音的读法，如温州从母的"坐"、"才"、"贼"、"樵"、"曾"等字的白读为[dz/ʥ]，邪母的"像"、"囚"白读为[ʥ]。不排除早期吴语从邪母都是读塞擦音后来受共同语影响才变为擦音的可能。

6.2.3　船禅不分

6.2.3.1　勾漏片粤语和桂南平话古船禅母的主要今读类型

勾漏片粤语和桂南平话船禅母的今读主要有三种类型：（一）塞擦音型，勾漏片粤语的封开开建话属于这种类型，开建话的船禅母今读基本都读作不送气的清塞擦音；（二）擦音型，绝大多数的勾漏片粤语和桂南平话船禅母基本都是读作清擦音的；（三）塞擦音跟擦音混合型，勾漏片粤语的封开罗董话以及怀集的上坊话及下坊话属于该类型。第三类混合型的读音较为复杂，其中读塞擦音和读擦音之间并无明确的语音条件，因此不同的读音可能属于不同的历史层次。下面我们重点对混合型的三个方言的船禅母今读情况进行深入的分析。

（一）罗董话古船禅母的今读

罗董话古船母字的今读主要有塞擦音和擦音两种读法，读塞擦音 ʧ 的船母字有"乘蛇麝射船唇绳剩舌赎神实"；读擦音 ʃ 的有"示顺述食蚀"；有塞擦音 ʧ 和擦音 ʃ 两读是"术"。

从例字的读音我们可以看到，罗董话古船母字今读主要有 ʧ 和 ʃ

两种读法，其中以读塞擦音为多。这种情况是古船母自身分化的结果还是接触造成的呢？首先需要指出的是罗董话古船母字并不是以今音为条件进行分化的，因为“实[ʧuɐt²²]”和“述[ʃuɐt²²]”的韵母和声调相同但声母不同。从古韵摄的条件来看，罗董话古船母字的今读基本呈互补态势，即中古同一韵母下的船母字并无两种不同的读法，这似乎暗示着罗董话古船母今读 ʧ 和 ʃ 是以古韵摄为条件进行分化的。但是“术”字白读为 ʧ 文读为 ʃ 给我们另外一种启示，这很可能是方言接触的结果。因为“述”和“术”中古音韵地位相同，如果是自身演变的话很难解释其读音为何不同。再仔细比较罗董话古船母今读后我们发现读擦音的几个字都偏文雅或口语少用，而读塞擦音的字基本都是口语常用字。因此我们认为罗董话古船母字读塞擦音乃是其固有的读音，读擦音是受外方言（很可能是广府粤语）影响的结果。

罗董话古禅母字的今读也主要是读作塞擦音或擦音。读作塞擦音 ʧ 的古禅母字有“承社殊睡谁受拾肾尚盛属熟蝉辰晨薯竖树韶仇垂绍臣丞蜀邵上城成石植殖折酬”；读作擦音 ʃ 的古禅母字有“醇誓逝氏豉视嗜时市侍寿授涉甚十善膳禅慎淑常尝偿售署恃”；有塞擦音 ʧ 和擦音 ʃ 两读的禅母字是“是”；读作边擦音 ɬ 的禅母字是“纯瑞什”。

从罗董话古禅母字的今读我们可以看出，今读塞擦音和擦音并不是自身演变的结果，如“睡”和“瑞”、“十”和“什”以及“拾”、“蝉”和“禅禅宗”中古属于同一音韵地位，但今读不同。另外它也不是以今音为条件进行分化的，如“属[ʧok²²]”跟“淑[ʃok²²]”以及“竖[ʧy¹³]”和“署[ʃy¹³]”的韵母和声调都一样，但声母却不同。所以，罗董话古禅母跟古船母一样，读作塞擦音是它固有的读法，读擦音是后来受外方言影响的结果。

综上所述，罗董话古船禅母今读塞擦音是其早期的读音层次，今读擦音是后来受外方言影响的结果。

（二）怀集上坊话古船禅母的今读

怀集上坊话古船母字的今读有塞擦音及擦音两种，其中读作塞

擦音 ʦ 的有“蛇麝射船绳剩舌赎”；读作擦音 s 的有“乘术述神唇示顺食蚀”；有塞擦音 ʦ 和擦音 s 两读的是“实”。

怀集上坊话古船母字今读塞擦音和擦音的字数大致相同，但是从所辖字的使用频率以及口语化程度来看，读塞擦音的字日常使用率无疑远高于读擦音的字。另外，“实”有塞擦音和擦音两读，前者是白读，后者是文读，这也很能够说明怀集上坊话古船母读作塞擦音是其固有的读音，而读作擦音是外来的读音。怀集上坊话古船母有塞擦音和擦音两读不大可能是分化的结果，因为“剩”和“乘”同属曾开三，但两者声母不同；“乘唇神”和“蛇船绳”同属平声，它们的声母也不同。由此可见，怀集上坊话古船母今读并不是以古今韵母和声调为条件进行分化的。

怀集上坊话古禅母字的今读也有塞擦音和擦音两读，其中读作塞擦音 ʦ 的有“承丞社熟辰晨臣薯仇城成折石植殖酬常尝偿署”；读作擦音 s 的有“殊睡瑞谁受拾肾尚盛属淑蝉善膳禅竖树韶垂绍邵醇誓逝氏豉视嗜时市侍恃寿授售涉甚十什慎纯”；有塞擦音 ʦ 和擦音 s 两读是“树上是”。

怀集上坊话的古禅母字今读有塞擦音和擦音两读，这跟船母读音一样不是自身分化的结果。比如“熟”和“淑”中古音韵地位一致，都是通合三屋韵入声字，但是声母今读却不一致。另外它们也不是以今音为条件进行分化的，如“薯[tsy^{21}]”和“树~树立~[sy^{21}]”的今韵母及声调都一致，但是声母却不同。这样看来怀集上坊话古禅母字的两种今读也是接触的结果。既然是接触的结果，那么两者哪个是自身固有的读音层次，哪个是外来的读音层次呢？从辖字的多少来看，怀集上坊话古禅母今读擦音的字数要多于塞擦音的字数，似乎这是自身固有的读音。其实不然，从“树”、“上”、“是”两读的情况来看，读作塞擦音的都是白读，读擦音的是文读，由此反映读塞擦音才是其自身固有的层次。

因此，怀集上坊话古船禅母今读塞擦音是其自身的读音层次，读作擦音是后来受权威方言及周边方言影响的结果。

（三）怀集下坊话古船禅母的今读

怀集下坊话古船母字的今读有塞擦音和齿间擦音两种，其中读作塞擦音 ʦ 的是“蛇射麝舌船唇绳剩赎”；读作齿间擦音 θ 的是“示葚神实述术秫乘食蚀顺”。

怀集下坊话古船母字的今读情况跟上坊话基本相同，因此读作塞擦音也当是早期自身的读音层次，读作擦音是后来接触而来的读音层次。

下坊话古禅母字的今读也主要是读作塞擦音及齿间擦音，其中读作塞擦音 ʦ 的有“芍勺城成诚植殖石署薯尝偿”；读作齿间擦音 θ 的有“佘社殊竖誓逝氏豉视嗜时鲥市侍恃垂睡瑞谁韶邵绍仇酬受授售寿甚十什拾蝉禅善膳辰晨臣慎肾纯醇常裳尚承丞盛淑属”；有塞擦音 ʦ 和擦音 θ 两读的是“树上折熟是”；有塞擦音 ʦ 和塞音 t 两读的是“匙”。

怀集下坊话古禅母今读擦音的字数远多于读塞擦音的字数，但是我们仍然认为读作塞擦音是早期自身的读音层次，读作擦音是后来接触而来的读音层次。首先，我们要排除怀集下坊话古禅母今读有塞擦音和擦音两种读法是以古音为条件分化而来的可能，因为“尝偿”和“常裳”中古音韵地位完全相同，但是两者的声母却不同：前者为塞擦音后者为擦音。其次，我们还可以排除这两种读法是以今音为条件分化的可能，“署[tsy^{325}]”和“竖[θy^{325}]”的韵母及声调都一样，但是声母不同。怀集话有若干两读的古禅母字，白读读作塞擦音，文读读作擦音，这充分证明读塞擦音是其固有的读音层次，擦音是后来接触的结果。另外，只有塞擦音一读的辖字大都比较常用，这也从另一个侧面反映了读塞擦音是怀集下坊话自身固有的读音层次。

综上所述，封开罗董话以及怀集的上坊话和下坊话古船禅母早期都是读作塞擦音的，后来由于权威方言的影响，读擦音的情况越来越多，才形成了今天既有塞擦音也有擦音的读法。

6.2.3.2　早期粤语和桂南平话船禅母的读音

除去少数例外，船禅不分总的来说是勾漏片粤语、桂南平话和广州话等广府粤语的共同特征，因此，我们推测船禅不分也应该是早期粤语和桂南平话共有的音韵特征。

辻伸久(1980)把原始粤语(Proto-Yue)的禅母拟为舌面的浊擦音*ź，神母(船母)拟为舌面的浊塞擦音*dź，我们认为把原始粤语的禅母拟作浊擦音跟把邪母拟作浊擦音一样欠妥。第一，我们的比较材料显示船禅无论是在粤语中还是在平话(除了桂南平话，我们还比较了20多个点的桂北平话及土话材料)中，船禅母都没有明确区分的迹象，把它分为两类，有人为的一面。第二，把禅母构拟为浊擦音在解释勾漏片粤语的时候同样会出现邪母那样的问题。

项梦冰先生(2005：87－88)也曾讨论过封开南丰粤语(即开建话)与广州话船禅母的今读问题，他假设广州话和封开南丰粤语早期都发生过船禅合一，其后两者发生了不同演变：

广州：船→*ẓ→*ṣ→ṣ
　　　禅↗

封开：船→*ẓ→*dẓ→*tṣ→tṣ
　　　禅↗

项先生把船禅母的音值构拟为浊擦音*ẓ主要是想说明在开建话中，浊擦音塞擦化跟浊擦音塞化在开建话中是平行的，从而为奉母读重唇是创新这一观点作佐证。不同的构拟会导致不同甚至完全相反的演变结果：我们把早期船禅母构拟为浊塞擦音*dʑ，认为开建话后来只是发生了浊音清化，广州话则发生了擦化和清化；项先生把早期船禅母构拟为浊擦音*ẓ，认为开建话后来发生了塞擦化和清化，而广州话只是发生了浊音清化。

陈卫强(2008)也专门讨论过粤方言古船禅母读塞擦音和擦音

的历史层次问题，他认为“粤方言中古船禅母字读作塞擦音应是较为古老的读音层次”。笔者同意陈卫强的判断。我们认为船禅不分是早期粤语和桂南平话的共同特征，因此把它们的音值构拟为 * dʑ。

早期的船禅母在粤语和桂南平话中主要发生了两种类型的变化：一是在部分勾漏片粤语中发生了清化，从而变成不送气的清塞擦音；二是在部分勾漏片粤语、桂南平话以及广州话中发生了擦化和清化，变成了清擦音。船禅母的演变跟从邪母的演变方向基本上是一致的，其主要途径如下：

早期船禅母 * dʑ → * dʑ/dʒ（崇船禅合并）→ tɕ/ʧ/ʦ（崇船禅澄合并）
↘ * ʑ/ʒ（崇船禅合并）→ ɕ/s/ʃ（崇船禅澄合并）

早期粤语船禅母构拟为浊塞擦音要比构拟为浊擦音合理，理由有以下三点：

第一，粤方言及桂南平话古船禅母今读塞擦音的字数在大部分方言中虽然少，但大多是很常用的字。陈卫强（2008）曾论证过“绳”、“薯”、“船”、“蛇”、“唇”、“石”、“树”、“谁”、“韶”、“神”等字所反映的概念都是岭南地区日常生活中非常常用的概念，而这些字在粤语和平话中多读作塞擦音。

第二，在古船禅母字存在文白两读或新老派读法的时候，通常是白读和老派读塞擦音而文读和新派读擦音。如封开罗董话以及怀集上坊话和下坊话有文白两读的古船禅母字都是白读为塞擦音，文读为擦音。陈卫强（2008）曾指出在广州市区粤方言里，船、禅母一般新派读作擦音，老派读作塞擦音，如“剩”老派读 ʧeŋ^{22}，新派读 ʃeŋ^{22}；“韶”老派读 ts^{h}iu^{21}，新派读 siu^{21}。

第三，从整个汉语的情况来看，把早期汉语的禅母构拟为浊塞擦音要比浊擦音更具解释力。王力先生在《汉语史稿》（116－117）中曾谈到崇船禅的问题非常复杂，分化条件不是很清楚。他说现在看得清楚的是：崇母为一类，平声不分化（一律是 tʂ‘），只有仄声分化（“助”tʂ-，“事”ʂ-）；船禅为一类，仄声不分化（一律是 ʂ）平声分化（船母：“乘”tʂ‘-，“绳”ʂ-；禅母：“成”tʂ‘-，“时”ʂ-）。陈保亚先生（2002）针对王先生提出的问题，进一步深入研究发现船母平声的分化是没有语音条件的，或者说船母平声字的分化受到了非语音层面的影响，但是禅母的平声字和崇母的仄声字是有音变条件的。陈保亚先生除了找到禅母的音变条件，还总结了禅母和崇母的音变规律：禅母在平声且具备“高”特征的韵尾条件下变成 tʂ^h，在平声且无韵尾或韵尾不具备“高”特征的条件下变成 ʂ，在仄声条件下变成 ʂ；崇母在仄声且具备“高”特征的韵尾条件下变 tʂ，在仄声且无韵尾或韵尾不具备“高”特征的条件下变 ʂ，在平声的条件下变 tʂ^h。由此可见，北京话以及其他一些北方话的禅母和崇母总的演变规律是一致的，即平声送气，仄声读擦音或不送气。只不过在这条音变规律发生之后禅母平声和崇母仄声再根据韵尾不具备“高”特征这一条件进一步演变为擦音罢了。这样看来，早期官话的禅母也应该构拟为浊塞擦音才好，否则很难解释禅母为什么会跟其他古全浊塞擦音一样先按照声调的平仄来进行分化。另外，很多学者都曾指出湘、闽、吴方言中古船、禅母读塞擦音的层次均为白读层，比读擦音的文读层次要早，对此，陈卫强（2008）也有专门的总结和论述。

早期粤语和平话船禅不分的情况很可能直接来源于上古。上古船禅母的拟音我们依据李方桂先生的《上古音研究》，认为它们是 *dj。船禅母从上古到中古再到现代的演变途径主要如下：

船禅母：*dj → *dʑ（中古）→ *dʐ → tʂ^h（平声及其韵尾“+高”）/ʂ（其他）A
↘ *dʑ/dʒ（崇船禅合并）→ ʨ/ʧ/ʦ（崇船禅澄合并）B
↘ *ʑ/ʒ（崇船禅合并）→ ɕ/s/ʃ（崇船禅澄合并）C

A 类如多数官话，B 类如开建话为代表的一部分勾漏片粤语，C 类如广州话、多数桂南平话及部分勾漏片粤语。

6.2.4 古澄母的今读类型及其分合

本节主要根据《方言调查字表》提供的澄母字(剔除“蛇棹绽辙椽噇澄瞪锃碾掷秩”等较为生僻及少用的字)来观察勾漏片粤语及桂南平话古澄母的今读类型及其分合。

6.2.4.1 古澄母的今读类型及层次

勾漏片粤语和桂南平话古澄母字主要有以下四种类型的读音:塞擦音型,塞音和塞擦音两读型,擦音和塞擦音两读型,塞音、擦音及塞擦音多读型。下面我们分别对其进行描写和分析。

(一)塞擦音型

这种类型古澄母基本只读不送气清塞擦音,这类方言如封开罗董话、德庆德城话、岑溪大业话、马山乔利话、田东林逢话、百色那毕话、富宁剥隘话、南宁亭子话、龙州上龙话、扶绥龙头话、宾阳芦墟话、融水融水镇话。横县横州话古澄母字今读平上声大多为送气清塞擦音、去入声大多为不送气清塞擦音。

(二)塞擦音和塞音两读型

古澄母今读清塞音 t 和塞擦音 ʦ/ʧ/ʨ 的方言如封开开建话、怀集上坊话及下坊话、广宁南街话、四会县城话、阳山话、连县清水话、玉林市区话及市郊福绵话。这种类型的方言古澄母今读塞音 t 通常只剩下为数不多的几个常用字,大部分的古澄母字在这些方言中已经读作清塞擦音了。有些方言有个别字读作擦音,不过这种读法很容易看出是受别的方言影响而产生的,因此不把它看作一种类型。表 6-11 是这种类型的勾漏片粤语及桂南平话古澄母今读塞擦音及塞音的个数及比例统计。

从表 6-11 的统计我们可以看出,这些方言古澄母字 80%以上都读作塞擦音了。古澄母今读为塞音的虽然个数不多,但都是一些经常使用的字,如“箸长$_{长短}$丈肠尘阵重滞坠”等,因此它们可能是比塞擦音更为早期的读法,属于音韵学界常说的“古无舌头”这类存古现象。由于这些方言古澄母主要是读作塞擦音，因此我们也可以把古澄母今读塞擦音和塞音的这种类型看做是塞擦音型的一个次类。

表 6-11　勾漏片粤语和桂南平话古澄母今读塞擦音和塞音两读型对照表

古澄母 方言	今读塞音		今读塞擦音		古澄母 方言	今读塞音		今读塞擦音	
	个数	比例	个数	比例		个数	比例	个数	比例
开建话	10	15%	58	84%	阳山话	8	12%	61	88%
上坊话	6	9%	59	85%	清水话	9	13%	59	85%
下坊话	3	5%	63	91%	玉林话	1	2%	67	97%
南街话	1	2%	66	95%	福绵话	3	5%	65	94%
四会话	3	5%	66	95%					

说明：本表统计了 69 个古澄母常用字，有两读的字统计的时候分别计算个数。

（三）擦音和塞擦音两读型

这种类型的勾漏片粤语如连山布田话、苍梧六堡话、贺州桂岭话及贺街话。这种类型的方言古澄母今读有擦音和塞擦音两读，其中以读擦音为主。下面是这些方言古澄母字今读擦音和塞擦音的字数及比例。

表 6-12　勾漏片粤语和桂南平话古澄母今读擦音和塞擦音两读型对照表

古澄母 方言	今读擦音		今读塞擦音		古澄母 方言	今读擦音		今读塞擦音	
	个数	比例	个数	比例		个数	比例	个数	比例
布田话	44	64%	24	35%	桂岭话	48	70%	19	28%
六堡话	40	58%	24	35%	贺街话	41	59%	26	38%

从表中可以看出，这种类型的方言古澄母字今读擦音占 2/3 多，今读塞擦音约占 1/3。今读塞擦音的语音层次较为复杂，估计是两种层次的读音叠加到一起的结果。这些方言读塞擦音的字比较一致，如“侄痔治召兆赚站仗值泽择轴”等，这些字估计是比擦音更早的读音层次，因为这些字都比较常用，而且在其他勾漏片粤语和桂南平话

中基本也是读作塞擦音。还有一些读塞擦音的字则比较文雅，而且平时很少使用，估计是后来才受周边方言或权威方言影响而产生的，如“苎雉稚宙篆仲”之类。

（四）擦音、塞擦音及塞音多读型

这种类型的方言古澄母字今读有擦音、塞擦音及塞音三种读法，基本上是以擦音为主、塞擦音其次、塞音最少。属于这种类型的方言如贺州铺门话、贺州信都话及藤县藤城话。下面我们分别对这几个方言古澄母字今读的情况作一统计说明，如表 6－13 所示。

表 6－13　勾漏片粤语和桂南平话古澄母今读擦音、塞擦音及塞音多读型对照表

古澄母 / 方言	今读擦音		今读塞擦音		今读塞音音	
	个数	比例	个数	比例	个数	比例
铺门话	39	57%	12	17%	18	26%
信都话	56	81%	12	17%	1	2%
藤城话	30	43%	38	55%	1	2%

这种类型的方言读作塞音的个数都比较少，信都话和藤城话只有一个“坠”字读作塞音，这个字在周边的开建话、清水话以及玉林话中也都读作塞音。铺门话古澄母读作塞音的个数是在目前所知的勾漏片粤语及桂南平话中最多的，其次是开建话（10 个）。铺门紧挨封开南丰，历史上铺门跟南丰多次属于同一行政区管辖，因此两者比较接近也不奇怪。这些读塞音的古澄母字基本都是日常生活中最常用的字，因此当属最早的读音层次。读作塞擦音的个数在铺门话和信都话中是一样的，都是 12 个，但是在藤城话中却有 38 个，占了一半以上。铺门话和信都话古澄母今读塞擦音的情况跟桂岭话等方言比较相似，估计也是两个层次叠加在一起的结果。藤城话古澄母今读塞擦音的字大多数都很常用，如“茶柱住锤赵侄着撞直择宅重”等。可见藤城话今读塞擦音要早于擦音。关于藤城话古澄母今读塞擦音的层次要早于擦音这个问题，我们从邓玉荣先生给我们提供的藤县郊区农村的读音中可以看得更加清楚。我们根据邓先生提供的材料进

行统计，发现94%以上的古澄母字在藤县郊区农村都是读不送气清塞擦音的，读作擦音的只有“雉尘”两个字（另外“徐”字有擦音和塞擦音两读）。可见藤城话古澄母字今读擦音是比较晚近的读音层次。

综上所述，我们不难发现勾漏片粤语和桂南平话古澄母字今读主要是以塞擦音为主，读塞音是早期的存古读音，读擦音是比较晚近的音变。

6.2.4.2　古澄母跟其他古全浊塞擦音的分合

本节我们主要关注古澄母跟从船崇母的分合问题。因为这些古全浊塞擦音在勾漏片粤语及桂南平话中都存在读音层次问题，因此这里讨论的分合指的是其主要分合。勾漏片粤语及桂南平话古澄母字跟其他古全浊塞擦音的分合呈多种趋势，从中也可以折射出这两片方言古精、知、照三组声母分合的多样性。

（一）澄船$_{\text{常用}}$崇$_{\text{非止摄}}$读塞擦音（崇$_{\text{止摄}}$船$_{\text{非常用}}$读擦音）、从母读边擦音或齿间擦音

封开罗董话和蒙山话及蒙山西河话属于这一类型。如表6－14所示。

表6－14　勾漏片粤语和桂南平话古澄母跟其他古全浊塞擦音分合类型(一)

古声母	澄		崇		船		从	
例　字	茶	直	柴	士	船	示	字	凿
封开$_{\text{罗董}}$话	ʧ	ʧ	ʧ	ʃ	ʧ	ʃ	ɬ	ɬ
蒙山$_{\text{西河}}$话	ʧ	ʧ	ʧ	ʃ	ɬ	ʃ	ɬ	ɬ
蒙山话	ʧ	ʧ	ʧ	ʃ	ʧ	ʃ	θ	θ

这种类型的古浊塞擦音今读反映的实质是从母跟澄船崇三母有别，这种类型的古澄船崇母早期可能全部读作塞擦音，现在已经有一部分船母非常用字以及崇母的止摄字开始读作擦音。

（一’）澄母读塞擦音、崇船母读擦音、从母读边擦音

属于该种类型方言如岑溪大业话和藤县藤城话。这种类型的方言可能是第（一）种类型进一步发展的结果。崇船母在第（一）种类型

的方言中只是有条件地读作擦音，在(一')类型中已经全部读作擦音了。如表 6-15 所示。

表 6-15 勾漏片粤语和桂南平话古澄母跟其他古全浊塞擦音分合类型(一')

古声母	澄		崇		船		从	
例 字	茶	直	柴	士	船	舌	字	凿
岑溪大业话	$ʦ^h$	ʦ	s	s	s	s	ɬ	ɬ
藤县藤城话	ʨ	ʨ	ɕ	ɕ	ɕ	ɕ	ɬ	ɬ

(一'') 澄母读塞擦音、崇船母读擦音、从母读塞音

属于该种类型方言如玉林话(含市区话及市郊福绵话)，如表 6-16 所示。

表 6-16 勾漏片粤语和桂南平话古澄母跟其他古全浊塞擦音分合类型(一'')

古声母	澄		崇		船		从	
例 字	茶	直	柴	士	船	舌	字	凿
玉林市区话	ʦ	ʦ	s	s	s	s	t	t
玉林福绵话	ʨ	ʨ	ɕ	ɕ	ɕ	ɕ	t	t

(一''') 澄崇船读舌尖或舌叶擦音、从母读齿间或唇齿或边擦音

属于该类型方言如连山布田话、苍梧六堡话、贺州昭平话、贺州桂岭话、贺州贺街话、贺州信都话和贺州铺门话。这种类型可能是(一')类型进一步发展的结果。澄母字在(一')类型中仍读做塞擦音，在(一'')中已经跟崇船母一样都读作擦音了。

例证如表 6-17 所示。

表 6-17 勾漏片粤语和桂南平话古澄母跟其他古全浊塞擦音分合类型(一''')

古声母	澄		崇		船		从	
例 字	茶	迟	柴	事	船	舌	字	凿
连山布田话	ʃ	ʃ	ʃ	ʃ	ʃ	ʃ	ɬ	ɬ
苍梧六堡话	s	s	s	s	s	s	f	f
贺州昭平话	s	s	s	s	s	s	f	f

续　表

古声母	澄		崇		船		从	
例　字	茶	迟	柴	事	船	舌	字	凿
贺州桂岭话	ʃ	ʃ	ʃ	ʃ	ʃ	ʃ	θ	θ
贺州贺街话	s	s	s	s	s	s	θ	θ
贺州信都话	ʃ	ʃ	ʃ	ʃ	ʃ	ʃ	θ	θ
贺州铺门话	ʃ	ʃ	ʃ	ʃ	ʃ	ʃ	θ	θ

（二）澄从崇船都读作塞擦音

封开开建话属于该类型。如表 6－18 所示。

表 6－18　勾漏片粤语和桂南平话古澄母跟其他古全浊塞擦音分合类型(二)

古声母	澄		崇		船		从	
例　字	茶	直	助	士	船	实	字	凿
开建话	ʧ	ʧ	ʧ	ʧ	ʧ	ʧ	ʧ	ʧ

这种类型的方言反映了古精、知、照三组合流的情况。

（二’）澄从船常用崇非止摄读塞擦音、崇止摄船非常用读擦音

怀集上坊话及下坊话属于该类型。如表 6－19 所示。

表 6－19　勾漏片粤语和桂南平话古澄母跟其他古全浊塞擦音分合类型(二’)

古声母	澄		崇		船		从	
例　字	茶	直	助	士	船	术	字	凿
上坊话	ʦ	ʦ	ʦ	s	ʦ	s	ʦ	ʦ
下坊话	ʦ	ʦ	ʦ	θ	ʦ	θ	ʦ	ʦ

这种类型可能是在类型(二)的基础上发展而来的，崇船母早期可能跟澄从母一样都是读作塞擦音的，现在也只是部分读作擦音。

（二’’）澄从崇非止摄读塞擦音、崇止摄船读擦音

桂南平话多属于该类型，勾漏片粤语中的阳山话、连县清水话也属于该类型。桂南平话以马山乔利话、田东林逢话、百色那毕话、富宁剥隘话、南宁亭子话、龙州上龙话、扶绥龙头话、横县横州话、宾阳

芦墟话、融水融水镇话为例，如表 6-20 所示。

表 6-20　勾漏片粤语和桂南平话古澄母跟其他古全浊塞擦音分合类型(二'')

古声母	澄		崇		船		从	
例　字	茶	直	助	士	船	实	字	凿
马山话	ʦ	ʦ	ʦ	s	s	s	ʦ	ʦ
田东话	ʦ	ʦ	ʦ	s	s	s	ʦ	ʦ
百色话	ʦ	ʦ	ʦ	s	s	s	ʦ	ʦ
富宁话	ʦ	ʦ	ʦ	s	s	s	ʦ	ʦ
南宁话	ʨ	ʨ	ʨ	ɕ	ɕ	ɕ	ʨ	ʨ
龙州话	ʦ	ʦ	ʦ	s	s	s	ʦ	ʦ
扶绥话	ʦ	ʦ	ʦ	s	s	s	ʦ	ʦ
横县话	ʦ^h	ʦ	ʦ	s	s	s	ʦ	ʦ
宾阳话	ʦ	ʦ	ʦ	s	s	s	ʦ	ʦ
融水话	ʨ	ʨ	ʨ	ɕ	ɕ	ɕ	ʦ	ʦ
阳山话	ʦ	ʦ	ʦ	s	s	s	ʦ	ʦ
清水话	tʂ	tʂ	tʂ	ʂ	ʂ/tʂ	ʂ	ʦ	tʂ

这种类型很明显是在(二')的基础上发展而来的。(二')的古船母字只是部分非常用字读作擦音，在这种类型中绝大多数的古船母字都已经读作擦音了。

(二''') 澄从崇读塞擦音、船母读擦音

四会县城话、广宁南街话以及德庆德城话属于该类型。如表 6-21 所示。

表 6-21　勾漏片粤语和桂南平话古澄母跟其他古全浊塞擦音分合类型(二''')

古声母	澄		崇		船		从	
例　字	茶	迟	柴	士	船	舌	字	凿
四会话	ʦ	ʦ	ʦ	ʦ	s	s	ʦ	ʦ
广宁话	ʦ	ʦ	ʦ	ʦ	s	s	ʦ	ʦ
德城话	ʦ	ʦ	ʦ	ʦ	s	s	ʦ	ʦ

这种类型可能也是在类型(二)的基础上发展而来的,因为这些方言古精、知、照三组声母的清声母字都已经合流了,船母字可能是合流以后再分化出来的。

从上面古全浊塞擦音的分合类型我们不难总结出,勾漏片粤语和桂南平话古全浊塞擦音声母主要存在两种大的类型:一是古从母跟其他古全浊塞擦音有别,二是古全浊塞擦音全部合流。其他几种次类型都是在这两种大类型的基础上进一步演变的结果。从整个粤语和平话的宏观角度来看,第二种类型(精知照合流)无疑是主流。第一种类型之所以仍能在不少方言中存在,主要是因为这些方言的古精组字普遍发生过接触性音变,即这些方言由于受到壮侗语等南方少数民族语言的影响,精清母读作塞音,从心邪母多读作边擦音或齿间擦音(个别读作唇齿擦音)。从历史的角度来看,第二种类型的音变可能是比较晚近才发生的。因为在 18 世纪的粤语韵书《分韵撮要》中,精组声母跟知、照组声母仍然是有区别的。

6.2.5　古匣母的今读类型及特殊读音

6.2.5.1　古匣母字的今读类型

古匣母字在桂南平话和勾漏片粤语中主要有两种类型:一种是有喉擦音和零声母两读,大致规律为开口呼读作清喉擦音,非开口呼读作零声母,本书提及的桂南平话以及勾漏片粤语中的封开罗董话、怀集上坊话和下坊话、四会话、广宁南街话、德庆德城话、阳山话、连县清水话、岑溪大业话等基本都属于第一种类型。另一种是基本读作零声母,勾漏片粤语中的开建话、连山布田话、苍梧六堡话、玉林市区话和福绵话、贺州桂岭话、贺州贺街话、贺州信都话以及贺州铺门话等属于第二种类型。关于桂南平话以及勾漏片粤语古匣母的今读及成因,覃远雄(2005)曾有专门的论述,这里不再赘述。

6.2.5.2　古匣母字的特殊读音——以开建话为例

开建话的古匣母字绝大多数读零声母,这跟部分勾漏片粤语及桂南平话一致，跟另一部分勾漏片粤语以及桂南平话不同。覃远雄(2005)在分析桂南平话匣母基本都读零声母这种类型的成因的时候认为："这种演变跟韵母关系不大，应该是浊声母弱化脱落的结果。"笔者同意覃先生的判断和分析。

现在我们主要来看看开建话古匣母中的特殊音读现象。在开建话中，匣母除了大多读作零声母外，还有少数读舌根音 k、k^h、ŋ、h 以及个别读 f、l 的，下面逐一进行分析。

匣母读 h 的"系撼憾洽协很"以及读 f 的"乎晃"都是很文雅的字，而且很多字开建话根本不说或是用别的同义词说的，因此这些字音应该是外来的。

匣母读 l 的"舰(艦)"可能来源于上古的复辅音 * gl，因为从"监"得声的字既有古舌根系列的"槛礛鑑轞鑒"等，也有边音系列的"蓝滥篮儖襤懢壏爁"等。

较难解释的是读舌根 k 的 "茎陉汞匣$_{皮\sim}$解携"、读 k^h 的"溃绘"以及读 ŋ 的"肴淆"。这几个字广州话也基本都是读作舌根塞音或鼻音的。"茎陉汞溃绘携"是比较文雅的读音，可认为是从广州话借来的，"匣皮匣解"现在开建话中都读阴调，估计很早就跑到见母中去了。"肴"是常用字，开建话口语中的"肉"就是"肴"。"淆"可能受偏旁"肴"的读音影响读作同音字。这些看似例外的读音用中古音系统很难解释(多数音韵学家构拟匣母字的读音是浊擦音 * ɣ，浊擦音变舌根塞音或鼻音在音理上不大好解释)，因此要继续上推才好解释。匣母的上古音高本汉拟作送气的 * gʻ，王力拟作 * ɣ，李方桂、郑张尚芳、白一平、潘悟云等都是拟作 * g。我们暂依后者把匣母的上古音拟作 * g。我们认为开建话及广州话匣母读 k、k^h、ŋ 的例子是上古匣母多向发展的结果。我们认为匣母从上古到现代开建话的发展主要规律是这样的：

　　　　　　　　　　↗ ŋ　肴淆　　　　　　　A

上古匣母 * g →g→g→g→g→ k　匣$_{皮\sim}$解　　　　B

　　　　↘ $g^{ɣ}$→$^{g}ɣ$→ɣ→ɣ→ Ǿ(j)　匣母(一二四)绝大多数　　C

广州话匣母字也经过这几种类型的演变，不过B类型在浊音清化的时候广州话还进一步以声调为条件分化为 k/k^h，广州话的C类型并不是像开建话一样完全脱落，而是合口脱落，开口清化跟晓母合流了。

6.3　关于韵类分化的讨论

本节所谈的韵类分化，指的是以《切韵》音系为参考的同一韵类在方言中根据不同的语音条件其实际读音发生了分化。韵类的韵值根据分化条件的不同，我们分别称之为调值分韵和声母分韵。

6.3.1　调值分韵

同一韵母以声调的调值①为条件其韵值进一步发生分化，这类现象叫作"调值分韵"。跟调值变韵相关的名称有很多，如"异调变韵"、"韵随调转"、"本韵-变韵"、"紧音-松音"、"去声韵特殊"等。曹志耘(2009)根据"一切语音变化皆源自音值自身的特点"以及"福州、沙县方言在连读中'依调值分韵'而非依'调类分韵'的事实"，把以上这类现象称之为"调值分韵"。"调值分韵"这个术语的好处是能抓住这类现象的本质，指出分韵的动因，并且"分韵"着眼于韵母的分化，避免了甄别本韵、变韵的困扰。本书采用曹先生的术语。

勾漏片粤语及桂南平话的调值分韵现象学界关注得不多，目前只有闭克朝(1991)和曹志耘(2009)对横县境内的平话和粤语有过专门的研究。其实这种现象在勾漏片粤语和桂南平话中较为普遍，我们在《广西汉语方言研究》(2007)、《平话音韵研究》(2000)和《粤西十县市粤方言调查报告》(1998)这几部调查报告中找到了相当多的例证。我们这些年对封开、四会、广宁、德庆等勾漏片粤语和桂南平话

---

① 这里所说的同一韵母既可以是同一中古来源的韵母，也可以是共时层面音位学意义上的同一韵母；声调的调值既可以是古调值，也可以是今调值。

点的调查也进一步印证了这一特点。

勾漏片粤语和桂南平话的调值分韵最突出的是去声(含阴去和阳去)分韵,其次是阳上分韵,阳平和其他声调也存在分韵现象,但不明显,且规律性不强。下面我们重点介绍去声分韵和阳上分韵。

6.3.1.1 去声分韵

6.3.1.1.1 前人的研究

最早研究勾漏片粤语和桂南平话调值分韵现象的学者是闭克朝(1991)。他报告了横县平话的"韵随调转"(即我们所说的调值分韵)现象,不过横县平话的这种现象只出现在止摄(限于开口字和今已变成开口的微、尾、未三韵的合口唇音字)和遇摄中。在这个范围里的止摄字,凡今读阴平(44)、阳平(13)、阴上(33)、阳上(22)四调的,其韵母为单元音[i],凡今读阴去(55)、阳去(42)两调的,其韵母为复元音[əi]。遇摄一等字和三等非、庄组字,凡今读阴平、阳平、阴上、阳上四调的,其韵母为单元音[u],凡今读阴去、阳去两调的,其韵母为复元音[əu]。遇摄非、庄组以外的三等字,凡今读阴平、阳平、阴上、阳上四调的,其韵母为单元音[y];凡今读阴去、阳去两调的,其韵母为复元音[ɔi]。闭先生把横县平话的韵随调转的现象跟福州话和福清话的相关现象做了对比,认为"简单地用方言今调值对元音音质的影响来解释韵随调转现象,是不能完全令人满意的"。他提出两种假设:第一种可能仍然是调值对韵母元音音质的影响,不过这里所说的调值不是指今天的调值,而是韵随调转现象开始形成时的调值。第二种可能是去声字韵母本来就有不同于平上声字韵母的特点,特别是止遇两摄去声字的韵母。

横县粤语也有跟横县平话类似的调值分韵现象,曹志耘(2009)认为横县粤语的阴去调[52]以前可能也读低调,并在阴去、阳去读低调时发生了"调值分韵"。曹先生认为横县平话调值分韵的原理应与横县粤语相同,它的阳去读中降调,而周边的方言几乎都读低调,由此推测横县平话的今调值也是后来变化的结果。可见,曹先生是用低调值的影响来解释横县粤语(含平话)止、遇摄的变韵现象的。

除了已报道的横县平话和粤语外,我们在前人发表的调查报告材料中发现遇合一三、蟹开四或止开三存在去声分韵的勾漏片粤语和桂南平话还有很多:如扶绥龙头平话、宾阳新桥宾阳话、南宁沙井平话、武宣璋村伢话、百色那毕平话、崇左四排平话等(见《广西汉语方言研究》);又如南宁亭子、扶绥龙头、百色那毕、马山乔利、田东林逢、龙州上龙、富宁剥隘等地的桂南平话(见《平话音韵研究》);又如四会话和广宁话等(见《粤西十县市粤方言调查报告》)。

我们赞成前人用早期声调调值的影响来解释横县粤语或平话去声韵中的复化现象,但不认为是由低调值引起的。下面我们再重点介绍我们调查的广东封开开建话和四会县城话的去声分调,以加深大家对这类现象的认识。

6.3.1.1.2　开建话的去声分韵

开建话(又叫南丰话)的调值分韵现象很突出,无论是舒声调还是入声调都可以造成韵母主元音的变化。这是目前为止我们在勾漏片粤语和桂南平话中发现的调值分韵现象最丰富的方言点。限于篇幅,下面我们只介绍开建话的去声分韵。

开建话的去声分韵现象可以从古韵和今韵两个角度进行观察。从古韵的角度来看,变韵主要出现在蟹摄的齐韵(以平赅上去,下同),流摄的侯韵和尤韵,止摄的支韵、脂韵、之韵和微韵,效摄的宵韵和萧韵,咸摄的覃韵、谈韵、盐韵和添韵,深摄的侵韵,山摄的寒韵、仙韵和先韵,臻摄的真(臻)韵,梗摄的庚韵、清韵和青韵,通摄的东韵、冬韵和钟韵,大部分的变韵都发生在去声(含阴去和阳去)之中,有几个韵的阴上字也发生了变韵。从今韵的情况来看,变韵主要发生在韵腹为 ɐ、ɛ、ɔ、o 及 $i^{ə}$的复合韵母中,单元音韵母中不存在声调变韵现象,跟变韵相关的声调都有降调特征。详见表 6－22 所示。

表 6－22　开建话的去声分韵表

分　韵	音韵地位	阳平 24	阴平 44	阳上 242	阴上 52	阳去 21	阴去 32
ɐi－ei	蟹开四齐	ɐi 题犁齐	ɐi 低妻	ɐi 弟礼	ei 抵体	ei 第丽	ei 帝砌
ɐi－ei	止开口三支脂之微	ɐi 皮离	ɐi 碑悲	ɐi 被李	ei 彼比	ei 利吏	ei 臂屁
ɐi－ei	止合三微	ɐi 微	ɐi 非妃飞	ɐi 尾	ei 匪	ei 未味	ei 费
uɐi－uei	止合三支脂微	uɐi 癸葵为维	uɐi 龟规归威	uɐi 伟苇胃炜	uei 诡轨鬼委	uei 跪柜位谓	uei 季贵畏
ɐu－ou	流开一三侯尤	ɐu 头求侯	ɐu 兜周欧	ɐu 受后	ou 斗—~ 走呕	ou 豆候旧	ou 斗~争 救瘦
ɐn－in	臻开三真（臻）	ɐn 贫神银	ɐn 宾真身	ɐn 敏肾	ɐn 诊紧	in 阵认	in 进信印
ɐm－om	深开三侵	ɐm 林琴	ɐm 金心	ɐm 妗	ɐm 枕沈	om 任壬	om 浸禁
ɔm－om	咸开一覃谈	ɔm 含	ɔm 龛甘		ɔm 敢坎		om 暗
ɔn－un(øn)	山开一寒	ɔn 寒	ɔn 肝刊安	ɔn 旱罕	ɔn 秆	un 岸汗	øn 汉案
oŋ－uŋ	冬合一三东冬钟	oŋ 同蒙虫穷	oŋ 东公宗	oŋ 懵动拢重	oŋ 董总孔	uŋ 洞梦诵共	uŋ 冻众送
ɛu－iu	效开三四宵萧	ɛu 条聊瓢	ɛu 刁标萧	ɛu 秒鸟了	ɛu 表剿小	iu 调料嘧	iu 钓票笑
ɛm－im	咸开三四盐添	ɛm 镰甜	ɛm 添尖	ɛm 敛殓	ɛm 点	im 念	im 店
ɛn－in	山开三四仙先	ɛn 棉连钱	ɛn 鞭煎颠	ɛn 辫免践	ɛn 扁剪碘	in 便贱练	in 变箭片
iᵊŋ－iŋ	梗开三四庚清青	iᵊŋ 平擎情停	iᵊŋ 兵精丁经	iᵊŋ 静艇领	iᵊŋ 饼景井顶	iŋ 病定净另	iŋ 柄镜政听

从表 6－24 我们不难看出，开建话蟹、止、效、流、山、深、臻、梗、通等摄三四等中的去声分韵主要规律是去声所配的韵母主元音比非去声所配的韵母主元音高。

6.3.1.1.3　**四会县城话的去声分韵**

四会县城话的去声分韵主要出现在蟹摄、止摄和流摄的三、四等韵中，它的特点是以古调类为条件：古平、上声为一类，古去声为另一类。如表 6-23 所示(材料摘自《粤西十县市粤方言调查报告》)。

表 6-23 四会话的去声分韵表

古调类	平		上		去	
古声类	清	浊	清	浊	清	浊
今调类调值	阴平 42	阳平 21	上声 33	去声 24	上声 33	去声 24
蟹开四齐主要今读	ai 批低梯妻西挤剂	ai 迷泥犁齐题	ai 抵底洗	ai 弟礼米	ɐi 闭帝替济砌细制世计	ɐi 第丽例隶滞誓
流开一三侯尤主要今读	au 兜偷勾抠欧秋修抽周收鸠	au 头楼侯流绸囚愁仇求牛	au 剖口抖斗一～走叟狗苟手九扭酒丑呕	au 藕后舅纽柳	ɐu 叩贸斗～争透奏凑嗽扣秀昼瘦咒臭兽救	ɐu 陋漏袖就寿兽旧
止开口三支脂之微主要今读	ɐi 碑悲	ɐi 皮离眉尼梨厘靡	ɐi 彼比鄙	ɐi 被美你李尾	i 臂秘痹屁	i 避荔地鼻利吏

其实,《粤西十县市粤方言调查报告》中四会县城话的声调系统仅仅是单字调系统,在该方言的单字调系统中,阴上调和阴去调已经合并为一个 33 调①,阳上调和阳去调合并为一个 24 调。但就整个声调系统而言,四会县城话的阴上调和阴去调其实是两个不同的声调。根据我们对四会县城话的调查,在后字位置上,四会县城话的阴上调和阴去调是绝对不同调的:阴上在后字调值为 55,阴去在后字为 35,两者是有音位对立的。如:红枣≠红灶,牙齿≠牙刺,后果≠后过,旅馆≠铝罐,水苦≠水库,饭点≠饭店,鼓起≠鼓气,白採≠白菜等。其实,在四会乡下的一些方言点的单字调系统中阴去调和阴上调也仍有区别。据黄拾全(2011:89)报告,在四会北部山区的下寮话中,清上和清去独自成调,清上今读 44,清去今读 33。

四会城区话的阳上和阳去现在已经合并为一个调了,不过我们

① 调查者把合并了的调叫上声,其实更合理的叫法是阴上去。同理,合并了的去声称作阳上去会更加理想。

还可以从多个角度说明早期四会城区话的阳上和阳去调一定是有区别的：第一个证据来自连读变调，四会城区话古次浊上在前后字位置都读作22，而古全浊上、去在前字位置上却读作24。第二个证据来自韵母，蟹、流、止等摄的三四等韵在古阳上和古阳去中读音有别。第三个证据来自周边的姊妹方言，在整个勾漏片粤语和桂南平话中，绝大多数方言的阳上调和阳去调都是两个不同的声调。

通过上面的分析我们不难发现，四会县城话的变韵现象跟今调类及调值都没有直接的关系。跟四会话调值分韵现象相似的还有广宁话，这里不再赘述。

6.3.1.2 阳上分韵

有些勾漏片粤语和桂南平话除了去声会出现分韵现象外，古阳上也会发生类似去声那样的分韵现象。如表6-24所示。初看该表我们似乎很容易得出古阳平分韵的结论，其实不然。运用历史比较法和层次分析法比较之后我们发现，这些方言遇合一读u是早期的层次，读复合元音则是较为晚期的读音层次。因此，这类现象当属于阳上、阳去分韵现象。古阳去会发生分韵现象这不奇怪，因为这是勾漏片粤语和桂南平话常见的一种音变。有意思的是古阳上也像去声那样出现相同的分韵现象。

崇左四排、扶绥龙头、百色那毕、马山乔利、田东林逢、百色那毕、富宁剥隘等地的平话遇合一並母姥韵字已经并入暮韵（即古阳上已并入古阳去），我们不好判断它们究竟是并入阳去之后才发生的分韵现象，还是没归并之前就已经发生了分韵。武宣璋村伢话的古阳上和古阳去今读有别，但分韵现象一致，意味着古阳上也可以像古阳去那样造成分韵。百色那毕止开三群母纸韵跟支韵读音有别，前者为复合韵母ui，后者为单元音i，也表明古阳上具有阳去一样的分韵能力。有意思的是扶绥龙头平话，谢建猷的材料显示遇合一並母姥韵的声调今读归阳平，而李连进的材料则显示该韵的声调归阳去，但是双方的材料都显示古阳上所配的韵母读音跟古阳去同而跟阳平异，这也说明古阳上具备古阳去那样的分韵能力，并且是分韵在先，调值合并在后。扶绥龙头古阳上具备分韵能力在遇合三微母微尾未韵字中也可以得到证明，有意思的是此处的古阳去反而不分韵，只有阳上字发生了分韵。龙州上龙平话遇合一並母姥韵的声调今读跟阳平合，但是韵母读音却跟阳去一致，同样说明的是古阳上造成分韵在先，调值跟阳平合并在后。

表 6－24　勾漏片粤语和桂南平话阳上分韵例表①

分　韵	韵母条件	古阳平	古阳上	古阳去	方言点
u－əu	遇合一並母模姥暮	u 蒲菩 22	əu 部簿 24	əu 步埠 21	武宣璋村伢话(谢)
u－ɐu	遇合一並母模姥暮	u 蒲菩 31	*ɐu 部簿 22(今阳去)*	ɐu 步埠 22	崇左四排平话(谢)
u－ɐu	遇合一並母模姥暮	u 蒲菩 31	*ɐu 部簿 22(今阳去)*	ɐu 步埠 22	百色那毕平话(谢)
u－ou/ɐu	遇合一並母模姥暮	u 蒲菩 31	*ou 部簿 13(今阳去)*	ou 步埠 13	扶绥龙头平话(谢)
u－ou	遇合一並母模姥暮	u 菩 31/ou 蒲 33(今阴上)	*ou 部簿 13(今阳去)*	ou 步 13	马山乔利平话(李)
u－ɔu	遇合一並母模姥暮	u 蒲 33(今阴上)菩 41	*ɔu 部簿 22(今阳去)*	ɔu 步埠 22	田东林逢平话(李)
u－ou	遇合一並母	u 蒲菩 42	*ou* 部簿 22(今阳去)	ou 步埠 22	百色那毕平话(李)
u－ɔu	遇合一並母模姥暮	u 蒲菩 31	*ɔu 部簿 22(今阳去)*	ɔu 步 22 埠 33(今阴上)	富宁剥隘平话(李)
u－ou	遇合一並母模姥暮	u 蒲菩 31	ou 部簿 31(今阳平)	ou 步 31(今阳平)/埠 21	龙州上龙平话(李)
u－ou	遇合一並母模姥暮	u 蒲菩 21	ou 部簿 21(今阳平)	ou 步埠 13	扶绥龙头平话(李)
u－ou	遇合三微母微尾未	u 无巫 21 诬 53(今阴平)	ou 武舞鹉 11 侮 13(今阳去)	u 务雾 13	扶绥龙头平话(李)
i－ui	止开三群母支纸	i 奇歧 31 /ui 骑 31	ui 徛技 24(今阳上) 妓 22(今阳去)		百色那毕平话(谢)

① 方言点后面加(谢)表示材料来自谢建猷的《广西汉语方言研究》，加(李)表示材料来自李连进的《平话音韵研究》。

其实除了去声和阳上，阳平有时候也可以造成跟去声和阳上类似的分韵现象。如信都铺门粤语遇合一定母模韵（阳平 24）白读为 ɔu，姥韵（阳上 31）和暮韵（阳去 213）为 u。不过勾漏片粤语和桂南平话的阳平分韵远不如去声或阳上分韵来得丰富。勾漏片粤语和桂南平话其他声调也可以导致分韵，但是都没有去声和阳上那么明显，且规律性不强。

6.3.1.3　勾漏片粤语和桂南平话调值分韵的成因

总的来说，勾漏片粤语和桂南平话的调值分韵主要出现在去声（含阴去和阳去），部分勾漏片粤语和桂南平话阳上调也存在类似去声一样的分韵现象，不过涉及面较小。阳平还有其他声调也存在此类现象，但不明显，且规律性不强。勾漏片粤语和桂南平话去声和阳上分韵的结果是使其韵腹元音变高（如开建话、四会话），如果韵腹本身是高元音还会进一步使其裂化为两个复合元音（如横县平话或粤语）。是什么原因促使勾漏片粤语和桂南平话去声所在的韵母主要元音变高甚至进一步裂化呢？闭克朝先生（1991）提出的两大假设哪个更有可能？我们认为第二种假设的可能性不大，假如去声韵本来就有不同于其他韵母的特点，我们还必须进一步解释为什么会形成这样的特点。而且，如果去声韵有特点的话不应只是集中在遇、蟹、止等摄的三四等韵中。因此，我们比较认可第一种假设。认为是早期勾漏片粤语和桂南平话去声和阳上的实际调值造成了相应韵值的变化。理由如下：

第一，勾漏片粤语和桂南平话各个方言具体的去声调值或阳上调值相差甚大，如果用今调值去解释同一种现象，会出现各种各样甚至相互矛盾的说法。而且，四会县城话（广宁话与此类似）的分韵情况足以说明它跟去声调的今调值没有直接关系，龙州上龙和扶绥龙头遇合一並母姥韵字的今读也表明分韵跟今调值没有必然的联系，而跟古调类及调值有关。

第二，韵母内部由于声调不同而产生变化在汉语方言中是很常见的一种语音变化，曹志耘(2009)对此已经作了很好的总结。曹先生当时已经指出，调值分韵“有的可能已在音变的基础上发生了新的变化。因此，在有些方言中，调值和韵母之间的对应关系就会显得不大整齐甚至杂乱无绪(例如永济、缙云、横县)。不过有时候可以通过跟周边方言比较或利用层次分析法‘复原’以前的语音面貌，这时仍可看到调值和韵母之间的对应关系”。勾漏片粤语和桂南平话的去声或阳上分韵很多就属于这种早期发生了调值分韵，后来调值又发生了变化的类型。

由于早期没有录音机，我们没有十足的把握说明早期勾漏片粤语和桂南平话去声及阳上的准确调值，但是历史比较法中的语音构拟为我们探讨该问题提供了可能。笔者(2011)曾利用 48 个勾漏片粤语和桂南平话方言点的材料构拟了原始勾漏片粤语和桂南平话(即本书所说的勾漏片粤语和桂南平话)的声调系统，其调类和调值分别如下：阴平为高平降调 * HHM，阳平为低升降调 * LML，阴上为中平调 * MM，阳上为低升调 * LM，阴去为中升调 * MH，阳去为低降升调 * MLM，阴入为短中/高平调 * M/ * H，阳入为短的低平调 * L。如果我们的构拟是正确的话，则勾漏片粤语和桂南平话的调值分韵现象很可能是由于其早期的升调特征导致的。原始勾漏片粤语和桂南平话含有升调特征的声调主要是去声(含阴阳去)、阳上和阳平，而这些声调中都有分韵现象，尤以去声最为突出。无论是中升、低的降升、低升还是低升降，都含有升的声调特征(即声调由低到高变化)。原始勾漏片粤语和桂南平话的阳平调值 * LML 前面的低调特征其实是羡余性特征，其调值主体为中降 * (L)ML，因此勾漏片粤语和桂南平话阳平分韵现象没有去声和阳上那么突出。至于勾漏片粤语和桂南平话去声的分韵能力为什么比阳上更强，这里面估计还有音变发生的时间先后及优先选择等问题，这里不再深究。

那为什么升调特征会导致主元音变高，甚至进一步裂化呢？我们认为韵母结构在其中也起到了非常重要的作用。勾漏片粤语和桂南平话的调值分韵主要出现遇摄、蟹摄、止摄或流摄的三、四等韵，熟悉中古拟音的朋友一看就会发现，这些韵母多处在"GVG"或"GV"（G表示高元音，V表示韵腹）结构之中，这种结构中的韵腹元音本来就很容易变高，因为受到了高元音的影响。再说这种结构中的韵腹元音是不大稳定的，因为始终处于滑动当中，当碰到升调的时候，其韵值由低变高是可以预测的。当韵腹主元音高到不能再高的时候，它就可能高顶出位，裂化为复合元音。从这里我们还可作进一步的推论：汉语方言中普遍存在的元音高顶出位现象（参看朱晓农，2004），其前裂化现象并不一定都是由"显化"驱动的，有的时候是由升调来进行驱动的。

开建话的调值分韵还可以出现在效开三四等以及咸摄、深摄、山摄、臻摄、梗摄和通摄当中。效开三四等的结构是属于"GVG"型的，而其他几类韵母都是属于"（G）VC"（C表示辅音韵尾）型的。"（G）VC"结构中的韵腹主元音跟"GVG"一样，都是不稳定的，因为始终处在滑动状态，因此它在早期升调的影响下变为高元音也是很容易理解的。

升调容易促使"GVG"、"GV"和"（G）VC"结构中主元音变高可以在发音生理方面得到解释。一般情况下，我们可以通过提高舌位或降低舌位来使升调变高或降低，这是比较自然的一种关系，虽然声调的提高还可以通过其他方式来进行控制。升调意味着声调由低变高，因此在发音的时候，韵腹元音为了提高声调会不自觉地提高舌位的高度。有关元音高低和基频（声调的物理表现）之间相互关系的详细论述，请参看Ohala（1978）在*Production of Tone*（《声调的产生》）一文及朱晓农（2005：79－83）在书中的相关论述。

我们认为早期勾漏片粤语和桂南平话阴去、阳去和都带有升调特征，并以此解释勾漏片粤语和桂南平话去声中的分韵现象，这跟曹志耘先生对横县粤语或平话去声分韵的解释不同。曹先生（2009）认为早期横县粤语的阴去和阳去都是低调①，是低的特征导致了横县粤语止、遇摄去声韵的复化。可是止、遇摄的去声韵复化只是勾漏片粤语和桂南平话调值分韵中的一种类型，而且不是主流，更多的情况是去声韵的高化（复化其实也可以看作是高化到顶而裂化的结果）。如果用低调来解释勾漏片粤语和桂南平话去声韵的高化，就会得出跟曹先生（2009）所总结的汉语方言"调值分韵"规律之一的"低调导致韵母元音的低化、复化"规律相反的结论。另外，我们构拟早期勾漏片粤语和桂南平话的阳上调和阳平调也带有升调特征，而这两个声调跟去声一样也能使得遇、蟹、止等摄的韵母主元音变高。显然，用升调来解释勾漏片粤语和桂南平话的去声分韵现象要比用低调来解释更加合理。

6.3.2　声母分韵——以开建话为例

中古同一来源的韵类以声母为条件其韵值进一步发生变化，这种现象在勾漏片粤语和桂南平话中表现得比较突出，譬如帮非组、见系对韵母的分化起着非常重要的作用。此处我们以开建话为例，把以声母为条件分化的主要韵类都罗列出来，加以分析。具体见表 6－25。

表 6－25　开建话声母分韵表（韵母为严式记音）

中古条件		今平声（含阴阳）	今上声（含阴阳）	今去声（含阴阳）
韵类	声类	今韵值及例字	今韵值及例字	今韵值例字
遇合三：鱼/虞	非组	u 夫敷符无	u 府抚父武	u 付赴附务
	泥来母	u 庐驴	ɔi 女；u^i 吕旅；ɐu 缕	u^i 虑
	精组	œy 蛆须；œ 趋；y 徐需	u^i 序取聚；ɔ 娶	u^i 趣；y 絮

① 曹先生当年把早期横县粤语的去声构拟为低调只采用了横县附近 9 个方言点的材料，而我们的构拟采用了西部粤语 48 个方言点的材料。其中阴去共有 23 个点今读升调（今读平调的有 15 点，今读降调有 10 个点）；阳去今读降升调或升调的方言（共 14 个点）虽然比今读低平调（共 20 个点）少，但是把降升调作为阳去的早期读音更能解释西部粤语阳去的演变。因此构拟结果的不同主要是由于占有材料的程度不同导致的。

续 表

中古条件		今平声(含阴阳)	今上声(含阴阳)	今去声(含阴阳)
韵类	声类	今韵值及例字	今韵值及例字	今韵值例字
遇合三：鱼/虞	知组	œy 猪；y 除蛛厨	y 褚柱	y 著驻住
	庄组	uᵓ初梳	uᵓ阻楚所；u 数~数	uᵓ助疏；u 数数~
	其他	y 诸书如居墟渠鱼虚于余朱枢输殊儒拘区瞿愚愉	y 煮处暑汝举巨许与主竖矩雨愈；iœ 语乳	y 处庶署据御预注戍树句具遇喻；œy 去；u 芋
蟹开一：泰	帮组			uⁱ贝沛
	端组			ai 带太大
	见系、泥来母、清母			ɔi 盖艾害蔼奈来蔡
蟹开四：齐	见系	ɛ 稽溪倪；ɐi 鸡	ɛ 启	ɛ 计契系~鞋带；ɐi 系
	非见系	ɐi 批迷低梯题泥黎妻齐西	ai 底洗米；ɐi 弟礼；ei 抵体	ei 闭帝替第丽济砌细陛
蟹合一：灰、泰	帮组、晓组、影组	uⁱ杯赔梅灰回煨	uⁱ倍每悔汇	uⁱ辈配佩妹溃
	端系	œ 堆推雷催	œ 腿罪	œ 对退队累碎蜕兑最；ɔi 内
	见组	uɐi 盔；ɐi 桅；uⁱ恢复		uai 块；ui 桧；ɔi 外
蟹合三：祭、废	非组			ei 废肺；uⁱ吠
	端系、知系			œ 脆碎缀赘税
	见系			uɐi 卫；iœ 锐
止开三：支脂之微	帮组、泥来母	ɐi 碑皮离悲眉尼梨厘靡	ɐi 被美你李；ei 彼比	ei 臂避荔痹屁鼻地利吏
	精组	uᵓ资瓷私兹慈思词	uᵓ紫此子；ei 姊死；ɐi 似	uᵓ次自；ei 刺赐四字寺
	庄组	iᵋ筛；i 师狮	i 士仕史；iᵋ使驶；ɛ 柿	i 事厕
	其他	i 知池支施匙儿奇宜牺移迟脂尸饥祁伊姨痴持之嗤诗时而基欺其疑熙医几祈希衣	i 纸侈是尔企技椅旨屎址齿始市耳己起拟已几岂；ɛ 蚁；ai 舐	i 智翅寄谊戏易致稚至示视二冀器置治志试侍记忌意异既气；ɛ 毅

续 表

中古条件		今平声(含阴阳)	今上声(含阴阳)	今去声(含阴阳)
韵类	声类	今韵值及例字	今韵值及例字	今韵值例字
止合三：支脂微	非组	ɐi 非妃肥微	ɐi 尾；ei 匪	ei 费翡味
	端系、知系	œ 随吹垂虽追锤衰谁；iœ 锥	œ 嘴髓水；œ 蕊	œ 睡瑞坠帅
	见系	uɐi 规亏为龟葵维归威违癸唯；ɐi 危伪辉	uɐi 伟苇胃炜；uei 诡轨鬼委	uei 季柜位贵讳畏谓跪；ɐi 魏
效开三：四宵萧	帮系、端系	ɛu 标飘瓢苗燎焦锹宵刁挑条聊萧疗	ɛu 表秒剿小鸟了	iu 票庙俏噍笑钓跳调尿料
	知系	iu 超潮招烧韶饶；ɛu 朝今~	iu 赵沼少绍扰	iu 召照少绕
	见系	iu 娇桥器妖摇尧；ɛu 吆	iu 矫舀缴晓	iu 轿要耀叫窍
咸开一：覃谈	见系	ɔm 龛含甘；ɐm 堪庵	ɔm 感坎敢；ɐm 揞撼	om 暗
	非见系	am 耽贪谭簪参蚕担谈蓝惭三	am 惨胆淡览	am 探担挑~滥暂
咸开三四：盐严添	帮系		ɛn 贬	
	端系	ɛm 镰尖签添甜；im 潜	ɛm 敛殓点	im 店念
	非帮端系	im 沾占~卜钳淹炎盐严兼谦嫌	im 陕染检俭险掩	im 占~领验艳剑欠
山开一：寒	见系	ɔn 肝刊寒安	ɔn 秆旱罕	un 干~部岸汗 on 看~见汉按案
	非见系	an 丹滩坛难~易兰餐残珊	an 坦懒散退热~	an 旦炭但难患~烂赞灿散~开
山开三四：仙元	帮端系	ɛn 鞭篇棉连煎钱仙边眠颠天年连千前先	ɛn 辩免剪浅践鲜扁辫碘撚	in 变骗便面箭贱线羡片电练荐
	非帮端系	in 禅然乾延言掀肩牵研贤烟；ɛn 缠	in 展善遣件演显；an 茧	in 战扇膳谚建健献堰见砚现燕~子
山合一：桓	帮组	ɔn 般潘盘瞒	ɔn 伴满	un 半判叛；an 漫
	端系	yn 端团鸾钻动词酸	yn 短断暖卵	yn 锻段乱钻名词串算
	见系	un 官宽欢桓；yn 完丸	un 管款缓碗	un 贯唤换腕

续 表

中古条件		今平声(含阴阳)	今上声(含阴阳)	今去声(含阴阳)
韵类	声类	今韵值及例字	今韵值及例字	今韵值例字
山合三：元	非组	an 翻烦	an 反晚	an 贩饭万
	其他	yn 元冤袁	yn 阮远	yn 劝愿怨
臻合一：三魂谆	帮组、非组、端组、泥组、章组	ɐn 奔喷门墩臀仑春唇纯分芬焚文	ɐn 本盾准蠢粉吻	ɐn 顺舜份；un 闷；in 嫩论闰粪问
	精组	ɐn 村孙荀巡；yn 尊存遵	ɐn 笋；yn 损	in 寸迅；yn 逊俊
	见系	uɐn 昆坤魂温均匀；ɐn 昏	uɐn 滚捆稳菌允	uin 棍；in 困；uɐn 困

开建话见系声母对韵值的影响非常大，主要体现在两个方面：一方面是使韵腹高化或后化，这种影响在蟹开四、止开三、效开三四、咸开一三四、山开一三四、山合一三等韵摄中体现得最为明显；二是使得古合口韵的介音得以维持，这种作用在蟹合一、止合三、臻合一三等韵中表现得尤为突出。见系声母古代称之为牙喉音，之所以能够对韵母施加以上两种影响，主要是因为牙喉音具有[+高]和[+后]这两个共同特征。

帮端系声母(含帮非两组)则通常会让古三四等韵失去介音，从而使韵腹主元音不至于被拉高，这在止摄开合三、效开三四、咸开三四、山开三四、止合一三、臻合一三等韵上都有体现。

庄组声母也有维持介音的作用，这在遇合三和止开三等韵中表现得最为明显。

从表上我们还可以看到，韵母受声母影响和受声调影响而发生的两种韵值变化常交织在一起，因此以中古韵类为出发点来观察，很多韵类在开建话中都有多个韵值。粗略一看我们很难判定这两种分化的先后，但是某些韵类的分化为我们提供了区别先后的线索：开建话咸开一和山开一等韵以声调为条件的分化只出现在见系声母而不出现在非见系声母，可见以声调为条件的分化对声母存在着选择性。因此我们推测开建话的这些韵类应该是先以声母为条件进行分化，然后再以声调为条件进一步分化。

6.4　韵母分调——以开建话入声调类的分化为例

我们在比较部分已经指出，勾漏片粤语及桂南平话还有广州话都存在古入声调按照主元音不同进一步分化的现象。广州话阴入根据韵母主元音的高低分化为上阴入和下阴入两个调类的现象大家都比较清楚了，此处不再赘述。勾漏片粤语和桂南平话有不少方言点除了阴入会根据韵母主元音的高低分化为上下阴入外，其阳入也根据韵母主元音的高低分化为上阳入和下阳入两个调类，这在汉语方言中比较有特色。由于开建话古入声调类的分化在勾漏片粤语和桂南平话中比较典型，因此本节主要介绍开建话入声调类的分化。

开建话声调的分化主要出现在入声调中，而入声调的分化主要是以入声韵的今韵值为条件进行的。开建话比较典型的韵母分调现象如表 6 - 26 所示：

表 6 - 26　开建话入声韵母分调表

<table>
<tr><th colspan="2" rowspan="2">古　　韵</th><th rowspan="2">今韵值</th><th colspan="2">阴　　入</th><th colspan="2">阳　　入</th></tr>
<tr><th>上阴入55</th><th>下阴入 32</th><th>上阳入34</th><th>下阳入 21</th></tr>
<tr><td colspan="2">合韵、盍韵（非见系）；洽韵、狎韵</td><td>ap</td><td></td><td>+</td><td></td><td>+</td></tr>
<tr><td colspan="2">辑韵</td><td>ɐp</td><td>+</td><td></td><td>+</td><td></td></tr>
<tr><td colspan="2">乏韵；曷韵（非见系）；黠韵；鎋韵；月韵（非组）</td><td>at</td><td></td><td>+</td><td></td><td>+</td></tr>
<tr><td colspan="2">质（节）韵；迄韵；术韵；物韵</td><td>ɐt</td><td>+</td><td></td><td>+</td><td></td></tr>
<tr><td colspan="2">铎韵；觉韵</td><td>œk</td><td></td><td>+</td><td></td><td>+</td></tr>
<tr><td colspan="2">屋韵、沃韵、屋韵、烛韵</td><td>ok</td><td>+</td><td></td><td>+</td><td></td></tr>
<tr><td rowspan="2">叶韵、业韵、贴韵</td><td>帮端系</td><td>ɛp</td><td></td><td>+</td><td></td><td>+</td></tr>
<tr><td>非帮端系</td><td>ip</td><td>+</td><td></td><td>+</td><td></td></tr>
</table>

续　表

古　　韵		今韵值	阴　　入		阳　　入	
			上阴入55	下阴入 32	上阳入34	下阳入 21
薛韵、月韵、屑韵	帮端系	ɛt		+		+
	非帮端系	it	+		+	
末韵	非组	ɔt		+		+
	端知系	yt	+		+	
	见系	ut	+		+	
月韵	非组	at		+		+
	见系	yt	+		+	

从表中我们很容易发现其中的规律：古阴入调和阳入调根据今韵母韵腹主元音舌位的相对高低各分出两个入声调，主元音为低元音 a、œ、ɛ、ɔ 的入声韵母主要跟下调(低调)配，主元音为非低元音 ɐ、o、i、y、u 的入声韵母主要跟上调(高调)配。需要强调的是这里主元音的高低指的不是绝对的高低，而是共时音系中的相对高低(如 ɐ 和 a 都是非高元音，但是前者比后者要高)。开建话及其他粤语(还有平话)入声调的这种分化是有语音动因(phonetic motivation)的：世界上很多语言都存在较高元音配高调、较低元音配低调这种现象，先贤把这种现象的成因归结为元音的内在音高(intrinsic vowel pitch)。元音内在音高的形成既有生理的基础，也有听觉的基础。关于元音内在音高以及声调跟韵母元音相互关系的介绍，请参考 Ohala(1978)及朱晓农(2005a：79－83)等的介绍，这里不再赘述。

如果把开建话跟广州话加以比较我们就会发现，广州话下阴入 33 只跟主元音为低元音 a、œ、ɛ、ɔ 的入声韵母配，上阴入55 只跟主元音为非低元音 ɐ、o、i、y、u 的入声韵母配，阳入调 22 却没有这种限制，既可以跟低元音配也可以跟非低元音配。广州话入声的这种分化模式在勾漏片粤语和桂南平话之外的粤语中普遍存在，代表了粤语入声的另一种分化模式。一个有趣的问题就来了：开建话和广州话的入声调的分化都受入声韵母的主元音制约，为什么入声韵母的主元音影响了开建话阴入和阳入两个入声调的分化，而到了广州话却只影响了阴入调呢？有两种可能的解释：一种解释是开建话早期跟广州话一样开始只是阴入调受到入声韵主元音高低的影响分化为两类，阳入调是后来再受入声韵主元音的高低影响再分化为上下两类的。第二种解释是广州话早期跟开建话一样阴入和阳入同时受入声韵主元音高低的影响分化为上下阴入和上下阳入四个调类，上下阳入后来合并为一个阳入调。我们认为第二种解释更加可信。如果第一种假设成立的话，广州话的阳入调按道理也会进一步分化才对，但我们很难找出广州话不分化的理由。解释二相对比较合理，其理由有四：

第一，早期广州话跟开建话的阴入和阳入一样两两分化，遵守共同的语音演变原理（受元音内在音高影响）。

第二，通过第二章开建话与广州话的音韵比较我们不难发现，开建话的音韵存古特征要比广州话多，把开建话看作早期粤语的代表方言不仅有音韵上的证据，更有历史文化上的根据；而广州话作为一种权威的都市大方言，其变化速度快于乡村方言这也是正常的现象。

第三，广州话阳入调中读如高升 35 调（有学者称之为变入）者，我怀疑是早期上阳入的遗留。这些阳入常用字如“蠒”、“栗”、“侄”、“绿”、“玉”、“鹿”、“局”、“禄”、“月”、“穴”在后字位置上都常读作 35 调，多数学者会将其处理为语素变调（如小称变调）。若是语素变调得逐一解释其理由，实际上很难一一解释清楚。

第四，开建话的上阳入<u>34</u> 在前字位置上受连读变调的影响会变为下阳入 21，这为广州话上下阳入的合并提供了语音上较为可能的一种解释。虽然现在的广州话基本不存在前字变调现象，但是其他粤语如勾漏片粤语、吴化片粤语、高阳片粤语是存在前字变调的。勾漏片粤语阴调和阳调都存在前字变调，吴化片粤语和高阳片粤语的前字变调一般只出现在阳调。

6.5 关于开建话及周边方言介音处理的讨论

音节中的介音如何处理一直是汉语音韵学界和现代音系学界比较关注的问题之一，处理办法在逻辑上不出以下三种：一是介音属韵，二是介音属声，三是介音跟声韵并立。三种处理方法理论上并无对错之分，但是在实际的运用当中却各有利弊。汉语方言的音系处理多采取前两种处理方案，很少考虑后一种处理。在介音比较丰富的汉语方言当中，介音一般都归属韵母。但是在介音相对贫乏的粤语和平话，有无介音的问题以及如何处理的问题一直存在争论。例如大家对广州话有无介音这个问题就存在两种不同的看法：

（一）无介音说。国内很多学者如岑麟祥（1946）、黄家教（1964，1994）、高华年（1980）、麦耘（1999）等多倾向于认为广州话没有介音。赞同此说的学者一般都会把零声母位置的半元音处理为声母 j 和 w，把舌根塞音及其后接的圆唇半元音处理为唇化的 k^{w} 和 k^{hw}。

（二）有介音说。如余霭芹（1972）、施其生（1991）和伍巍、王媛媛（2006）等认为广州话有介音。支持此说的学者在处理广州话音系的时候一般都会把介音 i 和 u 看作是韵母的一部分。

这两种处理哪种更好呢？李荣先生（1983）曾提出用“简单”这一标准来衡量（声母和韵母的总数越少越好）。李先生认为就记录广州话而言，增加[ku kʻu u i]四个声母这种办法简单明了，但是同时他也指出，方言比较跟古音比较又当别论。

目前两种学说都有一定数量的支持者。正因为大家对广州话的介音问题一直都没有形成一个统一的认识，所以其他粤语和平话的音系对介音的处理也普遍存在两种方式：一是介音属韵型的，二是介音属声型的。笔者用来比较的勾漏片粤语及桂南平话的音系材料也是两种处理方式并存：《粤西十县市粤方言调查报告》和《粤北十县市粤方言调查报告》基本都采取第一种方案；而李连进的《平话音韵研究》、周烈婷的博士论文《广西玉林话研究》以及广西境内其他学者关于勾漏片粤语语音的描写基本上都是采取第二种处理方案。

笔者认为这两种处理都有一定道理，也都有一定的不足，关键是要看研究的目的。本节将以开建话的介音处理为例，谈谈这两种处理方法各自的利弊。细心的读者可能已经发现，本书对开建话介音的处理并不统一。本书的大部分地方都采取介音归属韵母的处理，如第二章声韵调部分以及第三、第四章的比较部分等；在第二章的声韵调配合规律和音节表以及最后附录的同音字汇，为了讨论及处理表格的方便，笔者把介音处理为声母的一部分。

这种不同的处理实际上就是为了充分利用两种处理方式各自的优点：把介音处理为声母的一部分无疑会使整个共时音系更加简洁，同时也更能反映出声韵调之间的配合关系；而把介音处理为韵母的一部分更有利于跟中古音以及其他方言进行比较，在材料的对齐及术语的匹配方面后者都比前者方便。

把介音归属声母最大的好处是大大地简化了韵母的数量，使原来的 90 多个韵母减少到 50 多个，如表 6－27 所示。

表 6－27　开建话韵母简化表(不含介音)

单元音韵	元音韵尾韵	鼻尾韵	塞尾韵	声化韵
a 阿巴家花	ai 带街排鞋 au 靠包抄较	am 谭监蓝湛 an 灿眼兰产	ap 搭杂腊鸭 at 八辣达瞎	
	ɐi 鸡李低齐 ɐu 偷秋楼亩	ɐm 侵深锦覃 ɐn 贫辛本闻 ɐŋ 曾朋恒等	ɐp 蛤粒汁级 ɐt 笔物出漆 ɐk 北塞测墨	
ɛ 茄例契蚁	ɛi 四字 ɛu 标锹聊吆	ɛm 帘尖点添 ɛn 天煎边连 ɛŋ(eŋ) 冷生更庆	ɛp 聂接帖叠 ɛt 鳖列节铁 ɛk(ek) 客白麦革	
œ 哥靴催税	œy 蛆去须	œŋ(øŋ)江忙郎状	œk 恶乐捉角	
ɔ 河肚操告	ɔi 该害腮再 ɔu 走就手漏	ɔm(om)甘暗敢含 ɔn(on) 安汗干汉 ɔŋ 封翁冬红	ɔp(op) 鸽合□花蕾 ɔt(ot) 割泼钵袜 ɔk 屋足国木	

续 表

单元音韵	元音韵尾韵	鼻 尾 韵	塞 尾 韵	声 化 韵
i 支机耳衣	i^u笑照烧料 $i^ε$写夜世使	im 闪谦阉剑 in 烟毡然论 $i^əŋ$(iŋ) 顶姓精敬	ip 摄叶业协 it 洁舌热杰 $i^εk$($i^ək$) 席璧历亿	
y 徐举住于		yn 泉断圈圆 yŋ 两张想阳	yt 血绝月脱	
u 租夫母妇	ui 梅灰杯会 $u^ə$罗左初司	un 官款换冠 $u^oŋ$(uŋ)方洞种黄	ut 活阔括豁	ŋ̍/m̩/n̩ 吾五悟午

减少了将近一半的韵母而只需增加两个唇化的舌根声母 k^w、k^{hw} 和两个半元音声母 j、w,从经济的角度来看无疑是可取的。另外从韵调搭配的角度来看,介音对声调的影响不大,开建话韵腹和韵尾跟声调之间搭配规律基本上就是韵母和声调之间的规律。而在整理音节表的时候我们也发现,把介音处理为声母的一部分可以大大减少音节表中的空格,从而更方便我们观察声韵调之间的配合关系。介音归声在共时音系的整理和说明方面确实有不少优点。但是其也有一些不足,主要体现在以下两个方面:

一是人为操作的成分较重,考虑到经济原则的同时很可能就牺牲了音系处理原则的一致性,如跟主元音为 u 的韵母相拼的声母并没有相应地处理唇化声母(比如各地粤语的[ku],声母基本上都是带唇化的,但很少人会把它描写为[k^wu])。

二是不利于跟中古音类及其他方言进行比较。汉语音韵学很早就有了开合与等这些概念,而通过方言比较大家基本都认为古音的合口韵一般带 u 介音,三等韵一般带 i 介音,三等合口韵演变为后来的撮口韵。汉语方言学界之所以较多地采取第二种处理方案,利于跟古音比较以及称说的方便是非常重要的考虑。如果采取介音属声的处理,比较的时候就会非常麻烦:带 i、u 介音的韵母明明跟古合口韵及三等韵匹配得非常好,但是称说的时候就会变成开口韵。

把介音归为韵母无疑可以较好地避免上述的缺点,但归为韵母的缺点就是所处理的共时音系不够简洁，显示共时规律过于繁复。

其实从历时的角度来看，把介音看作一个独立的因素可能更加合适，介音独立的好处是可以根据实际的情况分析介音跟声母和韵母的关系。大家都知道的一个事实是介音在汉语音韵演变史上起到一个非常重要的作用，它既可以影响声母，使声母发生诸如腭化、圆唇化、擦化甚至跟声母合二为一这样的变化，也可以使韵腹主元音高化甚至脱落，进而占领韵腹的位置。如果从历时的角度看开建话的声韵母，很容易发现介音对该方言的声韵母都起到过重要的作用。其对声母的影响最明显的就是古疑母细音今读 ȵ，这个 ȵ 其实就是舌根鼻音在 i 介音的影响下不断腭化甚至跟 i 介音合一的典型例证。介音对韵母主元音的影响典型地体现在以 i、u、y 为主元音的一系列韵母上，这类韵母历史上都是由舌位较低的元音作韵腹的，后来在介音的影响之下不断高化最终脱落，于是介音鸠占鹊巢当了韵腹。从这个角度来说，让介音与声韵母并立无疑更易于说明历时的音变。但是让介音独立在共时音系的描写上会显得很麻烦：我们除了要罗列声母和韵母，还要罗列介音，并一一指出这些介音跟声母和韵母乃至声调分别都有什么配合规律。其实很多时候并没有必要，因为从共时的角度完全可以根据实际的情况对历史上的介音分别进行处理，如已经归属声母的就把它处理为声母的一部分，如果已经归属韵母或仍保留相对的独立性的不妨把它放在韵母中，然后在韵母说明部分加以说明。

总的来说，我们认为介音属声的处理比较适合粤语的单点描写，因为介音缺乏确实是粤语共时音系的一个重要特点。如果着眼于比较，还是介音属韵这种处理更加符合汉语的实际，也更方便我们进行有效的比较和研究。毕竟像粤语和平话这种缺乏介音的方言在汉语方言中并不是主流，而单个方言的材料需要跟历史材料以及其他方言材料进行广泛的比较才更能体现它的价值。介音独立比较适合用来解释它跟声韵之间的相互关系。

第七章
勾漏片粤语与桂南平话的关系及系属

勾漏片粤语与桂南平话的关系及归属问题是目前方言研究的热点问题，其核心实际上就是勾漏片粤语及桂南平话是同一种方言还是两种不同方言，如果是一种方言，这种方言是不同于粤语的大方言还是粤语的次方言。

由于前贤对于勾漏片粤语与桂南平话的关系仍存在争议，因此我们打算从以下几个方面对该问题重新进行讨论：

第一步，我们先讨论方言区片划分中语音标准的层级及主次。因为这个问题是我们讨论方言关系及归属的基础。前人有关方言系属的争论很多时候是由于使用的语音标准不一致造成的。

第二步，利用第三章和第四章所得出的基本结论来全面总结勾漏片粤语与桂南平话在音类和音值上的一致性与差异性。然后根据总结出来的音韵标准的层级和主次来判断它们是否属于同一种方言，解决他们的关系问题。

第三步，把勾漏片粤语-桂南平话跟粤语的权威方言广州话作进一步的比较，判断他们是否属于同一种方言，从而解决勾漏片粤语和桂南平话的归属问题。

7.1　汉语方言区片划分语音标准的层级和主次

7.1.1　研究现状述评

7.1.1.1　关于方言区片划分的性质问题

关于方言分区工作的性质，目前学界主要有两种看法：一是把方言分区工作看作是方言地理类型的分类（张光宇，1996）或共时语言特征的分类（薛才德，1991）；二是把方言分区看作是方言间亲疏远近的谱系分类（朱德熙，1986）。前者分区时多使用共时层面的语言结构特征，而后者多使用能够反映历史纵深的音韵特征。但是在实际的方言区片划分实践中，不少划分方案（尤其是次方言的划分）其实是兼用两种类型的语言特征的。即使不是兼用两类特征，也是先有地理区域范围，再去寻找与之相应的语言特征，刘镇发（2004）称之为混合地理和语音的分类法。我们赞同朱德熙先生（1986）关于汉语方言分区应属历史比较语言学范畴的看法，主张区片划分时应尽可能使用能够反映历史深度及相互关系的音韵标准。

7.1.1.2　关于方言区片划分语音标准的层级问题

丁邦新（1998：168）大概是最早明确提出汉语方言分区所用的语音标准要分层级的学者，对此他有一个著名的论述："以汉语语音史为根据，用早期历史性的条件区别大方言；用晚期历史性的条件区别次方言；用现在平面性的条件区别小方言。早期、晚期是相对的名词，不一定能确指其时间。条件之轻重以相对之先后为序，最早期的条件最重要，最晚期的条件也就是平面性的语音差异了。"由于丁先生提出的早期和晚期历史性条件是相对的，因此实际操作时会碰到不少困难。再者，通语的时间早晚只是个参照，并不意味着方言的语音演变会完全跟通语同步。最后，如何区分平面性和历史性语音条件也是个难题。王福堂（2005：60）也很重视"分区标准的层级性"，他沿用丁先生的层级标准，并进一步限定历史性音变的早晚，认为“早期大致指中古不晚于唐宋的时期，晚期指宋元以后。早期的历史性的语音演变反映方言在中古时已经分化，再经历以后的发展就成为不同的方言，所以可以根据它来区分方言。晚期的历史性的语音演变反映方言近古以后的变化，一般只是方言内部的再分化，只形成方言的内部分歧，所以可以根据它来区分次方言、土话等，而不能区分方言”。王福堂先生具体界定了历史性音变的早晚之后对方言分区的实践有利也有弊，王洪君先生(2009)认为“王的这两组标准较好地符合了汉语音韵史上各项演变时间先后的大阶段。但这些标准只区分了两个大的阶段，所以每个阶段上同层并列分支也就比较多，比如现代汉语的七大方言都属于第一层次。这属于粗放型谱系树的分类”。我们觉得用晚期历史性语音标准统一作为次方言和土话的语音标准，次方言和土话的层级如何体现又是一个问题。项梦冰(2005)也很重视分区标准的层级性，他主要根据分布区域大小和历史时期早晚这两条标准，从区域连片分布的音韵特征中筛选出方言分区不同层级的标准，从而对方言进行不同层次的分类。如根据微母是否轻唇化，划分出官话方言和非官话两大类；根据是否保留阳上调，把非官话方言划分为南部方言(吴粤客闽)和中部方言(湘赣)等等。项先生的层级标准结合了地理语言学和历史语言学的优点，有值得我们借鉴的地方。不过这种性质的分类更像是方言的分组而不是严格意义上的历史分类。

其实语音特征本身是有层级的(如音节-音位-音值等)，这些不同层面的语音特征在方言分区中该如何运用很值得探讨。在方言比较或方言分区工作中，音位层面的音类比音值更为重要这个道理大家都是比较清楚的，因为音类的相同可以反映出方言间的同源关系，而音值的相同却不一定能反映方言间的同源关系。至于音节层面的音节类(俗称字类)和音类之间的关系如何，在方言比较和方言分区中的地位如何，还未见有其他学者进行深入的研究。本书将系统论述音节类、音类以及音值三者之间的关系，并分别将其运用到汉语方言的区、片以及小片的划分当中。

7.1.1.3　关于方言区片划分语音标准的主次问题

方言区片划分语音标准的主次指的是同一层级的语音特征在方言区片划分中该如何权重。传统的方言分区在使用语音特征时大多数都是定性型的，一般是“有/无”式的二分定性特征，很少定量方面的考虑。郑锦全(1988)是较早使用定量的方法来对汉语方言间的亲属关系进行计算的学者，郑先生以北京大学1962年版的《汉语方音字汇》为材料，统计了十七个方言点音韵上的亲疏关系。各方言声母和韵母的异同，郑先生是通过比较具体音值(即音标)来确定的。不过不少学者对郑先生以具体音值来确定声韵母异同的做法表示质疑，因为具体音值表面的相同未必是真正的相同，表面的不同未必是真正的不同。所以，薛才德(1994)提出在古音类的基础上用定量的分析法来区划汉语方言的主张，我们认为这是切实可行的一种方法。权衡的时候他主张“各音类在音系中的地位以拥有字数的多少来决定，字数多的音类在音系中的地位就重要，字数少的音类在音系中的地位就相应减弱”，同时也指出“音类的重要性除了字数的多少外，照理还应考虑字的使用频率。使用频率目前还没条件统计，只好暂时不予考虑”。我们觉得从操作层面上讲，如果把音类在音系中的地位以拥有音节数的多少来衡量可能会更加可行，因为字数的多少和频率的高低在方言比较的时候是较难照顾全面的。

王福堂(2005)认为“在众多的标准中首先要分别主次，即主要标志和次要标志。主要标准指方言口语中出现频率高、覆盖面大的语言特点，次要标准则出现频率要低一些，覆盖面也要小一些”，这是对方言分区标准定量运用的一个较好的总结。项梦冰(2005)在分区实践中有意识地在分区语音特征上加入定量信息，即不仅要看特征的“有/无”，还要把特征细化到量的多少。如他对粤语中心区5项音韵特征其中两点的表述：(1) 古非、敷、奉母无明显保留双唇音声母的现象(11%以下);(2) 古微母高度存古(80%以上)。

7.1.2 方言区片划分的语音标准及其关系

7.1.2.1 方言划分常用的语音标准

目前汉语方言分区所采用的语音标准大致有四类:第一类,以《切韵》音系为参照的音类标准或音类分合标准,如古全浊声母的清化,入声的分化,一二等韵是否合并等。第二类,跟音类相关的字类的分合标准,如非组合口字和晓母合口字是否合流。第三类,以共时音系为参照的音位标准,如有几套塞擦音声母,是否有长短元音,有多少个声调等等。第四类,音值标准,如古帮端母今读浊内爆音、古心母今读边擦音、止开三精组读舌尖元音、浊声母带送气色彩、有舌尖元音等等。第四类标准往往跟第一类标准或第三类标准结合起来称说。第一类和第二类密切相关,但是所指不同,第一类指的是音类自身或音类间的分合,第二类指的是跟音类相关的音节或字的分合。

笔者认为,第三类标准比较适合进行类型学方面的比较和分类,而汉语方言分区不能简单地等同于类型学上的分类,朱德熙先生(1986)已经明确说明它更接近于历史语言学中的谱系分类,关于这点李小凡(2005)也有较好的总结。其他三类语音标准都可以作为汉语方言区片划分的语音标准,这三种不同类型的语音标准之间既有区别,也有联系。

7.1.2.2 音节类的定义及其与音类、音值的关系

本书所说的音节类,指的是根据音节的组成成分(音位或音类)划分出来的类,如 i 音节或帮母音节。由于每一个音节基本上都可以用一个汉字来代表,因此,我们通常也把它称为字类。但是字类的范围比音节类要大,因为一个音节可以记录多个汉字。由于一个时期内一种语言或方言的音节数量相对来说是比较稳定的(尤其是常用音节),使用某语言或方言的人基本上都可以掌握所有音节的发音,但是使用该语言或方言的人所掌握的汉字的数量差别是很大的,因

此在方言比较或方言分区的时候建议使用所指更为明确的音节类这一术语①。音节类可以根据共时的音位系统来划分，也可以通过历史上某一时期的音类系统（如古声类、韵类或调类）来划分。在方言比较和分区工作中，我们建议使用由古音类构成的音节类来进行比较，如古知组音节、古咸摄音节、古去声音节等，因为同属一个古音类的音节不管其在现代方言中的实际读音如何，其内部成分之间通常都是存在对应关系的，而由共时音位构成的音节类其内部成分之间不一定有系统的对应关系。

音节类跟音类和音值密切相关，但是所指不同，音节类指称的对象为音节，音类指称的对象乃音节的构成成分（音位或音类），音值指的是音节构成成分的具体读音。音值、音类和音节类之间的对应关系主要有三种情况：

第一种情况，音值变了，相应的音类关系也变了，跟音类相应的音节类也跟着改变。例如，有些汉语方言的古透母今读作 h，跟古晓母读音相同，古透、晓两个音类发生了合并，与古透母音节及古晓母音节类也随之发生了合并。

第二种情况，音值变了，相应的音类关系也变了，但是跟音类相应的音节类并没有发生变化。譬如，古全浊声母的音值在许多南方方言中都清化了，从而导致这些方言的古全浊声母这个大音类跟相应的古全清声母或古次清声母合并了。但是这些方言跟古全浊声母相应的音节类并没有跟古全清或次清声母相应的音节类合并，因为古全浊声母跟全清及次清声母相应的音节类的声调并不相同。

第三种情况，音值变了，相应的音类关系没有变，跟音类相应的音节类也没有变。这种音变现象，历史语言学称之为转移（shift）。比如在

① 笔者在博士论文中最初使用的是字类这一术语，伍巍教授（私人通信）指出“字”在方言研究中存在诸多问题，字类在方言比较中也较难操作，笔者接受伍先生的批评意见，改用所指更为明确的“音节类”来代替原来的“字类”，以减少不必要的误会（汉语的“字”细分有音系字、语法字和文字字之别）。

广东和广西交界地区以及海南的很多汉语方言都发生了古帮母字今读作浊内爆音[ɓ]的音变，但是这些方言的古帮母这个音类并没有发生变化（既没有分化也没有合并），与之相应的音节类也没有发生变化。

第一种情况对于汉语方言分区来说是最为重要的，第二种情况次之，第三种情况最不重要。这是因为，音节类的分合会直接导致音节数目增多或减少，而音节数目的多少跟同音字的多少是密切联系的，音节越多，同音字越少，反之越多。同音字的多少无疑是制约方言之间可懂度的重要因素，同音字越多，方言间就越难听懂。通过音节类是否分合，我们可以评价与其相关的音类分合标准的重要性。如果某音类跟别的音类合并后并不会造成与之相关的音节类的合并，那么这种音类的合并标准在汉语方言的区片划分中相对来说就没那么重要。如A片方言仍保留入声调，但是入声韵尾已经消失，B片方言既没有入声调也没有入声韵尾，假如两片方言的入声韵尾消失后都并入同一个舒声韵，那么讨论这两片方言异同或归属的时候入声韵尾是否消失并不如入声调消失这么重要。这是因为入声韵尾的消失并不是造成原入声音节分混的关键。又如，贺江流域有些汉语方言古端母今读边音l，跟来母合并，不过这种音类合并也不会造成原端母所辖音节与来母音节的合并，因为今读边音的古端母音节只跟阴调配，而来母音节一般只跟阳调配，两类音节依然有别。

7.1.3　方言区片划分的层级与语音标准的层级

跟丁先生等学者主张用早期和晚期的历史性条件区分大方言及次方言有所不同，我们主张利用汉语语音自身的层级系统来对汉语方言进行区片划分，分别用“音节类-音类-音值”三个层级的语音标准作为方言“区-片-小片”①划分的语音标准：用音节层面的音节类（或

---

①　“大区-区-片-小片-点”这五个分区层次是李荣先生(1989)提出来的。由于“点”是分区的末端，因此无须再进行下位划分，“大区”其实是在区的基础上进行分组，因此分区层次的核心是“区-片-小片”这三个层次。

字类)的分合标准作为第一层级的方言分区语音标准,用音位层面的音类的分合(不造成音节类的分合)标准作为第二层级的方言分片语音标准,用音类或音类分合的具体音值(音素层面)作为第三层级的方言小片的语音标准。这是因为所用语音标准在系统中的层级越高,它的管辖面就越大,所起到的作用也就越明显,它在方言区片划分中的地位也就越重要。

7.1.3.1　用音节类的分合作为方言分区的语音标准

采用音节类的分合作为方言第一层级分区的标准,主要基于汉语的音节类(或字类)及其分合在共时及历时系统中的重要地位。理由如下:

第一,基于音节(或音系字)在汉语语音层级中的中枢地位及其在汉人语音感知中的重要作用。由于"'音节-语素'这种'一音节一义'的小单元就是汉语的最小句法韵律自由单位"(王洪君,2008),因此,音节在汉语的语音层级中扮演了一个非常重要的作用:一方面音节以下的单位多受音节制约;另一方面音节以上的语音变化多是在音节基础上的可预测性变化。由于汉语中的音节和语素大致重合,因此,音节也是汉族人最容易感知到的一个语音单位。普通人不一定能感受到音类的不同,也不一定能准确告知一个句子里究竟有几个词,但是一般都可以感受到音节或字的差别并能准确告知句子里的字数。古人所编的韵书从另一个角度看也是字书,中国历朝历代之所以特别重视韵书的编撰,其实早就看到了韵书在人们学习和应用中的重要地位。汉语方言调查之所以特别重视同音字表的制定和核实,也是充分利用了音节在人们认知中的重要地位。

第二,音节类跟音类一样能够有效地说明汉语方言之间的亲缘关系,而音节类的分合比音类的分合更能显示汉语历史的纵深及其演变的先后。古今音类及音节类之间一般都存在较强的对应关系,加上每个时代都有很多韵书或韵文资料,故音节的地位及音节类的分合在汉语通语历史上相对来说还是比较清楚的(尤其是隋唐《切韵》出现以后)。音节类的分合在方言中有时候也可以通过不同方言区背景的作者的韵文或韵书等著作得到大致的反映。而音类的分合很多时候是在音节分合的基础上分析出来的,因此,音节类的分合能更好地显示其地位的变化,从而告知我们演变的方向及演变的时间节点。这是我们汉语的财富,也恰好是西方历史语言学所缺少的,我们应当好好珍惜并加以有效应用。譬如古三等音节和四等音节历史上是两类不同的音节,但是现在大多数方言都已经合并了,说明音节合并是后来才发生的音变。又如古明母音节和微母音节,上古的时候都属于带双唇鼻音的音节,在《切韵》中仍是一类,现在有些方言古明母音节和微母音节今读不分,说明这可能是汉语早期语音现象的存留。再如入声音节在保留浊音的时代是一类,但是现在很多南方方言中分化为两类甚至三、四类,说明这是后来的发展。

第三,音节类的稳定性要强于音类和音值,故音节类的分合比音类的分合及其音值更能显示出方言区的特征。大家都知道音值其实是很容易发生变化的,譬如古微母的实际读音,讲北京话的老年人跟年轻人口中的发音可能就有区别(有的发 w,有的发 v);音类由于受音值的影响,也较易发生变化,如古全浊声母的今读在很多汉语方言中就由于清化而跟全清或次清声母合并了。但是音节类相对来说就没那么容易变化,如古全浊声母在汉语方言中虽然很多时候已经跟全清或次清声母合并了,但是古全浊声母音节跟古全清音节或次清音节在大多数的南方方言中还是井然有别的。因此,音节类的分合更能显示出方言区的一些重要特征,譬如古明母音节和微母音节有别,古从母音节和邪母音节有别,古咸摄音节和山摄音节合并,这些多是北方方言的共有特征,而南方方言多不具备这些特征。

第四,音节类的分合能够很好地显示方言之间的区别与联系。我们知道方言分区不同于类型学上的分类,划分出来的方言区要能较好地显示出其谱系上的亲疏远近关系。音节类的分合无疑能承担起这一使命。譬如古从邪母音节白读基本不分,很多南方方言都具备这一特征，但是程度有别，而北方方言基本不具备这一特点，说明南方方言内部之间的关系要比北方方言紧密。又如部分古上声音节跟阴平音节合并这一现象多见于客赣方言而鲜见于其他方言，说明客赣方言间的内部关系要比其他方言紧密。假如我们像区别特征矩阵一样同时列出好几组音节类的分合标准，相信各大方言之间的区别和联系就会较好地呈现在大家眼前。

根据前人的实践，比较适合用来进行大方言区划分的音节类分合标准有：古明微母音节的分合，古从邪母音节的分合，古端知组音节的分合，古见系和精系音节的分合，古知照组音节的分合，古非组和晓组合口音节的分合，古一等和二等音节的分合，古三四等音节的分合，古二三等音节的分合，古-m 尾音节和-n 尾音节的分合，古-n 尾音节和古-ŋ 尾音节的分合，古浊上音节跟古浊去音节的分合，古浊上音节跟阴平音节的分合，古阴去音节和阳去音节的分合，古入声音节跟其他声调音节的分合等。这里所列的音节类分合条件都可以用来划分方言区，但是为了能够更好地显示其分化的次序和演变的范围，我们会根据历史上音节类分合的早晚和音节类辖字的多少等条件加以权衡，详细论证见 7.1.4。

7.1.3.2　用音类的分合(不造成音节类分合)作为方言分片的语音标准

音类分合有两种情况：一种情况会造成音节类的分合，如从邪不分；另一种不会造成音节类的分合，如有些方言端来不分。我们建议用不会造成音节类分合的音类分合作为方言分片的语音标准。由于不会造成音节类分合的音类分合同样会造成音位系统的变化，同时它在语音层级中的位置也高于音值，因此它比纯粹的音值标准(音素层面)更适合作为汉语方言分片的语音标准。不会造成音节类分合的音类分合在各个方言区内部有较大的区别，因此很难详尽地列出。不过根据前人的实践，我们可以列出两项比较适合作为汉语方言分片的音类分合标准：一条是保留阴阳声调区别前提下清浊两类声母的分合，如古全浊声母清化后跟哪类声母合并，鲍厚星、陈晖(2005)对湘语的分片及伍巍(2007)对粤语的分片主要是运用了该特征；二是保留入声调前提下入声韵母跟其他韵母的分合或是保留去入声韵母的前提下入声调跟其他声调的分合。

7.1.3.3　用音值特征作为方言小片划分的语音标准

某些音类的读音特点或某几个音类合并后具体的读音特点(不造成音类和音节类分合)，适合作为汉语方言小片划分的语音标准。因为即便是同属一个方言片，其音类分合也相同，但是音值仍可能有区别。音类合并后音值有别的例子如从邪母在西部粤语(主要是勾漏片粤语和桂南平话)中清化以后的读音，它们基本上都跟全清声母合并了，但是有的方言小片主要是读作清塞擦音的，而有的方言小片则主要是读作清擦音的。至于某一具体的音类在某个方言片中读音有别，这样的例子就不胜枚举了，如帮、端母读浊内爆音，心母读边擦音，疑、日母细音读舌面鼻音，止开三读舌尖元音，阳去调带嘎裂音等。我们可以根据这些读音上的不同来划分方言小片。

音值特征也比较容易被老百姓感知，如我们经常听到有人说隔壁村某某字的读音是这样子的，其实指的就是具体的音值特征。但是老百姓的这种音值特征感知能力只能作为参考，不能全信，主要是因为不系统。因为在老百姓的脑子里装的全是具体某个字的读音，他不可能告诉我们这个方言帮母读什么，支韵读什么，这还要靠我们方言工作者来筛选。

7.1.4　方言区片划分语音标准的主次

在选用语音特征进行方言分区、分片或划分小片的时候，一般优先选择的是口语中出现覆盖面广、频率高、对应规律强的特点。鉴于汉语语音有音值、音位和音节等不同的层次，我们把出现频率高、覆盖面广等精神贯穿于音值、音位和音节三个层次上，加上音变时间的早晚，得出以下几条权衡原则或标准：

第一,早期的音节类或音类分合比晚期的音节类或音类分合重要,早期的音值特征比晚期的音值特征重要。我们这里吸收丁邦新先生分区理论的精华,把历史纵深原则贯彻到各个层级语音标准的权重之中。分合的时间越早就越优先使用。不同的是丁先生是把早期和晚期的语音标准分别用作方言分区和分片的标准,而我们则是在每一个层级的语音标准中都施用纵深原则。譬如在分区语音标准中,我们可以参考通语历史上音节类的合并时间来对今音节类合并进行权衡,如历史上古明、微母音节的合并要早于古非、晓母音节的合并,若方言中有古明微母音节今读和古非晓母音节今读合并的情况,那分区标准就优先使用古明微母音节今读合流这一语音标准。又如在方言分片标准中,古全浊声母跟全清及次清声母有别要早于古全浊声母跟全清或次清声母合并,因此应优先使用前者。又如在方言小片的划分中,日母读鼻音要早于零声母或浊擦音,因此在划分小片的时候优先考虑鼻音的读法。

第二,音节类或音类的合并比音节类或音类的分化重要①。音节类或音类标准主要有两种类型:一是音节类或音类的合并,二是音节类或音类的分化。相比较而言,在汉语方言区片划分的语音标准中,音节类或音类的合并标准比音节类或音类的分化标准更为重要。这是因为汉语的音节在历史演变中主要发生的变化是音节数目的减少,如中古汉语有三千八百多个音节(含声调),但是到了现代汉语普通话只有一千三百多个(含声调),吴语上海话更少,只有七百个左右(含声调),音节数目的大量减少主要是通过音类及音节类的合并而

① 这点我们跟西方历史语言学是有所区别的。西方历史语言学更加重视音类或音位的分化创新,这是因为西方缺乏丰富的历史文献,要是后代方言都发生了同样的音类合并,则无法重构早期的音类及其读音。但是汉语不同,即使两个音类在方言中都合并了,但只要历史文献记录其早期是两个不同的音类,我们依然可以重构其早期的面貌。况且创新和存古其实是一个相对的概念,对于某一项音变而言,发生该音变的方言就是创新,没有发生该音变的方言就是存古。对于音类合并同样如此,如果早期是两类不同的音类,现在合并了的方言就是创新,没有合并的方言就是存古。

形成的。由此可见，汉语的语音变化是以合并为主，分化为次，因此对同一层级语音标准进行权衡的时候我们优先考虑音节类或音类的合并标准。另外音节类的合并通常都会造成大量的同音字，而音节类的分化则经常会减少同音字。同音字越多，越不好交际，方言间的差距往往也就越大。同样，音类的合并必然会造成音位系统的变化，而音位系统的变化对于汉语方言来说无疑也是很重要的，但是音类分化不一定会导致音位系统的不同，比如封开开建话的“锡韵”跟阴入调相拼的时候读作 iək，跟阳入相拼的时候读 iɛk，两种情况是互补的，并没有产生新的对立音位。如果某一音类分化为两类有区别意义的音位，这个过程通常会发生某些音类的合并。譬如粤语咸摄和山摄开口一等见系韵母和非见系韵母分化为两类不同的韵母，这是因为粤语咸山摄一等非见系韵母跟二等韵母已经合并了。

第三，大的音节类或音类分合比小的音节类或音类分合重要。这里的“大”和“小”是相对的。我们知道音类是有大小不同的层次的，如见母、见组和见系，那么与之相关的音节类自然也会有大小不同的层次。因为大的音节类或音类所管辖的范围比小的音节类或音类大，因此分区的时候应该优先考虑大音节类或大音类的分合。

第四，辖字多的音节类或音类分合比辖字少的音节类或音类分合重要。由于系统内部的不平衡性，每一个音节类或音类的辖字数量并不是相等的，因此对于同级的音节类或音类分合标准，我们还需根据其所辖字数的多少来权衡它的主次。如果辖字很多的音节类或音类合并或分化了，就会在系统内部形成比较明显的变化。反之，变化就比较小。

第五，音节类或音类分合规律明显的比分合规律不明显的重要。前人在分区或分片的实践中经常会使用到非组是否保留重唇音、知组是否有读舌头音这类的音韵标准。其实对于大多数方言来说，非组保留重唇以及知组保留舌头音都只是个别的存古现象，更多的是非组跟其他擦音声母合并、知组跟其他塞擦音或擦音声母合并。我们在讨论分区和分片的时候重点应放在这些音韵标准的主要分合规律上，而不是放在个别音韵特征是否有存古现象上。

第六，典型的音值特点比非典型的音值特点重要。这点主要是针对方言小片的划分而言的。如果某一音类的具体音值在各个方言中区别都不大，如帮母读清塞音[p]，那么它就缺乏典型性，在划分小片的时候就不大适合使用。假如某小片方言的帮母读浊内爆音[ɓ]，这在整个汉语方言中比较少见，那么它就具备典型性，在方言小片的划分上可以优先使用。类似的音值特点还有心母读边擦音[ɬ]或齿间擦音[θ]，山摄韵母读-l尾，阳平读升降调等。

7.1.5　总结

汉语方言分区应该使用哪些标准？是综合性（含语音、词汇、语法）的标准，还是单一的语音标准？如果使用的是综合性的标准，该如何综合判断和选择有代表性的语言标准？若是使用单一的语言的标准，又该如何确定语言标准的层级和主次？这些都是汉语方言分区经常争论的一些话题。本书的讨论只关注单一语音标准的层级和主次问题。我们不反对使用综合性标准来对汉语方言进行区片划分，只是在目前单一标准的使用仍存在不同看法的背景底下，试图利用综合性的标准来对汉语方言进行有效的区片划分，这个目标无疑离现在还比较遥远。Norman, Jerry（罗杰瑞，1988）运用了10条综合性语言标准（涵盖了语音、词汇和语法）来对汉语进行划分，但也只是大致地分出了三个大区（或大组），跟我们通常的7或10大方言的一级方言划分还有一定的距离，那么离二级和三级方言的划分目标就更为遥远了。罗先生凭借其对汉语的多年研究经验精心选出的10条标准较好地划出了三个方言大区，如果我们增加标准或换用别的标准，还会得出类似的结论吗？可见综合性标准最终还是要走上层级化和主次化的道路，这条路无疑更为任重道远。

本书提出利用汉语语音自身层级系统（音节-音位-音值）的特征

来进行汉语方言的区片划分：用音节层面的音节类(俗称字类)分合标准作为第一层级方言分区的语音标准;用音位层面的音类分合(不造成音节类分合)标准作为第二层级方言分片的语音标准;用音类或音类分合的具体音值(不造成音类和音节类分合)作为第三层级方言小片的语音标准。在权衡同一个层级语音标准的主次方面,我们贯彻以下几条原则：第一,早期的音节类或音类分合比晚期的音节类或音类分合重要,早期的音值特征比晚期的音值特征重要;第二,音节类或音类的合并比音节类或音类的分化重要;第三,大的音节类或音类分合比小的音节类或音类的分合重要;第四,辖字多的音节类或音类分合比辖字少的音节类或音类分合重要;第五,音节类或音类分合规律明显的比分合规律不明显的重要;第六,典型的音值特点比非典型的音值特点重要。

7.2　勾漏片粤语跟桂南平话的音韵关系

通过第三章和第四章的对比,我们分别总结了开建话跟其他勾漏片粤语及桂南平话的一致性与差异性音韵特点,以此为据我们不难总结勾漏片粤语与桂南平话的音韵异同点。

7.2.1　勾漏片粤语和桂南平话一致的音韵特征

勾漏片粤语跟桂南平话有以下25项相同的音韵特征：

(1) 古全浊塞音声母今读白读层一般读作不送气清塞音或塞擦音。

(2) 50%以上的微母今读m,跟明母合流。

(3) 古从、邪今读不分。

(4) 古船、禅今读不分。

(5) 古知组声母大多已跟庄组和章组声母合并。

(6) 古疑母一等非合口字基本仍保留舌根鼻音ŋ的读法;古疑母三等细音和日母今读多不分(以读舌面前鼻音ȵ为主)。

(7) 古见母(非流深臻韵)今多读作清不送气塞音 k;古晓母开口基本都读作 h;古匣母合口多读作零声母。

(8) 古云、以母今读在合口呼前面多读作零声母。

(9) 古果摄开合口一等非见系韵母基本上都合并了;古果摄三等开合口以及果摄开口一三等今读不混;古果摄合口一三等今读大都能区分。

(10) 古假摄开合口二等韵母今读有别(晓组韵母除外)。

(11) 古遇摄合口三等鱼韵庄组韵母读音跟非庄组不同;古遇合一三等今读基本不混(庄组、非组韵母除外)。

(12) 古蟹开一唇音韵母跟蟹合一唇音韵母合并;古蟹摄三四等韵母(含开、合)有明显合流的趋势。

(13) 古止合三支、脂部见系和非见系韵母读音不同;古止合三唇音韵母读音基本都已并入止开三;古止合三见系韵母跟蟹合三四等见系韵母合并趋势明显。

(14) 古效开三四等今读基本都已合并。

(15) 古流开一三等非帮、影组韵母今读合并趋势明显;流摄和效摄的读音一般都不同。

(16) 古咸开一非见系韵母跟咸开二韵母今读合流;古咸开三四等今读合流;古咸开二与咸开三四今读有别,二等基本都读作 am/p,三四等多读作 im/p。

(17) 古咸深摄韵尾多仍旧保留双唇韵尾 m/p。

(18) 古山开一二等非见系韵母今读基本都已合流;古山开三四等今读基本都已合流;古山合一今读不同于古山合二的今读;古山合三元部的唇音韵母一般读作 an/at,跟非唇音韵母不同。古山合四先部今读基本上已经跟古山合三的仙部合并了。

(19) 古臻摄开口一三等及合口一三等今读基本上都已合并。

(20) 古山、臻两摄基本仍保留 n/t 韵尾,但山、臻两摄的韵腹读音有别。

（21）古宕摄开口一等跟三等非庄组韵母今读仍旧保持对立，而古宕开三的庄组韵母今读多已跟古宕开一合并了；古宕合一和古宕合三今读基本上合并了。

（22）古江开二非庄组韵母今读多已跟古宕开一合并。

（23）古梗开合二等跟梗开合三等今读多有别；古梗摄三四等韵母（含开、合）今读多已合并。

（24）古通合一三等基本已经合并。

（25）大多仍保留阳上调（或底层保留阳上调），入声除了按阴阳分化外，一般都再以元音（或声母）为条件进一步分化为 3～4 个入声调。

7.2.2 勾漏片粤语和桂南平话不同的音韵特征

勾漏片粤语内部完全一致而跟桂南平话不同的语音特征是很少的；同样，桂南平话内部一致而跟勾漏片粤语完全有别的语音特点同样是很少的。多数情况下两者的异同点是有交叉的，因此我们这里主要选取多数勾漏片粤语跟多数桂南平话不一致的语音特征（也包括只是少数勾漏片粤语或桂南平话有，而相应的桂南平话或勾漏片粤语没有的语音特征）来介绍，两者区别比较明显的一些语音特征有：

（1）勾漏片粤语在存古性语音特征保留方面要比桂南平话多。譬如古非组保留双唇音读法的字数整体上要比桂南平话多；不少勾漏片粤语的古知组保留舌头音 t、t^h 的读法，而桂南平话则很少有这类语音现象。

（2）勾漏片粤语有部分方言古帮、端母今读浊塞音或鼻边音，桂南平话一般没有这类语音现象。

（3）有少部分勾漏片粤语（如贺州铺门话、贺州桂岭话、贺州贺街话、贺州信都话、贺州昭平话、苍梧六堡话、阳山话）古澄母今读多为清擦音；桂南平话的古澄母跟大多数勾漏片粤语一样读作清不送气塞擦音。

(4) 多数勾漏片粤语的精母读作塞音 t(少数读齿间擦音 θ 或边擦音 ɬ),清母读 t^h;桂南平话精、清母跟其他勾漏片粤语一样多读作清塞擦音。

(5) 古崇船禅在一小部分勾漏片粤语中读作不送气清塞擦音,桂南平话古崇船禅跟大多数勾漏片粤语一样都是读作清擦音。

(6) 古从邪母今读在大部分勾漏片粤语中读作清擦音(少部分勾漏片粤语读作不送气清塞擦音),而桂南平话基本上都读作不送气清塞擦音。

(7) 少部分勾漏片粤语古心母读音跟生、书母合流,但桂南平话跟大多数的勾漏片粤语古心母今读跟生、书母有别。

(8) 大部分桂南平话古疑母二等今读为舌面前鼻音(还有个别点读作零声母),跟疑母三等合流;而绝大多数的勾漏片粤语古疑母二等今读仍为舌根鼻音,与疑母三等有别。

(9) 古溪母合口绝大多数勾漏片粤语今读 f,而绝大多数桂南平话今读 h。

(10) 古晓母合口绝大多数勾漏片粤语今读 f,而绝大多数桂南平话今读零声母。部分勾漏片粤语古匣母今读基本都读作零声母,而桂南平话和其余勾漏片粤语古匣母开口字较多读作 h。

(11) 桂南平话古云、以母今读不少读作清擦音 h,而大多数勾漏片粤语古云、以母今读基本都读作零声母了。

(12) 勾漏片粤语古效开一与效开二今读明显有别(除了个别文读字如"考烤"),而大多数桂南平话古效开一与效开二今读合流趋势明显(多数情况是完全合并,部分方言是见系韵母合并)。

(13) 少部分勾漏片粤语(如广宁南街话、四会话、阳山话、连县清水话、贺州铺门话)古效开四端组韵母今读跟效开二合流,桂南平话跟大多数勾漏片粤语古效开四与效开二今读都是有别的。

(14) 连山、连县、阳山、怀集、四会、广宁等地的勾漏片粤语古咸开三四等今读已边做舌尖韵尾 n/t,而桂南平话和其他勾漏片粤语古咸开三四等今读仍读鼻音韵母 m/p。

(15) 多数桂南平话古咸、山摄开口一二等见系韵母已合并,而多数勾漏片粤语两者仍有区别。

(16) 少部分勾漏片粤语(如怀集下坊话、广宁南街话、四会话、阳山话、连县清水话、贺州铺门话)古山开四端组韵母今读跟山开二见系韵母合流,桂南平话与多数勾漏片粤语一样两者有别。

(17) 宾阳、融水两地的桂南平话古江开二非庄组韵母今读跟古宕开一有别,其余桂南平话跟勾漏片粤语两者基本都已合并。

(18) 半数左右的勾漏片粤语古曾开一与曾开三的今读合流,曾开三跟梗开三有别;桂南平话与其余的勾漏片粤语则是曾开一与曾开三今读有别,而曾开三与梗开三合流,并且其中有些方言曾开一还有跟梗开二合流的趋势。

7.2.3 小结

通过上面的音韵比较我们发现,勾漏片粤语和桂南平话在音韵格局(音节类的分合、音类的分合)上具有很强的一致性。而勾漏片粤语与桂南平话绝对排他的区别性特征却非常少,多数情况是你中有我,我中有你的交叉性语音特征。即使是有一些比较明显的不同,也主要体现在音值的差异上,在音类分合乃至音节类分合上显示出绝对排他的语音特征很少。

因此,我们认为勾漏片粤语和桂南平话属于同一种方言。至于这种方言应归属粤语或独立为一级大方言,还需跟其他粤语乃至其他汉语方言进行比较。接下来我们首先把“勾漏片粤语-桂南平话”跟粤语的权威方言广州话进行比较,如果发现他们之间在音韵结构上没有本质上的区别,即可证明他们应属粤语,无须再跟其他汉语方言进行比较;假如“勾漏片粤语-桂南平话”跟广州话在音韵结构上区别很大,我们再把他们跟其他的一级汉语大方言进行语音比较,以确认其是否具备独立成区的条件。

7.3　勾漏片粤语—桂南平话与广州话的音韵关系

7.3.1　勾漏片粤语—桂南平话与广州话的音韵一致性与差异性

我们把前面总结的勾漏片粤语与桂南平话之间的一致性音韵特征再拿来跟粤语的权威方言广州话来进行比较，发现它们三者之间也存在非常强的一致性，除了古全浊声母塞音今读这一特征勾漏片粤语-桂南平话与广州话区别明显之外，其余特征几乎都是相同的。具体表现如下：

（1）古微母大部分都读同明母。

（2）古从、邪今读基本不分。

（3）古船、禅今读也基本不分。

（4）古知组声母大多已跟庄组和章组声母合并。

（5）古见母（非流深臻韵）今多读作清不送气塞音 k；古晓母开口基本都读作 h；古匣母合口多读作零声母，跟喻母合口合流。

（6）古疑母一等非合口字基本仍保留舌根鼻音 ŋ 的读法；疑母三等细音和日母合流。

（7）古云、以母今读在合口呼前面多读作零声母。

（8）古果摄一三等（含开、合）今读一般不混；果摄开合口一等非见系韵母基本上都合并了。

（9）古假摄开口二等与合口二等（晓组韵母除外）以及开口三等韵母今读有别。

（10）古遇摄合口三等鱼韵庄组韵母今读跟非庄组不同；古遇合一三等今读基本不混（庄组、非组韵母除外）。

（11）古蟹开一唇音韵母跟蟹合一唇音韵母合并；古蟹摄开合三四等韵母有明显合流的趋势。

（12）古止合三支、脂部见系和非见系韵母读音不同；古止合三微部唇音韵母读音基本都已并入止开三；古止合三见系韵母跟蟹合三四等见系韵母合并趋势明显。

（13）古效开三四等今读基本都已合并。

（14）古流开一三等非帮、影组韵母今读合并趋势明显；流摄和效摄读音多有别。

（15）古咸开一非见系韵母跟咸开二韵母今读合流；古咸开三四等今读合流；古咸开二与咸开三四今读有别，二等基本都读作 am/p，三四等多读作 im/p。

（16）咸深摄大部分仍保留 m/p 尾。

（17）古山开一二等非见系韵母今读基本都已合流；古山开三四等今读基本都已合流；古山合一今读不同于古山合二的今读；古山合三元部的唇音韵母一般读作 an/at，跟非唇音字不同。古山合四先部今读基本上已经跟古山合三的仙部合并了。

（18）古臻摄开口一三等及合口一三等今读基本上都已合并。

（19）古山、臻两摄基本仍保留 n/t 韵尾，但山、臻两摄的韵腹读音多有别。

（20）古宕摄开口一等跟三等非庄组韵母今读仍旧保持对立，而古宕开三的庄组韵母今读多已跟古宕开一合并了；古宕合一和古宕合三今读也基本上合并了。

（21）古江开二非庄组韵母今读多已跟古宕开一合并。

（22）古梗开合二等跟梗开合三等今读多有别；古梗摄三四等（含开、合）今读多已合并。

（23）古通摄合口一三等今读已经合并。

（24）大都保留古阳上调（或底层保留阳上调），部分古阳上调今读并入古阳去调；古阴入调一般都按主元音高低再分化为两个调。

我们把勾漏片粤语和桂南平话共有的 25 项音韵特征跟广州话为代表的广府粤语进行比较，发现除了古全浊塞音今读勾漏片粤语一般是读作不送气清塞音(或清塞擦音),而广州话等广府粤语一般是平上送气、去入不送气外,其余24项音韵特征几乎都是相同的。至于以前学者们谈论较多的疑母细音及日母广州话等广府粤语多读j、而勾漏片粤语和桂南平话多读为ȵ这些区别,只是音值层面上的差别。由于古全浊声母今读塞音、塞擦音向来是方言学界用来讨论方言分区或分片最重要的音韵标准之一,因此我们很有必要深入探讨一下古全浊声母塞音、塞擦音今读这一特征在分区中的意义和地位,从而确定"勾漏片粤语-桂南平话"的方言系属。

7.3.2 古全浊声母今读在方言分区中的地位

7.3.2.1 前人关于粤语和平话古全浊声母今读塞音、塞擦音的讨论

古全浊声母今读塞音塞擦音基本不送气是勾漏片粤语、平话和粤桂湘交界地区的土话比较一致的音韵特点,但是这项音韵特征应该看作是分区的标准还是分片的标准,学界内部的分歧还是很大的,看法不同就会导致结论的不同。

赞成平话独立的学者一般都倾向于把该标准看作是分区的标准。如张振兴先生(1997)在《重读〈中国语言地图集〉》一文中就认为:"平话内部有桂南平话和桂北平话之分,它们的共同特点是古全浊声母今读塞音塞擦音时,一般都是不送气清音。这一点就足以把平话和广西境内的其他汉语方言区别开来。因此,《地图集》把平话单独画为一个方言区是可行的。"李连进先生(2007)进一步运用古全浊塞音、塞擦音声母今读为不送气清塞音、塞擦音以及"炒菜锅、厨房、回家"三个特征词把桂南桂北平话、勾漏片方言以及粤湘桂土话都归为平话,作为汉语的一级方言区。李小凡先生(2005)曾提出汉语方言分区应从全局着眼,先用尽可能单一的音韵标准分出方言类别,再用其他灵活有效的鉴别标准划分地理界线。李先生曾尝试着只用中古全浊声母系统在今方言里的不同映射这一条标准对整个汉语方言进行划类,分出了吴、湘、客赣、闽、粤、官话六个典型的方言

区。最近，李小凡先生(2011)进一步从学理的角度阐明浊音标准在汉语方言分区实践中有效性，并赞同“将勾漏片方言和桂南平话统一为古全浊声母清化为不送气音的一大方言，其名称不妨就用平话”。

但是也有不少学者并没有把古全浊塞音、塞擦音声母今读这条标准看作是区分平话和粤语作为一级方言的分区标准或者是不把它看作是主要的音韵标准。如熊正辉先生的《广东方言的分区》(1987)以及新版的《中国语言地图集》粤语图的说明(参见伍巍，2007)都只是把古全浊塞音、塞擦音声母今读这条标准看作是区分粤语次方言的音韵标准。余霭芹先生(1988)是较早提出要重新评估古全浊塞音、塞擦音的演变这条方言划分标准的学者之一，她在讨论粤语的时候提到：“中古全浊塞音、塞擦音声母在有些粤语方言里演变不同。至少有两个方言，这类声母的发展跟客赣方言相同：不管什么调类，全部变为送气清音。这两个方言是博白和廉州。根据前段所述标准，这两点应该划归客赣方言。在化州方言里，这类声母的三分之二以上跟客赣方言发展相同，只有三分之一弱跟粤语大部分方言发展相同。至少有六个粤西方言——容县、岑溪、玉林、北流、藤县、苍梧(吉阳乡)——这种中古声母的发展跟湘方言一样，变为不送气声母。其实，广东珠江三角洲一带至少有顺德、高要、高明白读层次也有同样情形。要是单凭上述标准来划分方言，那么有些粤语方言得归客赣系，有些得划归湘语系。可是这些方言实在更接近于其他粤语方言。……很明显，一向认为是划分方言最重要的标准必须加以补充。”韦树关(1999)也认为古全浊塞音、塞擦音声母今读不论平仄皆读不送气清音这条标准不能成为平话独立的依据，他认为：“具备这一特征的还不仅仅是平话，湘方言及闽方言也都具有这一特征。……如果几个方言都具有某一语音现象，那么这一现象充其量只能作为区域性特征，而不能作为划分方言的根据。”覃远雄(2000：22－23)也不赞成根据古全浊声母今读塞音、塞擦音一律不送气这条标准作为平话独立依据。他的理由一是平话并非都不送气(如邕宁五塘就有读送气的），二是白话读不送气的地区也占了很大的比例，如勾漏片粤语及粤西和粤北的粤语。因此覃先生认为："这种情况说明白话的前身跟平话一样，浊音清化后应该先是不送气的，后来按照各种不同条件分出部分送气来。"覃先生还从空间分布的角度解释了造成平话和白话这种差别的原因。谢建猷（2007b：90－91）也明确提出"不宜将'中古全浊声母今读清塞音塞擦音不送气'作为把平话划为第一大层次的方言的依据"。因为古全浊声母今读清塞音塞擦音一般不送气的现象不仅出现在粤语，还出现在晋语、北方方言山东荣成和文登话、闽语等汉语方言。可见，反对将古全浊塞音今读标准作为分区特征的学者主要是觉得这条标准在分区中的区别度不够理想。

如此看来，在平话和粤语的分区实践中，大家对如何使用古全浊塞音、塞擦音今读这条标准仍存在严重分歧。但是在学理上提出要反思古全浊声母今读在分区中的地位的学者还不是很多。

7.3.2.2　前人关于古全浊声母今读在方言分区中的地位的认识

早期的汉语方言分区并没有明确的语言标准，赵元任（1928）把古全浊声母标准作为暂定的"工作假设"运用于吴语研究中。最早把古全浊声母今读标准系统运用到全国大方言划分的学者估计是王力先生。王力（1936）在《中国音韵学》一书中将汉语方音划分为五大系，其中首要的标准就是古全浊声母的今读。李方桂（1937）也明确提出了以中古全浊音（今读塞音、塞擦音时）今送气与否的发展作为汉语方言的划分标准之一。自王、李之后的汉语方言分区标准基本上都优先运用了古全浊声母今读这条标准。由于王力和李方桂两位先生都没有明确说古全浊声母今读这项语音标准只能运用在一级汉语大方言的划分当中，因此在实际的分区和分片实践中，在相当长的一段时期内学界实际上是在各个层次的方言划分中都运用古全浊声母今读这一语音特征。丁邦新（1982/1998）把古全浊声母今读的音值看作是早期历史性的音韵条件，并主张用早期历史性条件作为方言大区的划分依据，这是首次在理论和方法上明确了古全浊声母今读这项语音标准在汉语方言分区中的地位。王福堂(1999/2005)也进一步论述了古全浊声母今读在汉语大方言划分中的意义和地位。李小凡(2005)认为目前最具系统性和规律性的分类标准是古全浊声母系统在今方言里的不同映射,他只运用了古全浊声母今读这一条音韵标准就完成了对汉语大方言的划分。

也有一些学者质疑古全浊声母今读这一标准在分区中的有效性。余霭芹(1988)是较早提出要重新评估古全浊塞音、塞擦音的演变这条方言划分标准的学者。史皓元(2011:165)认为塞音、塞擦音声母三分不是分类学层面上的充要条件,他认为关键的标准在于调类的分合与对立,声母在语音层面上的表现形式其实并不重要(至少在杭州、南通方言音系如此)。因此在他的分区理论和实践中,古全浊声母今读这一标准基本上是弃用的。

7.3.2.3 从音韵标准的层级和主次看古全浊声母今读的分区地位

我们在本章7.1提出"用音节层面的音节类(俗称字类)分合标准作为第一层级方言分区的语音标准;用音位层面的音类分合(不造成音节类分合)标准作为第二层级方言分片的语音标准;用音类或音类分合的具体音值(不造成音类和音节类分合)作为第三层级方言小片的语音标准"。

古全浊塞音今读送气与否在大多数的东南方言中很少会造成原全浊塞音声母所辖音节类(或字类)的分混,这是因为这些音节类在东南方言中大多可以通过声调来跟其他音节类区分开来。即古並、定、群三母在绝大多数的东南方言中今读无论是一律送气还是一律不送气又或者是按声母或声调为条件送气,古並、定、群所在的音节类并不会发生什么变化,因为仍然有阳调在控制着这些音节类,所以古並、定、群所在的音节类不会跟全清或次清所在的音节类相混。即使是在北方方言中,古全浊声母今读在平声字中,古全浊音节类跟全清或次清音节类仍保留区别,仄声字中出现音节类的合并是由后来的声调合并导致而不是全浊声母清化直接导致的。也正因为如此,几乎在每一个已知的大方言内，都不存在单一的浊音清化模式[①]，不过这并不妨碍普通民众或学者把这些存在多种浊音清化模式的方言看作是同一种方言。以粤语为例，勾漏片粤语古全浊塞音塞擦音今读以不送气为主，吴化片粤语以送气为主，其他粤语以平上送气去入不送气为主，按说类型很不相同，但是普通老百姓并不会认为他们所说的话不是粤语或白话。从语言习得的角度来看，勾漏片粤语和吴化片粤语区的人学习广州话都非常容易，几乎无须专人来教，年轻人很少会出现古全浊塞音塞擦音送气或不送气念错的情况（因为有整齐的对应规律），即使偶尔念错也不影响交际。湘语、吴语及晋语都有类似的情况。

另外，从古全浊声母今读塞音塞擦音是否送气多不会造成音节类的合并这点来看，同时清化为送气或不送气的方言之间不一定非得有同源性，也可能是由于平行音变造成的。以前有学者根据部分晋语、通泰方言以及客赣方言之间都存在古全浊声母清化送气的现象来判定它们之间有亲密的关系（也结合了一些移民的资料）。这不是必然的，从音变的角度来看，因为古全浊声母今读无论送气与否都不会直接造成音节类的合并，这样一来音值的表现就可以出现随机选择性，因此无论是一律送气或一律不送气抑或是以声调为条件分化，都有可能是随机选择或平行演变造成的。

奉母今读清唇齿擦音，跟非敷母合流的情况跟古全浊塞音塞擦音清化后送气与否的情况比较类似，不会造成原音节类（或字类）的分混，因为奉母字今读阳调，跟非敷母字今读阴调仍能区分。另外，

---

① 如粤语和平话中古全浊塞音今读一律不送气、一律送气以及平上送气去入不送气的方言都有；客赣语虽然以一律送气为主，但也有一律不送气的类型存在，客家话中有几个常用字普遍都读作不送气清音；湘语古全浊塞音塞擦音今读送气与否的差异就更加明显了，有的还保留浊音，有的是清化后一律不送气，还有的是舒声韵保留浊音，入声韵清化读送气和不送气的都有；吴语以保留浊音为主，但也有不少南部方言开始清化为不送气清音；闽语以读不送气为主，但是也有一些常用字内部比较一致地读作送气清音；北方方言以平送仄不送为主体，但是在西北地区和胶辽半岛也存在其他类型的清化模式。

奉母清化跟非敷合流是绝大多数汉语方言都会发生的一种音变，区分度也不高，所以奉母跟非敷母合流也不适合作为分区的条件来看待。

从邪不分和船禅不分属于能够造成原音节类（或字类）合并的语音特征，虽然辖字不多，但并不妨碍它们可以作为方言大区的划分语音特征。古全浊塞音今读是否送气这一语音特征虽然辖字较多，但由于其很少造成音节类的分合，因此更适合作为方言分片的语音特征。

勾漏片粤语、桂南平话及广州话在古全浊声母今读这个问题上有同有异：相同的是三者都属于奉母清化读同非敷母、从邪不分、船禅不分以及匣母合口跟喻母合流的方言。不同的是古全浊塞音今读是否送气。根据前面的分析，从邪不分、船禅不分属于会造成音节类（或字类）合并的音韵特征。而不同的音韵特征——古全浊今读是否送气只是造成音类的合并而不会导致音节类的合并，因此勾漏片粤语、桂南平话和广州话应属于同一种大方言。

另外，就粤语和平话而言，从邪不分、船禅不分以及匣母合口跟喻母合流所反映的历史音变也要早于古全浊声母送气与否的音变。因为很多粤语虽然从音类及音节类上是从邪不分和船禅不分，但是音值上也像古全浊塞音那样清化后有送气与否的区别。很明显勾漏片粤语、桂南平话以及其他粤语是先发生了从邪合并、船禅合并的音变然后才发生送气与否的音变，否则就很难解释为什么邪、禅母会读作塞擦音，并且还像从、船母一样以声调为条件区分是否送气。古匣母合口今读零声母跟喻母合口合流的音变也要早于浊音清化的音变，如果是浊音清化在前的话，匣母应该是先跟晓母合流，然后晓匣母合口都变为零声母才对，但粤语和平话晓母合口多跟溪母合口或非敷奉母合流读为擦音，可见是匣母合口读作零声母在前，清化在后。所以，即使是按照汉语方言分区的通常做法，把早期的音变作为方言分区的条件，把晚期的音变作为方言分片的条件，从邪不分、船禅不分以及匣母合口跟喻母合流也比古全浊塞音送气与否更适合作为大方言分区的条件。

7.3.3 勾漏片粤语—桂南平话的方言系属及内部划分

7.3.3.1 勾漏片粤语-桂南平话是粤语的一支——西部粤语

通过前面的论述,我们认为古全浊塞音今读送气与否不应作为汉语一级方言区划分的语音标准,因此勾漏片粤语-桂南平话缺乏独立成区的根据。我们根据从邪不分、船禅不分、疑日细音合流、咸山一二等见系韵母有别、流臻通三摄一三等基本合流、浊上跟浊去有别、阴入的分合等可造成音节类合并或分化的语音特征,把勾漏片粤语-桂南平话以及广州话等其他粤语方言划归为同一种大方言,名称还按旧例叫粤语。

古全浊塞音今读送气与否由于不会造成原音节类(或字类)的合并,因此比较适合作为粤语内部的分片特征。我们根据古全浊塞音今读的情况把粤语大致分作两大片:东部粤语和西部粤语。西部粤语古全浊塞音声母白读基本不送气,范围主要包括本书所论述的勾漏片粤语及桂南平话(桂北平话和土话是西部粤语跟湘语和西南官话的过渡方言);东部粤语古全浊塞音基本上是平上送气,去入不送气,主要是广府片粤语及其周边的粤语。吴化片及钦廉片等古全浊塞音今读送气(或部分送气部分不送气规律不明显)的粤语可以看作是东、西粤语的过渡区域。西部粤语除了在古全浊塞音声母今读基本不送气跟东部粤语区别较明显外,在音韵存古性方面也比东部粤语明显。因此,西部粤语也可以看作是早期粤语(或老粤语),而东部粤语可以看作是较为晚期的粤语(或新粤语)。

7.3.3.2 西部粤语的内部划分

我们根据古从邪母的具体音值把西部粤语分为西部中心小片和西部边缘小片两部分。

西部粤语中心小片古从邪母今读擦音,主要分布在桂东的梧州、贺州两市(个别点分布在粤西北),具体方言如梧州的苍梧六堡话、岑溪大业话、藤县藤城话、蒙山话和蒙山西河话,贺州的桂岭话、昭平话、贺街话、信都话、铺门话,粤西北的封开罗董话和连山布田话。中心小片还可以进一步分为南部和北部两个土话群:南部土话古从邪母主要读作边擦音 ɬ,如梧州岑溪大业话、藤县藤城话、蒙山西河话、封开罗董话及连山布田话;北部土话古从邪母主要读齿间擦音 θ 或唇齿擦音 f,如贺州的桂岭话、贺街话、信都话、铺门话和梧州的蒙山话读 θ,梧州苍梧六堡话和贺州昭平话读 f。西部粤语中心小片的地理环境虽然多山(且海拔较高),但是河网密布,区域内有西江的三条重要支流桂江、贺江和北流江,历史上主要归苍梧郡管辖,是岭南开发最早的区域之一。

西部粤语边缘小片古从邪母今读清塞擦音或塞音,主要分布在桂南、桂北和粤西北,具体方言如桂南地区的南宁亭子话、南宁四塘话、南宁石埠话、宾阳芦墟话、宾阳王灵话、宾阳新桥话、宾阳黎塘话、横县横州话、横县百合话、马山乔利话、灵山横州话、百色那毕话、田东平马话、田东林逢话、富宁剥隘话、崇左新和话、龙州上龙话、扶绥龙头话、扶绥城厢话、武宣樟村话、玉林市区话和福绵话;桂北的融水话;粤西北的封开开建话、怀集的上坊话和下坊话、德庆德城话、广宁南街话、四会话、阳山话、连县清水话。西部边缘小片还可以根据古心母今读的具体音值分为桂南土话和“粤西北-桂北土话”两个方言土语群,其中桂南土话古心今读以边擦音为主,粤西北-桂北土话则以读舌尖或舌叶擦音或齿间擦音为主。

西部粤语的内部划分如下图所示:

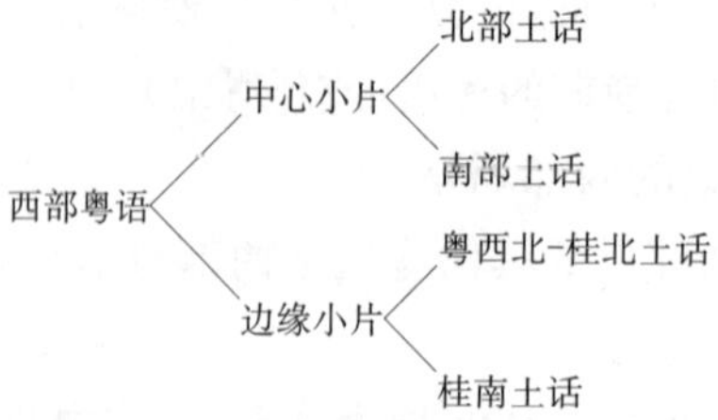

第八章
结　　语

8.1　本书的主要内容及创新

粤语和平话的关系及系属是近十多年来汉语方言学界讨论最热烈问题之一，其核心是勾漏片粤语及桂南平话的关系及系属。学界目前对两广交界地区的勾漏片粤语及桂南平话虽然已经进行了较多的调查研究，但对该地区的方言关系及系属问题仍未有公认的结论。本书以封开开建话的语音研究为枢纽，全面比较了开建话与广州话、其他勾漏片粤语、桂南平话以及长安标话的语音一致性与差异性，认为开建话是很有特色的一种粤语方言，他跟其他勾漏片粤语及桂南平话是一种方言，这种方言可以跟广州话等广府片粤语归属同一种大方言——粤语。根据古全浊塞音今读送气与否，可以把粤语大致分为东西两片：西部粤语主要是桂南平话和勾漏片粤语（含部分桂北平话和土话），东部粤语主要是广府片粤语及其周边的粤语（如四邑粤语和高阳粤语）。吴化片及钦廉片等古全浊塞音今读大多送气或部分送气部分不送气无明显规律的粤语可以看作是两大粤语片的过渡区。西部粤语内部还可以根据从邪母的音值分为西部核心粤语区和西部边缘粤语区两个小片。

本书在写作方面具有以下几方面的特点：

第一，把方言点的深入描写跟方言片的全面比较有机地结合起来。

封开曾经是岭南首府，开建话具有勾漏片粤语和桂南平话的诸多语音特点，本书先是对开建话这个单点方言的音系进行系统深入的描写和分析，再在此基础上跟其他勾漏片粤语、桂南平话、广州话以及标话进行全面的比较。单点的描写分析和多点的比较相互补充，互相印证。

第二，把全面的语音比较和深入的音韵分析有效结合起来。本书对勾漏片粤语及桂南平话的语音比较涵盖声韵调的各个方面。在比较的基础上选取诸如古全浊声母今读等重要的音韵特点进行深入的分析和讨论。两者的有机结合使我们对两广交界地区汉语方音的了解既全面又不失肤浅。

第三，在方法上能把定性分析和定量分析结合起来，并引入实验语音学及生成音系学等学科的新研究方法。本书在对一些重要观点进行论证的时候力图把定性分析和定量分析有效地结合起来，使其言之成理，言而有据。在对开建话的单字调、连读变调、重音和音步进行描写和分析的时候，我们还引入了实验语音学、生成音系学等相关学科的分析方法，对开建话的单字调值、连读变调规则、重音及音步类型、音步轻重与连读变调的关系作了较为科学的描写和论证。

第四，在继承前人的基础上力求有所创新。学界对勾漏片粤语和桂南平话的语音问题已经有不少的研究成果，本书一方面总结吸收其优秀成果，另一方面也指出其不足或错谬之处。对于重要的理论问题如方言分区语音标准问题能在前人的基础上勇于创新，提出若干富有新意的观点和方法。

总结起来，本书的创新主要有以下几点：1. 全面系统地比较了两广毗连地区粤语和平话的声韵调情况，为今后更加深入的研究打下基础。2. 全面分析了开建话及其他勾漏片粤语语词的连读变调及音步重音模式，并首次指出勾漏片粤语的前字变调受轻重音制约。3. 首次揭示出勾漏片粤语的升调会导致韵母主元音高化，加深了我们对汉语声调和韵母相互关系的认识。4. 跟方言学界通行的语音分区标准有所不同，文章提出利用汉语语音自身层级系统（音节类-音类-音值)的特征来进行汉语方言的区片划分,并首次把音节类(俗称字类)的分合引入汉语方言分区中,建议用音节类、音类和音值三个层面的音韵标准分别作为方言区、片、小片划分的语音标准,同一层级的音韵特征要加以权衡以确定其主次。5. 重新认识古全浊塞音、塞擦音声母今读这项音韵标准在汉语方言分区中的作用,认为该特征不宜作为大方言区的划分标准,比较适合作为方言分片的语音标准,并根据古全浊塞音今读是否送气把粤语大致分为东部粤语和西部粤语两大片(不包含过渡区方言)。

8.2　本书的不足及今后努力的方向

本书尚有以下几方面的不足,希望今后有机会进一步加强研究:

第一,本书的比较,多使用的是他人调查的语音材料,自己深入调查的方言点还不够多。两广交界地区方言土语众多,民族语言丰富,增加调查点一定会有更多新的发现,一定会对本书讨论的一些重要音韵问题有所补充或纠正。

第二,本书在方言语音地理分布方面的分析还不够详尽,希望以后加强方言地理学方面的研究,增加地图的数量,使一些复杂的音韵问题变得更加直观。

第三,本书系统讨论了方言分区音韵标准的层级和主次问题,但是目前只是使用这些分区标准来讨论勾漏片粤语和桂南平话的关系和归属,以及尝试用古全浊塞音今读是否送气这条分片标准来讨论粤语的分片。至于能否根据这些音韵标准来对整个汉语方言进行有效的区片划分,今后还需开展更多的比较研究。

第四,本书论证指出早期粤语和桂南平话具有"从邪不分"和"船禅不分"等语音特点,至于这些音韵特点是《切韵》音系前就已存在粤语和平话中还是《切韵》音系后的发展,仍需结合更多的文献材料进行论证。另外,从邪及船禅在其他汉语方言中的具体分布情况也值得进一步关注。

参考文献

白宛如 1994 广东省西部粤语的特点,《第一届国际粤方言研讨会论文集》,香港:现代教育研究社。

鲍厚星、陈晖 2005 湘语的分区(稿),《方言》第 3 期:261-270。

北大方言调查队 2008 岑溪大业方言调查报告和苍梧六堡方言调查报告,未刊。

北京大学中国语言文学系语言学教研室编[王福堂修订] 2008《汉语方音字汇》(第二版重排本),北京:语文出版社。

闭克朝 1985 桂南平话的入声,《方言》第 4 期:290。

闭克朝 1991 横县平话中的韵随调转现象,《华中师范大学学报》(哲社版)第 1 期:105-110。

闭克朝 1991 壮语对横县平话的影响,《中南民族学院学报》第 4 期:59-66(转 73)。

布龙菲尔德[著] 2004《语言论》,北京:商务印书馆。

曹志耘 2008《汉语方言地图集》,北京:商务印书馆。

曹志耘 2009 汉语方言中的调值分韵现象,《中国语文》第 2 期:141-148。

曹志耘、王莉宁 2009 汉语方言中的韵母分调现象,《语言科学》第 5 期:449-457。

岑麒祥 1946 广州音系概述,《广东建设研究》(第一至二辑)。

陈保亚 2002 论禅船崇母的分化规律——兼说“有音变条件”和“音变规律”,《纪念王力先生百年诞辰学术论文集》,北京:商务印书馆。

陈才佳 2007 富川县梧州话同音字汇,《桂林师范高等专科学校学报》第1期:14-21。

陈海伦、林亦[主编] 2009《粤语平话土话方音字汇(第一编)》,上海:上海教育出版社。

陈海伦、刘村汉[主编] 2008《粤语平话土话方音字汇》(第二编),上海:上海教育出版社。

陈乃良 2000《封中史话》,广州:广东省地图出版社。

陈世镜 2007 广西玉林方言的一个特殊的变调,第十二届国际粤方言研讨会会议论文(中山)。

陈世饶 2005 广西玉林方言入声塞音韵尾的消失,第十届国际粤方言研讨会会议论文(香港)。

陈仕华、周本良 2009 融安百姓话的来源和音系,《桂林师范高等专科学校学报》第4期:13-24。

陈卫强 2008 广州地区粤方言语音研究,暨南大学博士学位论文。

陈小燕 2004 贺州本地话音系及其特点,《广西师范大学学报》(哲学社会科学版)第2期:63-66。

陈小燕 2006a 贺州本地话与周边汉语方言语音亲疏关系的计量表述,第十一届国际粤方言研讨会会议论文(南宁)。

陈小燕 2006b 贺州本地话“古端母浊化”等若干现象与古百越语语音,《广西民族研究》第3期:140-145。

陈小燕 2007《多族群语言的接触与交融——贺州本地话研究》,北京:民族出版社。

陈小燕 2009 广西贺州八步(桂岭)本地话音系,《方言》第1期:53-71。

陈晓锦 1999 广西玉林白话古阳声韵尾、入声韵尾脱落现象分析,《中国语文》第1期:30-33。

陈晓锦 2000 广西玉林白话语音特点,《第七届国际粤方言研讨会论文集》(《方言》增刊),北京:商务印书馆。

陈晓锦 2005 广西玉林七个粤语方言点语音特点概述,《第九届国际粤方言研讨会论文集》,澳门:澳门中国语文学会。

陈晓锦 2010 一个可以被称作方言岛的粤方言(贵港平垌),《第14届粤方言国际学术研讨会论文集-2010年桂林师范高等专科学校学报(87823)》。

陈延河 1990 大岗"标话"的 a^{42} +VP 型疑问句,《民族语文》第4期:22-24。

陈延河 1997 大岗标话音系概说《学术研究》第6期(增刊)。

陈振寰、刘村汉 1986 藤县倒语三种,《广西师范大学学报》第4期:17-20。

邓险峰 2008 昭平马江白话同音字汇,《桂林师范高等专科学校学报》第1期:8-17。

邓玉荣 1993 藤县话的连读变调,《中国语言与文化论文集》,香港:亚太教育书局。

邓玉荣 2000 广西钟山方言音系,《方言》第4期:326-341。

邓玉荣 2001 一种粤语次方言——广西富川"梧州话",第八届国际粤方言研讨会会议论文(广州)。

邓玉荣 2005a 广西钟山土话的粤语系属,第十届国际粤方言研讨会会议论文(香港)。

邓玉荣 2005b《桂北平话与推广普通话研究——富川秀水九都话研究》,南宁:广西民族出版社。

邓玉荣 2005c《桂北平话与推广普通话研究——钟山方言研究》,南宁:广西民族出版社。

邓玉荣 2007 广西东部粤语心母字读 f 的地域分布及成因初探,第十二届国际粤方言研讨会会议论文(中山)。

邓玉荣 2009 藤县方言两字组的连读变调,十四届国际粤方言研讨会暨第五届土话平话国际学术研讨会论文(桂林)。
丁邦新 1982/1998 “汉语方言分区的条件”,《丁邦新语言学论文集》,北京:商务印书馆。
端木三 1997《从汉语的重音谈语言的共性与特性》,《中国语言学论丛》第1辑:79-84。
端木三 1999《重音理论和汉语的词长选择》,《中国语文》第4期:246-254。
端木三 2000《汉语的节奏》,《当代语言学》第4期:203-209。
费尔迪南·德·索绪尔[著] 2004《普通语言学教程》,北京:商务印书馆。
封开县地方志编纂委员会[编] 1998《封开县志》,广州:广东人民出版社。
冯胜利 1997《汉语的韵律、词法与句法》,北京:北京大学出版社。
冯胜利 1998《论汉语的“自然音步”》,《中国语文》第1期:40-47。
冯胜利 2000《汉语韵律句法学》,上海:上海教育出版社。
冯胜利 2005《汉语韵律语法研究》,北京:北京大学出版社。
甘于恩 2007 论粤语形成的多源性,第四届土话平话国际学术研讨会论文(贺州)。
甘于恩、邵慧君 2003 广东西江流域粤语词汇及语法特点概述,《华南师范大学学报》第3期:64-70。
甘于恩、吴芳 2005 平话系属争论中的逻辑问题,《广西社会科学》第7期:147-149。
高华年 1980《广州方言研究》,香港:香港商务印书馆。
高名凯、石安石[主编] 1987/2003《语言学概论》,北京:中华书局。
广东省地方史志编纂委员会 2004《广东省志·方言志》,广州:广东人民出版社。
广西壮族自治区地方志编纂委员会 1998《广西通志·汉语方言志》,南宁:广西人民出版社。

侯兴泉 2005a 广东封开罗董话的塞音声母——从语言接触看清音浊化、精母读 t 和从母读 ɬ，全国汉语方言学会第 13 届年会暨汉语方言国际学术研讨会(苏州)。

侯兴泉 2005b 广东封开南丰话的三种正反问句，《方言》第 2 期：129－135。

侯兴泉 2006a 广东封开罗董话帮端精三组声母老派读音研究，暨南大学硕士学位论文。

侯兴泉 2006b 广东封开罗董话的浊内爆音，《民族语文》第 2 期：26－29。

侯兴泉 2008 广东封开方言(开建话)声调实验研究，第八届中国语音学学术会议暨庆贺吴宗济先生百年华诞语音科学前沿问题国际研讨会(北京)。

侯兴泉 2009 勾漏片粤语语音研究述评，《桂林师范高等专科学校学报》第 3 期：29－34。

侯兴泉 2011 原始勾漏片粤语和桂南平话的声调构拟，庆祝詹伯慧教授 80 华诞、从教 58 周年暨汉语方言国际学术研讨会(广州)。

侯兴泉 2012 论粤语和平话的从邪不分及其类型，《中国语文》第 3 期。

怀集县方志办公室[编] 1993《怀集县志》，广州：广东人民出版社。

黄　群 2003 昭平方言的语音特点，《第八届国际粤方言研讨会论文集》，北京：中国社会科学出版社。

黄　群 2006a 广西昭平方言音系，《方言》第 2 期：149－167。

黄　群 2006b 贺州市贺街本地话同音字汇，《桂林师范高等专科学校学报》第 3 期：5－13。

黄　献 2007 黎塘镇平话语音系统，《广西师范学院学报》第 4 期：58－71。

黄海瑶 2008 广西横县百合平话音系，《桂林师范高等专科学校学报》第 2 期：15－24。

黄家教 1964 广州话无介音说，《学术研究》第 2 期：92－101。

黄家教 1994 广州话有没有介音——粤方言研究中一个有争议的问题,《第一届国际粤方言研讨会论文集》,香港：现代教育出版社。
黄健文 2006《广东怀集县标话使用状况调查——标话语言活力评估》,暨南大学华文学院学士学位论文。
黄平文 2000 壮语连读变调探析,《民族语文》第5期：14－17。
黄拾全 2011《广东勾漏片粤语语音研究》,暨南大学博士学位论文。
黄英富 2005 宾阳大桥平话音系,《广西教育学院学报》第4期：112－115。
黄英富 2007 宾阳县大桥平话同音字汇,《桂林师范高等专科学校学报》第2期：1－11。
黄昭艳 2006 灵山横州话同音字汇,《桂林师范高等专科学校学报》第3期：14－20。
黄昭艳 2007a 灵山横州话与北京音系的比较,《钦州学院学报》第1期：83－88。
黄昭艳 2007b 灵山横州话音系与中古音系的比较(上),《钦州学院学报》第5期：36－41。
黄昭艳 2008 灵山横州话音系与中古音系的比较(下),《钦州学院学报》第1期：52－57。
霍凯特[著] 2002/2005《现代语言学教程》,北京：北京大学出版社。
蒋 平 2005 荔浦方言的轻重音与连读变调,《方言》第3期：198－208。
蒋平、谢留文 2001 南昌县(蒋巷)方言的轻重音与变调,《方言》第2期：152－160。
黎曙光 2004 略论横县平话语音特点,《广西民族学院学报》第6期：150－153。
黎曙光 2006《南宁市周边地区平话与白话音韵比较研究》,北京：民族出版社。
黎毓扬、曾宪森 1979 玉林地区人怎样学习普通话的难音辨析,《玉林师专学报》第1期：14－18。
李　芒 2007 广西北流白话的变调，第十二届国际粤方言研讨会会议论文（中山）。
李　荣 1983 关于方言研究的几点意见，《方言》第1期：1－15。
李　荣 1985 官话方言的分区，《方言》第1期：2－5。
李　荣 1989 汉语方言的分区，《方言》第4期：241－259。
李方桂 1980《上古音研究》，北京：商务出版社。
李敬忠、陈延河 1987 "标话"语言调查初步结论，《广东民族研究通讯》（怀集县标话集团调查资料专集）第10期。
李连进 1995 桂南平话的历史来源、代表方言及其历史层次，《广西师院学报》（哲学社会科学版）第3期：59－64。
李连进 1999 平话属于独立方言还是属于粤方言？《广西师院学报》（哲学社会科学版）第3期：82－94。
李连进 2000a《平话音韵研究》，南宁：广西人民出版社。
李连进 2000b 广西玉林话的归属，《方言》第2期：169－173。
李连进 2001 广西玉林话的归属再论，第八届国际粤方言研讨会会议论文（广州）。
李连进 2005 勾漏片的方言归属，《民族语文》第1期：34－41。
李连进 2007 平话的分布、内部分区及系属问题，《方言》第1期：71－78。
李连进 2009 扶绥城厢平话鱼虞两韵的音变，《民族语文》第2期：41－43。
李连进、朱艳娥 2009《广西崇左江州蔗园话比较研究》桂林：广西师范大学出版社。
李谱英 1982 玉林方言的声调及其变化，《广西师范学院学报》（哲学社会科学版）第3期：66－71。
李谱英 1994 玉林白话，《玉林县志》，南宁：广西人民出版社。
李谱英 1994 玉林白话与普通话语音对应规律，《玉林师专学报》（哲学社会科学)第2期：34－53。
李小凡 2004 汉语方言连读变调的层级和类型,《方言》第1期：16－33。
李小凡 2005 汉语方言分区方法再认识,《方言》第4期：356－363。
李小凡 2006 汉语方言的轻声变调,《中国方言学报》第1期,北京：商务印书馆。
李小凡 2011 两广毗连地区汉语方言的归属,《语文研究》第1期：51－55。
梁金荣 1997《桂北平话语音研究》,暨南大学博士学位论文。
梁敏、张均如 1987 怀集诗洞永固等地语言调查简述,《广东民族研究通讯》(怀集县标话集团调查资料专集)第10期。
梁敏、张均如 1996《侗台语族概论》,北京：中国社会科学出版社。
梁敏、张均如 1999 广西平话概论,《方言》第1期：24－32。
梁敏、张钧如 2002《标话研究》,北京：中央民族大学出版社。
梁明权 2009 贺州秉塘话音系,《桂林师范高等专科学校学报》第2期：11－18。
梁伟华 2007 崇左市新和蔗园话同音字汇,《桂林师范高等专科学校学报》第1期：28－36。
梁伟华 2009 龙州上龙蔗园话的来历和语音,《桂林师范高等专科学校学报》第4期：25－33。
梁伟华、林亦 2009《广西崇左新和蔗园话研究》,桂林：广西师范大学出版社。
梁振仕 1982 广西粤语的音韵系统,《语言文学论丛》第1辑：121－185;又见《语言文学论文集》,南宁：广西教育出版社,1990。
梁振仕 1984 桂南粤语说略,《中国语文》第3期：179－185。
梁忠东 2000《广韵》反切上字的玉林话音读及其声母的历史音变分析,《玉林师范高等专科学校学报》(哲学社会科学)第4期：47－56。

梁忠东 2002 玉林话的小称变音,《广西师范大学学报》第 3 期: 70-74。

梁忠东 2006 广西玉林话的粤语系属,《方言》第 4 期: 364-373。

梁忠东 2009 从《方言调查字表》例外字读音看桂南平话与粤语的关系,《贺州学院学报》第 2 期: 69-74。

梁忠东 2010a 广西玉林话考察,《学术论坛》第 3 期: 86-91。

梁忠东 2010b《玉林话研究》,成都: 西南交通大学出版社。

梁忠东、梁驰华 2007 玉林话与桂南平话、粤语的语音比较,《第十一届国际粤方言研讨会会议论文集》,南宁: 广西人民出版社。

林 焘 1983《探讨北京话轻音性质的初步实验》,《语言学论丛》第十辑: 16-37,北京: 商务印书馆。

林 亦 2007 汉壮接触与四塘平话音变,《第 11 届国际粤方言研讨会论文集》,南宁: 广西人民出版社。

林 亦 2008 粤语中古全浊塞音、塞擦音今读不送气清音之探讨,《中国音韵学》,南京: 南京大学出版社。

林伦伦 2007 标话中的古汉语借词,《民族语文》第 6 期: 34-39。

林茂灿、颜景助、孙国华 1984《北京话两字组正常重音的初步实验研究》,《方言》第 1 期: 57-73。

林钦娟 2010 灵山话纪略,《桂林师范高等专科学校学报》第 3 期: 1-12。

林焘、王理嘉等 1985《北京语音实验录》,北京: 北京大学出版社。

林亦、刘志华 2007 南宁石埠平话同音字汇,《桂林师范高等专科学校学报》第 3 期: 8-15。

林亦、余瑾 2009 广西邕宁四塘平话同音字汇,《方言》第 3 期: 257-270。

凌海波 2009 桂平山塘山话语音,《桂林师范高等专科学校学报》第 3 期: 11-18。

刘 涛 2003 粤语邪母字的读音研究,《语文学刊》第 2 期: 41-45。

刘村汉 1985 广西蒙山语言图说,《方言》第4期:278-289。
刘村汉 1995 桂南平话——粤语的一个分支,第五届国际粤方言研讨会论文(广州)。
刘村汉 2007 广西粤语的分片,《第11届国际粤方言研讨会论文集》,南宁:广西人民出版社。
刘村汉、邓玉荣 1984 藤县音系,《梧州地区教师进修学院》第4期:61-95。
刘村汉、马容芳 1996 藤县方言志,《藤县志》,南宁:广西人民出版社。
刘新中 2007 粤西粤语、闽语以及广西粤语的边擦音初探,第十二届国际粤方言研讨会会议论文(中山)。
刘镇发 2004 百年来汉语方言分区平议,《学术研究》第4期:125-130。
龙庆荣 2009 汉越语与粤语和平话语音对应关系研究,《云南师范大学学报》第4期:130-135。
卢竑、关英伟 2008 北流白话单字调声学实验研究,《声学技术》第6期:867-872。
罗常培、王均 2002《普通语音学纲要》(修订本),北京:商务印书馆。
罗康宁 1996 封川话浊塞音声母初探,《岭南文史》(封开文史专号)第4期:35-36。
罗康宁 1998 粤语起源地新探,《西江大学学报》第2期:28-32。
罗乐瑜 1994 南宁平话语音探微,《广西地方志》第4期:35-37。
麦 耘 1999 广州话介音问题商榷,《中山大学学报》(社会科学版)第4期:66-71。
麦 耘 2007a 广西贺州八步鹅塘八都话入声的语音分析,《桂林师专学报》第1期:1-7。
麦 耘 2007b 广西藤县岭景方言的去声嘎裂声中折调,《第十一届国际粤方言研讨会论文集》,南宁:广西人民出版社。
麦 耘 2007c 广西八步八都话的"先长闭元音",第四届土话平话国际学术研讨会(贺州)。

麦 耘 2008a 粤语的形成、发展与粤语和平话的关系,“语言研究视野的拓展”国际研讨会(上海)。

麦 耘 2008b 广西八步鹅塘“八都话”音系,《方言》第1期:18-33。

麦 耘 2009 从粤语的形成和发展看汉语方言形成的模式,《方言》第3期:219-232。

麦 耘 1997 中古精组字在粤语诸次方言的不同读法及其历史涵义,《中国语言学报》(*Journal of Chinese Linguistics*)第2期:211-226。

毛世祯 1999 普通话二字词的轻重格式,载吕士楠等主编《现代语音学论文集》,113-116,北京:金城出版社。

莫瑞扬 2009 宜州百姓话的生态环境和莫村语音,《桂林师范高等专科学校学报》第4期:1-12。

宁皖平 1996 普通话与玉林白话比较辨正,《玉林师专学报》第1期:42-56。

潘悟云 2006 汉语的音节描写,《语言科学》第2期:39-43。

盘美花 2000 贺州本地话考察报告,《广西民族学院学报(增刊)》:92-102。

彭小川 2004《粤语论稿》,广州:暨南大学出版社。

彭泽润 2006 论“词调模式化”,《当代语言学》第2期:97-120。

容观琼 1998 封开是多民族文化交融之古都,《西江大学学报》第2期:33-35。

邵 宜 1993 封开南丰话,第四届国际粤方言研讨会会议论文(香港)。

邵 宜 1997 封开的方言,《汉语方言论文集》,香港:现代教育出版社。

邵 宜 2003 广东西江流域粤方言的词汇和语法特点,《第八届国际粤方言研讨会论文集》,北京:中国社会科学出版社。

邵 宜、詹伯慧、伍巍 1997 粤西十县(市)粤方言的语音特点,《方言》

第1期：39－44。
邵慧君 2005 广东茂名粤语小称综论，《方言》第4期：337－341。
邵慧君、甘于恩 2001 广东西江流域语音特点概述，《华南师范大学学报》(社会科学版)第5期：75－82。
施其生 1991 广州话的介音，《方言》第2期：119－125。
辻伸久 1977 粤语的无声声母和原始粤语的浊阻塞音：广西岑溪方言的情况，《言语研究》(72)：29－46。
辻伸久 1980《广西粤语比较音韵论》(*Comparative Phonology of Guangxi Yue Dialects*)，东京：风间书房。
辻伸久 1994 南宁平话字音记略，《艺文研究》(日本)第65期：1－18。
史皓元 2011《汉语方言分区的理论与实践——以江淮官话与吴语的分区为例》，北京：中华书局(顾黔译)。
宋长栋 1996 从地名看封开的历史文化，《岭南文史》(封开文史专号)第4期：52－55、51；又见《西江大学学报》，1998，(2)：36－43。
覃才亮 2009 蒙山话语音系统《桂林师范高等专科学校学报》第2期：1－10。
覃世贞 2007 田东蔗园话语音系统，《桂林师范高等专科学校学报》第1期：22－27。
覃小航 1998 广西粤语的线性分布和历史成因，《中南民族学院学报》第1期：122－124。
覃远雄 2000《桂南平话研究》，暨南大学博士学位论文。
覃远雄 2001 桂南平话的主元音及韵母格局，《方言》第2期：119－132。
覃远雄 2004 桂南平话的声调及其演变，《方言》第3期：212－225。
覃远雄 2005 桂南平话古晓、匣、云、以母字的读音，《方言》第3期：209－218。
覃远雄 2006 桂南平话古见组和日母的今读，《方言》第3期：228－238。

覃远雄 2008 平话和粤语古庄母的特殊读音,《方言》第 4 期:340－349。

谭晶晶、孔江平 2006 广东诗洞标话双音节连字调的音系学研究,《语言学论丛》第 34 辑。

谭元亨[主编] 2004《封开-广信岭南文化古都论》,广州:广东高等教育出版社。

王　力 1928 两粤音说,《清华学报》第 5 卷第 1 期:1519－1565。

王　力 1936《中国音韵学》,上海:商务印书馆。

王　力 1980/2001《汉语史稿》(修订本),北京:中华书局。

王　力 1985《汉语语音史》,北京:中国社会科学出版社。

王福堂 2001 平话、湘南土话和粤北土话的归属,《方言》第 2 期:107－118。

王福堂 2005《汉语方言语音的演变和层次》(修订本),北京:语文出版社。

王洪君 2000 汉语的韵律词和韵律短语,《中国语文》第 6 期:525－536。

王洪君 2001 音节单双、音域展敛(重音)与语法结构类型和成分次序,《当代语言学》第 4 期:241－252。

王洪君 2004 论汉语的节奏类型——松紧型,《语言科学》第 3 期:21－28。

王洪君 2008《汉语非线性音系学——汉语的音系格局与单字音》(增订版),北京:北京大学出版社。

王洪君 2009 兼顾演变、推平和层次的汉语方言历史关系模型,《方言》第 3 期:204－218。

王晶、王理嘉 1993 普通话多音节词音节时长分布模式,《中国语文》第 2 期:112－116。

王莉宁 2007 桂北方言帮、端母的次浊化现象,《桂林师范高等专科学校学报》第 4 期:1－5。

王莉宁 2010 粤语平话等方言上声的分化类型,《南方语言学》(第1辑),广州:暨南大学出版社。

王韫佳 2004 音高和时长在普通话轻声知觉中的作用,《声学学报》第5期:453-461。

王志洁、冯胜利 2006 声调对比法与北京话双音组的重音类型,《语言科学》第1期:3-22。

韦树关 1996 试论平话在汉语方言中的地位,《语言研究》第2期:95-101。

韦树关 1999 桂北平话质疑,《广西民族学院学报》(社会科学版)第4期:117-122。

韦树关 2000a 贺州八都话考察报告,《广西民族学院学报哲学(社会科学版)》人类学研究专辑:115-127。

韦树关 2000b 贺州铺门话考察报告,《广西民族学院学报(增刊)》:103-114。

韦树关 2002 古帮、端、心母在广西汉语方言中的特殊音读,《广西民族学院学报》(哲学社会科学版)第1期:149-151。

韦树关 2004 广西勾漏话及广东四邑话、吴川话、化州话的归属问题,《广西语言研究》(第三辑),桂林:广西师范大学出版社。

吴宗济、林茂灿[主编] 1989《实验语音学概要》,北京:高等教育出版社。

伍 巍 2001 桂南平话的粤语系属,《方言》第2期:133-141。

伍 巍 2005 现代汉语节律的功能——口语中的"重音"与"断连",《修辞学习》第3期:28-32。

伍 巍 2007 粤语,《方言》第2期:167-176。

伍巍、王媛媛 2006 广州音系舌根声母kw、k'w讨论,《暨南学报》(哲学社会科学版)第4期:123-126。

伍巍、陈康棣、王媛媛 2006 信都土话的语音特点,《桂林师范高等专科学校学报》第1期:1-7。

项梦冰、曹晖[编著] 2005《汉语方言地理学——入门与实践》,北京:中国文史出版社。

谢建猷 2001《广西平话研究》,中国社会科学院研究生院博士学位论文。

谢建猷 2007a 广西粤语刍论,《十一届国际粤方言研讨会会议论文集》,南宁:广西人民出版社。

谢建猷 2007b《广西汉语方言研究》,南宁:广西人民出版社。

熊正辉 1987 广东方言的分区,《方言》第3期:161-165。

徐杰舜、徐桂兰、韦树关 2002 贺州族群语言认同述论,《广西右江民族师专学报》第4期:4-6。

徐通锵 1997《语言论——语义型语言的结构原理和研究方法》,长春:东北师范大学出版社。

薛才德 1991 现代汉语分区方法问题初探,《语言研究》第2期:45-54。

薛才德 1994 在古音类的基础上用定量分析法区划汉语方言,《思想战线》第5期:41-47。

杨 奔 2006a 北流白话同音字汇,《玉林师范学院学报》第4期:62-68。

杨 奔 2006b 北流白话音系特点及普通话的对应关系,《广西师范学院学报》第3期:63-68。

杨 奔 2006c 北流白话与普通话声韵配合比较,《株洲工学院学报》第5期:81-84。

杨奔、李芒 2006《北流白话研究》,南宁:广西教育出版社。

杨璧菀 2007《怀集白话语音研究》,陕西师范大学硕士学位论文。

杨焕典 1988 南宁亭子墟平话语音,《广西师院学报庆祝中文系建系十周年文集专辑》,桂林:广西师院学报。

杨焕典、梁振仕、李谱英、刘村汉 1985 广西的汉语方言(稿),《方言》第3期:181-190。

杨世文 1988 藤县话声母的中古来源,《广西师范大学学报》第1期:86-91。
杨希英 2007 粤西粤语与桂北(西村)平话语音特点比较,第十二届国际粤方言研讨会会议论文(中山)。
杨祯海 1995 广西粤语古心母字今读,第五届国际粤方言研讨会会议论文(广州)。
叶国泉、罗康宁 1995 粤语源流考,《语言研究》第1期:156-160。
叶国泉、唐志东 1982 信宜方言的变音,《方言》第1期:47-51。
余霭芹 1988 粤语研究,《语文研究》第2期:42-50。
余霭芹 1991 粤语方言分区问题初探,《方言》第3期:164-181。
余伟文 1997 罗定、云浮、德庆的粤语语音特点,《第五届国际粤方言研讨会论文集》,广州:暨南大学出版社。
袁家骅等 2001《汉语方言概要》(第二版),北京:语文出版社。
詹伯慧 1988 广东粤语分区刍议,《学术研究》第3期:91-93。
詹伯慧 2007 粤语研究的当前课题,《方言》第3期:193-196。
詹伯慧、崔淑慧、刘新中、杨蔚 2003 关于广西"平话"的归属问题,《语文研究》第3期:47-52。
詹伯慧、张日昇[主编] 1994《粤北十县市粤方言调查报告》,广州:暨南大学出版社。
詹伯慧、张日昇[主编] 1998《粤西十县市粤方言调查报告》,广州:暨南大学出版社。
詹伯慧[主编] 2002《广东粤方言概要》,广州:暨南大学出版社。
詹伯慧编 1981《现代汉语方言》,武汉:湖北人民出版社。
张光宇 1996《闽客方言史稿》,台湾:国立编译馆。
张均如 1982 广西中南部地区壮语中的老借词源于汉语古"平话"考,《语言研究》第1期:197-219。
张均如 1987 记南宁心圩平话,《方言》第4期:241-250。
张均如 1989 标语与壮侗语族语言的比较,《民族语文》第6期:42-

54/68。
张均如 2006 宾阳话的语音和词汇(上),《广西师范学院学报》第 3 期：69－78＋87。
张均如 2006 宾阳话的语音和词汇(下),《广西师范学院学报》第 4 期：100－108。
张均如、梁敏 1996 广西平话,《广西民族研究》第 2－4 期(连载)。
张敏、周烈婷 2001 勾漏片粤语和平话的纠葛——从玉林话的归属说起,第八届国际粤方言研讨会会议论文(广州)。
张双庆[主编] 2004《连州土话研究》,厦门：厦门大学出版社。
张晓山 1994a 连县四会话的声韵调及其特点,《韶关大学学报》第 3 期：60－69。
张晓山 1994b 连县四会话与广州话声韵特点比较,《暨南学报》第 3 期：131－140。
张晓山 1997 广宁话的 h 声母,《第五届国际粤方言研讨会论文集》,广州：暨南大学出版社。
张秀珍 2005 贺州九都声的声韵调研究,《桂林师范高等专科学校学报》第 3 期：9－19。
张秀珍 2005《桂北平话与推广普通话研究——贺州九都声研究》,南宁：广西民族出版社。
张秀珍 2006 贺州灵凤都话同音字汇,《桂林师范专科高等学校学报》第 2 期：17－22。
张秀珍 2009 宜州阳山话同音字汇,《桂林师范高等专科学校学报》第 4 期：34－42。
张振兴 1997 重读《中国语言地图集》,《方言》第 4 期：241－248。
赵祎缺 2004《桂南平话语音历史层次研究》,广西大学硕士学位论文。
赵元任 1928《现代吴语研究》,北京：清华学校研究院丛书第四种。
赵元任 2002 中国语言的问题,《赵元任语言学论文集》,北京：商务印书馆。

赵元任 2005《汉语口语语法》(*A GRAMMAR OF SPOKEN CHINESE*),北京:商务印书馆。

肇庆市地方志编纂委员会编 1999《肇庆市志》,广州:广东人民出版社。

郑锦全 1988 汉语方言亲疏关系的计量研究,《中国语文》第2期:87-102。

郑作广 1991 广西百色蔗园话影喻两母区分的特点,《中国语文》第2期:145。

植 毅 2006《怀集诗洞标话记略》,暨南大学华文学院学士学位论文。

中国社会科学院和澳大利亚人文科学院 1987《中国语言地图集》,香港:香港朗文出版社。

钟 奇 2007《汉语方言的重音模式》,新加坡国立大学博士学位论文。

钟武媚 2006 玉林白话方言调查研究,《玉林师范学院学报》(哲学社会科学)第4期:59-61/58。

周 韧 2006《现代汉语韵律与语法的互动关系》,北京大学博士研究生学位论文。

周成松 2003 广西玉林话音系,《第六届国际粤方言研讨会论文集》,澳门:澳门中国语文会。

周烈婷 2000 玉林话的语音系统及语音特点,《方言》第2期:164-168。

周烈婷 2002《玉林话研究》,新加坡国立大学博士学位论文。

周祖瑶 1987 广西容县方言的小称变音,《方言》第1期:58-65。

朱德熙 1986 在中国语言和方言学术讨论会上的发言,《中国语文》第4期。

朱洪、陈摩人 1987 怀集"标话"集团综合报告,《广东民族研究通讯》(怀集县标话集团调查资料专集)第10期。

朱晓农 2004 汉语元音的高顶出位,《中国语文》第5期:440-451。

朱晓农 2005a《上海声调实验录》,上海:上海教育出版社。

朱晓农、寸熙 2005b 粤语、闽语、吴语中的内爆音,第十届国际粤方言研讨会会议论文(香港)。

庄初升、张凌 2010 贺州铺门方言的浊塞音声母,《暨南学报(哲学社会科学版)》第1期:105-110。

庄初生 2004《粤北土话音韵研究》,北京:中国社会科学出版社。

Chao, Yuen-Ren(赵元任). 1934. The non-uniqueness of phonemic solutions of phonetic systems. *Bulletin of the Institute of History and Philology*, Academia Sinica 4.4: 363-397. Reprinted in Readings in Linguistics I, ed. Martin Joos, 1957: 38-54. Chicago: University of Chicago Press.

Chen, Matthew Y(陈渊泉). 2001. *Tone Sandhi: Patterns across Chinese Dialects*,北京:外语教学与研究出版社.

De Lacy, Paul. 1999. Tone and Prominence, Ms. ROA-333-0799 (available at http://roa.rutgers.edu).

De Lacy, Paul. 2002. The interaetion of tone and stress in Optimality Theory. Phonology, 1-32.

Duanmu, San(端木三). 1993. Rime Length, Stress, and Association Domains, *Journal of East Asian Linguistics* 2.1, pp.1-44.

Duanmu, San(端木三). 1995. Metrical and tonal phonology of compounds in two Chinese dialects. *Language* 71.2, 225-259.

Duanmu, San(端木三). 1999. Metrical structure and tone: evidence from Mandarin and Shanghai. *Journal of East Asian Linguistics* 8.1: 1-38.

Duanmu, San(端木三). 2007. *The Phonology of Standard Chinese*. Oxford: Oxford University Press.

Fry, Dennis B. 1958. Experiments in the perception of stress. *Language and Speech* 1: 126-152.

Halle, Morris & Vergnaud, Jean-Roger. 1987. *An essay on stress*.

Cambrige MA: MIT Press.

Hayes, Bruce. 1995. *Metrical stress theory: Principles and case studies*. Chicago: University of Chicago Press.

John J. McCarthy and Alan S. Prince. 1998. Prosodic Morphology. in *The Handbook of Morphology*. Oxford: Blackwell.

John J. Ohala. 1978. Production of tone. *Tone: A linguistic survey*. New York: Academic Press.

Lehiste, Ilse 1970. *Suprasegmentals*. Cambridge, MA: MIT Press.

Liberman, M. 1975. *The Intonational System of English*. PhD dissertation, MIT.

Libermanm, M. & Alan, Prince. 1977. On Stress and Linguistic Rhythm. *Linguistic Inquire*, 8: 249 - 336.

Li, Fangkuei. 1937. Languages and dialects. *The Chinese Year Book*. 43 - 51. Also in *Journal of Chinese Linguistics*, I - 11 - 13, 1973.

Michael Kenstowicz 1994. *Phonology in Generative Grammar*, Cambridge: Blackwell.

Moira, Yip. 2005. *Tone*(声调),北京:北京大学出版社.

Nobuhisa Tsuji(辻伸久). 1977. *Eight Yue dialects in Guangxi Province*, China and reconstruction of Proto-Yue phonology. Ph.D. Cornell University, Ithaca.

Norman, Jerry(罗杰瑞). 1988. *Chinese*. Cambridge: Cambridge University Press.

Richard Hogg and C. B. McCully. 1987. *Metrical phonology: a coursebook*. Cambridge: Cambridge University Press.

Shi Chi-lin(石基琳). 1986. *The Prosodic Domain of Tone Sandhi in Chinese*. PhD dissertation, University of California at San

Diego.

Wang Li (王力). 1932. *Une Prononciation Chinoise de Po-pei (Province de Kouang-si)*. Li-braire Ernest Leroux, Paris: Impremerie des Presses Universitaires de France.

Yue(-Hashimoto), Anne(余霭芹). 1972. *Phonology of Cantonese*. Studies in Yue Dialects I. Cambridge: Cambridge University Press.

Yue(-Hashimoto), Anne(余霭芹). 1979. The Teng-xian Dialect of Chinese: Its Phonology, Lexicon and Texts with Grammatical notes, *Computational Analysis of Asian and African Languages Monograph Series*, No.3.

附　　表

附表 1　开建话同音字汇

a

p　[44]巴芭疤爸阿爸　[24]爬琶杷鈀耙　[52]把　[242]□水流声　[32]霸坝爸吾～　[21]罢

p^h　[44]趴　[32]怕

m　[44]孖‖妈　[24]麻痲　[242]马码

f　[44]花　[32]化

t　[52]打

t^h　[44]他

n　[44]□伤疤　[24]拿　[52]乸婆～　[21]乸老～

l　[44]啦　[242]□拟声词　[32]□摸着找

k　[44]家加痂嘉　[52]假贾　[32]架驾嫁稼价

k^h　[44]卡动词　[52]卡名词

k^w　[44]瓜　[24]□爬　[52]寡剐　[242]□乱抓　[32]挂卦

k^{hw}　[44]夸　[52]侉垮　[32]跨

ŋ　[24]牙芽衙伢涯崖　[242]雅瓦　[21]砑～路

h　[44]虾哈

ʧ　[44]查渣抓　[24]茶搽查　[32]蛇诈榨炸乍　[21]□收、藏起来

ʧ^h　[44]叉差考～钗　[32]杈岔

ȵ　[44]□拿着

ʃ　[44]沙纱　[52]洒　[32]耍去～

Ø　[44]阿鸦丫　[52]哑　[242]下　[32]亚　[21]霞瑕遐夏厦暇

j　[44]呀　[242]有

w　[44]蛙洼　[24]华‖铧　[242]哇　[21]桦画

ai

p　[44]‖掰　[24]排牌簰　[52]摆　[242]□扒　[32]拜鞴　[21]败

p^h　[32]派

m　[24]埋　[52]□歪　[242]买米谷～　[21]卖迈

f　[32]快筷

t　[44]奓外婆‖呆　[52]底　[32]戴带　[21]大

t^h　[44]‖呔　[52]□放养　[32]态贷太泰

n　[52]□～软　[242]乃奶

l　[44]拉　[32]癞　[21]赖濑

k　[44]皆阶佳街　[52]解　[32]介界芥尬疥届戒

k^w　[44]乖　[52]拐　[32]怪

k^{hw}　[32]块蒯

ŋ　[44]□双手搓　[24]捱～苦　[32]□靠近　[21]艾

h　[44]揩　[21]骇

ʧ　[44]斋　[24]豺柴　[52]仔　[242]□舔　[32]债　[21]寨

ʧ^h　[44]猜差　[52]踩

ȵ　[52]踩

ʃ [44]□浪费 [52]洗玺 [32]晒

Ø [44]埃挨 [24]鞋 [52]矮 [242]‖蟹 [21]谐械懈

j [32]□泼水 [21]□用刀反向剖

w [44]‖歪 [24]怀槐淮 [21]坏

au

p [44]包胞 [24]刨 [52]饱 [32]鲍豹爆鉋

p^h [44]抛 [52]跑 [32]炮

m [44]猫 [24]茅锚矛 [242]卯牡 [21]貌

t [32]□翻、倒

n [52]扭 [242]纽 [21]闹

l [44]捞 [242]柳 [21]□□(kau21)难管教

k [44]交郊胶 [52]绞狡铰搅搞‖饺 [32]教较酵窖觉校~对浇臼

k^h [32]靠犒

ŋ [44]□挠 [24]熬肴淆 [52]拗 [242]咬 [32]坳

h [44]敲烤 [52]考巧 [32]孝

ʧ [44]□死的俗称 [24]巢 [52]找酒 [32]罩笊 [21]棹

$ʧ^h$ [44]抄钞 [52]炒丑 [32]钹训读

ȵ [52]□爪子

ʃ [44]梢捎稍 [32]潲 [21]□看、理会

Ø [44]凹 [24]□风骚 [32]□争辩 [21]校学~效

j [52]□大口吃，敞开吃 [242]友

am

p [24]凡帆 [242]犯 [21]范

t [44]耽担 [24]潭谭谈痰 [52]胆 [242]淡 [32]担 [21]啖

t^h [44]贪‖坍 [32]探

n [24]南男 [242]腩

l [44]篮竹~ [24]蓝篮~球 [52]览揽榄 [32]□跨过 [21]滥缆舰

k [44]监坐~ [52]减 [242]槛 [32]尴鉴监太~ [21]□伸开手掌拇指和中指间的距离

h [52]‖喊

ŋ [44]啱巧，正好 [24]岩 [52]□凹进去

ʧ [44]簪 [24]蚕惭 [52]斩 [242]□玻璃扎到 [32]湛 [21]暂站

$ʧ^h$ [44]参搀 [52]惨 [32]杉

ʃ [44]三衫

Ø [44]□逼迫 [24]咸 [21]陷馅

j [32]□渗水，浸染

an

p [44]班斑颁扳 [24]烦矾繁 [52]板版 [32]□用棍子或扁担打 [21]扮办饭

p^h [44]攀 [32]盼襻

m [44]□扳过来 [24]蛮馒 [242]晚 [21]慢漫幔万蔓

f [44]翻番 [52]反 [32]贩

t [44]丹单 [24]檀坛弹~琴 [32]诞旦 [21]但弹子~蛋

t^h [44]滩摊 [52]坦 [32]炭叹

n [44]□~白，惨白 [24]难好~ [21]难苦~

l [44]□滚开，走开 [24]兰拦栏 [242]懒 [21]烂

k [44]艰间奸 [52]碱简裥柬拣茧 [32]间谏涧锏

k^w [44]鳏关 [32]惯

ŋ [44]□无聊，空虚 [24]颜顽 [52]眼龙~ [242]眼牛~ [21]雁

h [44]□节省

ʧ [24]残 [52]盏 [242]灒 [32]赞 [21]赚栈绽

$ʧ^h$ [44]餐 [52]铲产 [32]灿

ʃ [44]珊山删闩 [52]散退热~ [32]散~会疝

Ø [24]闲 [242]限 [32]晏

w [44]弯湾 [24]还环 [242]鲩‖玩挽 [21]幻患宦

ap

t [32]答搭 [21]踏沓

t^h [32]搨塔榻塌

n [32]□来 [21]纳

l [32]□收拢 [21]腊蜡镴

k [32]甲胛‖夹动词 [21]夹名词

h [32]□大口喝

ʧ [21]杂闸铡

$ʧ^h$ [32]插

ȵ [32]□生气，恼火

ʃ [32]□~气,调皮
Ø [32]鸭 [21]狭峡
j [32]□眨眼 [21]□张开翅膀扇动

at

p [32]八 [21]乏拔伐罚
f [32]法发
t [32]□拍打 [21]达
tʰ [32]溻遢
n [32]□用面积较大的东西拍打 [21]捺
l [32]瘌 [21]辣
h [32]瞎
kʷ [32]刮
ʧ [32]扎札
ʧʰ [32]擦察刷
ʃ [32]撒萨杀
Ø [32]押压轧
w [32]挖 [21]滑猾

ɐi

p [44]碑卑悲 [24]皮疲脾琵枇 p [242]婢被
pʰ [44]批胚坯披丕
m [44]觅米~~ [24]迷谜糜弥靡眉楣媚微 [242]美尾
f [44]非飞妃挥辉徽‖麾 [24]肥
t [44]低知 [24]堤题提蹄啼 [242]弟
tʰ [44]梯
n [44]泥汗垢 [24]泥尼 [242]你
l [44]璃 [24]犁黎离篱梨厘狸 [242]礼李里理
k [44]鸡
kʷ [44]圭闺龟归 [24]奎携逵葵魁 [242]□用不正当的手段获得
kʰʷ [44]盔规亏窥
ŋ [44]□哀求 [24]桅危伪 [21]魏
h [44]□女阴 [21]系中文~
ʧ [44]挤剂 [24]齐□完蛋,死 [242]似
ʧʰ [44]妻栖
ʃ [44]西犀丝
Ø [44]□鸡鸭等胃前临时装食物的食道囊
j [24]□不乖
w [44]威 [24]为维惟遗唯违围 [242]卫伟苇纬胃‖蝟萎

ɛi

p [52]俾比 [32]蔽敝蓖闭箅臂秘痹篦‖庇 [21]被~动避备鼻
pʰ [52]彼鄙 [32]屁
m [32]□躲藏寐 [21]未味
f [52]毁匪翡 [32]废肺痱费
t [52]抵 [32]帝 [21]第递地
tʰ [52]体 [32]替涕剃
n [32]腻 [21]溺
l [52]□拔 [32]□形容树、木等很容易断 [21]厉励丽履利痢鲤吏荔隶
k [52]□这个 [32]髻
kʰ [32]□竹节、木节
kʷ [52]诡轨鬼 [32]鳜桂季贵 [21]跪柜
kʰʷ [32]愧
ʧ [52]姊 [32]祭际穄济 [21]字牸寺
ʧʰ [32]砌刺赐俟厕
ȵ [52]□抓住,扯紧
ʃ [52]死 [32]细婿四
w [52]委喂打招呼 [32]喂~饭畏慰 [21]惠慧秽位谓讳

ɐu

p [44]□差劲 [24]浮
pʰ [44]泡灯~
m [44]□香酥 [24]谋 [242]某亩
t [44]兜 [24]头投
tʰ [44]偷 [52]敨
n [44]□生气,恨
l [44]溜骝 [24]楼流刘留榴硫琉馏 [242]□很假,很差劲
k [44]鸠男阴
kʰ [44]沟抠□端起、端着
ŋ [44]勾钩 [24]牛 [242]藕偶
h [44]□盯着 [52]口
ʧ [44]邹周舟州洲鸠斑~‖阄 [24]囚泅绸稠筹愁仇酬求球仇 [242]受授舅
ʧʰ [44]秋抽搊
ȵ [44]□抓紧 [24]柔
ʃ [44]修馊收
Ø [44]欧瓯 [24]喉猴瘊 [52]呕 [242]后厚
j [44]休忧优悠幽 [24]尤邮由油游

犹柚

ɔu

p^h　[52]剖　[32]□水～，救生圈
m　[52]□腐烂，腐朽　[21]茂贸‖谬
f　[52]否
t　[52]斗量词 抖陡纠 [32]□窝 斗动词 逗 [21]豆
t^h　[32]透
n　[52]□(一斗～：满满的一斗或一碗)
l　[52]□搅拌　[21]漏陋
k　[52]狗苟　[32]彀够
k^h　[32]叩构购扣寇
ʧ　[52]走肘九久韭　[32]奏纣昼宙骤咒灸咎救柩皱‖绉　[21]旧就袖寿‖售
$ʧ^h$　[32]凑臭
ȵ　[242]□抖动，跳动　[32]皱　[21]□受潮
ʃ　[52]叟搜手首守　[242]飕　[32]嗽秀绣锈瘦兽
Ø　[32]懊奥沤怄　[32]候
j　[32]诱幼　[21]又右佑

ɐm

t　[44]□锁住，捆紧 [24]□盖着　[52]□撞 [242]凼
n　[44]□量词，个　[24]□煮得很软很烂 [242]□乱搅
l　[44]□痒　[24]林淋临　[52]‖檩
ʧ　[44]针斟今金　[24]寻沉岑琴禽擒 [52]枕锦
$ʧ^h$　[44]侵襟　[52]寝
ȵ　[24]吟淫
ʃ　[44]心参森深　[52]沈审婶　[32]‖渗　[21]‖甚
k　[44]今金
k^h　[44]□结实，耐穿　[52]□用网去盖或捉
h　[44]勘堪　[32]□骂
Ø　[44]庵揞　[24]衔
j　[44]钦音阴荫　[52]饮

ɐn

p　[44]彬宾槟奔分　[24]贫频焚坟猿 [52]禀本　[32]殡鬓　[21]笨
p^h　[44]喷　[52]品
m　[44]蚊炆　[24]民门文纹闻　[52]□(鸭子)用嘴喝水　[242]闽悯敏吻刎
f　[44]昏婚分芬纷熏勋薰荤 [52]粉 [242]‖奋愤　[21]份
t　[44]敦墩顿牛～ [24]尘臀‖屯囤 [52]□囤积　[242]盾钝 [32]震震动使瓷实 [21]顿停～‖沌
t^h　[44]吞　[32]□后退
n　[44]□咽下去　[52]□挑逗、戏耍 [242]□烂泥；腻
l　[44]□频率高，很快　[24]邻鳞磷仑伦沦轮　[52]□玩　[242]□满
k　[44]跟根　[52]‖谨
ŋ　[24]银
h　[52]恳垦‖很　[21]恨
k^w　[44]均钧君军 [24]群裙 [52]滚 [242]菌　[21]郡
k^{hw}　[44]昆坤　[52]捆　[32]困
ʧ　[44]津珍臻真巾斤筋贞侦‖榛 [24]秦陈神辰晨臣勤芹循巡唇纯醇‖莼旬 [52]诊紧仅准 [242]尽肫肾近 [21]阵
$ʧ^h$　[44]亲村春‖椿　[52]疹蠢　[32]趁衬
ȵ　[44]人一～　[24]人大～仁寅　[52]蚓 [242]忍　[21]‖纫
ʃ　[44]辛新薪身申伸孙　[52]笋榫 [21]慎顺舜
Ø　[24]痕□痒
j　[44]因恩姻洇欣殷 [24]□均匀 [242]引隐
w　[44]温瘟晕　[24]魂馄浑匀云　[52]稳　[242]允‖尹　[21]混

ɐŋ

p　[44]崩　[24]朋凭凭借 彭膨　[242]□拟声词　[21]凭靠着
p^h　[44]烹抨
m　[44]□拔　[24]萌盟　[32]□挤
f　[242]□～～：转动的样子　[32]□甩
t　[44]登灯　[24]腾誊藤绳　[52]等 [242]□很笨　[32]凳　[21]邓
t^h　[52]□台阶，土级
[32]□(□$nɐŋ^{32}$)衣服不整齐，做事不干脆
n　[24]能　[52]□形容酸菜坏了，或形容人很蠢笨 [32]□连在一起
l　[44]□毛线　[24]陵凌菱　[52]‖楞愣 [242]□挣扎

k [52]耿□无法扭动;倔[242]□阻碍、拌住[32]更 [21]□用东西支撑着
kʰ [32]□厉害
ŋ [44]□大声喊 [32]□敲打 [21]硬
h [44]亨 [52]肯 [32]□有霉味儿
kʷ [44] ‖轰
kʰʷ [32]□挂着
ʧ [44]曾增憎僧蒸 [24]曾层乘承丞 [32]赠证症 [21]剩
ʧʰ [44]称动词 [52]逞□有尿意或屎意 [32]蹭称对~秤
ʃ [44]升 [32]胜
ȵ [44]□抓紧、扯紧 [24]‖仍
Ø [44]鹰 [24]恒 [32]应应答 [21]幸杏
j [44]应~该 [24]蝇 [242]□~~,晃动的样子 [32]应反~
w [44]□坏了或办砸了 [24]弘~扬宏~远 [242]□~~,转动或眩晕的样子

ɐp

t [55]□低(头) [34]□摔倒,掉下
n [55]粒
l [55]笠藤~ [34]立
k [55]急蛤 [34]及
kʰ [55]吸给级
ŋ [55]□蹲着
h [55]□恐吓,威胁
ʧ [55]执汁拾 [34]集习十~婶‖袭什
ʧʰ [55]缉辑
ʃ [55]湿悉 [34]十二~
Ø [55]□敷着
j [55]泣揖 [34]入

ɐt

p [55]笔毕□舀‖不弼 [34]佛
pʰ [55]匹
m [55]□消失 [34]密蜜物勿
f [55]窟忽
t [55]□塞;糍粑馅 [34]突
n [55]□用手推着按或捏
l [55]□草木因干枯或腐朽变脆 [34]栗律率
k [55]吉桔‖橘
kʰ [55]咳
ŋ [55]□吝啬 [34]□上下摇动
kʷ [55]骨 [34]倔掘
h [55]乞
ʧ [55]质吉桔卒蟀 [34]疾侄术述实
ʧʰ [55]出七漆
ȵ [34]日
ʃ [55]虱失室戌恤率‖熄
Ø [34]核~对 辖
j [55]一 [34]逸
w [55]屈郁 [34]核果~

ɐk

p [55]北 [34]卜萝~
m [55]□竹~:竹罐 [34]墨默
f [55]□摔(跤)
t [55]得德 [34]特
n [34]□头~~:不停地点头
l [55]□斩,剁 [34]肋勒力
k [34]极
kʰ [55]□卡住
kʷ [55]□死的蔑称 [34]□用手指背敲
kʰʷ [55]□用尖头农具挖
ŋ [55]□骗 握扼 [34]额
h [55]刻克黑
ʧ [55]则即鲫侧织职 [34]蛰直值食蚀殖植贼
ʧʰ [55]测
ʃ [55]塞息色识式适
Ø [55]握扼
w [34]或惑域

ɛ

p [44]啤□焊 [21]弊币毙
pʰ [44]□扑克
m [44]□拟声词或充当后缀 [32]□秕谷
f [242]□风~~:形容风很凉快很舒服 [21]□拉(屎)
t [44]肚~nɛ32:大腹胼胼
n [44]□踮起脚 [52]□向同伴炫耀或诱惑 [32]□背
l [21]例
k [24]茄 [32]计动词 继系 [21]计名词,点子
kʰ [44]稽溪□烂屎 [52]启□劈 [32]契
kʷ [242]□小孩大哭声
ŋ [242]蚁 [32]□靠近 [21]艺毅魏‖倪

ʧ [44]□kɐu44-32～：男性器官的俗称[242]柿 [32]制 [21]滞逝

ʧ^h [52]□雨～～：形容小雨一阵阵地下

ȵ [44]□痴迷

Ø [242]□表示应允回答

j [21]□逗，跟小孩玩

w [242]□阿～：婴儿的爱称

ɛu

p [44]膘标表手～彪 [24]瓢嫖 [52]表老～

p^h [44]飘 [52]漂～白

m [44]猫 [24]苗描 [242]藐渺秒妙

f [52]□用皮鞭、竹条打

t [44]朝早上刁貂雕 [24]条调 [52]屌鸟骂人的粗话

t^h [44]挑

n [44]□形容粥比较稠 [242]鸟

l [44]撩 [24]燎疗聊辽寥 [52]缭□捣乱 [242]了

k [44]□形容东西非常稠 [242]□搅拌

k^h [44]□撬起来 [52]□滑头、狡猾

ʧ [44]焦蕉椒 [52]剿

ʧ^h [44]锹‖悄

ʃ [44]消宵硝销萧箫 [52]小

Ø [44]吆

ɛm

t [44]点～着‖掂 [24]甜 [52]点几～

t^h [44]添

n [44]拈 [242]鲇鲶

l [24]廉镰帘 [242]敛殓

ʧ [44]尖‖歼

ʧ^h [44]签

ɛn

p [44]鞭边‖编 [52]贬扁匾 [242]辨辩辫

p^h [44]篇偏蝙 [52]片屎～

m [24]绵棉眠 [242]免勉娩‖缅渑

t [44]颠 [24]田填 [52]典 [242]缠

t^h [44]天

n [24]年 [52]碾辇捻撵

l [24]连怜莲

k^h [44]□k^hœŋ32～：蜻蜓

h [52]蚬

ʧ [44]煎 [24]钱前 [52]剪 [242]践

ʧ^h [44]千‖迁 [52]浅

ʃ [44]仙鲜新～先 [52]鲜朝～癣

Ø [52]□挺起，腆起

ɛŋ(eŋ)

p [44]□～秧：拔秧[24]棚 [52]□hɐŋ52-32～：小腿 [242]□用棍子拍打

p^h [44]□驱赶

m [44]掹拽 [24]盲 [52]蜢 [242]猛 [21]‖孟

t [44]□死的俗称 [52]□lɛŋ52-32～：形容驼背的样子

n [21]□～～：水慢慢滴落的样子

l [52]□不大 [242]冷 [32]□～k^heŋ32：不平，倾斜

k [44]更庚羹 [24]□臭～：臭昆虫的一种 [52]□提起 [21]劲竞

k^h [32]□leŋ32～：不平，倾斜

h [44]坑兴时～ [52]□～pɛŋ52：小腿 [32]兴庆

k^w [52]梗

k^{hw} [44]匡筐眶框

ʧ [44]争筝 [24]橙‖澄

ʧ^h [44]撑铛 [52]□用脚蹬开

ʃ [44]生牲笙甥 [52]省

ȵ [52]□用脚蹬

Ø [44]罂 [24]行衡平～ [21]杏

w [24]横 [52]□量词，次

ɛp

t [21]叠碟牒蝶谍

t^h [32]帖贴

n [21]聂镊蹑孽

k [21]□夹着；窄

ʧ [32]接

ʧ^h [32]妾

ʃ [32]□用东西斜塞进去

ɛt

p [32]鳖必 [21]别

p^h [32]撇

m [32]□侧着使溢出 [21]灭篾

t　[32]跌　[21]秩
tʰ　[32]铁
n　[32]捏黏
l　[21]猎列烈裂
k　[21]□抬起
ŋ　[32]□拟声词
ʧ　[32]节　[21]捷截
ʧʰ　[32]切
ʃ　[32]薛泄屑楔
ȵ　[32]□萎缩，蔫

ɛk(ek)

p　[32]百柏伯　[21]白
pʰ　[32]拍魄
m　[55]□用手指尖掐　[32]□掰开　[21]陌麦脉
f　[32]□甩
t　[55]的打～　[34]滴
n　[55]‖匿
k　[32]格革隔
ŋ　[32]□烧焦的味道
h　[32]吓客
kʷ　[32]□用力摔
kʰʷ　[32]□量词，卷
ʧ　[32]窄责　[21]泽择宅摘
ʧʰ　[32]拆策册
ʃ　[32]□量词，畦；形容词，显摆
Ø　[32]鈪
w　[21]划画动词

œ

p　[242]□～ʧi32：形容速度很快
pʰ　[44]□肚～hœ44：形容孕妇的大肚子
f　[242]□～～：形容风迅猛或动作很迅速
t　[44]堆　[24]槌锤　[32]对碓兑　[21]队坠
tʰ　[44]推　[52]腿　[32]退‖蜕
n　[32]□累
l　[44]□拼命干　[24]雷　[52]累脚～　[242]儡累积～垒类　[21]泪
k　[44]哥　[21]□脚～：脚踝上的突起的关节‖瘸
kʰ　[32]□手～：手肘上弯曲处突起的关节
ŋ　[242]□～～：形容器物转动的声音
h　[44]靴
ʧ　[44]追锥　[24]随垂谁　[52]嘴　[242]罪　[32]最醉‖缀　[21]睡遂隧瑞‖赘
ʧʰ　[44]趋催崔吹炊　[32]脆翠‖粹
ȵ　[44]□锥子；身上突起的肉疙瘩　[242]语蕊汝乳
ʃ　[44]虽绥衰　[52]水　[242]□哄骗、怂恿　[32]碎税穗帅
j　[32]□直　[21]锐

œy

t　[44]猪
ʧʰ　[44]蛆
ʃ　[44]须胡须
h　[32]去

œŋ(øŋ)

p　[44]帮邦浜　[24]旁螃庞　[52]榜绑　[21]谤傍蚌
pʰ　[44]□锄头　[32]□疯
m　[44]芒　[24]忙茫亡　[52]□杀～：小孩玩的杀敌游戏　[242]莽蟒妄网　[21]望忘
t　[44]当　[24]堂棠螳唐糖塘　[52]党挡　[242]□wu44～：哪里　[32]当　[21]荡宕
tʰ　[44]劏汤　[52]‖倘躺　[32]烫‖趟
n　[44]囊　[24]囊瓤穰　[52]□骨～～：腿发抖‖曩攮　[32]□扯
l　[44]粮量词，一粮豆/麦（玉米）　[24]郎廊狼螂　[52]哴～口：漱口　[242]朗　[21]浪晾
k　[44]冈岗刚纲缸江豇　[52]讲港　[32]钢杠降
kʰ　[44]扛　[32]抗
ŋ　[24]‖昂　[242]仰　[32]□疯、傻
h　[44]康糠慷腔　[52]□形容没有油水、很干　[32]□烘烤
ʧ　[44]赃脏庄装桩　[24]藏动词床　[32]葬壮　[21]藏西～脏肠状撞
ʧʰ　[44]仓苍疮　[52]闯厂　[32]创
ʃ　[44]桑霜孀双　[52]爽‖嗓　[32]丧
Ø　[24]行银～航杭降投降　[242]项　[21]巷

œk

p　[32]博驳　[21]薄泊雹

p^h [32]朴扑
m [32]剥膜 [21]莫幕寞
f [32]霍藿劐
t [32]剁啄 [21]铎踱度量
t^h [32]托
n [32]□门~：门后的角落 [21]诺
l [32]骆烙洛络‖掠酪 [21]落乐略
k [32]各阁觉角 [21]□大头~：大头角
k^h [32]廓确却
ŋ [21]鄂岳乐狱
h [32]壳斛
ʧ [32]捉作桌‖卓 [21]凿昨琢浊
$ʧ^h$ [32]‖戳
ȵ [21]‖若
ʃ [32]索朔
Ø [32]恶 [21]鹤学
j [32]跃
w [34]□~~：拟声词

ɔ

p [44]褒煲 [24]袍 [52]保堡宝 [242]抱泡白~ [32]报 [21]菢暴曝
p^h [44]□空心
m [44]蟆毛发~ [24]毛牛~ [21]冒帽
t [44]刀 [24]桃逃淘陶萄涛 [52]肚岛倒 [242]肚祷 [32]到 [21]道稻盗导
t^h [44]滔掏涛 [52]讨岛 [32]套
n [242]脑恼
l [44]捞唠 [24]劳牢 [52]佬 [242]老 [32]□抚摸、哄 [21]涝
k [44]高膏篙羔糕 [52]稿 [32]告
k^h [44]□音译词，呼叫
ŋ [44]薅蒿 [24]□摇 [21]傲‖鳌
h [52]可好形容词郝 [32]好动词耗
ʧ [44]遭糟 [24]曹槽嘈吵 [52]早枣蚤澡 [242]造 [32]灶 [21]□早/晚~：早/晚稻‖皂
$ʧ^h$ [44]操糙 [52]娶草 [32]躁
ʃ [44]骚臊 [52]嫂 [32]扫 [21]傻
Ø [24]河何荷 [32]□用较长的尺子或棍子量 [21]贺浩
j [44]□起哄

ɔi

t [24]台苔抬 [242]待 [21]怠代袋
t^h [44]胎
n [242]女 [21]耐奈内
l [24]来
k [44]该 [52]改 [32]盖‖丐
k^h [32]概溉慨
ŋ [21]碍艾外‖呆
h [44]开 [52]凯海楷
ʧ [44]灾栽 [24]才材财裁 [52]载‖宰 [242]‖在 [32]再载
$ʧ^h$ [52]彩采睬 [32]菜赛蔡‖採
ʃ [44]腮
Ø [44]哀 [24]‖孩 [52]‖蔼 [32]爱 [21]害

ɔm(om)

p [44]泵 [24]□形容跳进水里的声音 [52]□爆破的声音 [242]□连续爆破的声音
m [44]□吃~：吃饭(对小孩说)
t [21]□用脚使劲踩、跺
t^h [32]□哄，骗
n [32]□想
l [44]□~$k^hɔm^{44}$：形容东西拱起来 [52]揽 [32]□崩跨 [21]□垒
k [44]甘柑泔 [52]感敢橄 [32]□拿勺子喂 [21]揿
ŋ [242]□~~：形容机器的声音很大 [21]□唠叨
h [44]龛‖堪勘 [52]坎 [21]‖撼憾
ʧ [32]禁浸
ȵ [24]壬 [21]任
Ø [24]含函 [52]□碰、撞 [32]暗 [21]□约好

ɔn(øn/un)

p [44]般搬 [24]盘 [242]伴
p^h [44]潘
m [44]□狮子~清：舞着狮子去摘吊在空中的礼物 [24]瞒 [242]满
k [44]干晒~肝竿 [52]杆秆赶‖擀 [32]干~部
h [44]刊 [32]看汉
ŋ [21]岸
$ʧ^h$ [44]□(鸡用嘴)啄
Ø [44]安鞍 [24]寒韩 [242]罕旱焊 [32]按案 [21]‖翰

ɔŋ

p　[44]□用拳头打　[24]篷蓬冯逢缝

p^h　[44]鬔　[52]捧

m　[44]蒙~人　[24]蒙内~　[52]懵 [242]蠓

f　[44]风枫疯丰封峰蜂锋　[52]讽

t　[44]东冬 [24]同铜桐筒童瞳 [52]董懂 [242]动

t^h　[44]通熥囱　[52]桶捅统

n　[44]□烧焦、烧糊　[24]农浓

l　[44]窿聋　[24]笼鸡~隆龙 [242]笼衣箱

k　[44]公蚣工功攻弓躬宫恭供　[24]穷 [52]拱形容词巩　[242]拱动词　[32]‖贡

ŋ　[44]□弓着身体　[242]□脑子犯浑

h　[44]空烘胸凶　[52]孔恐　[32]控‖哄

ʧ　[44]棕鬃宗综中忠终踪钟锺盅舂‖纵 [24]丛虫崇从松泰国~重~复[52]种肿总 [242]重好~

$ʧ^h$　[44]聪匆葱充冲　[52]宠

ȵ　[44]□~hoŋ44：头发很长很乱 [242]勇涌拥

ʃ　[44]松放~‖嵩　[52]‖耸

Ø　[44]翁　[24]红洪鸿虹　[52]□推

j　[44]雍痈庸壅　[24]绒熊雄融容蓉 镕茸

ɔp(op)

p^h　[55]□扑吱一声(短促爆破)

t　[34]□心~~：心扑通扑通地跳

n　[55]□蛤~：蝌蚪

l　[34]□火~~：火焰很高很猛

k　[32]合鸽

Ø　[32]□~门：把门掩着　[21]合盒

ɔt(øt)

p　[32]钵拨　[21]钹勃

p^h　[32]泼

m　[32]抹　[21]末沫袜没

t　[34]□~nøt55：突出的样子

l　[55]□断裂的声音

k　[32]割葛

h　[32]渴‖喝

ɔk

p　[55]卜动词　[34]仆~人瀑服伏栿讣

p^h　[55]仆~倒

m　[34]木目穆牧

f　[55]复福幅蝠复腹覆

t　[55]戳笃督　[34]独读毒‖牍犊

t^h　[55]秃□哭

n　[55]□往下摁

l　[55]录禄　[34]鹿六陆绿

k　[55]郭国谷菊□鼓起　[34]局焗

k^h　[55]曲

h　[55]‖哭

ŋ　[34]玉

ʧ　[55]竹筑粥足烛嘱祝　[34]族逐轴续 赎蜀属熟俗

$ʧ^h$　[55]速畜蓄促触束

ȵ　[55]□动　[34]肉辱褥玉

ʃ　[55]黍宿肃宿缩叔淑粟

Ø　[55]屋

j　[55]□弯的、曲的　[34]育狱欲浴

w　[34]镬获

i

p^h　[52]□吐(口水、痰)

n　[32]□不大

l　[32]□哈痒

k　[44]饥肌几茶~基机讥　[24]奇骑岐祁 鳍其棋期旗祈　[52]己杞几~人 [242]企倚[32]寄纪记既　[21]技妓忌

k^h　[32]‖暨冀

h　[44]牺欺嬉熙希稀　[52]起喜岂 [32]戏器弃气汽

ʧ　[44]知蜘支枝肢栀脂之芝　[24]池驰 匙迟持时鲥　[52]紫纸旨指止趾址 [242]是士仕市　[32]智雉致稚至置治 志痣　[21]氏豉示视痔事恃侍

$ʧ^h$　[44]雌疵撕痴嗤 [52]此侈耻齿始 [32]翅

ȵ　[44]儿乞~[24]儿宜仪谊而疑 [52]议 [232]尔耳饵‖拟　[21]义二贰

ʃ　[44]斯厮施师狮尸诗　[52]矢屎史 [32]试‖肆

j　[44]瞖伊医衣依　[24]移夷姨饴 [242]倚椅已以　[32]意　[21]易异

i^{u}

p　[32]□～盐水：用盐腌泡
p^h　[32]票
m　[21]庙
t　[44]丢　[32]钓吊　[21]掉调歌～
t^h　[32]跳粜
n　[21]尿
l　[44]溜　[21]料尥
k　[44]骄娇　[24]乔侨桥荞　[52]矫缴　[242]藠　[32]叫　[21]轿撬
k^h　[32]窍翘动词
h　[44]枵嚣　[52]侥晓
ʧ　[44]昭招　[24]朝潮韶　[32]照　[21]噍赵兆召沼绍诏邵
$ʧ^h$　[44]超　[32]俏鞘‖锹
ȵ　[24]饶尧摇谣　[52]扰绕　[242]舀
ʃ　[44]烧　[52]少　[32]笑
j　[44]妖邀腰要高～[24]窑姚　[52]□搞怪，幽默　[32]要需～　[21]耀

$i^{ε}$

m　[52]□什么，"乜嘢"的合音
t　[44]‖爹
l　[32]□名词，空隙或动词，使留出空
ʧ　[44]遮[24]邪斜蛇佘[52]姐者[242]社　[32]借蔗　[21]谢射麝
$ʧ^h$　[44]车　[52]且扯　[32]笡
ȵ　[52]嘢　[242]惹
ʃ　[44]些奢赊筛　[52]写舍使驶　[32]泻卸赦舍世势誓
j　[24]耶爷　[242]也野　[21]夜

im

t　[32]店　[21]垫
n　[21]念
l　[32]棟
k　[44]兼　[24]钳　[242]检俭　[32]剑
h　[44]谦　[52]险　[32]欠歉
ʧ　[44]占～米瞻詹‖沾　[24]潜蟾　[32]占～领　[21]渐
ȵ　[24]阎严　[242]染冉俨　[21]验‖酽
ʃ　[52]陕闪
j　[44]淹阉　[24]盐嫌　[52]掩□痂子‖魇　[32]厌　[21]炎艳焰

in

p　[32]变粪　[21]汴便
p^h　[32]骗遍片
m　[32]汶泉眼抿　[21]面问
f　[32]困眼～训
t　[32]奠扽震振　[21]电殿阵一～
t^h　[32]□挣扎
n　[44]□乳房、母乳　[21]嫩
l　[32]□整茸（房子或田）　[21]练炼论
k　[44]肩坚　[24]乾虔　[242]件　[32]建见　[21]键腱
ŋ　[24]□碾
h　[44]轩掀牵　[52]遣显　[32]宪献
k^w　[32]棍
ʧ　[44]毡　[24]‖蝉禅名词[52]展[242]善膳[32]箭战颤荐进晋振震地～[21]溅贱饯‖禅动词
$ʧ^h$　[32]寸
ȵ　[24]然燃延筵言研　[32]韧　[21]认润闰
ʃ　[32]扇线煽信讯迅
j　[44]焉烟咽　[24]贤弦　[242]演　[32]堰砚燕宴印　[21]苋现
w　[32]□关着　[21]韵运

$i^{ə}ŋ$(iŋ)

p　[44]冰兵[24]平坪评瓶屏萍[52]丙秉饼　[242]並　[32]柄并合～　[21]病
p^h　[44]□烟～：竹片编成用来晒烟叶的工具　[32]聘‖拼
m　[24]鸣明名铭　[242]‖皿　[32]□挤　[21]命
t　[44]丁钉靪疔钉　[24]亭停廷庭蜓　[52]顶鼎　[242]艇　[32]订　[21]锭定
t^h　[44]厅汀　[52]挺　[32]听
n　[44]拧拿着　[24]凝宁安～　[52]□竹子编的口小肚大的渔具　[21]宁厦
l　[44]拎　[24]灵零铃伶翎　[242]领岭　[32]靓　[21]令另
k　[44]京荆惊经　[24]擎鲸　[52]景警颈　[32]茎境敬镜径　[21]竟
k^h　[44]倾　[52]顷
h　[44]卿轻馨兄

ʧ　[44]徵精晶睛正征 [24]情晴呈程成城诚‖惩 [52]井整 [242]静 [32]正政 [21]净郑盛
ʧʰ　[44]清青蜻　[52]请　[32]撑
ʃ　[44]声星腥　[52]省醒　[32]性姓圣
j　[44]莺鹦樱英婴缨　[24]迎盈赢形型刑萤营　[52]影
w　[24]荣　[242]永泳咏　[21]颖

ip

k　[55]劫□涩　[34]□夹住
h　[55]怯胁协
ʧ　[55]摺
ȵ　[34]业
ʃ　[55]摄涉
j　[55]页腌掩　[34]叶

it

n　[55]□一~：形容量少，一点儿
k　[55]结洁　[34]杰
kʰ　[55]揭
h　[55]‖歇蝎
ʧ　[55]折褶哲蜇辙折浙折　[34]舌折折本
ʧʰ　[55]彻撤设~计
ȵ　[34]热
ʃ　[55]设准备

iᵊk (55/34)/iᵋk(32/21)

p　[55]逼迫碧璧壁
pʰ　[55]僻辟劈
m　[55]□用指甲掐　[34]觅
t　[55]着~衫 的~确　[21]着~火 嫡笛敌狄籴
tʰ　[55]踢剔
l　[55]□聪明　[21]历
k　[55]脚戟击激
kʰ　[55]却剧
h　[55]吃
ʧ　[55]只积迹脊绩 [21]藉爵勺籍席夕石寂
ʧʰ　[55]雀鹊赤斥尺戚
ȵ　[21]弱若逆译疫役
ʃ　[55]削饰惜昔释锡析
j　[55]约忆亿抑益　[21]药翼亦易液腋

y

t　[52]□动词，递过去
l　[24]驴　[32]□哑，说不说话
k　[44]居车　[24]渠佢瞿　[52]举矩 [242]巨拒距　[32]据锯句　[21]拄具惧
kʰ　[44]拘驹俱区驱
ŋ　[32]□钻
h　[44]墟虚嘘吁　[52]许
ʧ　[44]诸诛蛛株朱硃珠　[24]徐除薯厨 [52]煮主　[242]柱竖　[32]著驻注蛀铸‖苎　[21]住殊树
ʧʰ　[52]储褚□用工具铲或除　[32]处
ȵ　[24]如鱼渔儒愚　[52]□指着　[21]遇
ʃ　[44]书舒需枢输　[52]暑鼠署　[32]絮庶恕戍
Ø　[44]于淤迂　[24]余舁虞娱盂榆逾愉 [52]□脏、难看或蠢　[242]雨宇禹羽与 [21]御誉预豫寓愈喻裕

yn

t　[44]端　[24]团豚　[52]短　[242]断 [32]转　[21]锻段缎椴□赶
tʰ　[52]□~nyn52：很白很胖　[32]□褪，出去
n　[52]□身上起的圪塔　[242]暖
l　[44]挛　[24]联鸾　[52]□蜷缩、卷 [242]卵恋　[21]乱
k　[44]绢捐　[24]拳权颧 [52]卷　[32]眷倦券　[21]□~床：安床
ŋ　[44]□钻
h　[44]圈　[52]犬　[32]劝
ʧ　[44]钻动词专砖膊尊遵　[24]全泉传椽船存旋动词　[52]转　[242]□含在嘴里吮 [32]钻名词撰俊浚　[21]篆传旋名词
ʧʰ　[44]川穿　[52]喘　[32]窜篡串
ȵ　[24]缘原源　[242]软阮　[21]愿
ʃ　[44]酸拴宣喧　[52]选损 [32]算蒜‖涮楦逊
Ø　[44]冤渊　[24]完丸圆员沿铅元袁辕园援玄悬　[52]宛　[242]远　[32]怨 [21]院县

yŋ

m　[242]网

t [44]张 [24]长 [242]丈

n [24]娘 [21]酿

l [24]良凉量度～粮梁 [52]两二～辆 [242]两～人 [21]量数～亮谅

k [44]疆僵姜礓缰姜羌 [24]强阿～ [52]□树～：树根

k^h [52]强勉～

h [44]香乡 [52]享响饷 [32]向

ʧ [44]将浆张章樟 [24]墙详祥肠场常尝偿 [52]蒋奖桨长掌 [242]象像上～山 [32]涨仗杖酱将匠帐账胀障瘴 [21]橡

$ʧ^h$ [44]枪昌菖倡窗 [52]抢 [32]畅呛

ȵ [21]让

ʃ [44]相箱厢湘襄镶商伤 [52]想赏 [32]相

Ø [44]央秧殃 [24]羊洋杨阳扬疡 [242]养痒

yt

t [55]‖掇 [34]夺

t^h [55]脱

n [55]□因受潮而变滑

l [55]□收拢 [34]捋劣

k [34]‖厥橛蕨

k^h [55]决诀缺

h [55]血

ʧ [55]拙撅用手搂紧 [34]绝

$ʧ^h$ [55]□用铁锹铲‖撮

ȵ [34]月

ʃ [55]雪说

Ø [55]曰乙 [34]悦阅越粤穴

u

p [24]蒲菩符扶芙 [52]补 [242]父傅妇簿 [32]布怖 [21]部步埠腐辅付赴附负阜

p^h [44]铺动词 [52]脯谱普浦捕甫脯斧 [32]副铺名词

m [44]模 [24]无 [52]舞整,弄 [242]武舞跳～侮鹉母拇 [21]暮慕墓募务雾戊

f [44]呼乎夫肤跗敷俘麸 [52]苦虎浒府腑俯抚釜 [32]库裤戽赋富副

t [44]都 [24]徒屠途涂图 [52]堵赌 [32]□蜂刺 [21]杜妒度渡镀

t^h [52]土吐 [32]兔

n [24]奴 [242]努 [21]怒

l [44]□因酥松而崩跨 [24]卢炉芦鸬庐 [242]鲁橹‖虏卤 [21]路赂露鹭

k [44]姑孤 [52]古估盬牯股鼓 [32]故固锢雇顾

k^h [44]枯箍

ʧ [44]租 [52]祖组 [32]做

$ʧ^h$ [44]粗 [32]醋措

ʃ [44]酥 [52]数动词 [32]数名词

w [44]乌污坞巫诬 [24]胡湖狐壶葫胡 [242]户沪 [32]恶 [21]互护瓠芋

u^i

p [44]杯背 [24]陪赔裴肥 [52]□那 [242]倍 [32]贝辈背 [21]吠

p^h [32]沛配佩

m [44]妹阿～ [24]梅枚媒煤霉 [242]每 [21]妹姊～昧

f [44]恢灰 [52]贿悔 [32]‖晦

l [242]吕旅屡 [21]虑滤

k^h [44]魁 [52]贿 [32]桧溃

ʧ [242]序叙 [21]聚

$ʧ^h$ [52]取 [32]趣

ʃ [44]需 [52]绪

Ø [44]煨 [24]回茴 [242]会 [21]汇会开～

$u^ɔ$

p [44]波菠玻 [24]婆 [32]簸 [21]□大竹～：地名

p^h [44]颇坡□棵 [32]破

m [44]魔摩么摸 [24]磨动词模‖摹 [21]磨名

f [44]科 [52]火伙 [32]货

t [44]多 [24]驼驮舵 [52]朵 [21]惰坠

t^h [44]拖 [52]妥椭

n [44]□揉用手搓 [24]挪 [21]糯

l [44]箩装谷的竹筐 [24]罗锣骡螺腡 [52]‖裸 [32]□喉咙干痒‖摞

k [44]歌戈 [52]果裹 [32]个过 [21]□表领属的助词

k^h [52]课

ŋ [24]蛾鹅俄 [52]我 [21]饿卧

ʧ　[44]资姿咨兹滋 [24]锄瓷慈磁辞词祠嗣 [52]阻子梓紫 [242]坐 [32]左 [21]座錾助自饲

ʧʰ　[44]初 [52]楚础 [32]错次

ʃ　[44]梳疏蔬私司思 [52]所

Ø　[44]蜗□拉(屎、尿)‖倭 [24]和禾 [242]祸

un

p　[32]半 [21]叛绊拌畔

pʰ　[32]判

m　[52]□用嘴唇或牙肉吃东西 [21]闷

f　[44]宽欢 [52]款 [32]焕

k　[44]官棺观冠 [52]管馆 [32]贯灌罐观冠

ŋ　[32]□钻 [21]岸

Ø　[24]桓 [52]碗腕‖皖 [242]缓 [21]汗唤换

uᵒŋ(uŋ)

p　[24]妨房防 [21]凤缝

pʰ　[32]碰

m　[21]梦

f　[44]荒慌方肪芳 [52]谎仿纺仿访 [32]放

t　[32]冻 [21]栋洞

tʰ　[32]痛

n　[44]侬 [32]醲发馊,腐烂出水 [21]齈弄脓

k　[44]光 [24]狂 [52]广 [32]□地下通水的渠道 [21]共

kʰ　[32]旷扩况矿

ʧ　[32]粽中射~仲众纵种 [21]尚上~高诵颂讼

ʧʰ　[32]唱铳

ȵ　[32]□嗅 [21]□使劲塞

ʃ　[32]送宋

j　[21]样用

Ø　[44]汪 [24]黄簧皇蝗王 [242]枉往 [21]旺

ut

p　[34]□拉开、扯下

f　[55]豁阔

k　[55]□打

kʰ　[55]括

Ø　[34]活

ŋ̍

[44]□否定词,相当于"不" [24]吴蜈吾梧 [242]五伍午 [21]误悟

说明：本同音字汇把口语很少使用且只有一种读法的文读音用前加双竖线"‖"表示。

附表 2 长安标话老借词与开建话读音对照表

汉词	长安标话	开建话	汉词	长安标话	开建话
墨	muk$^{\underline{55}}$	mɐk$^{\underline{34}}$	五	ŋœ^{52}	ŋ̍^{242}
坳	ɛu^{55}	au^{32}	节	tsit$^{\underline{55}}$	ʧɛt^{32}
半	pøn^{32}	pun^{32}	中	toŋ^{44}	tsoŋ^{44}
沟	kɐu^{44}	kʰɐu^{44}	八	pɛt^{32}	pat^{32}
挖	uɛt^{32}	uat^{32}	豹	pou^{52}	pau^{32}
金	tsam^{44}	tsɐm^{44}	熊	ȵioŋ^{24}	ȵ(i)oŋ^{24}/ioŋ^{24}
硝	siu^{44}	ʃɛu^{44}	鸡	kui^{52}	kɐi^{44}
前	tsin^{24}	ʧɛn^{24}	斑	pɛn^{44}	pan^{44}
边	pin^{44}	pɛn^{44}	鹊、雀	sœk^{32}	ʧʰœk^{32}/ʧiᵊk$^{\underline{55}}$
底	ti^{52}	tai^{52}	蜂	pʰoŋ^{44}	pʰoŋ^{44}/foŋ^{44}
硬	ŋeŋ^{21}	ŋɐŋ^{21}	禾	u^{24}	uᵓ^{24}
蚓	iɐn^{52}	ȵɐn^{52}	三	sɐm^{44}	sam^{44}
蚬	hɛt^{32}	hɛn^{52}	番	fɐn^{44}	fan^{44}
鲶	nɛm^{24}	nɛm^{242}	茄	kiɛ^{24}	kɛ^{24}/kiᵋ^{24}
爪	ȵiɛu^{52}	ȵ(i)au^{52}	辫	pin^{242}	pɛn^{242}
枫	poŋ^{44}	poŋ^{44}(老派) foŋ^{44}(新派)	口	hœ^{52}	hɐu^{52}
苦	fɔ^{52}	fu^{52}	眼	ŋɛn^{52}	ŋan^{52}
楝	lɛm^{32}	lim^{32}	汗	øn^{21}	un^{21}
心	siam^{44}	sɐm^{44}	水泡	pʰau^{52}	pʰɐu^{44}
蕉	tsiu^{44}	ʧɛu^{44}	间	kɛn^{44}	kan^{44}
板	pɛn^{52}/pan^{52}	pan^{52}	镰	lim^{24}	lɛm^{24}
袜子	møt^{21}	mɔt^{21}	铁	tʰit$^{\underline{55}}$	tʰɛt^{32}
铲	tsʰɛn^{52}	tsʰan^{52}	刨	pɛu^{24}	pau^{24}
盘	pœn^{24}	pɔn^{24}	磨	mœ^{24}	muᵓ^{24}
粪	pɛn^{32}	pin^{32}	篾	mit$^{\underline{34}}$	mɛt^{21}

续 表

汉词	长安标话	开建话	汉词	长安标话	开建话
筛	sɛ^{44}	ʃi^{ɛ44}	砚	iɛn^{52}	in^{32}
箩	lœ^{44}	lu^{ɔ44}	印	iɛn^{52}	in^{32}
包	pɛu^{44}	pau^{44}	电	tɛn^{21}	tin^{21}
剪	ʦin^{52}	ʧɛn^{52}	看	høn^{32}	høn^{32}
棍	kuen^{32}	kuin^{32}	锣	lɔ^{24}	luɔ^{24}
敲	k^{h}ɛu^{44}	hau^{44}	夹	nɛp^{32}	nap^{32}
仙	sin^{44}	ʃɛn^{44}	肚	tu^{242}	tɔ^{242}
切	ʦ^{h}it$^{\underline{55}}$	ʧ^{h}ɛt^{32}	甜	tim^{24}	tɛm^{24}
点	tim^{52}	tɛm^{52}	滴	tiɛk^{21}	tek$^{\underline{34}}$
裂缝	liɛ^{32}	li^{ɛ32}/la^{32}	颠簸	ten^{21}	tin^{21}
惯	kuɛn^{52}	kuan^{32}	震动	ten^{21}	tin^{32}
发	piɛt^{32}/pat^{21}	fat^{32}	逸	iat^{32}	iɐt$^{\underline{34}}$
死	sa^{44}	ʃei^{52}	驮、带、怀（孩子）	tœ^{24}	tu^{ɔ24}
扭	nɛu^{52}	nau^{52}	无	mu^{24}/m̍^{24}	mu^{24}（m̍/n̍/ŋ̍^{24}）
可	hœ^{52}	hɔ^{52}	搬	pœn^{44}	pɔn^{44}
晓	hɛu^{52}	hiu^{52}	拣	kɛn^{52}	kan^{52}
气	hœ^{52}	hi^{32}	填	tin^{24}	tɛn^{24}
呕	au^{52}	ɐu^{52}	满	mœn^{242}	mɔn^{242}
誓	ʦɛ^{21}	ʧi^{ɛ21}/ʃ̳i^{ɛ32}	拖	t^{h}œ^{44}	t^{h}u^{ɔ44}
瞒	mœn^{24}	mɔn^{24}	摸	mœ^{44}	mu^{ɔ44}
含	hɔm^{24}	ɔm^{24}	闩	sɛn^{44}	ʃan^{44}
伸（腰）	sin^{44}	ʃɐn^{44}	拗	ŋɛu^{52}	ŋau^{52}
弯	uɛn^{44}	uan^{44}	簸（米）	piɛ^{32}	pu^{ɔ32}
教	kɛu^{32}	kau^{32}	扇	sɛn^{52}	ʃin^{32}
赶	kœn^{52}	kɔn^{52}	锤	tœ^{24}/t^{h}ui^{24}	tœ^{24}
踏	tɔp^{21}	tap^{21}	菜	ʦ^{h}œy^{32}	ʦ^{h}ɔi^{32}/ʦ^{h}œy^{32}
焊	œn^{24}	ɔn^{242}	耙	piɛ^{24}	pa^{24}
移	ɛ^{24}	i^{24}	惯	kuen^{32}	kuan^{32}

续 表

汉词	长安标话	开建话	汉词	长安标话	开建话
车(水)	ʦʰia^{44}	ʧʰiᵋ^{44}	了	liu^{242}	lɛu^{242}
块	kʰuɐi^{32}	kʰuai^{32}	使	sɛ^{52}	ʃiᵋ^{52}
割	kœt^{32}	kɔt^{32}	浅	ʦʰin^{52}	ʦʰɛn^{52}
煎	ʦin^{44}	ʧɛn^{44}	旱	œn^{242}	ɔn^{242}
舀	iɛu^{242}	ȵiu^{242}/iu^{242}	慢	min^{21}	man^{21}
刮	kuɛt^{32}	kuat^{32}	便	pen^{21}	pin^{21}
炖	ten^{21}	tɐn^{21}	懒	lɛn^{52}	lan^{242}
趁	ʦʰen^{32}	ʦʰɐn^{32}	寒	œn^{24}	ɔn^{24}
赛	ʦʰœy^{32}	ʦʰɔi^{32}	几	kœ^{52}	ki^{52}
寸	ʦʰen^{52}	ʦʰin^{32}			

附表 3　开建话与标话关系词表
（主要是壮侗底层词）

词　　条	长安标话读音	开建话借词读音	序号	备注
灰尘	pʰoŋ$^{44-32}$(tɐn^{24})	pʰoŋ$^{44-32}$(tɐn^{24})	1	同
烂泥	nɐn^{242}	nɐn^{242}	2	同
乳房	nin^{44}	nin^{44}	3	同
铁锈	siŋ^{32}	ʃiŋ^{32}	4	同
外面	hi^{32} tɐu^{44}	hi^{32} tɐu^{44}	5	同
周围、旁边	oŋ$^{24-21}$(pin^{44})	om$^{24-21}$(pɛn^{44})	6	韵异
以前、古代	ki^{32}(lɔ^{32})	kɔ^{32}(lɔ^{32})	7	韵异
猴子	(ma$^{44-32}$)liɛu$^{44-32}$(tai^{44})	(ma$^{44-32}$)lɐu^{44}	8	韵异
松鼠	moŋ$^{44-32}$(sy^{52})	moŋ$^{44-32}$(ʃy^{52})	9	同
小公鸡	(kui$^{52-32}$)œŋ^{21}	(kɐi$^{44-32}$)œŋ^{21}	10	同
虩	na$^{52/21}$	na$^{52/21}$	11	同
八哥	ha$^{44-32}$ liu^{32}	ha$^{44-32}$ liu^{32}	12	同
木蛀虫	(mok$^{\underline{34}-\underline{21}}$)ŋat^{32}	(mok$^{\underline{34}-\underline{21}}$)ŋat^{32}	13	同
臭虫	ʦʰou^{32} kɛŋ^{24}	ʦʰou^{32} kɛŋ^{24}	14	同
？蜗牛	lɐm$^{24-21}$ lyn^{21}(ʦʰœy^{44})	la^{21} lyn^{21}(ʧʰœy^{44})	15	韵异
在禾、豆叶尾会蛰人的一种虫	(lɐt^{21})tu^{32}	(lat^{21})tu^{32}	16	韵异
蜾蠃	ȵiom^{32} ȵiɛ^{52}	ȵ(i)om^{32} ȵiɛ^{52}	17	同
蝌蚪	(kɐp$^{\underline{55}-\underline{32}}$)nop$^{\underline{55}}$	(kɐp$^{\underline{55}-\underline{32}}$)nop$^{\underline{55}}$	18	同
小青蛙	(kɐp$^{\underline{55}-\underline{32}}$)ŋɛ^{52}	(kɐp$^{\underline{55}-\underline{32}}$)ŋɛ^{52}	19	同
螃蟹	(ha$^{44-32}$)lat^{32}	(ha$^{44-32}$)lat^{32}	20	同
泥鳅	(kuɔ^{32})lat$^{\underline{55}}$	(kou^{32})lɐt$^{\underline{55}}$	21	韵异
爪	ȵiɛu^{52}	ȵ(i)au^{52}	22	韵异
树浆	(ʦy^{21})nyŋ^{24}	(ʧy^{21})nyŋ^{24}	23	同
蜂刺	tu^{32}	tu^{32}	24	同
根	(mɐi$^{242-21}$/mok$^{34-21}$)kyŋ^{52}	(ʧy^{21})kyŋ^{52}	25	同

续　表

词　条	长安标话读音	开建话借词读音	序号	备注
花蕾	(fa$^{44-32}$)nop$^{\underline{55}}$	(fa$^{44-32}$)nop$^{\underline{55}}$	26	同
番石榴	(fa$^{44-32}$)nim^{44}	(fa$^{44-32}$)nɛm^{44}	27	韵异
杨桃	(ṅ^{21})lim^{21}	(ṅ^{21})lim^{21}	28	同
刺竹	lɐk$^{\underline{34}-\underline{21}}$(ʦok$^{\underline{55}}$)	lɐk$^{\underline{34}-\underline{21}}$(ʧok$^{\underline{55}}$)	29	同
空心菜	œŋ$^{52-32}$(ʦ^{h}œy^{32})	œŋ$^{52-32}$(ʦ^{h}ɔi^{32})	30	同
辣椒	ʦa$^{24-21}$(lat^{21})	ʧi$^{24-21}$(lat^{21})	31	韵异
用簸箕等撮	ʦ^{h}yt$^{\underline{55}}$	ʧ^{h}yt$^{\underline{55}}$	32	同
男阴	(kɐu$^{44-32}$)ʦit$^{\underline{55}}$	(kau$^{44-32}$)ʧɛ^{44}	33	韵异
肋骨	sɛk^{32}(ʦi$^{44-32}$kuɐt$^{\underline{55}}$)	ʃɛk^{32}(ʧi$^{44-32}$kuɐt$^{\underline{55}}$)	34	同
痣	ki^{32}	ki^{32}	35	同
曾孙	(ṅ^{21})sɐk$^{\underline{55}}$	(ṅ^{21})ʃɐk$^{\underline{55}}$	36	同
外祖父	tai$^{44-32}$(oŋ^{44})	tai$^{44-32}$(oŋ^{44})	37	同
外祖母	(ṅ^{21})tai^{44}	(ṅ^{21})tai^{44}	38	同
杀	t^{h}œŋ^{44}	t^{h}œŋ^{44}	39	同
傻、疯	p^{h}œŋ^{32}	p^{h}œŋ^{32}	40	同
小偷	pɛk^{21}nim^{24}	pɛk^{21}nɛm^{44}	41	韵异
猪圈	(mɐu$^{44-32}$)lok$^{\underline{34}}$	(tœy$^{44-32}$)lok$^{\underline{34}}$	42	同
窝、巢	tou^{32}	tou^{32}	43	同
件	niŋ^{52}	ni^{ə}ŋ^{52}	44	同
筲箕(盛菜物用)	ʦ^{h}yt$^{\underline{55}-\underline{32}}$lɐi^{24}	ʧ^{h}ɐt$^{\underline{55}-\underline{32}}$lɐi^{24}	46	韵异
牛嘴笼	(ui$^{24-21}$)lœ^{44}	(ŋɐu$^{24-21}$)lœ^{44}	47	同
锄头	p^{h}œŋ^{44}	p^{h}œŋ^{44}	48	同
鱼篓	(pɐt$^{\underline{55}-\underline{32}}$)niŋ^{52}	ni^{ə}ŋ^{52}	49	同
疙瘩（虫咬起的肿块）	nyn^{52}	nyn^{52}	50	同
裂缝(小)	liɛ^{52}	liɛ^{32}	51	同
裂缝(大)	lia^{52}	la^{32}	52	韵异
唠叨	ŋom^{21}	ŋom^{21}	53	同
紧、脾气硬	kɐŋ^{52}	kɐŋ^{52}	54	同

续　表

词　条	长安标话读音	开建话借词读音	序号	备注
打闪	lɐk^{21} liŋ^{21}	iap^{21} liŋ^{21}	55	声韵皆异
拉伸、拔	nœŋ^{32}	nœŋ^{32}	56	同
渗透	iam^{32}	iam^{32}	57	同
缺（碗缺口）	meŋ^{32}	mɐŋ^{44}	58	韵调异
缺（刀缺口）	mɐŋ^{44}	mɐŋ^{44}	59	同
龟裂（皮肤）	pɛk^{32}（ʦʰɛk^{32}）	pɐk$^{\underline{55}-\underline{32}}$（ʦʰɛk^{32}）	60	韵异
扎	kɐt$^{\underline{55}}$	kɐt$^{\underline{55}}$	61	同
绊（脚）	lɛu^{52}	lɛu^{52}	62	同
打滚	lok$^{\underline{55}}$	lok$^{\underline{55}}$	63	同
朽（木头）	mou^{52}	mou^{52}	64	同
连着	ȵiɐŋ^{32}	ȵ(i)ɐŋ^{32}/nɐŋ^{32}	65	同
掉（地上）、落	tɐp$^{\underline{34}}$	tɐp$^{\underline{34}}$	66	同
陷（地凹陷）	ŋam^{52}	ŋam^{52}	67	同
轧、碾	ŋin^{21}	ŋin^{24}	68	同
撞	tɐm^{242}	tɐm^{242}	69	同
灭	sok$^{\underline{55}}$	ʃok$^{\underline{55}}$	70	同
熏（烟熏）	ʦʰuŋ^{32}	ʧʰuŋ^{32}	71	同
鲠（骨鲠在喉）	pœt^{21}	pɔt^{21}	72	韵异
闪（腰）	mai^{52}	mai^{52}	73	同
受潮	ȵiou^{21}	ȵ(i)ou^{21}	74	同
硌（硌脚）	kɐŋ^{21}	kɐŋ^{242}	75	调异
爬（蛇在地上爬）	yn^{24}	yn^{24}	76	同
缠绕	kɛu^{52}	kɛu$^{52/242}$	77	同
拱（猪拱墙）	miu^{32}	mau^{32}	78	韵异
驮、背	nɛ^{32}/nia^{32}	nɛ^{32}	79	韵异
凋谢、蔫	ȵiɛt^{32}	ȵɛt^{32}	80	同
干枯，没水	hœŋ^{52}	hœŋ^{52}	81	同
想、思考	nom^{32}	nom^{32}	82	同

续　表

词　　条	长安标话读音	开建话借词读音	序号	备注
憎恨、生气	nɐu^{44}	nɐu^{44}	83	同
发怒	(piɛt^{32})ȵiap^{32}	(fat^{32})ȵ(i)ap^{32}	84	同
敷(药)	ɐp$^{\underline{55}}$	ɐp$^{\underline{55}}$	85	同
作揖、磕头	ʦ^{h}uŋ^{32}a^{242}	ʧ^{h}uŋ^{32}a^{242}	86	同
抬、仰(起头)	kɛt^{21}	kɛt^{21}	87	同
点(头)	nek$^{\underline{55}}$	nek$^{\underline{34}}$	88	调异
摇、甩	fɐŋ^{32}	fɐŋ^{32}	89	同
骗	sɐp$^{\underline{55}}$	ʃɐp$^{\underline{55}}$	90	同
哄	t^{h}om^{32}	t^{h}om^{32}	91	同
骂	liɛ^{52}	lei^{52}	92	韵异
吞	nɐn^{44}	nɐn^{44}	93	同
吐	p^{h}i^{52}	p^{h}i^{52}	94	同
咂(嘴)	tep$^{\underline{55}}$	tep$^{\underline{55}}$	95	同
哈欠	a^{32}om^{52}	a^{32}om^{52}	96	同
喷嚏	hɐt$^{\underline{55}-\underline{32}}$ʦ^{h}iu^{52}	hɐt$^{\underline{55}-\underline{32}}$ʧ^{h}iu^{52}	97	同
漱(口)	lɔŋ^{52}	lœŋ^{52}	98	韵异
伸出(舌)	nat^{21}	nat^{21}	99	同
接吻	ʦœt^{32}	ʧyt$^{\underline{55}}$	100	韵调异
打嗝	sek$^{\underline{55}-\underline{32}}$ŋek$^{\underline{55}}$	ʃek$^{\underline{55}-\underline{32}}$ŋek$^{\underline{55}}$	101	同
皱(眉)	ȵiou^{32}	ȵou^{32}	102	同
休息	t^{h}ɐu$^{52-32}$nœ^{32}	t^{h}ɐu$^{52-32}$nœ^{32}	103	同
磨(牙)	ŋat^{21}	ŋat^{21}	104	同
挺(胸)	ɛn^{52}	ɛn^{52}	105	同
躲	mei^{32}	mei^{32}	106	同
钻(洞)	ȵyn^{32}	ŋun^{32}	107	声韵异
玩耍	lyn^{52}/lɐn^{52}	lɐn^{52}	108	韵异
潜(水)	mei^{21}	mei^{21}	109	同
跌倒	tɐp$^{\underline{34}-\underline{21}}$tou^{52}	tɐp$^{\underline{34}-\underline{21}}$tou^{52}	110	同

续　表

词　　条	长安标话读音	开建话借词读音	序号	备注
挨(着坐)	ŋɛ^{32}	ŋɛ32	112	同
端	kʰɐu^{44}	kʰɐu^{44}	113	同
绕(路)	nɛu^{52}	nau^{32}	114	韵异
盖(被)	tɐm^{24}	tɐm^{24}	115	同
欺负	ha^{44}	ha^{44}	116	同
摸	la^{32}	la^{32}	117	同
熏(用烟)	uɐt$^{\underline{55}}$	uɐt$^{\underline{55}}$	118	同
烤	hœŋ32	hœŋ^{32}	119	同
给	pei^{52}	pei^{52}	120	同
灌、喂	kom^{32}	kom^{32}	121	同
压	ʦɛk^{32}	ʧɛk^{32}	122	同
埋、盖	kʰom^{32}	kʰom^{32}	123	同
挂	kʰuɐŋ^{32}	kʰuɐŋ^{32}	124	同
推	oŋ^{52}	oŋ^{52}	125	同
招(手)	iap^{21}	iap^{21}	126	同
摇(树)	ŋɔ^{24}	ŋɔ^{24}	127	同
指(人)	ȵy^{52}	ȵy^{52}	128	同
拾、摘	ʦɐp$^{\underline{55}}$	ʧɐp$^{\underline{55}}$	129	同
掰开(小东西)、掐	mit$^{\underline{55}}$、mok$^{\underline{55}}$	mek$^{\underline{55}}$	130	韵异
拍打(用工具)	pɛŋ^{242}	pɛŋ^{242}	131	同
捂、掩(着)	ɐm^{44}	ɐm^{44}	132	同
擤(鼻涕)	sɐŋ^{32}	ʃɐŋ^{32}	133	同
按着(用手)	nok$^{\underline{55}}$	nok$^{\underline{55}}$	134	同
瘙(痒)	ŋau^{44}	ŋau^{44}	135	同
抓划	kuɛ^{242}	kua^{242}	136	韵异
掀开	pʰɛn^{44}	pʰɛn^{44}	137	同
卷(衣袖)	ȵiap^{32}	ȵap^{32}	138	同
套、拼	tʰɐp$^{\underline{55}}$	tʰɐp$^{\underline{55}}$	139	同

续 表

词　　条	长安标话读音	开建话借词读音	序号	备注
砍	lɐk$^{\underline{55}}$	lɐk$^{\underline{55}}$	140	同
削	p^{h}ɐi^{44}	p^{h}ɐi^{44}	141	同
量	ɔ^{32}	ɔ^{32}	142	同
夹(在腋下)、窄	kip$^{\underline{34}}$	kip$^{\underline{34}}$	143	同
划(船)、泼(水)	p^{h}ɐt$^{\underline{55}}$	p^{h}ɐt$^{\underline{55}}$	144	同
撬	kiu^{21}	kiu^{21}	145	同
挑(用棍子)	k^{h}iu^{32}	k^{h}iu^{32}	146	同
扎(用针)、戳	kɐt$^{\underline{55}}$	kɐt$^{\underline{55}}$	147	同
塞	tɐt$^{\underline{55}}$	tɐt$^{\underline{55}}$	148	同
打线结	sœt^{32} lɐt$^{\underline{55}}$	ʃyt^{32} lɐt$^{\underline{55}}$	149	韵异
抖	ȵiou^{52}	ȵ(i)ou^{52}	150	同
倒(垃圾)	kɐŋ^{32}	kɐŋ^{32}	151	同
舀(水)	pɐt$^{\underline{55}}$	pɐt$^{\underline{55}}$	152	同
洒、泼	iai^{32}	iai^{32}	153	同
踮(脚)	nɛ^{44}	nɛ^{44}	154	同
蹲着	ŋap$^{\underline{55}}$	ŋɐp$^{\underline{55}}$	155	韵异
踩	ȵiai^{52}	ȵ(i)ai^{52}	156	同
跨	k^{h}am^{32}	k^{h}am^{32}	157	同
糊(用泥巴)	nɐi^{21}	nei^{21}	158	韵异
做(家具)	tou^{32}	tou^{32}	159	同
做(衣服)	lyn^{24}	lyn^{24}	160	同
破(竹篾)	iai^{21}	iai^{21}	161	同
锄(地)	k^{h}uɐk$^{\underline{55}}$	k^{h}uɐk$^{\underline{55}}$	162	同
培(土)	oŋ^{44}	ioŋ^{44}	163	声韵异
扯、拔(秧、草)	lei^{52}	lei^{52}	164	同
用手搓揉	nuɔ^{44}	nuɔ^{44}	165	同
驱赶(牲口)	œŋ^{44}	œŋ^{44}	166	同
栓(牛)	tɔ^{24}	tɔ^{24}	167	同

续　表

词　　条	长安标话读音	开建话借词读音	序号	备注
圈(牲口)	uin^{32}	uin^{32}	168	同
搅拌	kɛu^{242}	kɛu^{242}	169	同
烫(用开水)	lok$^{\underline{34}}$	lok$^{\underline{34}}$	170	同
节省	hɛn^{44}	han^{44}	171	韵异
攒钱	ʦu^{242}	ʧɔ^{242}	172	韵异
对	ŋam^{44}	ŋam^{44}	173	同
涩	kip$^{\underline{55}}$	kip$^{\underline{55}}$	174	同
直	iœ^{32}	iœ^{32}	175	同
崎岖、不平	lɐk$^{\underline{55}-\underline{32}}$ kʰɐk$^{\underline{55}}$	lɐk$^{\underline{55}-\underline{32}}$ kʰɐk$^{\underline{55}}$	176	同
歪	mai^{52}	mai^{52}	177	同
瘪	mɛ^{32}	mɛ^{32}	178	同
韧(肉、筋)、难嚼	ȵiœŋ^{52}	ȵœŋ^{52}	179	同
干净	kin$^{24-21}$ ʦiŋ^{24}	kin$^{24-21}$ ʧiŋ^{24}	180	同
脏	a^{32} ʦa^{242}	a^{32} ʦa^{242} / ɔ^{32} ʧɔ^{44}	181	同/韵异
粗糙	ȵiɛ^{44} ȵiap^{32}	ȵi^{ɛ44} ȵ(i)ap^{32}	182	同
稠(粥)	niu^{44}	nɛu^{44}	183	韵异
腻	nɐn^{242} / ʦɔŋ^{24}	nɐn^{242}	184	同
累	nœ^{32}	nœ^{32}	185	同
闷、无聊	ŋɛn^{44}	ŋan^{44}	186	韵异
痒	ɐn^{24}	ɐn^{24}	187	同
胖	nɐp$^{\underline{55}}$	nɐp$^{\underline{55}}$	188	同
巧、聪明	liɐk$^{\underline{55}}$	liᵊk$^{\underline{55}}$	189	同
一点、些	nit$^{\underline{55}}$	nit$^{\underline{55}}$	190	同
拇指和中指张开的距离	kam^{21}	kam^{21}	191	同
个、颗、粒	nɐm^{44}	nɐm^{44}	192	同
块	kou^{21}	kou^{21}	194	同
行、排	lœ^{24}	lœ^{24}	195	同
畦(地)	sɛk^{32}	sɛk^{32}	196	同

续 表

词　　条	长安标话读音	开建话借词读音	序号	备注
泡(一泡尿)	tok$^{\underline{55}}$	tok$^{\underline{55}}$	197	同
群	kœŋ^{44}	kœŋ^{44}	198	同
撮	ȵiɐp$^{\underline{55}}$	ȵ(i)ɐp$^{\underline{55}}$	199	同
处(几处)	pœŋ^{242}	tœŋ^{242}	200	声异
谁	u$^{44-32}$(ȵiɐn^{44})	u$^{44-32}$(ȵ(i)ɐn^{44})	201	同
为什么	tuŋ^{32}(kai^{52})	tuŋ^{32}(kai^{52})	202	同
非常	pɐt$^{\underline{34-21}}$ʦi^{242}	pɐt$^{\underline{34-21}}$ʦi^{242}	203	同
才、刚	hɛn$^{44-32}$ʦi^{32}	han$^{44-32}$(ʦiŋ^{32}/ʃɛn^{44})	204	韵异
后来、后尾	lɛ$^{44-32}$(mɐi^{242})	lɔ$^{242-21}$(mɐi^{242})	205	韵异
当然	kɐŋ^{52}	kɐŋ^{52}	206	同

后　记

转眼已是年末，掐指一算，告别燕园回到暨南园教学不觉已三年有余矣！在这短短的三年里，我经历了人生中最重要的两个转变：一是从一名老学生变成了一位新教师，传道授业从此成为我的职业；二是从一个老男孩变成了一名新爸爸，女儿成为我生命中最重要的组成部分。

由于工作和生活的需要，这三年我不得不奔忙与广州、珠海和东莞三个城市之间，于是坐车在城市间穿行成了“主业”，教学反而变为了“副业”。于是，我自封“珠三角浪人”，曾作“浪人歌”一首以自娱：

“浪人的行踪难以捉摸，你不要迷恋哥，我不是那传说，哥只是被这生活所迫。情侣路的风，广园路的坡，东莞大道天天路过。看似我很洒脱，你千万别搞错，请不要迷恋哥，我不是犀利哥，哥只是被那生活所迫……”

三年的流居生活除了历练我的精神和意志外，也馈赠了我不少东西。暨大文学院、中文系以及汉语方言研究中心的老师知道我的情况以后，无论是教学或是科研都给予我不少的照顾，让我尽量少上课，同时免去不少琐事的纷扰，故能有更多的时间照顾家人和专心科研。这三年，我利用闲暇的时间在博士论文的基础上修改并发表了多篇学术论文，成功申请了学校创新基金、教育部以及国家人文社科三个青年项目。也多得这些基金项目的支持，让我有更多的机会重新审视和修改自己的博士论文。

这次提交的书稿跟原毕业论文有几个地方是有较大改动的，今列举如下：

（1）全书最大的变化是增加了很多新材料，譬如综述部分增加近两年新发表的研究成果，语音比较部分增加了四个勾漏片粤语和10个桂南平话的语音材料。

（2）第二章2.6重音、音步和停延部分增加一个小节，主要是加入了开建话轻重音的声学表现及心理感知结果。

（3）第三章3.3.2连读变调比较的最后一个小结的结论有小变动。原来认为勾漏片粤语的两字变调可能受到壮侗语的影响，现在对这个问题暂不下结论，留待有更多的材料以后再做定论。

（4）第六章的改动较大，对"6.1.2开建话及周边几个方言奉母多读作p"、"6.2.1古全浊塞音的今读问题中罗董话並定母今读浊音"、"6.2.2从邪不分"、"6.3.1声调分韵"等章节都有新的论述。

（5）第七章的大部分论述都跟原来大不一样了，加入了很多毕业以后的新思考。

还有些章节因为时间问题，只能留待日后再做进一步的修改。

不管修改或变动如何，自己总觉得还不满意，但是我必须先打住了。面对自己人生中的第一本专著，心里一方面是忐忑，生怕这样一本浅薄之作耽误读者的宝贵时间；另一方面更多的是感谢，毕竟它跟长期以来指导和帮助过我的老师和朋友之间是有着深深的情谊的。

这里，我要对长期以来帮助过我的老师、朋友和亲人们衷心地道一声"感谢"！

首先感谢我的博士导师李小凡先生，正是您在我攻博期间对我的鼓励和教诲，让我更充分地领略到了方言的奥妙和魅力，使我能在这个冷门学科里更加坚定地前行。这篇论文从选题到成稿无不凝聚着您的心血，也见证着我们浓浓的师生情谊。虽然我们的学术观点有所不同，有时还针锋相对，但您宽厚包容的人格魅力和一丝不苟的治学态度，将永远是学生为人治学的榜样！

其次要感谢我的硕士导师彭小川先生，您既是严师，又是慈母。我在研究路上每迈出关键的一步，都离不开您的指引和帮助。我在就业、生活中每遇困难，都是您及时的开慰和指导。人生路上得遇彭师，是我的福分，学生感激涕零，永怀感恩！

感谢北大方言方向的项梦冰老师和陈宝贤老师，从监利到兰溪的方言调查，再到平时的沙龙讨论，你们都给了我很多帮助和指导。项老师在综合考试、开题和预答辩过程中，给我的论文写作提出很多宝贵的具有建设性的意见，在此深表感谢！

感谢北大实验室的孔江平老师，感谢您的关爱和引领，让我有机会走进实验语音学的大门，并跟实验室的同学们建立起深厚的友谊！

感谢北大的王福堂老师、王洪君老师、陈保亚老师、汪锋老师和王超贤老师，我从你们的言传身教中深刻领悟到理论语言学的魅力，让我在观察材料的时候时刻不忘其对理论的贡献。

感谢北大的孙玉文老师和王韫佳老师，谢谢你们在综合考试和预答辩时给我提出的宝贵意见！

感谢北大现汉教研室的陆俭明老师、沈阳老师、郭锐老师和袁毓林老师，感谢你们在我入学后对我的关心！

感谢暨南大学中文系的詹伯慧师、伍巍师、邵宜师、甘于恩师、钟奇师以及刘新中师，感谢你们一直以来对我的鼓励和关爱！尤其是伍巍师，谢谢您在我攻读硕士期间给我夯下音韵学和方言学的坚实基础。邵宜师为我回来工作的事情倾尽心力，学生感激不尽！

感谢社科院的麦耘老师，这本小书从博士时期的论文答辩到后来的修订，您都给了很多宝贵的意见和细致的修改建议，此书也有您的一份辛劳！还要感谢社科院的覃远雄老师，谢谢您对我在北京生活和学习的关心，我十分珍惜这份亦师亦友的珍贵情谊！

感谢广西贺州学院的邓玉荣和陈康棣两位老师，谢谢你们提供的藤县方言和信都方言同音字汇，使我的论文材料更加丰满。

感谢广西大学覃凤余老师在我论文写作过程中免费寄来一套《粤语平话土话方音字汇》，让我有机会接触到更多与论文相关的语音材料。

感谢美国密歇根大学的端木三师，谢谢您把国外的音系学理论传授给我们，尤其感谢您对我论文选题所提的宝贵意见以及对论文部分内容的指正！

感谢深大的张卫东、刘丽川以及陈瑶三位老师，是你们在我对语言学的认识还处在朦胧阶段的时候给我点亮了一盏灯，让我找到了前进的方向。张卫东师的知遇之恩更是让我感动，永感幸福。

感谢在北大读博期间结识的同学好友刘云、张林、张秀松、侯瑞芬、杨若晓、李佳、李计伟、崔柯、姚晓东、李萌昀、刘子凌、龚波、黄湘金、余祖政、刘斐、汪高武、潘晓声、李英浩、杨锋、钱一凡、叶泽华、吉永玉黛、王莉宁、王丽娟、张燕芬等，正是因为认识了你们，我四年的燕园生活才会如此丰富和精彩！

感谢我的同门赵学玲、郭丽霞、白静茹、谢育新、池田、王琼、罗言发、冯青青、曾南逸、赵雪峰、曾慧娟、董思聪、吕影华、余鹏、王昉、张惠清、林晴，我从大家的沙龙报告中学到很多新鲜的理论和知识，同时也感谢各位对我的帮助和批评！感谢小师弟罗言发帮我指出论文初稿中的多处错漏！

最后，我要特别感谢我的家人。感谢父母30年多来对我的养育和教导之恩，儿子不会忘记你们含辛茹苦供养一个大学生的艰辛，更不会忘记你们宁住寒舍仍毅然支持我读研攻博的大爱。还要特别感谢我的另一半——袁方，感谢你多年来默默地付出和守候，让我可以醉心于自己的专业；感谢你的理解和关心，让长期漂泊在外的我时刻感受到家的温暖和幸福。特别是在我潜心攻博的日子里，你把人生最绚烂的四年青春都献给了孤独和等待，独自一人承担起大部分的生活重担，其间的辛酸和无奈，以及你在困难面前的坚韧和勇气，我将永远铭记在心。

侯兴泉

2013 年秋末记于东莞寓所

附录：

专家评审意见(一)

该著作的价值在于：

（一）提供了开建话的详细语音资料。开建地处西江中游，在勾漏片粤语中，此地方言既有保存较古语音特点的一面，又有与广府片粤语相对近同的一面。这些资料对于研究粤语的共时和历时状况都是非常重要的。

（二）以开建话为枢纽，对勾漏片粤语和桂南平话进行了比较。这无论是对勾漏片粤语乃至整个粤语的研究，还是对桂南平话的研究，以及粤语与平话相互关系的研究，都有很重要的参考价值。

（三）提出以“字类是否合并”作为方言分区的重要标准，是一个创新，是作者独立思考的成果，在理论上有一定贡献。这个观点可能引发争鸣，相信这会对学界关于方言分区问题及语音变迁问题认识的深化带来益处。

该著作值得出版。

麦　耘

专家评审意见(二)

侯兴泉的博士论文主要讨论当前汉语学界的热点：即同处于西江文化与西江流域的两广毗连地区的勾漏片方言与桂南平话的关系及系属问题。此选题无疑具有学科前沿性。该论文依据扎实而丰富的语言材料对这一毗连地区的勾漏片粤语、桂南平话以及广府片粤语这三类主要方言作了全面深入的音韵比较后，证明了勾漏片粤语和桂南平话是同一种方言，这一结论具可信性。该论文还提出，桂南片平话和勾漏片平话(含部分桂北平话和土话)可看作是早期粤语(或老粤语)，而广府片粤语及其周边粤语可看作是较为晚期的粤语，这一观点实质上是指出了勾漏片粤语、平话与广府片粤语是分别有着不同形成时期和分布空间的两大类方言。本论文以上结论和观点对进一步研究两广毗连地区乃至岭南区域汉语方言的种类及归属有着重要意义和积极的学术贡献。

王力先生(1987)《汉语语音史·第四章：隋——中唐音系》指出："在《经典释文》反切中，还有神禅混切、从邪混切等情况，因为与《切韵》相差太大，疑是方言现象。"而根据汉越语(公元十世纪传入越南)和壮语早期汉语借词的间接证明，可知在十世纪前毗邻这两种语言的古平话已形成了古全浊声母塞、塞擦音不送气的特点。[1] 为此，该

① 参见王福堂《平话、湘南土话和粤北土话的归属》(2001)。

论文第七章认为“(勾漏片粤语、桂南平话以及广府片粤语的)从邪不分、船禅不分所反映的历史音变也要早于古全浊声母送气与否的音变”的观点值得商榷。另外,该论文关于古全浊声母今读音值只作为粤语内部分片而不是大方言间分区的音韵标准的观点可能会引起争鸣。

该论文已达到学术著作出版水平。

李连进

《清华语言学博士丛书》章程

（一）《清华语言学博士丛书》（以下简称《丛书》）是清华大学语言研究中心主持编辑的一套丛书，选择中国大陆、港澳地区和台湾两岸三地语言学博士高质量的学术著作，经同行专家匿名评审和编委会审定后，由上海中西书局出版。每年出版 1 至 5 种。

（二）《丛书》旨在使优秀的语言学博士的著作得以较快出版，并在学界传播，扩大影响。一方面帮助语言学领域的优秀青年学者迅速成长，另一方面也为语言学的发展注入新的活力。

（三）学术定位

1. 以扎实的语言材料为基础，有较深入的分析和理论思考。

2. 具有学术前沿性和创新性。

3. 符合学术规范。

（四）编委会

顾问：丁邦新、陆俭明

主编：蒋绍愚（清华大学）

编委：蔡维天（新竹清华大学），曹志耘（北京语言大学），陈保亚（北京大学），方一新（浙江大学），冯胜利（香港中文大学），何大安（台湾中研院），邢向东（陕西师范大学），张伯江（中国社科院语言所），张美兰（清华大学），张敏（香港科技大学）。

编委会负责邀请同行专家进行匿名评审，并召开编委会审阅和评定入选《丛书》的著作。

（五）申报条件

1. 作者为两岸三地已获得语言学博士学位的青年学者（年龄在 45 周岁

以下)。

2. 著作可以在博士论文或博士后出站报告的基础上修改而成,已获得语言学博士学位的青年学者的其他著作也可以申报。著作用中、英文撰写均可。

3. 著作内容符合本章程第(三)条所规定的学术定位。

4. 作者从取得博士学位的次年起即可申报,申报者需填写《申报表》,并有两位专家(不包括《丛书》编委和顾问)推荐。

(六) 申报时间

每年4月1日至5月31日。6至8月份由同行专家匿名评审。9、10月份编委会开会评定,10月31日前公布评定结果。申报和评审的具体办法另定。

(七) 申报著作通过评定后,作者应根据编委会的意见进行修改,并在两年内将定稿送交上海中西书局,逾期视同放弃出版。

《清华语言学博士丛书申报表》可登陆网站下载,网址:http://www.tsinghua.edu.cn/publish/cll/index.html。

地　址:清华大学人文学院新斋332

联系人:赵小英　电话:010—62773018

电子信箱:zwlxs@tsinghua.edu.cn

(2011年11月10日《丛书》第一次编委会讨论通过)

图书在版编目(CIP)数据

粤语勾漏片封开开建话语音研究：兼与勾漏片粤语及桂南平话的比较 / 侯兴泉著. —上海：中西书局，2016.2

（清华语言学博士丛书）

ISBN 978-7-5475-1023-0

Ⅰ. ①粤… Ⅱ. ①侯… Ⅲ. ①粤语—语音—方言研究—封开县 Ⅳ. ①H178

中国版本图书馆 CIP 数据核字(2016)第 030996 号

粤语勾漏片封开开建话语音研究

——兼与勾漏片粤语及桂南平话的比较

侯兴泉 著

责任编辑 朱 彦
装帧设计 梁业礼
出 版 上海世纪出版集团
中西書局(www.zxpress.com.cn)
地 址 上海市打浦路 443 号荣科大厦 17F(200023)
发 行 上海世纪出版股份有限公司发行中心
经 销 各地新华书店
印 刷 上海天地海设计印刷有限公司
开 本 890×1240 毫米 1/32
印 张 13.125
版 次 2016 年 2 月第 1 版 2016 年 2 月第 1 次印刷
书 号 ISBN 978-7-5475-1023-0 / H·051
定 价 49.00 元